Urs Haeberlin
Gérard Bless
Urs Moser
Richard Klaghofer

Die Integration von Lernbehinderten

W0284110

Beiträge zur Heil- und Sonderpädagogik

Beiträge zur Heil- und Sonderpädagogik
herausgegeben von Urs Haeberlin

9. Beiheft zur Vierteljahresschrift
für Heilpädagogik und ihre Nachbargebiete

Urs Haeberlin
Gérard Bless
Urs Moser
Richard Klaghofer

Die Integration von Lernbehinderten

Versuche, Theorien, Forschungen, Enttäuschungen, Hoffnungen

3., unveränderte Auflage

Verlag Paul Haupt
Bern · Stuttgart · Wien

Dieses Buch ist im Rahmen des Projekts Nr. 1.276-0.85 des Schweizerischen Nationalfonds mit dem Thema «Wirkungen separierender und integrierender Schulformen auf schulleistungsschwache Schüler» entstanden.

Dieser Band ist das 9. Beiheft zur VHN-Vierteljahresschrift für Heilpädagogik und ihre Nachbargebiete.

Abonnementsbestellungen für die VHN: Heilpädagogisches Institut der Universität Freiburg, Petrus-Kanisius-Gasse 21, CH-1700 Freiburg

1. Auflage: 1990
2. Auflage: 1991

Die Deutsche Bibliothek – CIP-Einheitsaufnahme

Die *Integration von Lernbehinderten* :
Versuche, Theorien, Forschungen, Enttäuschungen, Hoffnungen ; [dieses Buch ist im Rahmen des Projekts Nr. 1.276-0.85 des Schweizerischen Nationalfonds mit dem Thema «Wirkungen separierender und integrierender Schulformen auf schulleistungsschwache Schüler» entstanden] /
Urs Haeberlin ... –
3., unveränd. Aufl. –
Bern ; Stuttgart ; Wien : Haupt, 1999
(Beiträge zur Heil- und Sonderpädagogik ; 9)
ISBN 3-258-05954-3

Alle Rechte vorbehalten
Copyright © 1999 by Paul Haupt Berne
Jede Art der Vervielfältigung ohne Genehmigung des Verlages ist unzulässig
Dieses Papier ist umweltverträglich, weil chlorfrei hergestellt;
es stammt aus Schweizer Produktion mit entsprechend kurzen Transportwegen
Printed in Switzerland

Vorwort

Vor 100 Jahren wurde in den deutschsprachigen Ländern die Schaffung von Hilfsklassen für Schwachbegabte gefordert. Man war davon überzeugt, daß damit ein notwendiger pädagogischer Fortschritt erreicht werden könne. Während nahezu eines Jahrhunderts wurde in den deutschsprachigen Ländern die Problematik der Schulversager mit dem Ausbau der Hilfsschulen bzw. Sonderschulen für Lernbehinderte gelöst. Bis in die 70er Jahre hinein konnten sich die meisten Pädagogen und Sonderpädagogen nicht vorstellen, daß der Glaube an das Sonderschulwesen jemals ins Wanken geraten könnte. Die wissenschaftliche Sonderpädagogik hatte sich in wenigen Jahrzehnten zu einem Abbild des hochdifferenzierten und in sich separierenden Sonderschulwesens entwickelt, so daß dieses heute in vielen Universitäten strukturell abgebildet und legitimiert ist. Seit einigen Jahren zeichnet sich eine Gegenbewegung ab, welche auf Abschaffung der Sonderschulen und auf Integration der Behinderten in die Regelschule drängt. Die Hilfsschule, zwar seit langem umgetauft in die Sonderschule für Lernbehinderte, ist als Sammelstelle für Arbeiterkinder, Ausländerkinder und Schulversager entlarvt worden; die wissenschaftliche Definierbarkeit von “Lernbehinderung” wird angezweifelt. Man kann bereits die Prognose lesen, “daß sich die einhundertjährige Geschichte des eigenständigen Sonderschulwesens ihrem Ende zuneigt” (*Eberwein* 1988a, 9).

Die Diskussion über Vor- und Nachteile von Sonderklassen und Integrationsklassen wird heute heftig und engagiert geführt. Es wird häufig der traditionelle Pädagogenfehler gemacht, daß nicht zwischen Wunschdenken und Realitätserfahrung unterschieden wird. Separationspädagogen halten tradierte Behauptungen über die Vorteile von Sonderklassen für die Realität; Integrationspädagogen setzen neue Behauptungen über die Vorteile von Integrationsklassen in die Welt. Beide Seiten beziehen Positionen, von denen sie nicht abzuweichen gedenken. Das Bekenntnis zu Positionen droht wieder einmal wichtiger zu werden als die Anwaltschaft für die Kinder. Man vergißt, daß jede Humanisierung dort endet, wo Positionen dogmatisiert und ideologisiert werden.

Wir sind zur Überzeugung gekommen, daß für argumentative Diskussionen über Integration und Separation noch recht viel Grundlagenwissen fehlt. Deshalb verlaufen Diskussionen oft im Sinne eines unfruchtbaren Dogmenstreits. Aus diesem Grunde hat sich die Forschergruppe INTSEP des Heilpädagogischen Instituts der Universität Freiburg (Schweiz) unter Leitung des Unterzeichneten während der vergangenen drei Jahre mit der empirischen Erforschung der Wirkungen von integrierenden (INT) und separierenden (SEP) Schulformen auf schulleistungsschwache Schüler befaßt. Unser Forschungsprojekt wurde vom Schweizerischen Nationalfonds zur Förderung der wissenschaftlichen Forschung unterstützt. Dafür möchten wir uns bei den Verantwortlichen bedanken. Das vorliegende Buch ist aus diesen Forschungsarbeiten hervorgegangen. Wir hoffen, daß das Buch helfen kann, die Integrationsdebatte problembewußter weiterzuführen und unsere Wünsche von der Realität, sei es im separierenden oder im integrierenden Schulwesen, zu trennen.

Damit unser Forschungsprojekt möglich wurde, war in erster Linie die Mitarbeit von zahlreichen Regel- und Sonderschullehrern sowie ihrer Schüler aus der ganzen deutschsprachigen Schweiz und aus dem Fürstentum Liechtenstein erforderlich. Diesen Schülern und Lehrern, die sich unserem Anliegen gegenüber stets sehr aufgeschlossen gezeigt haben, möchten wir an erster Stelle unseren Dank aussprechen. Wir haben erlebt, daß sich die Zusammenarbeit mit den betroffenen Lehrern in jeder Hinsicht auszahlt. Bei den Treffen mit den Praktikern haben wir immer wieder sehr wichtige Impulse für unsere Arbeit erhalten. Wir hoffen, daß wir mit möglichst vielen an unserem Projekt beteiligten Lehrern und Schülern weiterhin in intensivem Gedankenaustausch bleiben und gemeinsam an der Entstehung einer integrationsfähigeren Schule arbeiten können. Selbstverständlich sind wir auch allen Schulbehörden sehr dankbar, daß sie uns die Zusammenarbeit mit den Lehrern und unsere Erhebungen in den Schulklassen ermöglicht haben.

Danken möchten wir auch den beiden wissenschaftlichen Mitarbeitern am Heilpädagogischen Institut der Universität Freiburg, *Dr. Albin Niedermann* und *Dr. Felix Studer,* für die insbesondere während der schwierigen Anfangsphase wichtige Beratung bei unseren Forschungsarbeiten. Daß das vorliegende Buch in eine orthographisch und stilistisch makellose Form gebracht werden konnte, verdanken wir der gründlichen redaktionellen Hilfe von *lic. phil. Christine Amrein,* der Redakteurin der Vierteljahresschrift für Heilpädagogik und ihre Nachbargebiete VHN. Besonders stark belastet haben die Arbeiten an diesem Buch unsere Sekretärinnen *Liliane Caviezel* und gelegentlich *Evelyne Jungo.* Bei ihnen möchten wir uns ganz nachdrücklich bedanken. *Liliane Caviezel* hat in vielen Überstunden am Bildschirm das Manuskript bis in die druckfertigen Buchvorlagen umgewandelt, welche von der Druckerei des Verlags unbesehen übernommen werden konnten.

Wir hoffen nun, daß Form und Inhalt dieses Buches einige Leser ansprechen werden. Wir sind an jeder Kritik und an jeder Anregung interessiert, denn wir nehmen ein weiteres, vom Nationalfonds gefördertes Integrationsforschungsprojekt in Angriff, welches auf den vorliegenden Forschungen und auf ihrer Kritik aufbauen soll. Gemeinsam mit betroffenen Lehrern und Behörden möchten wir in der nächsten Forschungsphase an der wissenschaftlich begleiteten Entwicklung von Integrationsversuchen mitarbeiten, um die im vorliegenden Buch dargestellten Mängel und Schranken der Integration überwinden zu helfen. Denn wir verstehen unsere wissenschaftliche Arbeit als wertgeleitete Forschung und streben ein möglichst intensives Zusammenspiel zwischen Erkenntnis und Handeln an.

Vorwort zur 2. Auflage

Es ist ungewöhnlich, daß ein Buch, in dessen Mittelpunkt die Darstellung der Ergebnisse einer empirischen Untersuchung steht, schon vor Ablauf eines Jahres in die zweite Auflage geht. Das vielfache Echo in der Fach- und Tagespresse hat uns bestätigt, daß wir mit Hilfe des Schweizerischen Nationalfonds ein Schulproblem von grosser Bedeutung erforscht haben und auch weiterhin erforschen.

Wir benützen die Gelegenheit des Neudrucks, um in die zweite Auflage folgende Ergänzungen aufzunehmen: Nachdem wir das Schicksal der begabten Schüler in den Integrationsklassen methodisch besser analysiert haben, wurde das entsprechende Kapitel (13.4) für diese Auflage neu geschrieben. Von Rezensenten in Fachzeitschriften der Bundesrepublik Deutschland wurde gelegentlich angemerkt, daß Untersuchungsergebnisse aus der Schweiz nicht auf deutsche Verhältnisse übertragbar seien. Gleichzeitig mit den Vorbereitungsarbeiten für die zweite Auflage sind uns Ergebnisse einer Studie bekannt geworden, in welcher *Dirk Randoll* teilweise mit unseren Instrumenten lernbehinderte Schüler in deutschen Integrationsklassen untersucht hat. Da diese Studie die Übertragbarkeit unserer Schweizer Untersuchung auf deutsche Verhältnisse zu belegen scheint, drucken wir eine Zusammenfassung als Anhang in der zweiten Auflage ab.

Wir möchten unserer Freude darüber Ausdruck geben, daß sich im Anschluß an unsere Untersuchung in verschiedenen "Regelklassen mit Heilpädagogischer Schülerhilfe" die äußeren Bedingungen bereits verbessert haben.

Freiburg, im Dezember 1990 — Urs Haeberlin

Inhaltsverzeichnis

1. Einführung in die Fragestellung

Unser Forschungsinteresse richtet sich auf Schüler mit Lern- bzw. Leistungsproblemen, die eine besondere schulorganisatorische Maßnahme erforderlich machen. Es kann sich entweder um die Einweisung in die Sonderschule für Lernbehinderte oder um die Zuteilung von besonderen Hilfen innerhalb der Regelschule handeln. Im ersten Fall orientieren sich die Maßnahmen am Leitbild der Separation, im zweiten Fall am Leitbild der Integration von Schulversagern als geeigneter Weg zur späteren gesellschaftlichen Integration. Die in unseren Forschungen erfaßten Schüler werden häufig als "lernbehindert" bezeichnet. Wir werden diesen Begriff immer dann verwenden, wenn es um die Darstellung der internationalen Forschungslage geht oder wenn wir Aussagen in der üblichen Terminologie der deutschsprachigen Sonderpädagogik machen möchten. Aus forschungsmethodologischen Gründen, die in einem späteren Kapitel zu erläutern sind, werden wir jedoch im Zusammenhang mit unseren eigenen Integrationsforschungen von "schulleistungsschwachen" Schülern sprechen.

Der sich abzeichnende Wandel des Sonderschulwesens in vielen westeuropäischen Ländern und in den USA in Richtung einer verstärkten schulorganisatorischen Integration von "Lernbehinderten" hat uns veranlaßt, die in der deutschsprachigen Schweiz entstehenden integrierenden Schulversuche auf ihre Wirkung hin zu überprüfen. In allgemeinster Formulierung lautet die zentrale Fragestellung unserer Forschungen: *Vermögen die zur Zeit entstehenden integrierenden Schulversuche den Bildungsauftrag und die Zielsetzung der Förderung schulleistungsschwacher Schüler ebenso gut oder besser zu erfüllen wie die traditionelle Hilfsschule bzw. Sonderschule für Lernbehinderte?*

Unsere Forschungen konzentrieren sich vorerst auf die Primarschulstufe, welche mit einigen Ausnahmen in der Schweiz sechs Schuljahre umfaßt. Diese Schulstufe hat einerseits den Auftrag, die Kinder in die grundlegenden Kulturtechniken einzuführen und Qualifikationen für das spätere Berufsleben vorzubereiten; andererseits gehört unseres Erachtens auch zu ihrem Bildungsauftrag, daß den Kindern ein sozial und emotional befriedigendes und förderliches Lernklima, welches die spätere soziale Integration in die Gesellschaft vorbereitet, ermöglicht wird.

Die Vermittlung von Sprache, Schrift und Rechnen ist zur Ausübung konkreter Arbeit und zur Teilhabe am gesellschaftlichen Leben erforderlich (*Fend* 1981, 15-17). Der Erwerb dieser Kulturtechniken wird in den Richtlinien für Hilfsklassen, bzw. Sonderklassen für Lernbehinderte stets als zentrales Anliegen schulischer Bemühungen dargestellt (vgl. *SIPRI* 1983). Bei der Beurteilung integrierender

Schulversuche müssen deshalb die Wirkungen auf den Erwerb der elementaren Kulturtechniken bekannt sein. Somit lautet eine erste Teilfrage, die wir erforschen: *Wird das Ziel der Förderung schulleistungsschwacher Schüler in den Kulturtechniken durch integrierende Schulmodelle mindestens so gut erreicht wie in den Sonderklassen für Lernbehinderte?*

Befürworter der traditionellen, separierten Schulung gehen von der Annahme aus, daß schulleistungsschwache Schüler in besonderen Klassen auf die gesellschaftliche Integration vorbereitet werden müssen. Diese Vorbereitung soll dadurch geschehen, daß die Schüler in möglichst leistungshomogenen Bezugsgruppen - gleichsam in einem "Schonraum unter ihresgleichen" - unterrichtet werden.

Befürworter der integrierten Schulung gehen von der Annahme aus, daß gemeinsame Schulung aller Schüler in leistungsheterogenen Klassen der richtige Weg zur gesellschaftlichen Integration sei. Unterricht in einem integrierenden Schulmodell bedeutet für den schulleistungsschwachen Schüler, daß er sich in einer leistungsheterogenen Bezugsgruppe zurechtfinden muß. Ob und wie er dieses Problem zufriedenstellend lösen kann, ist bis heute noch wenig bekannt. Der in eine leistungsheterogene Regelklasse integrierte schwache Schüler muß sich mit Kameraden auseinandersetzen, die in der Schule zum großen Teil weit weniger Lern- und Leistungsprobleme haben als er selbst. Es stellt sich die Frage, ob er trotz seines tiefen Rangplatzes in der Leistungshierarchie positive Beziehungen zu den Mitschülern aufbauen kann. Hat er Kontakte zu seinen Mitschülern oder ist er ein Außenseiter? Findet er Anschluß in der Klasse? Wie beliebt ist er im Vergleich zu seinen Mitschülern ohne besondere Schulschwierigkeiten? Oder bleibt die Integration auf der schulorganisatorischen Ebene stehen (vgl. *Kobi* 1983, 212)? Integration im pädagogischen Sinne ist ja nicht ein Zustand, den man durch die Schulorganisation bereits erreicht hat, sondern ein Prozeß, der in positiver oder negativer Richtung veränderbar ist (*Schmeichel* 1983, 20).

Jeder Schüler benötigt irgendeinen Maßstab zur Beurteilung der eigenen Leistungen. Er kann hierfür entweder eine individuelle oder eine soziale Bezugsnorm verwenden. Im ersten Fall vergleicht er seine eigene aktuelle Leistung im Längsschnitt mit früheren eigenen Leistungen und kommt auf diese Weise zu einer Bewertung. Je nachdem, ob er die aktuelle Leistung besser oder schlechter einschätzt als frühere Leistungen, wird er von einer guten oder schlechten Leistung sprechen. Im zweiten Fall vergleicht er seine aktuelle Leistung im Querschnitt mit den Leistungen seiner Mitschüler. Er nimmt einen interindividuellen Vergleich vor (vgl. *Rheinberg* 1977, 3ff.). Da sich die Notengebung im heutigen Schulsystem weitgehend an der sozialen Bezugsnorm orientiert, wird die Tendenz der Schüler zu dieser Bewertungsmöglichkeit gefördert. Die soziale Bezugsnorm ist je nach Homogenität oder Heterogenität der Schüler in unterschiedlichen Schulformen sehr verschieden. Wird der schulleistungsschwache Schüler in der Regelklasse unterrichtet, so ist die soziale Bezugsnorm für diesen viel weiter von seinen eigenen Leistungen entfernt, als wenn er sich mit "seinesgleichen" in der Sonderklasse für Lernbehinderte vergleichen kann.

Die Bezugsgruppe, genauer die soziale Bezugsnorm, wird somit zu einem wesentlichen Faktor für die Einschätzung der eigenen Fähigkeiten durch den Schüler. Sie basiert weitgehend auf sozialen Vergleichsprozessen (*Meyer* 1984b, 24). Aus der Peer-group-Forschung wissen wir, daß das Verhalten von Mitschülern nicht nur auf die Selbsteinschätzung, sondern auch auf die effektive Leistung schwacher Kinder bedeutende Auswirkungen haben kann (*Naudascher* 1977, 71ff, *Fend* 1977). Muß sich ein schulleistungsschwacher Schüler dauernd mit besseren Mitschülern vergleichen, so kann sich dies unter Umständen negativ auf seine Einschätzung der eigenen Fähigkeiten auswirken. Die Integration von schulleistungsschwachen Schülern in die Regelklasse sollte aber aus lehr-lernpsychologischer Sicht nicht zur Folge haben, daß sich das Kind den Anforderungen und Belastungen im Unterricht nicht gewachsen fühlt.

Ob ein Schüler gerne zur Schule geht, ob er sich in einer Klasse wohlfühlt, ist ebenfalls zum Teil von der Bezugsgruppe abhängig (*Schwarzer* 1979, 164). Ein positives subjektives Befinden eines Schülers in der Schulumwelt gilt unbestritten als eine günstige Voraussetzung für das schulische Lernen. Ein gutes Befinden des Schülers - häufig auch mit Einstellung zur Schule, Wohlbefinden oder Schulunlust umschrieben (*Wagner* 1975, *Wieczerkowski u.a.* 1974) - gilt allgemein als dem Lernen förderlich und kann zur "Unterrichts- und Lehrerhilfe" (*Wagner* 1975, 296) werden.

Beziehungen zu den Mitschülern, Einschätzung der eigenen Fähigkeiten und subjektives Befinden sind drei Faktoren der schulischen Lernsituation, die stark bezugsgruppenabhängig und deshalb für unser Forschungsinteresse von Bedeutung sind. Somit lautet eine zweite Teilfrage, die wir erforschen: *Sind die sozialen Beziehungen in der Schulklasse, die Einschätzung der eigenen Fähigkeiten und das subjektive Befinden von schulleistungsschwachen Schülern in leistungsheterogenen integrierenden Schulmodellen besser als in leistungshomogenen Sonderklassen?*

Bei der Planung unseres Forschungsprojekts lagen nur wenige empirisch gesicherte Forschungsergebnisse zu unseren Fragestellungen vor, die sich problemlos auf die Situation in deutschsprachigen oder gar spezifisch in schweizerischen Schulen übertragen lassen hätten. Immerhin fanden wir eine Zusammenstellung von Ergebnissen empirischer Untersuchungen aus der Bundesrepublik Deutschland, den USA, Schweden und Großbritannien vor (*Kniel* 1979). Die Analyse zahlreicher Forschungsergebnisse hatte den Autor zur Schlußfolgerung veranlaßt, daß integrierende Schulmodelle zumindest nicht negativere, tendenziell eher etwas positivere Wirkungen auf schwache Schüler haben als die traditionellen Sonderklassen. Auf dieser Grundlage plädierte er für eine Erprobung von Alternativen zur Sonderschule in der Bundesrepublik Deutschland.

Im deutschsprachigen Europa sind in den letzten Jahrzehnten relativ wenige Untersuchungen über Wirkungen integrierender Schulmodelle auf schwache Schüler durchgeführt worden; die Forschung hatte sich eher auf die Frage nach der Rechtfertigung von Sonderschulen konzentriert. Dabei wurde stets die Effizienz der Sonderschule im Vergleich zur Regelschule beurteilt, was nicht den Zielsetzungen unserer Integrationsforschungen entspricht. In mehreren Arbeiten sind Schulleistungen zwischen Abschlußschülern der Sonderschule für Lernbehinderte und der Regelschule miteinander verglichen worden (*Bleidick* 1966, *Böhm* 1967, *Bartz; Winter* 1982). Einige Arbeiten befaßten sich mit der Frage, ob durch den Sonderschulbesuch eine Intelligenzsteigerung stattfinde (*Basler* 1972, *Basler; Basler* 1973). Andere richteten ihr Interesse auf die Veränderung weiterer Persönlichkeitsmerkmale nach Einweisung in eine Sonderschule. So scheint eine Untersuchung von *Krug* und *Peters* (1977) darauf hinzuweisen, daß im Lauf des Schuljahres nach der Sonderschuleinweisung die Einschätzung der eigenen Fähigkeiten ansteigt, die Schulangst abnimmt und die Furcht vor Mißerfolg zurückgeht. Ergänzend dazu findet man in einer weiteren Untersuchung (*Krug; Rheinberg; Peters* 1977) Hinweise darauf, daß diese Veränderungen vorwiegend in den ersten Jahren nach der Sonderschuleinweisung stattfinden; zu den Abgangsklassen hin scheinen sich die diesbezüglichen Unterschiede zwischen Sonderschülern und Regelschülern eher wieder zu verlieren. Dies wurde von *Rheinberg* und *Enstrup* (1977), *Krampen* und *Zinsser* (1981), *Schwarzer* (1979b) und *Wocken* (1983) bestätigt.

Am nächsten bei unserem Forschungsinteresse lag die Studie von *Merz* (1984). Er überprüfte die Effizienz der Sonderschule für Lernbehinderte, indem er zwei relativ ähnliche Schülergruppen aus einer Sonderschule und einer Regelschule miteinander verglich (Quer- und Längsschnittuntersuchungen). Es ließen sich weder im kognitiven noch im affektiven Bereich positive Effekte der Sonderbeschulung nachweisen. Diese Untersuchung wird immer wieder als empirischer Beleg für die Überlegenheit der integrierten Beschulung zitiert, obschon sie der Methodenkritik nicht standhalten konnte (*Bleidick* 1983, 1988).

Bei der Projektplanung mußten wir somit feststellen, daß zwischen dem Stand der empirischen Forschung zur Frage der Wirkung von Schulformen, welche schwache Schüler integrieren, und dem Entscheidungsdruck vieler Schulbehörden eine Lücke klafft.

2. Begriffserläuterungen

2.1 Lernbehinderung und Schulleistungsschwäche

Schüler mit Lern- und Leistungsproblemen, welche besondere schulorganisatorische Maßnahmen erforderlich machen, werden im deutschsprachigen Raum häufig als "lernbehindert" bezeichnet. Manchmal wird auch einfach von "Schulversagern" gesprochen. Eine allgemein akzeptierte Definition des Begriffs "Lernbehinderung" gibt es bis heute nicht. In der Fachliteratur wird der Begriff aus unterschiedlichsten Perspektiven definiert. Dies hat zur Folge, daß, je nach Sichtweise, die beschriebenen Schülergruppen nicht deckungsgleich sind.

Aus *schulorganisatorischer* Sicht gilt ein Schüler dann als "lernbehindert", wenn er den Anforderungen der Regelschule auch nach ein- oder mehrmaliger Klassenwiederholung nicht gewachsen ist. Unter *intelligenzdiagnostischer* Perspektive gelten Schüler dann als "lernbehindert", wenn ihr Intelligenzquotient deutlich reduziert, jedoch noch nicht eindeutig im Bereich der geistigen Behinderung ist. In der Schweiz heißt dies, daß der Intelligenzquotient zwischen 75 und 90 liegt; denn bei einem IQ unter 75 wird ein Kind invalidenversicherungsberechtigt und erhält die versicherungstechnische Bezeichnung "geistig behindert". In anderen Ländern hingegen fällt die "Lernbehinderung" in der Regel in einen eher tieferen Intelligenzbereich. Eine weitere, in die Diagnostik einfließende Abgrenzung gegenüber Regelschülern ist qualitativer Art: Es wird häufig von Mängeln in den sogenannt höheren Funktionen wie Abstraktionsfähigkeit, Konzentrationsfähigkeit u.a. gesprochen. Aus *lernpsychologischer* Sicht gelten Kinder dann als "lernbehindert", wenn sie bei den üblichen, erfolgreichen Lehrmethoden überdurchschnittliche Lernschwierigkeiten haben. Bei einer *entwicklungspsychologischen* Betrachtungsweise der "Lernbehinderung" tritt der Aspekt der Entwicklungsverzögerung in den Vordergrund: "Lernbehinderte" Kinder stehen im Vergleich zu den Kindern des gleichen Lebensalters auf einer tiefer liegenden Entwicklungsstufe. Eine früher wenig beachtete Perspektive ist vor rund zwanzig Jahren durch *Begemann* (1970) ins Bewußtsein der Sonderpädagogen gerückt worden: Es handelt sich um den Einbezug des *soziokulturellen* Aspekts. Danach sind "lernbehinderte" Schüler in erster Linie sozial benachteiligte Kinder aus Arbeiterfamilien (*Kobi* 1977a, 10-11).

Daß es keine zufriedenstellende Definition des Begriffs "Lernbehinderung" gibt, wird von den Fachleuten nicht bestritten: "Das Wort 'Lernbehinderung' oder 'Lernbehinderte' ist weder in der Pädagogik noch in der Psychologie, Soziologie,

Psychiatrie oder sonstigen Wissenschaft klar umschrieben und definiert. Es bezeichnet vielmehr ein Arbeitskonzept, das sich in den letzten Jahren im Erziehungsbereich zunehmend durchgesetzt und in den gegenwärtigen Schulbestimmungen allgemein Anerkennung gefunden hat" (*Kanter* 1974, 117). Obwohl in der deutschsprachigen Fachliteratur der Begriff "Lernbehinderung" allgemein verwendet wird, sind von Fachleuten auch immer wieder Argumente gegen den Begriff angeführt worden. Die folgenden beiden Argumente erscheinen uns besonders bedenkenswert: *Erstens* stellt die Verwendung des Behinderungsbegriffs im Wort "Lernbehinderung" etwas Fixierendes dar. Es entsteht der Eindruck, daß es sich dabei um etwas Statisches, Definitives, Unveränderliches handle, was bei Schulschwierigkeiten keinesfalls zutreffen muß (*Baier* 1980, 33-37). *Zweitens* wird der Begriff "Lernbehinderung" im oben skizzierten Sinne unter verschiedenen Gesichtspunkten umschrieben (vgl. *Kobi* 1977a, 10-11, *Willand* 1983, 13-96), was zur Folge hat, daß je nach Betrachtungsweise die beschriebenen Populationen nicht deckungsgleich sind.

Die Unklarheiten bezüglich der Begriffsverwendung lassen folgende Schlußfolgerung zu: "Lernbehinderung" ist operational ausschließlich schulorganisatorisch in dem Sinne definierbar, daß jene Schüler als "lernbehindert" bezeichnet werden, welche eine Sonderklasse für Lernbehinderte besuchen (*Bleidick* 1977, 93). Alle Definitionsversuche, welche sich auf Merkmale der betroffenen Individuen richten, sind für wissenschaftliche Zwecke ungenügend, da aus ihnen keine klaren Zuordnungsregeln ableitbar sind. Schüler werden aus verschiedenartigen individuellen Gründen in die Sonderschule für Lernbehinderte eingewiesen, wobei der äußere Anlaß in der Regel ein Schulversagen ist. Somit ist das einzige allgemein zutreffende Merkmal von "lernbehinderten" Schülern, daß sie in der Regelschule versagen und deshalb eine Schule für Lernbehinderte besuchen.

Das schulorganisatorische Merkmal von "Lernbehinderung" steht im Widerspruch zur Integrationsidee im Sinne des Verzichts auf Schulen für "Lernbehinderte". Der weiter oben zitierten Argumentation von *Kanter* (1974, 117) ist zu entgegnen, daß gerade die "Anerkennung in gegenwärtigen Schulbestimmungen" dafür spricht, den Begriff der "Lernbehinderung" unter dem Integrationsaspekt zu vermeiden, da die Schulbestimmungen in einem separierenden Schulsystem entstanden sind; die Beibehaltung des Begriffs "Lernbehinderung" würde der Festschreibung der schulorganisatorischen Zuordnungsregel dienen. Die Redewendung von der Integration der "Lernbehinderten" sollte deshalb in Zukunft bewußt vermieden werden. Die Tatsache, daß es spezialisierte Sonderschullehrer, Professoren und Institute für Lernbehindertenpädagogik gibt, ist unter dem Aspekt der Integration als ungünstig zu beurteilen; denn dadurch könnte die schulorganisatorische

Definition von "Lernbehinderung" aus Gründen der Erhaltung von berufspolitischen Interessen und von Institutionen aufrechterhalten werden (*Haeberlin; Moser; Bless* 1988).

Für einen empirischen Vergleich der Wirkungen separierender und integrierender Schulformen müssen "lernbehinderte" Schüler, welche teils Regelschulen mit besonderen Maßnahmen und teils Sonderschulen für Lernbehinderte besuchen, eindeutig und nach vergleichbaren Kriterien definierbar sein. Die schulorganisatorische Zuordnungsregel für "Lernbehinderung" ist aber nur auf Schüler in Sonderklassen anwendbar. Da unser Forschungsziel mit der schulorganisatorischen Definition von "Lernbehinderung" nicht erreicht werden kann, haben wir für unsere Forschungszwecke auf diesen Begriff verzichtet und den Begriff der "Schulleistungsschwäche" gewählt. Wir wenden diagnostische Zuordnungsregeln an, welche Schüler, unabhängig von der augenblicklichen Schulorganisation, als "schulleistungsschwach" auszugrenzen erlauben. Damit behaupten wir nicht, daß sich die Gesamtmenge der schulorganisatorisch definierten "Lernbehinderten" mit der Gesamtmenge der schulleistungsdiagnostisch definierten "Schulleistungsschwachen" deckt. Dies ist deshalb nicht der Fall, weil die schulorganisatorische Zuweisung auf einen Komplex von Kriterien und nicht nur auf das Kriterium der testdiagnostisch erhobenen Schulleistungsschwäche zurückgehen kann.

Unsere definitorischen Regeln für die Zuordnung eines Schülers zur Stichprobe der schulleistungsschwachen Schüler beziehen sich auf schulleistungsdiagnostische Kriterien; die Schulleistungen wurden mit Schulleistungstests in Deutsch und in Mathematik erhoben. Ein zusätzliches Hilfskriterium stützt sich auf eine intelligenzdiagnostische Überlegung; der Intelligenzquotient wurde mit dem CFT 20 von *Weiß* (1980) gemessen. Selbstverständlich entbehrt die Grenzziehung bei bestimmten Werten der Schulleistungstests nicht der Zufälligkeit oder Willkürlichkeit; dies ist aber ohnehin charakteristisch für normative Systeme wie beispielsweise die Schule mit ihrer Leistungsbewertung und institutionellen Ausdifferenzierung.

Unsere operationale Definition des schulleistungsschwachen Schülers hat folgende Form: *Erstens* liegen seine Schulleistungen im letzten Sechstel der Stichprobe. *Zweitens* hat er einen IQ zwischen 70 und 100. Letzteres ist damit begründet, daß schulleistungsschwache Schüler aus der oberen Hälfte der nach IQ halbierten Schülerpopulation mit einiger Wahrscheinlichkeit Schüler mit besonderen Formen von Teilleistungsschwächen, psychischen Problemen, Umweltproblemen, u.a.m. sein können, welche auch speziellere therapeutische Hilfen benötigen werden als Maßnahmen gegen Schulleistungsschwäche.

2.2 Separation und Integration

2.2.1 Die Hilfs- oder Sonderschule als separierende Schulform

Die ersten Hilfsklassen für schulschwache Kinder sind in Deutschland wie in der deutschsprachigen Schweiz vor rund 100 Jahren entstanden. Sie waren von Anfang an für Kinder gedacht, welche nicht ohne weiteres den Geistigbehinderten zugeordnet werden können und dennoch in der Regelschule nicht mitkommen. Als Vater der Idee von Hilfsklassen für schulschwache Kinder gilt der deutsche Taubstummenlehrer *Heinrich Ernst Stötzner*, der die Meinung vertrat, daß man den Schulversagern in den damaligen vergleichsweise riesigen Volksschulklassen dadurch helfen könnte, daß man ihnen in speziellen Klassen mehr Zeit für den Erwerb des Stoffes gibt. "1864 erschien die 43 Seiten starke Schrift 'Schulen für schwachbefähigte Kinder. Erster Entwurf zur Begründung derselben'. Sie wurde später von den Hilfsschullehrern überschwenglich als 'Gründungsurkunde der Deutschen Hilfsschule' bezeichnet" (*Myschker* 1983, 128).

Bald nach der erstmaligen Realisierung von *Stötzners* Vorschlag in den Städten Braunschweig und Leipzig wurde die Idee auch in der Schweiz aufgegriffen. Hier tauchte die Forderung nach Hilfsklassen an der "Ersten Konferenz für das Idiotenwesen" 1889 auf. Ein Zürcher Lehrer und ein Basler Schulinspektor empfahlen an dieser Konferenz in engagierten Referaten die Einrichtung von "Hilfsklassen für Schwachbegabte" in der Schweiz. Die großen Hoffnungen auf diese neue Schulform werden noch heute beim Lesen der damaligen Referate spürbar: "Es ist die Pflicht des Staates, Veranstaltungen zu treffen, daß schwachbegabte Kinder den zur Erziehung erforderlichen Unterricht in einer den individuellen Anlagen und Bedürfnissen entsprechenden Weise empfangen können" (zit. nach *Schindler* 1979, 36 - 37).

Im Laufe unseres Jahrhunderts wurden in allen Städten und größeren Dörfern Hilfsklassen eingerichtet. Verschiedentlich sind die Klassen umbenannt worden, z.B. in Spezialklassen, in Kleinklassen oder - einem Trend in der Bundesrepublik Deutschland folgend - in Sonderklassen für Lernbehinderte. Durch die Umbenennungen hat sich aber an der ursprünglichen Idee der Hilfsklassen für Schwachbegabte nichts Wesentliches geändert. Nach wie vor geht es darum, den Schulversagern in kleinen, homogen zusammengesetzten Klassen mehr Zeit für einzelne Lernschritte zu geben und einen anschaulicheren Unterricht anzubieten. Aus diesem Grund bevorzugen wir im vorliegenden Forschungsbericht die ursprünglichen Begriffe "Hilfsschule", "Hilfsklasse" und "Hilfsschüler", die sich bei den Laien in vielen Regionen hartnäckig erhalten haben.

Heute schiebt sich die Hilfsschule als Sonderschule für Lernbehinderte zwischen die Regelschule und die Sonderschule für Geistigbehinderte. Letztere wird in der Schweiz von der eidgenössischen Invalidenversicherung finanziert, die Sonderschule für Lernbehinderte hingegen nicht. Nach Invalidenversicherungsrecht beginnt die Geistige Behinderung bei einem IQ unter 75. Hilfsschüler weisen deshalb in der Schweiz intelligenzdiagnostisch einen IQ zwischen 75 und 90 auf. Sie sind so gesehen nicht ganz vergleichbar mit Lernbehinderten etwa in der Bundesrepublik Deutschland, wo die Grenze zur geistigen Behinderung tiefer liegt.

Sturny (1984) hat in seinem Bericht zur gegenwärtigen Situation der Schulung Lernbehinderter in der Schweiz neun verschiedene Organisationsformen "besonderer Schulung" aufgeführt. Er stellt fest, daß die traditionelle Hilfsschule, teilweise auch Kleinklasse oder Sonderklasse genannt, die verbreitetste Form ist. Am häufigsten werden somit bis heute schulschwache Schüler in speziellen Klassen unterrichtet, die sich in der schweizerischen Tradition größtenteils in Regelschulhäusern befinden. Hilfsklassen gibt es, mit Ausnahme des Kantons Tessin, in der gesamten Schweiz. Je nach Kanton heißen sie: Sonderklassen B, Kleinklassen A, Spezialklassen oder Kleinklasse.

Wenn es die schulortspezifischen Eigenheiten erlauben, ist die schweizerische Hilfsschule, im Gegensatz zur Regelschule (Jahrgangsstufenkonzept), in 4 Stufen aufgebaut: die Einführungsklasse (die Lerninhalte der ersten Primarklasse werden für schulleistungsschwache Schüler auf zwei Schuljahre verteilt), die Unterstufe, die Mittelstufe und die Werkklasse. Die Dauer der Hilfsschule erstreckt sich über die ganze obligatorische Schulzeit (je nach Kanton neun oder zehn Jahre).

Die Hilfsschulen sollten, im Unterschied zur Regelschule, durch folgende Merkmale charakterisiert sein (vgl. *Kniel* 1979, 28-32):

- Hilfsschulen nehmen nur Schüler mit erheblichen Schulschwierigkeiten auf. Das Selektionsverfahren, das zur Überweisung eines Schülers in die Hilfsschule angewandt wird, strebt eine homogene Leistungsgruppierung in der Hilfsklasse an. Die Rechtfertigung dazu liefert die Annahme, daß Unterricht in homogenen Leistungsgruppen zu besseren Leistungsergebnissen führt als in heterogenen Leistungsgruppen, da der Unterricht in solchen Klassen gezielter erfolgen kann als in heterogenen Schülergruppen.
- Ferner weisen Hilfsklassen, verglichen mit den Klassenfrequenzen in der Regelschule, eine bedeutend geringere Klassengröße auf. Laut *Sturny* (1984, 130-134) wiesen in der Schweiz Regelklassen für das Schuljahr 1981/82 je nach Kanton einen durchschnittlichen Schülerbestand zwischen 19.4 und 22.9, Hilfsklassen einen solchen zwischen 7.9 und 13.6 auf. Das Verhältnis ist beinahe 2:1. Der Vorteil dieser organisatorischen Maßnahme besteht darin, daß in Klassen mit

kleinen Schülerzahlen eine stärkere Differenzierung und Individualisierung des Unterrichts möglich ist.

- Ein weiteres Unterscheidungsmerkmal stellt der Einsatz besonders ausgebildeter Lehrer an Hilfsklassen dar. In der Schweiz kann das Hilfs- und Sonderschullehrerdiplom in einer zusätzlichen zwei- bis dreijährigen Ausbildung an Heilpädagogischen Universitätsinstituten oder an nicht-universitären Heilpädagogischen Seminaren nach der Ausbildung zum Regelschullehrer erworben werden. In der Regel führen nur speziell ausgebildete Hilfs- und Sonderschullehrer eine Hilfsklasse. Die Forderung nach besonders qualifizierten Lehrern war bereits bei der Gründung der Hilfsschule aufgetaucht (*Schindler* 1979, 47).
- Des weiteren wird angenommen, daß die Existenz besonderer Curricula für Hilfsklassen den Bedürfnissen schulschwacher Kinder entgegenkommt. In ihnen wird dem reduzierten Lerntempo der Kinder Rechnung getragen, und ihre Lerninhalte weisen einen starken praktischen Lebensbezug auf.
- Obschon nicht von hilfsschulspezifischen Unterrichtsmethoden gesprochen werden kann, dürfte das Besondere darin zu sehen sein, daß Prinzipien der allgemeinen Methodik wie Individualisierung, Konkretisierung, kleine Schritte, Selbsttätigkeit, Lebensnähe, usw. in vermehrtem Maße verwendet werden. Der Hilfsschullehrer paßt den Unterricht mehr als der Regelschullehrer dem einzelnen Schüler an.
- Schließlich zeichnet sich die Hilfsschule durch vermehrten Einsatz von Unterrichtsmitteln aus, die den Bedürfnissen der Schüler nach Anschaulichkeit Rechnung tragen. Sehr oft werden Unterrichtsmittel selbst entwickelt, da sie auf diese Weise am besten den Schülerbedürfnissen angepaßt werden können.

Die Zielsetzungen der Hilfsschule sind offiziell folgendermaßen umschrieben:

“1. Sicherung des Erreichens des Minimalzieles der Regelschule durch besondere pädagogische Möglichkeiten und Maßnahmen (...).

2. Rückgabe von Selbstbewußtsein und Vertrauen in die eigene Lernfähigkeit an diejenigen Schüler, welche in ihrer Erziehung zu Hause bzw. in der Zeit des Regelschulbesuchs diese verloren haben.

3. Rückgliederung des Schülers in die Regelschule in denjenigen Fällen, wo dies von der speziellen Situation des Schülers her (Ursachen der Lernbeeinträchtigung bzw. Fördererfolg) möglich ist” (*IEDK-Kommission “Hilfsschule/ Werkschule”* 1982, 16).

Zur Zeit muß sich die Institution "Hilfsschule" mit verschiedenen Schwierigkeiten auseinandersetzen. So hatten beispielsweise die sinkenden Schülerzahlen anfangs der 80er Jahre (vgl. *Sturny* 1984, 79) viele Klassenschließungen zur Folge. Der im Vergleich zur Regelschule übermäßige Schülerrückgang in der Hilfsschule veranlaßt Schulbehörden zur Überprüfung der Einweisungspraxis und zur Erprobung von alternativen Maßnahmen für schwache Schüler. Ein weiteres Problemfeld besteht in den meist nur theoretisch vorhandenen Rückgliederungschancen der Hilfsschüler in die Regelschule. Das Bundesamt für Statistik konnte diesbezüglich feststellen, daß beispielsweise im gesamtschweizerischen Durchschnitt vom Schuljahr 84/85 ins Schuljahr 85/86 nur 1.53% der Hilfsschüler (im Primarschulalter) in die Regelschule rückgeschult werden konnten (nicht veröffentlichte Angabe; wurde vom Bundesamt für Statistik auf Wunsch hin berechnet).

2.2.2 Zum Begriff der Integration

Bevor verschiedene Standpunkte in der Integrationsdiskussion dargestellt werden, drängt sich eine begriffliche Klärung auf. Von der Wortbedeutung her meint Integration allgemein: "... die Vervollständigung eines unvollständigen Ganzen, die Einbeziehung und Eingliederung von etwas, durch welches das Ganze erst seine eigentliche Vollständigkeit erhält. Auf die Gesellschaft übertragen würde dies heißen, daß diese erst dann vollständig ist und ihr Wesen als das Gesamt aller in ihr lebenden Menschen erfüllt, wenn auch jene einbezogen sind, die am Rande stehen, welche durch irgendwelche Beeinträchtigungen nicht die 'Normalität' erfüllen, nicht das gewünschte Verhalten und nützliche Leistungen für sich und die Gesellschaft erbringen" (*Kasztantowicz* 1982, 11). Der Begriff "Integration" wird nicht nur in der Pädagogik verwendet, sondern er kommt in verschiedenen Humanwissenschaften vor. Er wird offensichtlich sehr verschiedenartig verwendet; es ist schon vom "vielseitigen und inflationären Gebrauch" dieses Begriffs gesprochen worden (*Bonderer* 1979, 367). Deshalb dürfte es unumgänglich sein darzulegen, was man darunter versteht. Dazu fordert *Bleidick* (1981, 719), daß die Bedeutungsebene genannt wird, auf der man den Begriff braucht; in einer späteren Analyse der möglichen Bedeutungsebenen von "Integration" ist dieser Autor sogar zu einem weitergehenden Schluß gekommen: "Wenn ich politische und administrative Definitionsmacht hätte, würde ich entscheiden: den Begriff Integration gar nicht zu verwenden" (*Bleidick* 1988, 81).

Die wichtigste Unterscheidung ist sicher jene zwischen Integration als Ziel und Integration als Mittel. Gebraucht man den Begriff auf der Bedeutungsebene "Ziel", so versteht man darunter die gesellschaftlich-berufliche Eingliederung Behinderter in das soziale Gesamt entsprechend der Definition von *Kasztantowicz* (1982). So verstanden, bedeutet Integration die möglichst umfassende Teilhabe des Behinderten am gesellschaftlichen Leben. Dieser Bedeutungsaspekt wird häufig "soziale Integration" genannt. Wenn der Begriff einfach für gemeinsame Veranstaltungen von Behinderten und Nichtbehinderten verwendet wird, bedeutet "Integration" in der Regel ein Mittel zur Verwirklichung der "sozialen Integration". Im Erziehungsbereich wird versucht, das Ziel "soziale Integration" durch das Mittel der gemeinsamen Schulung und Erziehung Behinderter und Nichtbehinderter zu erreichen. Dieser Aspekt wird "schulisch-erzieherische Integration" genannt.

An weiteren Bedeutungsebenen können beispielsweise genannt werden:

- Manchmal meint "Integration" nur das organisatorisch gesicherte, äußere Beieinander von Behinderten und Nichtbehinderten. Zu unterscheiden ist dieses Verständnis von jenem der "echten" oder "inneren" Integration, der humanen Annahme des Behinderten. Obschon eine solche Begriffsunterscheidung nach kritisch-rationalen Kriterien unhaltbar ist, kann die Meinung nicht vernachlässigt werden, daß "Scheinintegration mindestens so schlimm wie Aussonderung und Verhinderung von Integration" sein kann (*Bleidick* 1988, 78).
- Ferner können auch verschiedene Grade, Formen und Stufen der Integration unterschieden werden. Schulisch-erzieherische Integration zum Beispiel kann in unterschiedlichem Ausmaße verwirklicht werden, von minimaler Integration über Teilintegration bis hin zur Totalintegration. *Bleidick* (1988) unterscheidet zwischen "Bereichen der Integration" (68), "Stufen der Integriertheit" (70), "Selektiver Integration" (76) und "Totaler Integration" (76). Die totale Integration ist in jüngster Zeit zur Grundlage einer "neuen" Richtung der Pädagogik geworden, die sich "Integrationspädagogik" nennt (vgl. *Eberwein* 1988a). Diese vertritt als politische Zielrichtung den Grundsatz, "daß Integration unteilbar ist. Sie läßt keine Ausnahme zu. Gemeinsamkeit aller ist eben nicht möglich, wenn nicht alle die allgemeinen Bildungseinrichtungen besuchen können" (*Muth* 1988, 17). Da es sich um einen politischen Grundsatz handelt, wird empirische Erforschung von Integrationswirkungen als unnötig und eher hinderlich abgelehnt; die Polemik kann dann ohne weiteres so lauten: "Integration ist empirisch weder verifizierbar noch falsifizierbar" (*Eberwein* 1988, 50).
- Schließlich darf nicht vergessen werden, daß Integration zugleich auch einen prozeßhaften Aspekt beinhaltet. Es ist nur dann sinnvoll, von Integration zu sprechen, wenn es verschiedene Teilbereiche gibt, die es zu integrieren gilt (vgl. *Bleidick* 1981, 1988, *Bonderer* 1979, 1980, *Bürli* 1986, *Geiger* 1983, *Kasztantowicz* 1982).

Obschon die Vieldeutigkeit des Begriffs "Integration" inzwischen hinreichend bekannt sein dürfte, scheint eine pauschale Begriffsverwendung weiterhin vorzuherrschen. Sie führt fast immer zur unangemessenen Frage "Integration - ja oder nein?" In dieser allgemeinen Form wird sich die Frage nie beantworten lassen. *Bleidick* (1983, 543) nennt dies eine zweitrangige Fragestellung, da es nicht in erster Linie um eine Entscheidung für oder gegen ein Schulmodell geht, sondern um die bestmögliche pädagogische Förderung schulleistungsschwacher Kinder. Sobald die pauschale Fragestellung ins Zentrum rückt, tauchen positive und negative Argumente auf, die für den Einzelfall in der Praxis stimmen mögen, sich jedoch nicht verallgemeinern lassen und somit auch die pädagogische Diskussion nicht weiterführen. Ein jüngeres Beispiel für diese Argumentationsweise finden wir bei *Pohl* (1987, 731), der sich für die Sonderschule ausspricht, weil in ihr die Schüler "...durch qualifizierte Sonderschullehrer individuell gefördert werden können, in der sie nicht behindert werden wie in einem integrierenden Unterricht, in dem die einfachsten Prinzipien des Unterrichts unbeachtet bleiben". Dieses Argument mag für den von *Pohl* gemeinten Einzelfall in der Praxis zutreffen. Es kann aber nicht verallgemeinert werden; denn mangelnde Individualisierung im integrierenden Unterricht kann leicht verändert werden. Die Möglichkeit zur Individualisierung des Unterrichts in Regelklassen steigt mit den sinkenden Schülerzahlen in diesen Klassen. In welcher Schulform schwache Schüler die bestmögliche Förderung erfahren, kann selbstverständlich auch nicht umgekehrt nach der Faustregel: "Wer eine Sonderschule besucht, wird schlecht gefördert, und wer in der allgemeinen Schule unterrichtet wird, wird gut gefördert" (*Wocken; Antor* 1987, 205) beantwortet werden. Zu pauschale Integrations- oder Separationsbegriffe, die sich häufig auf die schulorganisatorische Dimension reduzieren, führen zu einer Polarisierung und helfen keinem der Kontrahenten weiter.

Betrachtet man den Prozeß der Integration im Rahmen der pädagogischen Wirklichkeit, so kann sie nicht 'monistisch' definiert werden (*Schmidt* 1981, 67), wie dies hauptsächlich in schulpolitischen Diskussionen der Fall ist. Integration ist in der pädagogischen Wirklichkeit ein Prozeß, der unter verschiedenen Aspekten differenziert zu beurteilen ist. Ein wesentlicher Aspekt ist sicher derjenige der "echten sozialen Integration" in Abhebung von der "physischen, äußerlichen Integration" (*Bleidick* 1980, 634). *Schmidt* (1981, 67) erwähnt den "interaktionistischen, partnerzentrierten" Aspekt der Integration. Ähnlich spricht *Hell* (1984, 207) erst dann von Integration, wenn die "...von Humanität in Annahme und Verständnis getragene Interaktion und Kooperation von Menschen in einer angstfreien und partnerschaftlichen Atmosphäre ..." stattfindet. *Kobi* (1983, 197) unterscheidet sechs Aspekte der Integration: die physisch-ökologische, die terminologisch-begriffliche, die administrativ-bürokratische, die sozial-kommunikative, die curricular-funktionelle und die lern- und lehrpsychologische Dimension. Seine Schlußfolgerung ist ganz in unserem Sinne: Integration ist "...kein einmaliger, nach einem Entweder-Oder-Prinzip zu vollziehender Akt, sondern ein zahlreiche Zwischenstufen umfassender Prozeß" (*Kobi* 1983, 213). Wenn man es so sieht, muß die Integrationsdiskussion unter folgenden Fragestellungen geführt werden: "Wie werden schulleistungsschwache Kinder am besten gefördert?" oder "Wie sieht der Prozeß der Integration aus und wie läßt er sich positiv beeinflussen?" Wenn so gefragt wird, "darf es nicht heißen: Sonderschule oder integrative Einrichtungen. Es muß heißen: Sonderschule und integrative Einrichtungen" (*Antor* 1988, 19).

In unseren Forschungen wird Integration als ein Mittel zur individuellen und sozialen Entfaltung des schulleistungsschwachen Schülers im Hinblick auf seine soziale Integration untersucht. Mögliche positive und negative Wirkungen der als Mittel eingesetzten schulischen Integration auf verschiedene Merkmale von schulleistungsschwachen Schülern sollen entdeckt werden. Wir hoffen, daß aufgrund des neuen Wissens besser entschieden werden kann, in welchen Fällen und unter welchen Bedingungen integrierte Schulung oder Sonderschulung angebracht ist.

3. Motive und Tendenzen zur Integration von Lernbehinderten

3.1 Quantitative Entwicklungen als auslösendes Motiv zur Integration von Lernbehinderten

Wir stellen einige Entwicklungstendenzen am Beispiel des schweizerischen Sonderschulwesens dar; in den Grundzügen findet man ähnliche Tendenzen in den anderen deutschsprachigen Ländern. Die Zahl der lernbehinderten Schüler, die in Hilfs- oder Sonderklassen unterrichtet werden, geht seit Ende der siebziger Jahre überproportional zurück. Beispielsweise nahmen von 1977 bis 1982 gesamtschweizerisch die Schülerzahlen in den Regelklassen um 9%, die Schülerzahlen in den Hilfsklassen um 28% ab (vgl. *Sturny* 1984). Hilfs- oder Sonderklassen sind also vom Schülerrückgang dreimal stärker betroffen als Regelklassen.

Über die Ursachen dieses überproportionalen Schülerrückgangs gibt es verschiedenartige Spekulationen, die alle in bestimmten Einzelfällen zutreffen können. Folgende Erklärungsversuche sind uns bisher bekannt geworden: 1) Durch die rückläufigen Schülerzahlen mußten Sonderklassen, die ohnehin schon kleine Klassen sind, aufgehoben werden, womit das regionale Angebot fehlt. 2) Es ist möglich, daß einzelne Lehrer Lernbehinderte in der Regelklasse behalten haben, um so die Stichzahl zu erreichen, die nötig ist, damit ihre Klasse nicht aufgelöst wird. 3) In der Schweiz ist ein Rückgang von Gastarbeiterkindern, welche in der Hilfsschule stark vertreten sind, zu verzeichnen. 4) Lehrer mit kleineren Regelklassen können für schwächere Schüler mehr Zeit aufbringen und so eine eventuelle Einweisung in die Hilfsschule verhindern. 5) In verschiedenen Kantonen existieren Versuchsklassen, in welchen die Lernbehinderten in der Regelklasse unterrichtet und deshalb nicht in die Sonderklasse eingewiesen werden.

Für verschiedene ländliche Regionen war der überproportionale Schülerrückgang in den Sonderklassen für Lernbehinderte das ausschlaggebende Motiv zur Einrichtung eines integrierenden Schulmodells; weil die erforderliche Schülerzahl für eine Sonderklasse nicht mehr erreicht wurde, suchte man eine neue schulorganisatorische Lösung für Lernbehinderte. Der Hinweis, daß mehrere Integrationsversuche nicht in erster Linie pädagogisch begründet, sondern durch eine äußere quantitative Entwicklung motiviert sein dürften, erscheint uns im Hinblick auf die Evaluation dieser Schulversuche relativ wichtig.

Ein ebenfalls für einzelne Regionen ausschlaggebendes Motiv zur Einrichtung von integrierenden Schulmodellen sind die teilweise sehr langen Schulwege von Hilfsschülern in ländlichen Gegenden. So ist uns beispielsweise von zuverlässigen Instanzen gesagt worden, daß im Fürstentum Liechtenstein der Druck der Eltern von Hilfsschülern gegen deren langen Schulwege ein wesentlicher Faktor zu Versuchen mit Integrationsmodellen gewesen sei. Anhand der von uns untersuchten deutschschweizerischen Stichprobe hat sich die Tatsache der langen Schulwege von Hilfsschülern bestätigen lassen: Jeder dritte Hilfsschüler begibt sich täglich, einige unter ihnen sogar zweimal am Tag, in ein anderes Dorf, um dort dem Unterricht in einer Hilfsklasse folgen zu können. In den Regelklassen besucht nur jeder 18. Schüler eine Klasse außerhalb seines Wohnortes. In den integrierenden Regelklassen mit Heilpädagogischer Schülerhilfe besucht sogar nur jeder 27. Schüler eine Klasse in einem anderen Ort, obwohl sich diese Klassen zum größten Teil in dünnbesiedelten Gebieten befinden. Dies ist ein Hinweis darauf, warum gerade in ländlichen Regionen die Idee einer schulorganisatorischen Integration oft auf fruchtbaren Boden fällt.

3.2 Integrierende Schulformen

3.2.1 Überblick über mögliche schulorganisatorische Maßnahmen zwischen Separation und Integration

Für praktisch alle schulorganisatorischen Maßnahmen, welche in Abbildung 1 im Sinne eines Überblicks dargestellt sind, findet man in den deutschsprachigen Ländern Beispiele. Die Zusammenstellung von *Weigert* (1987, 189-197) wird anderen vorgezogen (z.B. *Schindele* 1980, 36, *Sturny* 1984, 92), weil sie umfassender ist und zwischen einzelnen Formen feiner differenziert. Es werden in diesem Überblick auch Organisationsformen aufgelistet, welche in der Schweiz nicht existieren, aber für unser Schulsystem mögliche Ergänzungen darstellen. In Anlehnung an *Schindele* (1980, 36) wählte *Weigert* die Anordnung der 13 möglichen Organisationsformen so, daß beim Fortschreiten von der Form "Einzelunterricht im Eltern- oder Krankenhaus" zur Form "Stille Integration" mit jeder nachfolgend beschriebenen Organisationsform die Möglichkeiten des Kontaktes und der Interaktionen zwischen Schulleistungsschwachen und Schülern ohne besondere Schulschwierigkeiten steigen; gleichzeitig werden aber beim Fortschreiten in derselben Richtung die Möglichkeiten zur Realisierung spezieller sonderpädagogischer Maßnahmen in Unterricht und Erziehung zunehmend eingeschränkt.

Die aufgeführten Organisationsformen werden im folgenden kurz charakterisiert:

1) Einzelunterricht im Eltern- oder Krankenhaus: Das schulleistungsschwache oder behinderte Kind erhält im Eltern- oder Krankenhaus Einzelunterricht, wenn es aus organischen oder psychischen Gründen für längere Zeit nicht am Unterricht in einer Schule teilnehmen kann. Dieser Unterricht wird nur so lange durchgeführt, wie es aufgrund der physischen oder psychischen Verfassung des Kindes unbedingt notwendig ist, da hier Sozialisationsprozesse in einer Gruppe weitgehend fehlen.

2) Völlig segregierte Heimsonderschule: Das Kind erhält den gesamten Unterricht sowie die Erziehung von speziell ausgebildeten Lehrkräften und Erziehern in

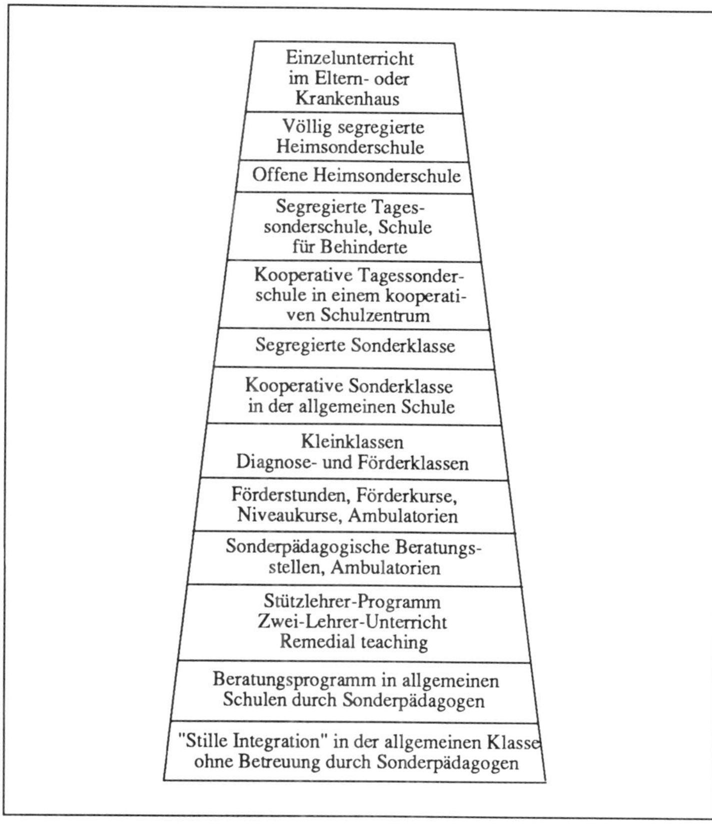

Abbildung 1: Übersicht über schulorganisatorische Maßnahmen zwischen extremer Separation und Integration (aus: *Weigert* 1987, 191)

der Heimsonderschule. Kontakte zur Familie sind äußerst selten und werden bewußt gemieden. Kontakte zu nichtbehinderten Schülern werden nicht gefördert.

3) Offene Heimsonderschule: Im Unterschied zur völlig segregierten Heimsonderschule gehen die Schüler so oft wie möglich nach Hause. Auch werden Aktivitäten außerhalb des Heimes und Kontakte zu anderen Kindern gepflegt. Diese Schulform wird auch kooperative, additive Heimsonderschule genannt.

4) Segregierte Tagessonderschule, Schule für Behinderte: In dieser Sonderschule erhält das Kind den gesamten Unterricht sowie weitere Maßnahmen von Sonderpädagogen. Die Schule ist sowohl räumlich als auch organisatorisch von der allgemeinen Schule getrennt. Die Kinder gehen jeden Tag nach Hause.

5) Kooperative Tagessonderschule in einem kooperativen Schulzentrum: Das schulleistungsschwache oder behinderte Kind besucht eine organisatorisch eigenständige Sonderschule, die sich aber in enger räumlicher Nachbarschaft zur allgemeinen Schule befindet. Der Unterricht findet, mit Ausnahme einzelner schultypenübergreifender Lektionen in Regelklassen, zum größten Teil in der Sonderklasse statt (Teilintegration). Außerhalb des Unterrichts sind zudem während der Pausen, an Feiern und Veranstaltungen der Schule Kontakte zwischen Kindern der Sonderklasse und jenen der Regelschule möglich.

6) Segregierte Sonderklasse in der allgemeinen Schule: Das schulleistungsschwache Kind erhält seinen gesamten Unterricht in einer von Sonderschullehrern geleiteten Sonderklasse, welche aber sowohl räumlich als auch organisatorisch Teil einer allgemeinen Schule ist.

7) Kooperative Sonderklassen in der allgemeinen Schule: Im Unterschied zur segregierten Sonderklasse nimmt hier das Kind in jenen Fächern, in denen eine unterrichtliche Besonderung nicht erforderlich ist, am Unterricht der Regelschule teil (typenübergreifender Unterricht, Teilintegration).

8) Kleinklassen, Diagnose- und Förderklassen: Diese Organisationsform ist auch bekannt unter dem Namen Beobachtungsklassen, welche sich innerhalb der allgemeinen Schule befinden. In der Regel unterrichtet hier ein Sonderschullehrer: "... eine Konzentration auf die vorliegenden Störungen wird vermieden, angestrebt wird eine kurzfristige Gesamterziehung unter besonderen Bedingungen" (*Weigert* 1987, 194). Möglich sind auch Kleinklassen, in denen sich neben Schülern ohne besondere Schwierigkeiten auch einige wenige mit Schulleistungsschwächen befinden. Die Anzahl der Schüler ist herabgesetzt.

9) Förderstunden, Förderkurse, Niveaukurse, Einzelförderung: Das Kind besucht den allgemeinen Unterricht in seiner angestammten Regelklasse, erhält aber hinsichtlich seiner Lernbeeinträchtigungen außerhalb des Klassenverbandes eine spezielle Förderung. Diese erfolgt in Förderstunden einzeln oder in Kleingruppen durch Sonderpädagogen. Niveaukurse sind klassenübergreifende Einrichtungen für einzelne Fächer, in denen Kinder einer bestimmten Leistungsstufe unabhängig von ihrer Klassenzugehörigkeit unterrichtet werden.

10) Sonderpädagogische Beratungsstellen, Ambulatorien: Das beeinträchtigte Kind besucht eine Regelklasse, welcher eine sonderpädagogische Beratungsstelle mit ständig anwesenden Sonderpädagogen zugeordnet ist. Mehrmals wöchentlich erhält das Kind dort unterstützenden, alternativen und zusätzlichen Unterricht.

11) Stützlehrer-Programm, Zwei-Lehrer-Unterricht, Remedial teaching: Auch hier bleibt das Kind in der Regelklasse. Mehrmals wöchentlich erhält es den Besuch eines Stütz- oder Wanderlehrers, der angesichts der Lernbeeinträchtigungen und aufgrund einer Förderdiagnose für regelmäßige Betreuung, Vertiefung des allgemeinen Unterrichts und für Zusatzunterricht sorgt.

12) Beratungsprogramm in allgemeinen Schulen durch Sonderpädagogen: Das schulleistungsschwache Kind besucht den gesamten Unterricht einer Regelklasse, erfährt aber keinerlei spezielle unterrichtliche Unterstützung durch Sonderschullehrer. Lehrer, Eltern und Schüler werden aber auf Wunsch von einem Sonderpädagogen beraten. Spezielle Förderprogramme können in der Beratung besprochen werden. Auch werden Lehrmittel empfohlen.

13) "Stille Integration" in der allgemeinen Klasse ohne Betreuung durch Sonderpädagogen: Das schulleistungsschwache Kind besucht die Regelklasse, erfährt aber in keiner Hinsicht spezielle Unterstützung durch einen Sonderpädagogen.

Einige dieser 13 Organisationsformen (*Weigert* 1987, 190-197) weisen untereinander nur geringfügige Unterschiede auf, die in der Praxis nicht unbedingt gegeben sein müssen. In groben Zügen betrachtet, lassen sie sich, bei Ausklammerung von Form 1, auf fünf Hauptformen reduzieren:

- Sonderklassen für schulleistungsschwache Schüler (Hilfsklassen) (Form 2, 3, 4, 6)
- Sonderklassen mit Teilintegration (Form 5, 7)
- Kleinklassen (Form 8)

- Regelklassen mit zusätzlichen pädagogischen Maßnahmen für Schulleistungsschwache (Form 9, 10, 11, 12)
- Regelklassen ohne zusätzliche pädagogische Maßnahmen für Schulleistungsschwache (Form 13).

3.2.2 Laufende Versuche mit integrierenden Schulmodellen

3.2.2.1 Regelklassen mit Heilpädagogischer Schülerhilfe

Mit dieser integrierenden Schulform wird zur Zeit am häufigsten experimentiert. Anstelle des von uns bevorzugten Begriffs "Heilpädagogische Schülerhilfe" werden oft andere Begriffe verwendet: "Heilpädagogischer Stützunterricht", "Heilpädagogischer Stütz- und Förderunterricht", "Stützunterricht", "Ergänzungsunterricht", "Ambulanzunterricht", "Zusatzunterricht" u.a.. Die lernbehinderten Schüler bleiben grundsätzlich in die Regelklasse integriert, erhalten aber zusätzlich zum Regelklassenunterricht eine spezielle Förderung. Die heilpädagogischen Hilfen können einerseits auf die direkte Förderung der betroffenen Schüler im Einzel- oder Kleingruppenunterricht gerichtet sein, andererseits aber auch Hilfen für den Regelklassenlehrer mitumfassen. Die Regelklasse mit Heilpädagogischer Schülerhilfe beinhaltet die Organisationsformen 9, 10, 11 und 12 nach *Weigert* (1987).

In der deutschsprachigen Schweiz haben wir zur Zeit der Projektplanung das Schulmodell "Regelklasse mit Heilpädagogischer Schülerhilfe" insbesondere in ländlichen Gebieten vorgefunden, wo die Erhaltung der traditionellen Hilfsschule infolge des Schülerrückganges nicht mehr sinnvoll gewesen wäre (vgl. oben); so zum Beispiel in Adelboden (BE), Altendorf (SZ), Andermatt (UR), Hergiswil (NW), Hergiswil (LU), Hospenthal (UR), Leuk (VS), Luterbach (SO), Steg (VS), Steinen (SZ) und Würenlos (AG). Außerdem wird dieses Modell in Eschen (Fürstentum Liechtenstein) und in zahlreichen Schulorten der französischsprachigen und der italienischsprachigen Schweiz praktiziert. Die Verbreitung dieses Schulmodells dürfte noch zunehmen; es wird in verschiedenen Regionen als Alternative zur Hilfsschule im ländlichen Raum diskutiert.

Das Modell ist zur Zeit in der Regel in folgender Form realisiert: Da der Regelklassenlehrer zur Förderung lernbehinderter Schüler weder zeitlich in der Lage noch fachlich ausgerüstet ist, steht ihm ein ambulant tätiger Sonderschullehrer, der mehrere Regelklassen betreut, für die zusätzliche heilpädagogische Hilfestellung zur Seite. In der Regel führt der Sonderschullehrer ein- bis sechsmal in der Woche mit schwachen Schülern spezielle Förderprogramme durch. Dies geschieht in

Absprache mit dem Klassenlehrer und je nach Bedürfnis einzeln oder in Kleingruppen, wenn möglich am Rande oder während des Unterrichts im Klassenzimmer. Selbstverständlich kommt es auch sehr oft vor, daß sich der oder die betreffenden Schüler für eine bestimmte Therapie oder ein spezielles Förderprogramm, welche nicht im Klassenzimmer durchgeführt werden können, zum Sonderpädagogen begeben.

Als weiterer Aufgabenbereich der Heilpädagogischen Schülerhilfe gilt in einigen Realisierungen auch die Beratung des Klassenlehrers und der Eltern. Der Lehrer erhält Informationen und Ratschläge, wie er den besonderen Bedürfnissen schulleistungsschwacher Schüler gerecht werden und die Fördermaßnahmen innerhalb des Unterrichts unterstützen kann. Bei der Elternberatung geht es insbesondere darum, ihnen die besondere schulische Situation ihres Kindes verständlich zu machen und sie für die aktive Mitarbeit an der Förderung des Kindes zu gewinnen.

Es wäre auch wünschenswert, daß Prävention, Koordination und Diagnostik zu den Aufgaben des Sonderpädagogen gehören. Er kann von den Lehrern oder von den Eltern als Berater für Erziehungsfragen, zum Beispiel bezüglich Lernschwierigkeiten oder Verhaltensauffälligkeiten, beigezogen werden. Solche Gespräche dürften in einigen Fällen bereits schon vorbeugende Wirkung haben. Innerhalb des Unterrichts kann er auch Schülern mit kleinen Schwierigkeiten beistehen und auf diese Weise präventive Maßnahmen ergreifen. Werden zur Förderung eines Kindes verschiedene Dienste oder Fachleute wie Schulpsychologen, Logopäden, Psychomotorik-Therapeuten, Arzt usw. beansprucht, so bemüht sich der Sonderpädagoge um die Koordination der interdisziplinären Zusammenarbeit. Er kennt das Kind gut und ist fachlich in der Lage, diese Koordinationsleistung zu vollbringen. Zu seiner Arbeit gehört ebenfalls Förderdiagnostik, die eine differenzierte Ausgangslage seiner Fördermaßnahmen ermöglicht (*IEDK-Kommission "Hilfsschule/Werkschule"* 1982, 21-30).

Als Vorteile dieser integrierenden Schulform werden genannt:

"- Vorbeugende Wirkung dank früher und einfacher Erfassung
- Weitgehende Vermeidung von Separation und Abstempelung
- Überweisung und Separierung erst nach längerer Beobachtung, Stützung und genauer vielseitiger Abklärung
- Ergänzung der Plazierungsdiagnostik durch eine Förderdiagnostik, die konkrete Hinweise auf Fördermaßnahmen gibt
- Soziale Verwurzelung bleibt erhalten (Schüler können die Schule an ihrem Ort und mit ihren Kameraden besuchen)
- Vermeidung langer Schulwege

- Regelschüler und deren Lehrer müssen sich mit Andersartigen auseinandersetzen; das ergibt eine gegenseitige Bereicherung
- Einstieg ins Berufsleben ist ohne Diskriminierung möglich
- Lehrseitig verursachte Lernbehinderungen können durch die Zusammenarbeit Heilpädagoge-Primarlehrer weitgehend erkannt und umgangen werden
- Früher Einbezug der Eltern und enge Zusammenarbeit Schule-Eltern-Heilpädagogische Schülerhilfe ermöglichen eine ganzheitliche Erfassung und Förderung/Therapie
- Bessere Erfassung von Problemschülern und größere Zahl betreuter Schüler bedeutet eine sinnvollere Ausnützung der vorhandenen Fachkompetenz
- Gesprächsbereitschaft und Teamarbeit bei den Primarlehrern werden verbessert" (*IEDK-Kommission "Hilfsschule/Werkschule"* 1982, 30).

An Nachteilen wird genannt:

"- Anfänglich ist die Zusammenarbeit zwischen den Lehrern schwierig
- Nicht jeder Sonderschullehrer ist für diese Arbeit geeignet
- Durch die Betreuung mehrerer Klassen hat der Sonderpädagoge für den einzelnen Schüler weniger Zeit als der Hilfsschullehrer in der traditionellen Hilfsklasse" (*IEDK-Kommission "Hilfsschule/Werkschule"* 1982, 31-32).

Die hier genannten Vor- und Nachteile basieren auf Erfahrungen von Praktikern und auf Vermutungen. Mit Spannung sind die Ergebnisse unseres Projektes erwartet worden, damit diese auf Erfahrung beruhende Bewertung mit empirischem Wissen über die Wirkung dieser Schulform ergänzt werden kann. Da die Regelklassen mit Heilpädagogischer Schülerhilfe die am meisten verbreitete integrierende Schulform darstellen und Hauptgegenstand unserer empirischen Untersuchung sind, werden wir diese Schulform in einem gesonderten Kapitel (vgl. Kapitel 4) noch genauer beschreiben.

3.2.2.2 Gemischte Kleinklasse

In der "Gemischten Kleinklasse" werden sowohl Regelschüler als auch lernbehinderte Schüler zusammen in derselben Klasse gefördert. Die Klasse zählt in der Regel zwölf Schüler, wovon maximal drei Kinder Schulleistungsschwierigkeiten im Sinne von Lernbehinderungen aufweisen. Die Klasse wird von einem ausgebildeten Sonderschullehrer geführt. Das Schulmodell "Gemischte Kleinklasse" entspricht der Organisationsform 8 (vgl. Abbildung 1) und ist nur im Kanton Wallis, in Siders und Brig, vorzufinden.

Das Unterrichten in Gemischten Kleinklassen stellt hohe Anforderungen an den Lehrer, denn er hat eine doppelte Aufgabe zu erfüllen. Einerseits muß er mit dem Gros der Klasse das Lernziel der Regelschule erreichen, und andererseits ist er um die spezielle und individuelle Förderung der schulleistungsschwachen Schüler seiner Klasse bemüht. Obwohl Erfahrungsberichte dieses Schulmodell als sehr positiv beurteilen (vgl. *Chappot; Huser* 1983, 149), ist eine Bewertung der Gemischten Kleinklasse zur Zeit noch schwierig, da es einerseits nur wenige Klassen dieser Form gibt und andererseits bisher keine wissenschaftliche Begleitung dieser Schulversuche stattgefunden hat.

Vorteile der Gemischten Kleinklasse können sein:

- Bessere schulische und gesellschaftliche Integration der Schulleistungsschwachen als im traditionellen Hilfsschulmodell, da schulisch nicht separiert wird und der Schulbesuch im Wohnort erfolgen kann
- Verminderte Etikettierung
- Chance zum sozialen Lernen für beide Schülerarten
- Verbesserung der Rückgliederungschancen ins Programm der Regelschule durch die unkomplizierte Durchlässigkeit innerhalb der Klasse
- Keine Benachteiligung der Schulleistungsschwachen für den Berufseinstieg durch eine schulorganisatorisch bedingte Konstellation (z.B.: Hilfsschulzeugnis).

Die Nachteile dieser Schulform sind vermutlich in der zu hohen Belastung des Lehrers zu suchen. Ferner wird von den betroffenen Lehrern immer betont, daß der Lehrer große Anstrengungen unternehmen muß, damit innerhalb seiner Klasse die Schulleistungsschwachen nicht abgestempelt und isoliert werden. Dem ist entgegenzuhalten, daß mit diesem Problem die allermeisten Lehrer, ungeachtet der Schulform, in der sie unterrichten, konfrontiert werden (*IEDK-Kommission "Hilfsschule/Werkschule"* 1982, 34-37).

3.2.2.3 Regelklassen ohne zusätzliche Maßnahmen

Regelklassen ohne zusätzliche Maßnahmen sind nichts anderes als gewöhnliche Regelschulklassen, weshalb man hier nicht von einem Schulmodell im eigentlichen Sinne sprechen kann. Diese Schulungsart entspricht der Organisationsform 13 (vgl. Abbildung 1) und wird von *Weigert* (1987, 190) "stille Integration" genannt. Der Lernbehinderte bleibt, aus welchen Gründen auch immer, in der Regelschulklasse. Die Integration der Lernbehinderten wird nicht durch eine spezielle und bewußt darauf abzielende schulorganisatorische Maßnahme bewerkstelligt. In diesem Sinne ist der Begriff "stille Integration" gut gewählt. Die räumliche Integration ist zwar jeweils gegeben, der Betreuungsaufwand für schwache Schüler schwankt jedoch erheblich und kann nicht vorausgesetzt werden. Interessant im Zusammenhang mit dieser Schulungsart ist, daß sie in *Sturny*s Bestandsaufnahme (1984, 95) von keinem einzigen Kanton der Schweiz als Haupt- oder als Nebenform zur Schulung lernbehinderter Schüler angegeben wurde, obwohl in sehr vielen Regelklassen schulleistungsschwache Kinder zu finden sind. Von den Schulbehörden aus scheint diese Schulform als Notlösung betrachtet zu werden, die nur vorübergehend und unkontrolliert existiert.

Im Schulalltag dürfte die "stille Integration" vermutlich häufiger vorkommen, als dies Schulbehörden bekannt ist. Die große Gefahr dabei ist, daß die Betreuung der schulleistungsschwachen Kinder vernachlässigt wird. Sicherlich gibt es vereinzelt Lehrer, die durch ihren Einsatz und mit methodischem Geschick auch diesen Kindern gerecht werden können. Die sachkundige Betreuung darf aber nicht als vorausgesetzt betrachtet werden.

4. Regelklassen mit Heilpädagogischer Schülerhilfe

4.1 Das Prinzip der Individualisierung durch Differenzierung als didaktische Grundlage dieser Schulform

Individualisierung bedeutet, daß der Lehrer den Unterricht dem Schüler anpaßt und auf dessen Fähigkeiten abstimmt. Die individuellen Lernmöglichkeiten des Schülers werden bei der Unterrichtsplanung und -gestaltung mindestens gleichgewichtig berücksichtigt wie die Anforderungen des offiziellen Lehrplanes. Der Lehrer orientiert sich nicht am Klassendurchschnitt, sondern an jedem Schüler. Ziel dieses Unterrichts ist die Schaffung einer für jeden Schüler optimalen Lernsituation. Der Lehrer soll die Schüler gemäß ihrer Eigenarten bezüglich kognitiver und affektiver Unterschiede sowie Unterschiede in der Lern- und Arbeitstechnik und in der Fähigkeit zur Kooperation fördern (*Dubs* 1979, 16).

Die Individualisierung wird durch Maßnahmen der Differenzierung möglich. "Differenzierung meint die Bemühungen, angesichts der unterschiedlichen Lernvoraussetzungen der Schüler und unterschiedlicher gesellschaftlicher Anforderungen durch eine Gruppierung nach bestimmten Kriterien und durch didaktische Maßnahmen den Unterricht so zu gestalten, daß die für das schulische Lernen gesetzten Ziele möglichst weitgehend erreicht werden können" (*Schittko* 1984, 23). Man unterscheidet im allgemeinen zwischen äußerer und innerer Differenzierung. "Innere Differenzierung meint dabei alle jene Differenzierungsformen, die innerhalb einer gemeinsam unterrichteten Klasse oder Lerngruppe vorgenommen werden im Unterschied zu allen Formen sogenannt äußerer Differenzierung, in der Schülerpopulationen nach irgendwelchen Gliederungs- oder Auswahlkriterien - z.B. den Gesichtspunkten unterschiedlicher Leistungsniveaus oder unterschiedlicher Interessen - in Gruppen aufgeteilt werden, die räumlich getrennt und von verschiedenen Personen bzw. zu verschiedenen Zeiten unterrichtet werden" (*Klafki; Stöcker* 1985, 119).

Zur äußeren Differenzierung zählen Schulsystemdifferenzierung (institutionelle Differenzierung, interschoolgrouping) und Schuldifferenzierung (intraschoolgrouping, interclassgrouping) (*Haußer* 1980, 24, *Schittko* 1984, 23). Die Unterteilung unseres Volksschulsystems auf der Primarstufe in Sonderschule und Regelschule entspricht einer Schulsystemdifferenzierung. Die Schüler werden auf verschiedene Schularten aufgeteilt. Differenzierungskriterium bildet die Schulleistung. Typisches Beispiel für Schuldifferenzierung sind Integrierte Gesamtschulen, wo die herkömmliche Differenzierung nach Schularten durch Gruppierung der

Schüler gemäß ihren Fachleistungen ersetzt wird. Schüler werden nur in den Hauptfächern in leistungshomogene Gruppen eingeteilt.

Auch ambulanter Förderunterricht, wie er in Regelklassen mit Heilpädagogischer Schülerhilfe durchgeführt wird, ist eine äußere Schuldifferenzierungsmaßnahme, da die Schüler aus dem Klassenverband herausgelöst und gesondert unterrichtet werden. Schüler mit Schulschwierigkeiten, bei welchen sich eine heilpädagogische Maßnahme anzeigt, werden, von einem Sonderpädagogen (Förderlehrer) unterrichtet. Individualisierung wird in diesem Fall durch eine organisatorische, äußere Differenzierungsmaßnahme angestrebt; der Förderunterricht erfolgt räumlich getrennt vom Regelklassenunterricht.

Wird auf räumliche Trennung der Schüler verzichtet und trotzdem individuell gearbeitet, so muß innerhalb des Unterrichts differenziert werden. Wir sprechen dann von innerer Differenzierung. Andere Begriffe für diese Maßnahmen im Unterricht sind: Binnendifferenzierung, Unterrichtsdifferenzierung oder flexible Differenzierung (*Haußer* 1980, *Schittko* 1984, *Meyer-Willner* 1979). Zur inneren Differenzierung gehören alle Maßnahmen, die innerhalb einer Klasse oder innerhalb einer Lerngruppe getroffen werden.

Die innere Differenzierung kann verschiedene Dimensionen haben:

- Bezüglich der Lehrerhilfe bedeutet innere Differenzierung, daß der Lehrer Art und Umfang seiner Hilfe der individuellen Lernfähigkeit seiner Schüler anpaßt. Hat ein Schüler einen Sachverhalt verstanden, so kann er möglicherweise selbständig arbeiten. Ein anderer braucht für den gleichen Unterrichtsablauf noch die Hilfe des Lehrers. Die innere Differenzierung der Lehrerhilfe führt dazu, daß der Lehrer seine Hilfe, die Hinweise auf Hilfsmittel, die Ermutigung und zusätzliche Anregungen unterschiedlich bemißt.
- Innere Differenzierung auf dem Niveau der Anforderungen ist notwendig, wenn alle Schüler die gleiche Aufgabe lösen. In einem solchen Fall sollen die Aufgaben in ihrer Komplexität differenziert werden, das heißt die Aufgaben werden so gestellt, daß sie sowohl einfachere als auch anspruchsvollere Bearbeitungen und Lösungen zulassen.
- Ein weiterer Aspekt ist die Differenzierung der Anzahl der Aufgaben und des Arbeitstempos. Ein Lehrer wird es zum Beispiel vermeiden, einen Schüler mit feinmotorischen Schwierigkeiten mit allzuvielen Schreibaufgaben zu belasten. Zugleich wird der Lehrer nicht verlangen, daß dieser Schüler gleich schnell arbeitet wie ein Schüler ohne feinmotorische Störungen.
- Die innere Differenzierung in Korrektur und Bewertung heißt, daß der Lehrer nach individuellen Maßstäben korrigiert und bewertet. Er bewertet nicht die

Lernleistung des Schülers im Vergleich zu derjenigen der Klasse, sondern die Lernleistung in Beziehung zu den individuellen Lernmöglichkeiten des Schülers. Er orientiert sich nicht an der sozialen, sondern an der individuellen Bezugsnorm (*Klauer* 1987, 158).

Individualisierung wird in Regelklassen mit Heilpädagogischer Schülerhilfe sowohl durch äußere als auch durch innere Differenzierungsmaßnahmen vorgenommen. Die Bildung von Kleingruppen bedeutet eine äußere, die Durchführung eines speziell dem Schüler angepaßten Förderprogramms innerhalb des Regelklassenunterrichts oder innerhalb einer Lerngruppe im Förderunterricht eine innere Differenzierungsmaßnahme.

4.2 Aufgabenbereiche der Heilpädagogischen Schülerhilfe

4.2.1 Förderunterricht

Ein relativ großer Teil der Heilpädagogischen Schülerhilfe besteht aus pädagogischen Maßnahmen, die direkt auf das Kind gerichtet sind. Diese Maßnahmen werden häufig unter dem Begriff "Förderunterricht" zusammengefaßt. Förderunterricht kann definiert werden als Unterricht, der die unterschiedlichen Begabungen und Fähigkeiten, das heißt die Eigenarten der Schüler berücksichtigt. Förderunterricht ist demnach nichts anderes als individualisierender Unterricht (*Drunkemühle* 1985, 16, *Geppert; Preuß* 1979, 9). Er setzt sich aus schulfachbezogenen Stützmaßnahmen, pädagogisch-therapeutischen Maßnahmen und individualisierenden Hilfen im Klassenzimmer zusammen (vgl. Abbildung 2).

Förderunterricht, welcher außerhalb des Regelschulunterrichts in Kleingruppen oder im Einzelunterricht stattfindet, wird im allgemeinen getrennt in Stützmaßnahmen und pädagogisch-therapeutische Maßnahmen. Stützmaßnahmen sind didaktische Trainings für einzelne Schüler oder Gruppen von zwei bis vier Schülern mit dem Ziel, individuelle Lernrückstände zu beheben. Schüler mit Lernrückständen und -schwierigkeiten sollten dadurch den Anschluß an die Klasse möglichst schnell wieder erreichen (*Wyrsch* 1987, 12, *Drunkemühle* 1985, 11, *Grissemann* 1981, 546). Charakteristisch für Stützmaßnahmen ist die enge Verbindung zum Klassenunterricht. Wenn diese fehlen würde, dann wären Stützmaßnahmen nichts anderes als äußere Differenzierungsmaßnahmen; der Schüler wäre unterrichtsmäßig nicht integriert, er könnte sich nicht am Klassenunterricht beteiligen. Ziel ist aber, daß der Schüler am Regelklassenunterricht aktiv teilnehmen kann.

In der Literatur zur Lernpsychologie finden wir für den Begriff "Stützunterricht" auch die Begriffe "Remediales Lernen" oder "Lücken-schließendes Lernen" (*Dumke* 1980, 31, *Salomon* 1975; *Weinert* 1978, 256). Remediales Lernen bedeutet, daß durch gezielte Maßnahmen im Rahmen der Regelschule bei bestimmten Schülern Lernschwierigkeiten und Leistungsdefizite überwunden werden. Dies erfordert vom Lehrer Kenntnisse des hierarchischen Aufbaus des Lernprozesses im Sinne von *Gagné* (1976). Lernprozesse sind kumulativ aufgebaut, das heißt vorausgehende Lernerfahrungen sind notwendige, wenn auch nicht hinreichende Bedingungen für den weiteren Lernerfolg. Für jedes Lernziel läßt sich eine Hierarchie der notwendigen Vorkenntnisse konstruieren. Der Förderlehrer muß deshalb diagnostizieren können, bis zu welcher Stufe der Schüler den Lernprozeß vollzogen hat und wo notwendige Vorerfahrungen fehlen. Er hat die Aufgabe, mit dem Schüler die notwendigen Voraussetzungen für folgende, komplexere Aufgaben zu erarbeiten. Remedieren bedeutet fördern und helfen und ist darauf ausgerichtet, spezifische Beeinträchtigungen in verschiedenen Lernbereichen zu beheben (*Odreitz* 1986, 108). Da angestrebt wird, daß der schulleistungsschwache Schüler in seiner Klasse integriert bleibt oder überhaupt erst integriert wird, muß bei remedialen Maßnahmen vom Lehrplan der Klasse ausgegangen werden (vgl. *Eisert* 1976, 257). Stützunterricht im Sinne von remedialem Lernen ist immer dann angebracht, wenn aufgabenspezifische Fähigkeiten Bedingung für Lernerfolg sind und wenn Lernpro-

<table>
<tr><th>Pädagogische Maßnahmen
im Förderunterricht</th><th>Ziele</th><th>Differenzierung</th></tr>
<tr><td>Stützmaßnahmen

Schulische
Fördermaßnahmen</td><td>Der Schüler soll
den Anschluß an
die Klasse schaffen
↓
Anschluß
an die Klasse</td><td rowspan="2">Kombination
von innerer
und äußerer
Differenzierung</td></tr>
<tr><td>Pädagogisch-therapeutische
Maßnahmen

Heilpädagogische
Intensivmaßnahmen</td><td>Förderung von Ausfällen
im schulischen Lernen

Funktionstraining
↓
Entwicklung</td></tr>
<tr><td>Individualisierende
Hilfe im Klassenzimmer</td><td>Kontakt zur Klasse

Ableitung
von Förderprogrammen
↓
Förderdiagnose</td><td>innere
Differenzierung</td></tr>
</table>

Abbildung 2: Pädagogische Maßnahmen im Förderunterricht

zesse für Schüler dadurch verhindert werden, daß bestimmte untergeordnete Fähigkeiten und Fertigkeiten (lehrrelevante Informationen) nicht vorausgesetzt werden können (*Salomon* 1975, 133).

Pädagogisch-therapeutische Maßnahmen werden ebenfalls außerhalb des regulären Klassenunterrichts in Kleingruppen durchgeführt. "Diese intensiven Fördermaßnahmen setzen dort an, wo Ausfälle in bestimmten Bereichen ein schulisches Fortkommen erschweren, weil grundlegende Fähigkeiten (Basisfunktionen) fehlen, gehemmt oder gestört sind" (*Wyrsch* 1987, 12). Im Vordergrund stehen nicht mehr die Schwierigkeiten des Schülers im Regelklassenunterricht, sondern Defizite, die zu diesen Lernschwierigkeiten führen. Während mit Stützmaßnahmen aktuelle Unterrichtsprobleme kurzfristig behoben werden sollen, werden mit pädagogisch-therapeutischen Maßnahmen grundlegende Fähigkeiten längerfristig gefördert. Dieser Teil des Förderunterrichts orientiert sich nicht am Unterricht in der Regelklasse, sondern an den vorhandenen Möglichkeiten des Schülers. Die pädagogisch-therapeutischen Maßnahmen werden nicht speziell auf Lerninhalte des Regelklassenunterrichts abgestimmt, wie dies bei Stützmaßnahmen der Fall ist. Je nach Diagnose werden Funktionstrainings in verschiedenen Bereichen wie Wahrnehmung, Psychomotorik, soziale Kompetenz u.a. durchgeführt.

Die individualisierende Hilfe durch die gelegentliche Anwesenheit und Mitarbeit des Förderlehrers im regulären Klassenunterricht als dritte Komponente des Förderunterrichts ist in ihrer Bedeutung nicht zu unterschätzen. Gemeinsam mit dem Klassenlehrer kann der Förderlehrer Hypothesen zur Diagnose des Schülers aufstellen, diskutieren und überprüfen. Das gleiche gilt für die Prüfung der Effektivität von Fördermaßnahmen. Sofern der Klassenlehrer bereit ist, besteht auch die Möglichkeit, daß der heilpädagogische Förderlehrer Vorschläge und Rückmeldungen zum Unterricht einbringen kann.

4.2.2 Zusammenarbeit

Alle übrigen Aufgaben der Heilpädagogischen Schülerhilfe können unter dem Begriff Zusammenarbeit subsumiert werden. So ist für die Planung von Förderunterricht eine organisatorische und inhaltliche Absprache mit dem Klassenlehrer unumgänglich. Einerseits muß der Klassenlehrer wissen, welche Hilfen er vom Förderlehrer erwarten kann, andererseits muß dieser darüber im Bilde sein, welche Inhalte und Ziele den Unterricht in der Regelklasse bestimmen und wo der Schüler Probleme hat. Neben dieser absolut notwendigen Zusammenarbeit sind weitere Gespräche über Diagnose und Lernerfolg im Sinne von Fallbesprechungen von großem Vorteil. Hier darf nicht nur das Kind Gegenstand des Gesprächs sein, sondern immer auch die jeweils geleistete Arbeit mit dem Kind, sei es im Einzel- bzw. Kleingruppenunterricht oder im Klassenunterricht. Bei einer gut eingespielten pädagogischen Gemeinschaft zwischen Klassenlehrer und Förderlehrer besteht verstärkt die Möglichkeit, daß Vorschläge und Rückmeldungen zum Unterricht zum gewünschten Erfolg führen können.

Zum Aufgabenbereich des Förderlehrers gehören auch Gespräche mit Fachkräften. Er ist Bindeglied zwischen Klassenlehrer auf der einen Seite und Psychologen, Logopäden oder anderen Therapeuten auf der anderen Seite. Fachkräfte können sowohl beratende als auch ausführende Funktionen übernehmen. Ziel dieser gemeinsamen Besprechungen ist das Finden von Antworten auf die Fragen: "Was kann welche Person am besten leisten? Wie können sie sich gegenseitig in ihrer Tätigkeit stützen?" (*Wyrsch* 1987, 13). Werden Fragen in dieser Form gestellt und bearbeitet, so erübrigen sich Abgrenzungsprobleme zwischen den einzelnen Fachkräften. Von nicht minderer Bedeutung ist schließlich die Zusammenarbeit des Förderlehrers mit den Eltern.

4.3 Die dem Schüler zugemuteten besonderen Merkmale der neuen Schulform

Bisher ist relativ selten gefragt worden, welche Konsequenzen eine organisatorische Differenzierungsmaßnahme für den Schüler in der Regelklasse, der in den Genuß dieser Einrichtung kommt, haben könnte. Durch die Einrichtung von Förderunterricht entstehen zwei Lerngruppen: Schüler, die in den Förderunterricht gehen und solche, die den Förderunterricht nicht benötigen. Für den Praktiker liegt die Frage nahe: Was verändert sich für Schüler mit Förderunterricht im Vergleich zu den Mitschülern, die "nur" in der Regelklasse unterrichtet werden? Wodurch unterscheidet sich der Schulalltag dieser beiden Schülergruppen aufgrund der Einführung des Förderunterrichts?

4.3.1 Verlassen der Stammklasse

Schüler mit Schulleistungsproblemen in Regelklassen werden zeitweise parallel zum Unterricht in der Stammklasse in einer räumlich abgesonderten Kleingruppe oder einzeln vom heilpädagogischen Förderlehrer unterrichtet. Sie müssen während dieser Zeit ihre Stammklasse verlassen und sich in einen anderen Raum begeben. Der durch diese äußere Differenzierungsmaßnahme betroffene Schüler verpaßt sowohl Teile des unterrichtlichen Geschehens in der Klasse als auch Teile der Lehrer-Schüler- und Schüler-Schüler-Interaktion. Die Teilnahme am Klassengeschehen wird durch den Förderunterricht gestört, unterbrochen. Die entstandenen Lücken müssen vom Schüler gefüllt werden.

Stellen wir uns vor, ein Schüler müsse nach der ersten Morgenstunde in den Förderunterricht. Die Stunde war interessant und die Stimmung in der "kurzen" Pause (Fünf-Minuten-Pause zwischen den Stunden) gut. Die Kinder sprechen über ihre Freizeit und planen gerade, was sie am freien Nachmittag unternehmen wollen. Genau in diesem Moment wird der Schüler vom Klassenlehrer ermahnt, seine Sachen zu packen und den Förderunterricht aufzusuchen. Eine solche Situation kann leicht dazu führen, daß die Förderstunde nicht als notwendige Hilfe, sondern vielmehr als Schikane angesehen wird. Der Schüler kann das Gefühl bekommen, daß er während seiner Abwesenheit von der Regelklasse etwas verpasse. Auch bei der Rückkehr vom Förderunterricht in die Regelklasse kann es für den Schüler zu unangenehmen Situationen kommen. Arbeitet die Klasse, während er zurückkommt, so muß er sich erst wieder ins Unterrichtsgeschehen einleben. Jedesmal, wenn der Schüler die Klasse verläßt, wird er auf seine Schulprobleme aufmerksam. Durch das Verlassen der Klasse werden Interaktionen und Beziehungen innerhalb der Regelklasse beeinträchtigt. Der Schüler ist nicht an allen Unterrichtsaktionen beteiligt. Bei der Entwicklung der informellen Gruppenstruktur, die auch vor und nach dem Unterricht sowie in den Pausen stattfindet, ist der Schüler nicht immer dabei (vgl. *Haußer* 1980, 32). Es entstehen für ihn Informationslücken im formellen und informellen Klassengeschehen.

Solche Überlegungen führen zu Fragen, die in der bewußt global gehaltenen Fragestellung unseres weiter hinten dargestellten Forschungsprojekts nicht enthalten sind: Schätzen Schüler das Verlassen der Klasse für den Förderunterricht als negative Maßnahme ein? Glauben die Schüler, daß sie während der Zeit im Förderunterricht in der Regelklasse etwas verpassen? Unter Berücksichtigung des Stellenwerts derartiger Fragen haben wir uns dazu entschlossen, mit Hilfe von Interviews vorläufige Antworten von betroffenen schulleistungsschwachen Schülern auf die Frage nach ihrer Beurteilung der Situation in einer Regelklasse mit Heilpädagogischer Schülerhilfe zu bekommen (*Moser* 1989).

4.3.2 Wechsel von der Kleingruppe zur Großgruppe

Neben dem skizzierten Informations- und Erlebnisverlust kann es durch den häufigen Wechsel zwischen Stammklasse und kleinen Lerngruppen zu Anpassungsschwierigkeiten kommen. Der Schüler wird einmal in einer Großgruppe, dann wieder in einer Kleingruppe unterrichtet. Er muß sich des öftern auf neue Unterrichtssituationen einstellen. Unterricht in der Kleingruppe bedeutet für den Schüler, daß er häufiger aufgefordert werden kann, sich am Unterricht zu beteiligen, mehr drankommt und sich weniger gut verstecken kann. Das ganze Unterrichtsgeschehen ist für den Lehrer dank der kleinen Gruppe überschaubarer. Der Schüler ist leichter zu kontrollieren, was allenfalls dazu führen könnte, daß sich der Schüler zu sehr unter Druck fühlt. Obschon wahrscheinlich kleine Gruppen für den Lernerfolg optimal sind, können sie bei falscher Handhabung für gewisse Schüler auch eine negative Bedeutung bekommen. Es ist auch anzunehmen, daß es "interindividuelle Unterschiede in dem Bedürfnis gibt, entweder mit wenigen Mitschülern zu kooperieren oder in der größeren Gruppe relativ anonym zu bleiben. Selbstverständlich kann sich für anonyme Schüler, die soziale Distanz zu Mitschülern bevorzugen, der Druck in kleinen Gruppen unangenehm verstärken, besonders bei ungünstigem Erziehungsstil" (*Ingenkamp; Petillon; Weiß* 1985, 195).

Wechselt der Schüler von der Kleingruppe wieder in die Stammklasse, so muß er sich an die Nachteile, die eine größere Lerngruppe mit sich bringen kann, gewöhnen. So verringert sich die Intensität der individuellen Betreuung, der Geräuschpegel ist mit hoher Wahrscheinlichkeit größer, der Schüler ist wieder einer von vielen (*Ingenkamp; Petillon; Weiß* 1985, 31). Denn mit zunehmender Klassenfrequenz "erhöht sich die Komplexität des Wahrnehmungsfeldes, das der Lehrer zu berücksichtigen hat, reduziert sich die Transparenz der Schülergruppen, reduziert sich der Zeitraum für Interaktionen mit einzelnen Schülern" (*Ingenkamp; Petillon; Weiß* 1985, 159).

Das neue Schulmodell verlangt vom schwachen Schüler, daß er sich in den neuen Situationen immer wieder zurechtfinden und ins Unterrichtsgeschehen neu einfügen kann. Die Ganzheit des täglichen Unterrichtsablaufs wird gestört und durch einen "Lerngruppenwechsel" unterbrochen. Mit den oben erwähnten zusätzlichen Schülerinterviews haben wir Hinweise auf die Frage gesucht, ob dieser ständige Wechsel vom Schüler als problematisch oder schwierig wahrgenommen wird. Fühlen sich Schüler, wenn sie durch einen Förderlehrer in der Kleingruppe unterrichtet werden, in dieser Kleingruppe wohler als im Regelklassenunterricht? Beurteilen die Schüler den häufigen Wechsel zwischen Groß- und Kleingruppe als unangenehm? Wo empfindet der Schüler den Unterricht als schwieriger oder als angenehmer - in der Groß- oder in der Kleingruppe? (*Moser* 1989).

4.3.3 Die Sonderstellung des schwachen Schülers

Durch die Einrichtung der Heilpädagogischen Schülerhilfe für schulleistungsschwache Schüler entstehen zwei Lerngruppen: Schüler, die für einzelne Stunden die Regelklasse verlassen, um in den Förderunterricht zu gehen, und solche, die den Förderunterricht nicht benötigen. Einen schulleistungsschwachen Schüler erkennt man an seiner Zugehörigkeit zu einer Gruppe, die zusätzlichen Förderunterricht erhält. Obschon er keine Hilfsklasse besucht, werden seine Schulschwierigkeiten für die Mitschüler "sichtbar". Durch heilpädagogische Maßnahmen wird zwar dem Schüler geholfen, diese Hilfe bedeutet aber auch eine "Sondermaßnahme". Der lernbehinderte Schüler unterscheidet sich von Schülern seiner Altersgruppe - und auch andern - darin, daß er eine besondere Maßnahme erhält.

Wenn Sondermaßnahmen durch die Bezugsgruppe negativ beurteilt und als abweichendes Merkmal definiert werden, können sie unter Umständen zum Stigma werden. Ein Stigma wird definiert als ein Merkmal, "...durch welches sich eine Person innerhalb einer Personenkategorie, mit der sie sonst vergleichbar ist, stark unterscheidet. Nicht jedes auffällige Merkmal ist ein Stigma. Sondern das Merkmal ist nur dann als Stigma zu betrachten, wenn es der Person in bestimmten Situationen der Interaktion von andern Personen als abweichendes Merkmal zugeschrieben wird" (*Haeberlin; Niklaus* 1978, 32). Die Zuteilung einer heilpädagogischen Maßnahme wird erst dann zum Stigma, wenn sie in einer bestimmten Gruppe, seien es Eltern oder Schüler, als negativ abweichendes Merkmal angesehen wird. Ob das Merkmal "Heilpädagogische Schülerhilfe" zum Stigma wird, hängt vom normativen Rahmen der Bezugsgruppe ab. Heilpädagogische Maßnahmen in der Regelschule könnten für betroffene Schüler ähnlich wie der Hilfsschulbesuch zu einem Stigma führen, wenn von der Bezugsgruppe die Tatsache der Maßnahmenzuteilung als negativ abweichendes Merkmal bewertet wird.

Es ist somit nicht ohne weiteres gesichert, daß sich der Vorwurf der Stigmatisierung der Sonderschüler nicht auch bezüglich der "Lernbehinderten" in Regelschulen mit Heilpädagogischer Schülerhilfe übertragen lassen könnte. Bisher ist die Stigmatisierungsproblematik nur an Lernbehinderten in Sonderschulen untersucht worden: Verschiedene Untersuchungen (vgl. *Bracken* 1981, *Dönhoff* 1982) haben gezeigt, daß die Bevölkerung von der Sonderschule für Lernbehinderte und deren Schülern ein mehrheitlich negatives Bild hat. Lernbehinderte werden mit den Adjektiven faul, dumm, schmutzig, passiv, frech und streitsüchtig in Verbindung gebracht. Daß der Besuch einer Sonderschule für Lernbehinderte ein sozial diskriminierendes Ereignis bedeutet und zugleich die gewünschte berufliche und soziale Eingliederung häufig erschwert, wird heute kaum mehr angezweifelt (*Kanter* 1980, 176). Die stigmatisierende Tendenz einer Einweisung in die Sonderschule für

Lernbehinderte wird deutlich, wenn man konstatieren muß, daß für den größten Teil der betroffenen Eltern die Hilfsschulüberweisung "...eine beschämende Zumutung und ein schweres Unglück für ihr Kind..." bedeutet (*Höhn* 1976, 16).

Untersuchungen haben auch die negative Bewertung von Lernbehinderten in Sonderschulen durch Regelschüler gezeigt (vgl. *Latuszek; Borchert* 1979). Die Regelschüler bewerteten lernbehinderte Sonderschüler signifikant schlechter als sich selber, während die Sonderschüler die Regelschüler als gleichwertig betrachteten ($p < .05$). Die Autoren sprechen von einer Stigmatisierung der Schüler in Klassen für Lernbehinderte durch die Regelschüler. Diese Stigmatisierung scheint von den lernbehinderten Schülern allerdings nicht wahrgenommen zu werden.

Für schulleistungsschwache Schüler in der Regelschule fällt das Stigma "Sonderschüler" zwar weg, was aber noch lange nicht heißt, daß sie in der Regelschule nicht stigmatisiert werden können. Die äußere Differenzierungsmaßnahme durch Förderunterricht bedeutet für den schwachen Schüler eine vorübergehende Separation. Die Klasse wird auf den Schüler aufmerksam, man weiß, daß er Probleme im Unterricht hat, was zu einer Stigmatisierung innerhalb der Klasse führen kann. Es können Kategorien zwischen Schülern, die den Förderunterricht besuchen und solchen, denen nicht speziell geholfen werden muß, gebildet werden. Ebenso wie "Sonderschulbesuch" kann auch "Besuch des Förderunterrichts" zu einem Etikett mit negativer Prägung werden.

Möglicherweise kann die Gefahr einer Stigmatisierung in der Regelklasse mit Heilpädagogischer Schülerhilfe eher verringert werden als in der Sonderschule. *Grissemann* (1981, 546) schlägt zum Beispiel vor, den schulleistungsschwachen Schülern Aufgaben zu stellen, die auch für andere Schüler wichtig sind und zu Lernergebnissen führen, auf welche alle Schüler angewiesen sind. Eine andere Möglichkeit könnte darin bestehen, auch Schüler ohne Schulleistungsprobleme am Förderunterricht teilnehmen zu lassen. Erste Erfahrungen scheinen darauf hinzuweisen, daß Eltern Stütz- und Fördermaßnahmen innerhalb der Regelschule nicht als diffamierendes Merkmal empfinden. Der wichtigen Frage, ob Schüler den Besuch des Förderunterrichts als Stigma empfinden, haben wir in den erwähnten Schülerinterviews versucht nachzugehen (*Moser* 1989).

4.4 Die Heilpädagogische Schülerhilfe im Urteil der betroffenen Schüler

Mit Hilfe einer qualitativen Inhaltsanalyse mündlicher Interviews und im Sinne einer Ergänzung unserer empirischen Forschungen wurde von *Moser* (1989) folgende Fragestellung bearbeitet: Wie beurteilen betroffene schulleistungsschwache

Schüler ihre besondere Situation in der Regelklasse mit Heilpädagogischer Schülerhilfe und wie erleben sie die Maßnahme des Förderunterrichts? Zielgruppe der mündlichen Befragung waren 40 schulleistungsschwache Schüler aus der Stichprobe unseres Gesamtprojekts, welche eine Regelklasse mit Heilpädagogischer Schülerhilfe besuchen und zur Zeit der Befragung Förderunterricht erhielten. Das Gespräch dauerte jeweils ungefähr 20 Minuten und wurde auf Tonband aufgenommen. Entscheidend für den Verlauf der Interviews war, daß die Schüler immer dazu angehalten wurden, ihre verneinenden oder bejahenden Antworten auch zu begründen. Aufgrund einer Inhaltsanalyse der Begründungen wurden die in der nachfolgenden Zusammenfassung der Ergebnisse enthaltenen Kategorien festgelegt. (genaueres zur Untersuchungsmethode bei *Moser* 1989)

4.4.1 Die allgemeine Beurteilung des Förderunterrichts

Zunächst hatten sich die Schüler allgemein dazu zu äußern, wie sie den Förderunterricht erleben. Auf die Frage, ob sie sich lieber im Förderunterricht oder in der Klasse (mit "Klasse" ist immer die Regelklasse gemeint) aufhalten, brachte die Hälfte (also 20) der befragten Schüler eine Bevorzugung des Förderunterrichts zum Ausdruck; zwölf Schüler machten keine Unterscheidung; acht Schüler sagten, daß sie lieber im Klassenunterricht seien. Die Bevorzugung des Klassenunterrichts wurde jedoch von keinem der acht Schüler mit einer direkten Kritik am Förderunterricht begründet. In den Begründungen wurden Umstände genannt, welche die Unterrichtung in Kleingruppen mit sich bringt: Insbesondere wurde von mehreren Schülern gesagt, daß sie lieber in der Klasse seien, weil sie dort mit ihren Kollegen zusammen sein können. Bei den Begründungen für die Bevorzugung des Förderunterrichts wurde 20mal die besondere Unterrichtsform (9mal "...weil man mehr Zeit für einen hat"; 8mal "...weil mehr geholfen wird"; 3mal "...weil man mehr lernt"), 6mal ein besseres Befinden und 4mal der nette Lehrer erwähnt.

Auf die Frage, was den Schülern im Förderunterricht besonders gut gefalle, wurden folgende Merkmale in absteigender Häufigkeit genannt: spielerisches Lernen (12), gutes Erklären durch den Förderlehrer (9), Erleben von Hilfe (8), Befreiung von der Angst vor dem Auslachen (2). Diese Schüleraussagen deuten darauf hin, daß der schülerzentrierte Unterricht wahrgenommen und positiv beurteilt wird. Sie können als eine Bestätigung für das geschickte pädagogische und methodisch-didaktische Vorgehen der Förderlehrer interpretiert werden.

Die in allgemeiner Sicht positive Beurteilung des Förderunterrichts durch die betroffenen Schüler wird dadurch bestätigt, daß die Frage, ob es etwas gebe, was die

Schüler im Förderunterricht störe, von 33 Schülern verneint und nur von sieben Schülern bejaht wurde. Die Frage, ob die Schüler am Förderunterricht etwas ändern möchten, verneinten sogar 37 Schüler; von den drei bejahenden Schülern wünschte einer einen besseren Raum für den Förderunterricht, ein anderer nie mehr Förderunterricht während der Freizeit und der dritte nur einmal pro Woche Förderunterricht.

Im Verlaufe des Interviews wurden die Schüler auch veranlaßt, den Unterricht in der Regelklasse in allgemeiner Form zu beurteilen; Zweck war ein Vergleich dieser Urteile mit den Urteilen über den Förderunterricht. Auf die Frage, was den Schülern im Regelklassenunterricht besonders gut gefalle, wurde 21mal die Anwesenheit der Klassenkameraden erwähnt. Unterrichtsbezogene Merkmale wurden vergleichsweise selten genannt. Im Vergleich zum Förderunterricht scheint für die schulleistungsschwachen Schüler im Klassenunterricht weniger die Unterrichtsform als vielmehr die Anwesenheit der Klassenkameraden attraktiv zu sein. Während sie sich im Förderunterricht eher auf den Unterrichtsprozeß konzentrieren, scheint für sie im Klassenunterricht das informelle Unterrichtsgeschehen im Vordergrund zu stehen.

Die Frage, ob die Schüler im Klassenunterricht etwas störe, wurde 20mal bejaht. Die am häufigsten genannten störenden Merkmale waren "Ausgelacht werden durch andere Schüler" (9) und "Dreinschwatzen anderer Schüler, ohne aufzustrekken" (6). Die Angst vor dem Auslachen scheint bei schwachen Schülern in Regelklassen auch heute noch verbreitet zu sein. Auch "Dreinschwatzen, ohne aufzustrecken" stört offenbar nicht nur den Lehrer, sondern auch Schüler. Schwache Schüler scheinen unter diesen beiden Punkten besonders zu leiden. Da sie wahrscheinlich häufiger etwas Falsches sagen, besteht für sie auch eher die Chance, daß sie ausgelacht werden. Voreilige gute Mitschüler hindern schwache Schüler am Finden von Lösungen, da diese vielleicht etwas länger brauchen. Gefragt nach Änderungswünschen bezüglich des Klassenunterrichts, äußerten nur zehn Schüler Bedürfnisse, die sich einerseits auf die Elimination von einzelnen störenden Mitschülern und andererseits auf die Abschaffung eines unbeliebten Fachs bezogen.

Aufgrund des allgemeineren Teils der Interviews kann man davon ausgehen, daß die meisten befragten Schüler den Förderunterricht positiv erleben. In den Begründungen werden jedoch einige Problembereiche sichtbar, die bereits in den vorherigen Kapiteln vermutet worden sind. Diese Problembereiche sind von *Moser* (1989) im weiteren Verlauf des Interviews differenzierter ausgelotet worden.

4.4.2 Vom Schüler wahrgenommene Probleme des Förderunterrichts

4.4.2.1 Verlassen der Klasse

Die Frage, ob sie Angst haben, während der Förderstunde im Klassenunterricht etwas zu verpassen, wurde von 14 Schülern ganz oder teilweise bejaht. Als Begründung wurde 8mal die Angst, in einem Schulfach etwas zu verpassen, 5mal die Angst, etwas Schönes zu verpassen und 3mal die Angst, etwas nachholen zu müssen, genannt. Hier deutet sich ein Problem an, das bei der Einrichtung von Regelklassen mit Heilpädagogischer Schülerhilfe besonders beachtet werden sollte: Wenn Schüler die Klasse verlassen, so kann bei schlechter Koordination zwischen Klassenlehrer und Förderlehrer neben dem Gefühl der schulischen Unterstützung auch das Gefühl entstehen, etwas zu verpassen. Sobald der Förderlehrer im Förderunterricht nicht schulfachbezogenen Stützunterricht erteilt, sondern pädagogisch-therapeutisch oder diagnostisch arbeitet - ohne direkten Bezug zum Regelklassenunterricht -, kann beim Schüler leicht das Gefühl des Verpassens aufkommen. Die Befürchtung, etwas zu verpassen, wird aus den Begründungen der Antworten zur Frage, ob der Schüler lieber in der Klasse bleiben würde, noch deutlicher. Von 22 Schülern wurde diese Frage ganz oder teilweise bejaht. Die Begründungen waren: Weil man etwas Schönes oder Wichtiges verpassen könnte (10); kommt drauf an, was sie in der Klasse machen (9); weil dann die andern frei haben (3).

In Anbetracht dessen, daß allgemein gesehen die Hälfte der befragten Schüler lieber im Förderunterricht und nur acht lieber in der Klasse sind (s.o.), überrascht es, wie viele Schüler Bedenken gegen das Verlassen der Klasse äußern. Die hier bekundete "Unlust, die Klasse zu verlassen" darf aber nicht als "Unlust, in den Förderunterricht zu gehen", interpretiert werden. Dies zeigen die Begründungen. Verlassen bedeutet für einen Teil der Schüler eben auch verpassen, wovor sie Angst haben. Daß das Verlassen der Klasse ein Problem für den Schüler darstellt, welches nichts mit der Beurteilung des Förderunterrichts zu tun hat, zeigen auch die Antworten auf die Frage, ob der Schüler manchmal lieber noch länger im Förderunterricht bleiben würde. Diese Frage wurde nur von sechs Schülern verneint. Als Bgründungen für das bevorzugte Bleiben im Förderunterricht wurden angegeben: Wenn sie gerade etwas Schönes machen (12); weil der Förderlehrer gut erklärt (4); weil der Klassenlehrer strenger ist (3); wenn sie in der Regelklasse eine Probe haben (2). Daß die meisten Schüler aus einem der angegebenen Gründe gelegentlich lieber noch länger im Förderunterricht bleiben würden, ist wiederum ein deutlicher Hinweis darauf, daß die Schüler den Förderunterricht schätzen, obschon sie auch eine gewisse Angst vor dem Verlassen der Klasse haben.

Im Gegensatz zum Verlassen des Klassenunterrichts scheint das Zurückkommen für die wenigsten ein Problem zu sein. Die Frage, ob der Schüler wisse, was er zu arbeiten habe, wenn er vom Förderunterricht in die Klasse zurückkomme, wurde nur von vier Schülern verneint. Der große Teil der Schüler weiß, was er zu tun hat; dies wurde 14mal damit begründet, daß nach dem Zurückkommen eine neue Stunde beginne, und 19mal, daß vom Banknachbarn oder vom Lehrer erklärt würde, was zu tun sei. Aus diesen Begründungen wird klar, daß durch die Hilfe des Mitschülers oder, wenn es einmal nötig ist, durch den Klassenlehrer dieser Schwierigkeit auf einfache Art und Weise entgegengewirkt werden kann.

Die Analyse der Urteile von betroffenen schulleistungsschwachen Schülern über das Verlassen der Klasse zwecks Besuchs des Förderunterrichts macht folgende Problematik von Regelklassen mit Heilpädagogischer Schülerhilfe deutlich: Unabhängig von der Qualität der Durchführung ergeben sich für den betroffenen Schüler problematische Situationen, welche vom Team Klassenlehrer und Förderlehrer berücksichtigt werden müssen. Dem Verlassen der Klasse muß offenbar in dieser Schulform besondere Beachtung geschenkt werden.

4.4.2.2 Wechsel von der Kleingruppe zur Großgruppe

Auf die Frage, ob der Unterricht in der Klasse oder beim Förderlehrer schwieriger sei, nannten 34 Schüler die Klasse, und die restlichen sechs meinten, daß es an beiden Orten gleich schwierig sei. Aus den Begründungen wird deutlich, daß der Vorteil des Förderunterrichts nicht nur auf die Kleingruppe, sondern auch auf die angepaßten Unterrichtsformen zurückgeführt wird. Es wurde nämlich 8mal argumentiert, daß der Förderlehrer besser erkläre, 7mal, daß der Förderlehrer mehr Zeit habe, und 6mal, daß man im Förderunterricht besser drauskomme. Eine andere Gruppe von Begründungen bezog sich auf Unannehmlichkeiten in der Klasse: Man muß mehr Angst haben (2); in der Klasse wird mehr bestraft (3); in der Klasse muß man mehr schreiben (2); in der Klasse ist es lauter (6). Die Begründungen decken somit zwei Aspekte auf: Zum einen wird der Förderunterricht individuumorientierter erlebt. Zum andern werden einige vom schwachen Schüler erlebte Probleme des Regelklassenunterrichts deutlich: In der Großgruppe nimmt der Geräuschpegel zu, es wird mehr bestraft, und einzelne Schüler haben mehr Angst.

Ähnliche Probleme wurden bei den Begründungen der Antworten auf die Frage deutlich, ob der Unterricht in der Klasse oder beim Förderlehrer schöner sei. Von 13 Schülern wurde der Förderunterricht und von 11 Schülern die Klasse genannt; die restlichen Schüler meinten, daß es an beiden Orten gleich schön sei. Die Entscheidung für die Klasse wurde mit den folgenden Motiven begründet: weil man mehr zusammen macht (7); weil man Sachunterricht hat (3); weil es nicht so still ist (4). Als Begründungen der Entscheidung für den Förderunterricht wurden genannt: weil man entspannter ist (4); weil der Förderlehrer besser erklärt (2); weil man mehr Ruhe zum Arbeiten hat (2); weil man mehr Spiele macht (4); anderes (2). Wiederum scheint die schülerorientierte Unterrichtsform im Förderunterricht auf der einen Seite, der Kontakt zu den Kameraden im Klassenunterricht auf der anderen Seite für die Wahlen mehrheitlich entscheidend zu sein. Erwartungsgemäß deuten sich in den Antworten und Argumentationen auch individuelle Unterschiede zwischen den Schülern an.

Zusammenfassend scheint man davon ausgehen zu müssen, daß der Wechsel zwischen Großgruppe und Kleingruppe unter zwei Aspekten widersprüchlich erlebt wird: Einerseits scheinen viele schulleistungsschwache Schüler die Vorteile des Unterrichts in einer Kleingruppe zu schätzen; andererseits empfinden aber auch viele Schüler das soziale Netz in der Großgruppe und gelegentlich andere Merkmale dieser Sozialform als positiv. Diese ambivalente Situation des schulleistungsschwachen Schülers in Regelschulen mit Heilpädagogischer Schülerhilfe ist bei den weiteren Ausgestaltungen dieser Schulform sorgfältig zu berücksichtigen.

4.4.2.3 Förderunterricht und Stigmatisierung

Die Frage, ob der Schüler glaube, daß sich seine Mitschüler Gedanken machen, weil er in den Förderunterricht müsse, wurde nur von fünf Schülern bejaht. Für die Bejahung wurden zwei Begründungen genannt: Sie denken, daß ich einmal in die Hilfsschule muß (1); sie denken, ich sei ein schlechter Schüler (4). Begründungen für die Verneinung waren: Es gehen mehrere Schüler zum Förderlehrer (4); wir haben einen Plan, so daß jeder einmal mitkommt (2); vom Rest der Schüler wurde keine Begründung gegeben. Die sechs Schüler, welche ihre Verneinung begründet haben, liefern mit ihren Begründungen konkrete Handlungsvorschläge für Lehrer, wie der Stigmatisierung entgegengewirkt werden kann: Der Lehrer sollte die Möglichkeit haben, auch Kinder ohne Schulleistungsprobleme am Förderunterricht teilnehmen zu lassen. Wenn nicht nur die schwachen Schüler den Förderunterricht besuchen "müssen", kann möglicherweise die Gefahr der Stigmatisierung eingeschränkt werden. Vor allem in den unteren Klassen könnte vom Lehrer ein Plan erstellt werden, laut dem jeder Schüler einmal in den Förderunterricht mitgeht. Durch die Kenntnis des Förderunterrichts könnten möglicherweise Vorurteile vermindert werden. Eine weitere Möglichkeit besteht darin, daß die schulleistungsschwachen Schüler jeweils einen Klassenkameraden in den Förderunterricht mitnehmen dürfen. Dies erleichtert dem Schüler möglicherweise das Verlassen der Klassengemeinschaft und verringert die Gefahr der Stigmatisierung.

Auch die Frage, ob Mitschüler Bemerkungen machen, weil einzelne Schüler in den Förderunterricht gehen, wurde nur von sechs Schülern bejaht, hingegen von 34 verneint. An Bemerkungen wurden genannt: Die Mitschüler fragen, ob es im Förderunterricht schön sei (3); "Es ist gut, daß du in den Förderunterricht gehst, dann kommst du besser nach." (1); "Du kannst nicht rechnen" (2). Was sich schon beim Ergebnis zu der vorherigen Frage angedeutet hat, wird hier bestätigt: Die befragten Schüler scheinen kaum geringschätzige Äußerungen von Mitschülern über den Förderunterricht oder über Schüler, die diesen besuchen, wahrzunehmen.

Es wurde auch versucht, im Verlaufe der Interviews etwas über Stigmatisierungsproblematik und Eltern zu erfahren. Die Frage, ob der Schüler glaube, daß sich seine Eltern Gedanken machen, weil er den Förderunterricht besuchen müsse, wurde von 29 Schülern verneint und von elf Schülern bejaht. Die Erläuterungen zu den elf bejahenden Antworten zeigen, daß die Kinder glauben, daß sich ihre Eltern positive Gedanken über den Besuch des Förderunterrichts machen, diesen gut finden oder damit einverstanden sind. Ähnlich unterstützend scheinen die Kinder ihre Eltern wahrzunehmen, wenn sie die Frage zu beantworten haben, ob die Eltern Bemerkungen machen, weil das Kind den Förderunterricht besucht. Von den 20 Schülern, welche die Frage bejahten, wurden folgende Erläuterungen gegeben: Sie finden es gut, daß ich gehe, weil ich Schwierigkeiten habe (10); sie fragen, was ich gemacht habe (7); sie haben gesagt "Probier es!" (1); sie haben gefragt "Weshalb gehst du?" (1); sie haben gesagt, es habe sich nichts geändert (1). Der größte Teil dieser Bemerkungen der Eltern kann als positive Aufmunterung interpretiert werden.

Selbstverständlich kann man aus einer derartigen qualitativen Studie keine definitiven Schlußfolgerungen ziehen. Zumindest hat sie jedoch keine Hinweise erbracht, daß die betroffenen Kinder den Besuch des Förderunterrichts zur Zeit der Befragung als Belastung im Sinne einer Stigmatisierung erleben. Einiges deutet darauf hin, daß Eltern und Schüler im Förderunterricht eine Chance sehen, vor einer Hilfsschuleinweisung bewahrt zu bleiben. Anderen Bemerkungen könnte man entnehmen, daß die Schüler ihre Situation in der Klasse durchaus realistisch einschätzen und mit der Realität fertig werden können. Insgesamt spricht aus der Sicht der betroffenen Schüler eher mehr für weitere Versuche mit Regelschulen mit Heilpädagogischer Schülerhilfe als für deren Ablehnung.

5. Stand der Forschung zur Situation von Lernbehinderten in unterschiedlichen Schulformen

5.1 Soziometrische Stellung

Kein anderer Indikator für die Integration von Lernbehinderten in verschiedenartigen Schulformen scheint besser erforscht zu sein als ihre soziometrische Stellung in der Schulklasse. Selten findet man eine vergleichbare Einheitlichkeit der Befunde innerhalb und zwischen den nationalen Schulsystemen. Auf eine Aufgliederung nach Befunden aus dem deutschen und aus dem amerikanischen Sprachraum wird deshalb bewußt verzichtet. Wegen der ungewöhnlich großen Zahl von Untersuchungen werden zu jeder Fragestellung in einem ersten Abschnitt die Ergebnisse im Überblick und in einem zweiten (kleingedruckten) Abschnitt die einschlägigen Untersuchungen in alphabetischer Reihenfolge auf möglichst einheitliche Weise dargestellt. Diese Darstellungsart ermöglicht ein Überspringen der kleingedruckten Abschnitte.

Untersuchungen, die zur Beantwortung ihrer Fragestellungen andere Erhebungsmethoden benutzten als soziometrische Befragungen, sind nicht berücksichtigt worden. Einen Überblick über Studien mit alternativen Methoden zur Untersuchung der sozialen Stellung von Schülern bieten *Dudley-Marling* und *Edmiaston* (1985).

5.1.1 Lernbehinderte in Regelklassen ohne besondere Maßnahmen

5.1.1.1 Die Ergebnisse im Überblick

In den 50er und 60er Jahren wurden zahlreiche Untersuchungen zur soziometrischen Stellung von Lernbehinderten durchgeführt, die den Unterricht in Regelklassen besuchen mußten, weil die Sonderschuleinweisung mangels einer geeigneten Sonderklasse in der Region nicht möglich war. Diese Studien sollten den Schulbehörden Argumente für den Ausbau der Sonderschulen liefern. Die Einrichtung von Sonderklassen für Lernbehinderte wurde damals oft mit der sozialen Isolierung Lernbehinderter in Regelklassen begründet. Tabelle 1 gibt einen Überblick über die Ergebnisse der Untersuchungen.

Tabelle 1: Ergebnisse der Untersuchungen zur soziometrischen Stellung von Lernbehinderten in Regelklassen im Überblick

Jahr	Autor	Untersuchungsmethode	Hypothese bestätigt	Bemerkungen
Hypothese: Schulleistungsschwache Schüler in Regelklassen ohne zusätzliche pädagogische Maßnahmen besitzen als Gruppe im Vergleich zu ihren Mitschülern einen ungünstigeren Status				
1950	JOHNSON	Wahlverfahren + -	ja	
1950	JOHNSON; KIRK	Wahlverfahren + -	ja	
1955	MUGGENTHALER	Wahlverfahren + -	ja !	zu kleine Stichprobe
1956	MILLER	Ratingskala	ja	
1958	BALDWIN	Ratingskala	ja	
1959	JORDAN	Wahlverfahren +	ja	
1959	CATRELL	Wahlverfahren + -	ja	
1961	RICK	Wahlverfahren +	ja	
1968	STUDER	Wahlverfahren + -	zum Teil	nur bei negativen Wahlen signifikant
Erklärung: + : positive Wahlen - : negative Wahlen ! : aufgrund methodischer Unzulänglichkeiten nicht generalisierbar				

Auffällig ist die Einheitlichkeit der Befunde: Lernbehinderte in Regelklassen ohne zusätzliche Maßnahmen nehmen eine ungünstige soziometrische Position ein. Sie sind sozial isoliert und gehören zu den am wenigsten beliebten Schülern ihrer Klassen. Einzig in der Untersuchung von *Studer* (1968) wurde das Ergebnis nicht voll bestätigt: Hier lag die Zahl der positiven Wahlen der Lernbehinderten unterhalb des Erwartungswertes, was nur im Sinne einer Tendenz interpretiert werden kann, da die Unterschiede statistisch gesehen zwar knapp, jedoch nicht signifikant ($p < .05$) sind. Die Zahl der negativen Wahlen lag entsprechend den übrigen Ergebnissen deutlich oberhalb des Erwartungswertes ($p < .001$).

Bei dieser Forschungslage kann man folgenden Befund als praktisch gesichert annehmen: *Lernbehinderte, die in regulären Klassen ohne besondere pädagogische Maßnahmen beschult werden, sind weniger beliebt und werden häufiger abgelehnt als Regelschüler.*

In einigen Untersuchungen wurde versucht, mittels Interviews herauszufinden, weshalb Lernbehinderte in ihren Klassen weniger beliebt sind und häufiger abgelehnt werden. Demnach scheinen Lernbehinderte mit störendem Verhalten (z.B. Lügen, Streiten) eher abgelehnt zu werden als Lernbehinderte mit prosozialem Verhalten (z.B. Hilfsbereitschaft). Nur *Rick* (1961) erwähnt als weiteren Grund für die Ablehnung mangelhafte Schulleistungen. Nach *Johnson* (1950) und *Miller* (1956) ist die soziometrische Stellung von Lernbehinderten umso ungünstiger, je niedriger ihr Intelligenzquotient ist.

Tabelle 2: Untersuchungsergebnisse zu Gründen und Zusammenhängen der tiefen soziometrischen Stellung von Lernbehinderten in Regelklassen im Überblick

Aussage	Autor
Lernbehinderte, die am wenigsten der Gruppennorm der Klasse entsprechen, scheinen eher abgelehnt zu werden. Raufbolde, Lügner usw. werden im Gegensatz zu hilfsbereiten Schülern eher abgelehnt = Fehlverhalten.	JOHNSON 1950 JOHNSON; KIRK 1950 BALDWIN 1958 RICK 1961 STUDER 1968
Schulische Leistungsschwäche wird als Grund für die ungünstige soziometrische Stellung angegeben.	RICK 1961
Zwischen der Intelligenz und der Beliebtheit besteht ein Zusammenhang: je tiefer die Intelligenz, desto weniger beliebt sind die Schüler.	JOHNSON 1950 MILLER 1956

5.1.1.2 Darstellung der einzelnen Untersuchungen

Baldwin (1958) untersuchte Lernbehinderte in Regelklassen, welche auf einer Warteliste für die Überweisung in eine Sonderklasse standen. Die Ergebnisse zeigen, daß die Lernbehinderten von den Regelschülern wenig akzeptiert wurden und eine ungünstige Stellung im Klassenverband einnahmen. Die wichtigsten Angaben zu *Baldwins* Untersuchung sind in Tabelle 3 zusammengestellt.

Tabelle 3: Merkmale der Untersuchung von *Baldwin* (1958)

Unabhängige Variable	Abhängige Variable	Stichprobenmerkmale			Ergebnisse
			N	$\overline{X}$ Alter	
A) Lernbehinderte B) Durchschnittlich intelligente Mitschüler	Einstufung durch jeden Mitschüler auf der 6-stufigen "OHIO Acceptance Scale" (von hoher Akzeptierung bis aktiver Ablehnung)	A B	31 572	11;1 10;3	A < B

Catrell kam in einer unveröffentlichten Untersuchung gemäß Darstellung von *Jordan* (1959) zu denselben Ergebnissen (vgl. Tabelle 4). 17 lernbehinderte Schüler aus zwei 4. und aus zwei 6. Regelklassen werden von ihren 128 durchschnittlich intelligenten Mitschülern weniger akzeptiert und deutlich mehr abgelehnt. Aufgrund der mangelnden Repräsentativität der Stichprobe muß jedoch vor einer Überinterpretation dieser Ergebnisse gewarnt sein.

Johnson (1950) hatte die erste erwähnenswerte amerikanische Untersuchung zur Fragestellung dieses Kapitels durchgeführt (vgl. Tabelle 5). Er untersuchte die soziometrische Stellung von Lernbehinderten in 25 Klassen der 1. bis 5. Schulstufe von zwei Schulgemeinden, in welchen keine Sonderklassen für Lernbehinderte vorhanden waren. *Johnson* teilte die Lernbehinderten nach IQ-Werten in drei Gruppen ein: Grenzfälle (IQ 70-89), Obergruppe der Lernbehinderten (IQ 60-69) und Untergruppe der Lernbehinderten (IQ unter 60). Der Vergleich zwischen Freundschafts- und Ablehnungsvoten innerhalb der Klassen zeigte, daß Lernbehinderte signifikant ($p < .01$) weniger beliebt waren und signifikant ($p < .01$) häufiger abgelehnt wurden als Regelschüler. Zwischen den drei Gruppen der Lernbehinderten ergaben sich keine signifikanten Unterschiede bezüglich Akzeptierung. Hingegen wurden die "Grenzfälle" weniger stark abgelehnt als die übrigen Lernbehinderten ($p < .01$). Tendenziell war festzustellen, daß Lernbehinderte mit steigendem IQ beliebter waren und mit abnehmendem IQ zunehmend abgelehnt wurden.

Tabelle 4: Merkmale der Untersuchung von *Catrell*, zitiert nach *Jordan* (1959)

Unabhängige Variable	Abhängige Variable	Stichprobenmerkmale	Ergebnisse
A) Lernbehinderte B) Durchschnittlich intelligente Mitschüler	Beliebtheit bzw. Ablehnung: - Sitznachbar - Spielen	A : N = 17 B : N = 128	Beliebtheit : A < B Ablehnung: A > B

Tabelle 5: Merkmale der Untersuchung von *Johnson* (1950)

<table>
<tr><th>Unabhängige Variable</th><th>Abhängige Variable</th><th colspan="3">Stichprobenmerkmale</th><th>Ergebnisse</th></tr>
<tr><td rowspan="7">A) Untergruppe der Lernbehinderten
B) Obergruppe der Lernbehinderten
C) Grenzfälle
D) Nicht-lernbehinderte Mitschüler</td><td rowspan="7">Summe von Wahlen als:
- Freund
- Sitznachbar
- Spielkamerad

Summe von Ablehnungen als:
- Freund
- Sitznachbar
- Spielkamerad</td><td colspan="3">25 Klassen der 1.-5. Stufe
N = 698</td><td rowspan="7">Akzeptierung:
A, B, C < D
A = B = C

Ablehnung:
A, B, C > D
A, B > C</td></tr>
<tr><td></td><td>N</td><td>IQ</td></tr>
<tr><td>A)</td><td>7</td><td>< 60</td></tr>
<tr><td>B)</td><td>32</td><td>60-69</td></tr>
<tr><td>C)</td><td>38</td><td>70-89</td></tr>
<tr><td>D)</td><td>621</td><td>> 89</td></tr>
<tr><td colspan="3"></td></tr>
</table>

Johnson und *Kirk* (1950) wiederholten die Untersuchung von *Johnson* (1950) in einer als "progressiv" bezeichneten Grundschule, in welcher die Lehrer mehr Wert auf die Förderung der Persönlichkeit als auf die schulischen Leistungen legten. Zur Überraschung der Forscher wurden Lernbehinderte auch in diesem Schulklima überdurchschnittlich abgelehnt und isoliert. In Interviews wurden die Regelschüler nach den Gründen für die Ablehnung der Lernbehinderten gefragt. Die Lernbehinderten wurden häufig als Raufbolde, Lügner und Bösewichte dargestellt. Die Ablehnung wäre danach weniger auf die schlechten Schulleistungen als auf störendes Verhalten vieler Lernbehinderter zurückzuführen. Schon in der Untersuchung von *Johnson* (1950) war ermittelt worden, daß es unter den Lernbehinderten einzelne "Stars" gibt, welche ihre hohe Beliebtheitsposition durch Hilfsbereitschaft, geringe Aggressivität sowie durch kleine Geschenke an Mitschüler zu sichern scheinen.

Jordan (1959) untersuchte die soziometrische Stellung von Lernbehinderten in 30 Regelklassen (952 Schüler) im Staate North Carolina (vgl. Tabelle 6). Von den 35 Lernbehinderten in diesen Klassen wurden acht im soziometrischen Test überhaupt nie gewählt, was bedeutet, daß fast ein Viertel der Lernbehinderten sozial völlig isoliert war. Von den Regelschülern erwiesen sich weniger als 2% sozial isoliert.

Tabelle 6: Merkmale der Untersuchung von *Jordan* (1959)

<table>
<tr><th>Unabhängige Variable</th><th>Abhängige Variable</th><th colspan="3">Stichprobenmerkmale</th><th>Ergebnisse</th></tr>
<tr><td rowspan="2">A) Lernbehinderte
B) Durchschnittlich intelligente Mitschüler</td><td rowspan="2">Soziale Akzeptiertheit:
- Freundschaft
- Feier einladen
- Spielen</td><td></td><td>N</td><td>IQ</td><td rowspan="2">A < B</td></tr>
<tr><td>A
B</td><td>35
917</td><td>50-75
> 75</td></tr>
</table>

Miller (1956) untersuchte in elf Regelklassen der 4. bis 6. Schulstufe den Zusammenhang zwischen Intelligenz und Beliebtheit (vgl. Tabelle 7). Er bildete nach den IQ-Werten drei Schülergruppen: unterdurchschnittlich intelligente (IQ 60-80), durchschnittlich intelligente (IQ 80-120) und hochbegabte Schüler (IQ 120-140). Die Beliebtheit wurde über das Urteil aller Mitschüler auf einer 5-stufigen Skala von "möchte ihn gern als Freund" bis "möchte ihn überhaupt nicht als Freund" erfaßt. Die Gruppe der Hochbegabten erwies sich im Vergleich zur Gruppe der durchschnittlich Intelligenten als signifikant beliebter. Letztere unterschieden sich wiederum signifikant von der Gruppe der am wenigsten beliebten unterdurchschnittlich Intelligenten.

Tabelle 7: Merkmale der Untersuchung von *Miller* (1956)

<table>
<tr><th>Unabhängige Variable</th><th>Abhängige Variable</th><th colspan="3">Stichprobenmerkmale</th><th>Ergebnisse</th></tr>
<tr><td rowspan="2">A) Lernbehindert
B) Durchschnittlich intelligent
C) Hochbegabt</td><td rowspan="2">Einstufung jedes Schülers auf einer 5-stufigen Skala:
- Akzeptierung als Freund</td><td></td><td>N</td><td>IQ</td><td rowspan="2">Akzeptierung:
A < B < C</td></tr>
<tr><td>A
B
C</td><td>40
40
40</td><td>60-80
80-120
120-140</td></tr>
</table>

Muggenthaler (1955) untersuchte die soziometrische Stellung von zwei Lernbehinderten in einer deutschen Regelklasse (vgl. Tabelle 8). Die kleine Stichprobe (N = 48 Jungen, davon zwei Lernbehinderte mit einem IQ von 72 und 76) läßt keine Verallgemeinerung der Ergebnisse zu. Die beiden lernbehinderten Schüler gehörten zu jener Gruppe, die am wenigsten positive Wahlen (Sitznachbar) erhalten hatten. Es ist allerdings anzufügen, daß fünf Regelschüler überhaupt nicht gewählt wurden. Bei den negativen Wahlen hingegen wurden die beiden Lernbehinderten am meisten abgelehnt (20 bzw. 22 mal).

Tabelle 8: Merkmale der Untersuchung von *Muggenthaler* (1955)

Unabhängige Variable	Abhängige Variable	Stichprobenmerkmale			Ergebnisse
			N	IQ	
A) Lernbehinderte	Beliebtheit Ablehnung	A)	2	72,76	Beliebtheit: A < B Ablehnung: A > B
B) Durchschnittlich intelligente Mitschüler	- Sitznachbar	B)	46	--	

Rick (1961) untersuchte in 29 deutschen Regelklassen mit insgesamt 900 Schülern die soziale Stellung von 44 Lernbehinderten vor der Überweisung in die Sonderschule (vgl. Tabelle 9). 37 Lernbehinderte befanden sich im Klassendrittel der am wenigsten beliebten Schüler; nur ein Lernbehinderter gehörte zum Klassendrittel der beliebtesten Schüler. Eine Analyse der Gründe der Unbeliebtheit der Lernbehinderten ergab, daß mehr als die Hälfte wegen der schulischen Leistungsschwäche, etwa ein Drittel wegen störenden Verhaltens und etwa 14% wegen des äußeren Erscheinungsbildes abgelehnt wurden.

Tabelle 9: Merkmale der Untersuchung von *Rick* (1961)

Unabhängige Variable	Abhängige Variable	Stichprobenmerkmale	Ergebnisse
Lernbehinderte: A) Erwartete Wahlen B) Tatsächliche Wahlen	Beliebtheit	N = 44	A > B

Studer (1968) untersuchte die soziometrische Stellung von Lernbehinderten in Regelklassen des Kantons Uri in der Schweiz (vgl. Tabelle 10). Er konnte auf Ergebnisse einer Untersuchung von *Arnold* (1966) zurückgreifen, der in den Regelklassen des Kantons Uri Intelligenzprüfungen durchgeführt hatte. Aufgrund der Intelligenzquotienten und der Auskünfte der Lehrer schied er von den 521 Schülern eine Gruppe von 93 Lernbehinderten aus; die große Zahl erklärt sich zum Teil daraus, daß es damals im Kanton Uri erst eine einzige Sonderklasse gab. Die Lernbehinderten wiesen einen mittleren Intelligenzquotienten von 82.7 mit einer Standardabweichung von $s = 12.52$ auf. Die Ergebnisse beim Soziotest von *Heller* zeigten, daß für die Lernbehinderten die Zahl der positiven Wahlen unterhalb des Erwartungswertes lagen, was jedoch nur als Tendenz interpretiert werden darf, weil sich die Unterschiede, statistisch gesehen, nur knapp unter der 5%-Signifikanzgrenze befinden. Die Zahl der negativen Wahlen lag oberhalb des Erwartungswertes ($p < .001$). Im Gegensatz zur Untersuchung von *Rick* (1961) und in Übereinstimmung mit den Untersuchungen von *Johnson* und *Kirk* (1950) und *Baldwin* (1958) wurde die Ablehnung von drei Vierteln der Lernbehinderten durch Regelschüler mit "seelisch-charakterlichen" Schwächen, d.h., mit störendem Verhalten begründet.

Tabelle 10: Merkmale der Untersuchung von *Studer* (1968)

Unabhängige Variable	Abhängige Variable	Stichprobenmerkmale			Ergebnisse
			N	$\overline{X}$ IQ	
Lernbehinderte: A) Erwartete Wahlen B) Tatsächliche Wahlen	Soziotest von HELLER: - gemeinsamer Ausflug, Bergwanderung	Lernbehinderte:	93	82.7	Positive Wahlen: A = B Negative Wahlen: A < B
		Gesamte Stichprobe	521	---	

5.1.2 Lernbehinderte vor und nach Überweisung in die Sonderschule

5.1.2.1 Die Ergebnisse im Überblick

Auf die Frage, inwiefern die soziale Stellung der Lernbehinderten in Sonderklassen günstiger ist als in Regelklassen, können Untersuchungen Hinweise geben, welche Lernbehinderte in Regelklassen vor der Überweisung in die Sonderklasse und in Sonderklassen nach der Überweisung untersucht haben. Da nur *Rick* (1961) auf diese Weise vorgegangen ist, müssen wir uns auch auf Untersuchungen stützen, welche im Querschnitt Lernbehinderte in Regel- und in Sonderklassen miteinander verglichen haben (*Jordan* 1959, *Mullen; Itkin* 1961, *Johnson* 1961, *Bacher* 1965). Seit 1965 scheinen keine Untersuchungen zu dieser Frage mehr durchgeführt worden zu sein. Tabelle 11 gibt einen Überblick über die Untersuchungsergebnisse.

Mit Ausnahme von *Mullen* und *Itkin* (1961) zeigen die in Tabelle 11 zusammengestellten Befunde, daß die soziometrische Stellung Lernbehinderter in Sonderklassen günstiger zu sein scheint als in Regelklassen. Die Ergebnisse von *Mullen* und *Itkin* (1961) besagen lediglich, daß sich sowohl in Sonderklassen als auch in Regelklassen die soziometrische Stellung der Lernbehinderten nach einem Jahr im gleichen Maße verändert oder nicht verändert hat; ob die Lernbehinderten in Sonderklassen einen günstigeren soziometrischen Status besitzen als jene in Regelklassen, kann aufgrund ihrer Untersuchungsanlage nicht ausgemacht werden. Daß die soziometrische Stellung lernbehinderter Schüler in Sonderklassen günstiger ist als in Regelklassen, ist bezugsgruppentheoretisch zu erklären; der Schüler befindet sich nun in einer Bezugsgruppe, in welcher alle Mitschüler in irgendeiner Weise Schulschwierigkeiten aufweisen, so daß die soziometrische Stellung nicht mehr vorwiegend durch schulische Leistungsfähigkeit und Intelligenzhöhe geprägt werden kann.

Tabelle 11: Ergebnisse der Untersuchungen zum Vergleich der soziometrischen Stellung von Lernbehinderten in Regelklassen und in Sonderklassen im Überblick

<u>Hypothese</u> Im allgemeinen besitzen schulleistungsschwache Schüler nach ihrer Überweisung in eine Sonderschule für Lernbehinderte einen günstigeren soziometrischen Status als vorher in Regelklassen.

Jahr	Autor	Untersuchungsmethode	Hypothese bestätigt	Bemerkungen
1959	JORDAN	Wahlverfahren +	ja	
1961	RICK	Wahlverfahren +	ja	Längsschnittstudie
1961	MULLEN; ITKIN	Ratingskala	nein	vgl. Zuwachs (1 Jahr)
1961	JOHNSON	Ratingskala	ja	
1965	BACHER	Ratingskala	ja	Alter: $\overline{X}$ 13;3

<u>Erklärung:</u> + : positive Wahlen

Rick (1961) stellte bezüglich der soziometrischen Stellung der Lernbehinderten fest, daß tiefe soziometrische Stellungen innerhalb von Sonderklassen in erster Linie mit störendem Verhalten der betroffenen Sonderschüler erklärt werden können. Mangelhaftes Äußeres und schulisches Versagen spielen im Vergleich zu Regelklassen eine geringere Rolle.

Tabelle 12: Untersuchungsergebnisse zu Gründen und Zusammenhängen der tiefen soziometrischen Stellung von Schülern innerhalb von Sonderklassen

Aussage	Autor
In Sonderklassen werden vor allem Schüler mit Fehlverhaltensweisen abgelehnt. Mangelhaftes Äußeres und schulisches Versagen spielen nach der Überweisung keine bedeutende Rolle mehr.	RICK 1961
Geringe Intelligenz, niedrige Schulleistungen und Verhaltensauffälligkeiten bedingen auch in Sonderklassen den soziometrischen Rang eines Schülers.	vgl. KNIEL 1979: - DENTLER; MACKLER 1962 - LAEPPLE 1962 - JANTZEN 1970

In Sonderklassen scheinen, mit Ausnahme der sozialen Bewertung von Schulleistungen, teilweise ähnliche soziale Mechanismen zu funktionieren wie in Regelklassen; zu diesem Schluß ist auch *Kniel* (1979, 106) in einer umfangreichen Sekundäranalyse von empirischen Untersuchungen gekommen. Aus diesem Grunde ist anzunehmen, daß mit der Einweisung in die Sonderschule nur einem Teil der in Regelklassen sozial isolierten Lernbehinderten im Sinne einer Verbesserung der sozialen Stellung innerhalb der Klasse geholfen werden kann (vgl. Tabelle 12).

5.1.2.2 Darstellung der einzelnen Untersuchungen

In der bereits erwähnten Untersuchung von *Jordan* (1959) gibt es Hinweise auf eine Verbesserung der soziometrischen Situation von Lernbehinderten in Sonderklassen im Vergleich zu Regelklassen. Ein Vergleich der durchschnittlichen Anzahl erhaltener Wahlen innerhalb der Regelklassen und innerhalb der Sonderklassen mit verschiedenen Kriterien wie "bester Freund", "Einladung zu einer Feier" und "Spielkamerad" zeigte, daß die soziometrische Situation eines großen Teils der Lernbehinderten in Sonderklassen ungefähr derjenigen von durchschnittlich intelligenten Schülern in Regelklassen entspricht (vgl. Tabelle 13).

Tabelle 13: Merkmale der Untersuchung von *Jordan* (1959) zu Kapitel 5.1.2

Durchschnittliche Anzahl erhaltener soziometrischer Wahlen in Regel- und Sonderklassen			
soziom. Kriterium	Regelklassen		Sonderklassen
	durchschn. intell. Mitschüler N = 917	Lernbehinderte N = 35	Lernbehinderte N = 347
Bester Freund	15.4 %	4.1 %	13.6 %
Einladung zu Feier	15.3 %	3.4 %	13.7 %
Spielkamerad	15.0 %	4.9 %	13.0 %

In der Sekundäranalyse von *Kniel* (1979) wird von drei Untersuchungen berichtet, in welchen Lernbehinderte aus Sonderklassen und aus Regelklassen bezüglich Alter und Intelligenz parallelisiert wurden. Während *Johnson* (1961) und *Bacher* (1965) eine günstigere soziale Situation der Lernbehinderten in Sonderklassen nachwiesen, wurde von *Mullen* und *Itkin* (1961) lediglich ein entsprechender, jedoch nicht signifikanter Trend festgestellt. Tabelle 14 liefert eine Übersicht zu diesen Untersuchungen.

Rick (1961) konnte von 44 vor der Überweisung in die Sonderschule untersuchten Lernbehinderten 40 nach dem Eintritt in die Sonderklasse erneut untersuchen (vgl. Tabelle 15). Der Vergleich ihrer soziometrischen Stellung in beiden Schulformen zeigte, daß sich ihre soziometrische Stellung ein halbes Jahr nach dem Wechsel in eine Sonderklasse deutlich verbessert hatte. In den Begründungen der Ablehnungen zeigte sich eine deutliche Verschiebung zu "störendem Verhalten".

Tabelle 14: Merkmale der bei *Kniel* (1979) dargestellten Untersuchungen von *Johnson* (1961), *Mullen* und *Itkin* (1961) und *Bacher* (1965)

Unabhängige Variablen: A) Lernbeh. in Sonderklassen B) Lernbeh. in Regelklassen						
Autor	**Abhängige Variable**	**Stichprobenmerkmale**				**Ergebnisse**
MULLEN; ITKIN (1961)	Soziometrische Position und Einschätzung der eigenen Position		N	Alter	IQ	Zuwachs in einem Jahr: A = B
		A	64	7-13	50-75	
		B	64	7-13	50-75	
JOHNSON (1961)	Beliebtheit: Syracuse Scale of Social Relations	A) N = 16 B) N = 16				Beliebtheit: A > B
BACHER (1965)	Beliebtheit: Classroom Social Distance Scale		N	Alter $\overline{X}$	IQ $\overline{X}$	Beliebtheit: A > B
		A	30	13;3	88.8	
		B	30	13;6	88.2	

Tabelle 15: Merkmale der Untersuchung von *Rick* (1961)

Soziometrische Stellung der Lernbeh. vor und nach der Überweisung in die Hilfsklasse		
Beliebtheitsrang innerhalb der Klasse	Regelklasse N = 44	Hilfsklasse N = 40
Oberstes Klassendrittel	1 (2.27%)	18 (45%)
Mittleres Klassendrittel	6 (13.64%)	15 (37.5%)
Unterstes Klassendrittel	37 (84.09%)	7 (17.5.%)
Motivationen und Begründungen für die Ablehnung von Sch. in Regel- bzw. in Hilfsklassen		
Kategorie	Regelklasse	Hilfsklasse
Mangelhaftes Äußeres	14.3%	2.56%
Schulisches Versagen	50.7%	2.56%
Fehlverhaltensweisen	34.9%	94.8 %

5.1.3 Teilintegrierte Lernbehinderte

5.1.3.1 Die Ergebnisse im Überblick

Lernbehinderte mit gezielter Teilintegration besuchen den Unterricht in der Sonderklasse für Lernbehinderte; für einzelne Stunden folgen sie dem Unterricht in Regelklassen. Die bisherigen Untersuchungen zur soziometrischen Stellung von teilintegrierten Lernbehinderten ergeben ein einheitliches Bild: Während des Unterrichts in der Regelklasse nehmen sie im Vergleich zu den Regelschülern einen tieferen soziometrischen Rang ein (*Lapp* 1957, *Rucker; Howe; Snider* 1969, *Furbee* 1975, *Coben; Zigmond* 1986, *Taylor; Asher; Williams* 1987). Der Befund wird auch für Jugendliche im Alter zwischen 13 und 16 Jahren bestätigt (*Monroe; Howe* 1971). Tabelle 16 gibt einen Überblick über die Untersuchungsergebnisse.

Tabelle 16: Ergebnisse der Untersuchungen zur soziometrischen Stellung teilintegrierter lernbehinderter Schüler im Überblick

<u>Hypothese</u> Schulleistungsschwache Schüler im Rahmen der gezielten Teilintegration besitzen im allgemeinen einen tieferen soziometrischen Status als ihre Mitschüler

Jahr	Autor	Untersuchungsmethode	Hypothese bestätigt	Bemerkungen
1957	LAPP	Wahlverfahren + -	ja !	zu kleine Stichprobe
1969	RUCKER; HOWE; SNIDER	Ratingskala	ja	
1971	MONROE; HOWE	Ratingskala	ja	
1975	FURBEE		ja	
1986	COBEN; ZIGMOND	Wahlverfahren + - Ratingskala	ja	zwei Untersuchungsmethoden
1987	TAYLOR; ASHER; WILLIAMS	Wahlverfahren + Ratingskala	ja	Schüler mit schwerer Lern- und geist. Behinderung

<u>Erklärung</u> + : positive Wahlen - : negative Wahlen
! : aufgrund methodischer Unzulänglichkeiten nicht generalisierbar

Coben und *Zigmond* (1986) machten die Feststellung, daß je nach soziometrischer Methode die teilintegrierten Lernbehinderten in der Regelklasse weniger häufig (Wahlmethode) oder gleich häufig (Ratingskala) abgelehnt werden wie Regelschüler. Bei positiven Wahlen allerdings werden die Lernbehinderten mit beiden

Methoden signifikant weniger häufig gewählt als die Regelschüler. Die Methodenabhängigkeit der Ergebnisse muß etwas nachdenklich stimmen. Sicher dürfte es nicht sinnvoll sein, die soziometrische Stellung von teilintegrierten Lernbehinderten mit Fragen nach Kriterien wie "Freund" oder "Spielkamerad" zu erforschen. Denn die teilintegrierten Lernbehinderten sind in den Regelklassen wenig bekannt und nehmen eher eine "Gastrolle" ein. So könnte es sogar sein, daß Teilintegration Lernbehinderte strukturell zu potentiellen Einzelgängern oder Außenseitern macht.

Für die soziometrische Stellung teilintegrierter Lernbehinderter scheint es irrelevant zu sein, ob die Teilintegration in Haupt- oder in Nebenfächern vorgenommen wird (*Rucker; Howe*; *Snider* 1969). Ebenso scheint die Dauer der Teilnahme am gemeinsamen Unterricht keinen Einfluß auf die soziometrische Stellung teilintegrierter Lernbehinderter zu haben (*Monroe*; *Howe* 1971). *Furbee* (1975) konnte zeigen, daß die soziometrische Stellung teilintegrierter Lernbehinderter mit steigender Klassenstufe zunehmend tiefer wird. Teilintegrierte Lernbehinderte tendieren dazu, ihre soziometrische Stellung zu überschätzen (*Rucker; Howe*; *Snider* 1969). Sowohl bei den teilintegrierten Lernbehinderten als auch bei den Regelschülern korreliert die sozioökonomische Herkunft mit der soziometrischen Stellung in der Klasse (*Monroe*; *Howe* 1971).

Tabelle 17: Untersuchungsergebnisse zu Gründen und Zusammenhängen der tiefen soziometrischen Stellung von teilintegrierten lernbehinderten Schülern

Aussage	Autor
Die ungünstige soziometrische Position teilintegrierter schulleistungsschwacher Schüler wird auf deren geringen Bekanntheitsgrad in den Regelklassen zurückgeführt.	COBEN; ZIGMOND 1986
Schulleistungsschwache Schüler überschätzen ihre soziometrische Stellung in Regelklassen.	RUCKER; HOWE; SNIDER 1969
Schüler mit einem höheren sozioökonomischen Status sind eher sozial akzeptiert als Schüler mit einem niedrigen sozioökonomischen Status.	MONROE; HOWE 1971
Der soziometrische Status in der Sonderklasse korreliert mit jenem in der Klasse mit gemeinsamem Unterricht.	RUCKER; HOWE; SNIDER 1969
Teilintegrierte Lernbehinderte sind über ihre Situation im Beziehungsgeflecht der Klasse und im Spiel unzufrieden. Sie sind im allgemeinen scheu und weisen Mängel in der sozialen Anpassungsfähigkeit auf. Unter den abgelehnten Lernbehinderten können zwei Gruppen unterschieden werden: eine internalisierende Gruppe mit scheuem, unauffälligem Verhalten und eine externalisierende Gruppe mit aggressivem, störendem Verhalten.	TAYLOR; ASHER; WILLIAMS 1987

Die soziometrische Stellung der Lernbehinderten in ihrer Stammklasse (Sonderklasse) korreliert mit derjenigen in den Regelklassen (*Rucker; Howe; Snider* 1969). Ein Lernbehinderter mit einer hohen soziometrischen Stellung in der Stammklasse (Sonderklasse) hat somit die besseren Chancen, auch in der Regelklasse mit Teilintegration akzeptiert zu werden. Nach *Taylor; Asher* und *Williams* (1987) sind teilintegrierte Lernbehinderte über ihre soziale Situation im Unterricht und im Spiel mit den Regelschülern unzufrieden. Von den Regelschülern werden sie als scheu und wenig anpassungsfähig beurteilt, was mit dem Urteil der Lehrer übereinstimmt. Die von Regelschülern und Regelklassenlehrern abgelehnten Lernbehinderten können entweder einer internalisierenden Gruppe mit scheuem, unauffälligem Verhalten oder einer externalisierenden Gruppe mit aggressivem, störendem Verhalten zugeordnet werden (vgl. Tabelle 17).

5.1.3.2 Darstellung der einzelnen Untersuchungen

Coben und *Zigmond* (1986) untersuchten den soziometrischen Status von lernbehinderten Sonderschülern, die täglich einzelne Unterrichtsstunden in einer Regelklasse besuchten (vgl. Tabelle 18).

Tabelle 18: Merkmale der Untersuchung von *Coben* und *Zigmond* (1986)

Unabhängige Variable	Abhängige Variable	Stichproben-merkmale	Ergebnisse
A) Teilintegrierte Lernbehinderte B) Regelschüler	1) Anzahl positive und negative Wahlen: - Akzeptierung - Ablehnung - Unbeachtete 2) Ratingskala HIFTO - Akzeptierte - Tolerierte - Abgelehnte - Unbekannte	A) N = 43 B) N = 137	1) Akzeptierung: A < B Ablehnung: A < B Unbeachtete: A > B 2) Akzeptierte: A < B Tolerierte: A = B Abgelehnte: A = B Unbekannte: A > B
Die ungünstige soziale Stellung teilintegrierter Lernbehinderter in Regelklassen wird auf deren niedrigen Bekanntheitsgrad bei den Regelschülern zurückgeführt.			

Die Stichprobe umfaßte 137 Regelschüler aus zehn verschiedenen Klassen und 43 teilintegrierte Lernbehinderte. Die Lernbehinderten besuchten die Regelklasse während sieben Lektionen pro Woche. Für die Bestimmung der soziometrischen Stellung wurden sowohl eine Wahlmethode (drei positive und drei negative Wahlmöglichkeiten zum Kriterium Sitznachbar) als auch die 4-stufige Ratingskala HIFTO (How I Feel Toward Others) von *Agard; Veldman; Kaufman* und *Semmel*

(1978) verwendet. Bei der HIFTO-Methode schätzt jeder Schüler alle seine Mitschüler auf der Skala ein; die Antwortmöglichkeiten sind zeichnerisch mit einem Gesicht dargestellt und geben folgende Hinweise: a) Akzeptierung der eingeschätzten Person, b) Toleranz, c) Ablehnung und d) kenne die Person nicht genug. Die Ergebnisse der Wahlmethode wurden den Kategorien "Akzeptierung", "Ablehnung" oder "Nicht-Beachtung" zugeordnet. Die teilintegrierten Lernbehinderten wurden im Vergleich zu den Regelschülern signifikant weniger akzeptiert ($p < .01$), aber auch signifikant weniger abgelehnt ($p < .05$). 44% der Lernbehinderten gegenüber 6% der Regelschüler gehörten zur Kategorie "Unbeachtete" ($p < .001$). Die Ratingskala ergab, daß Lernbehinderte signifikant weniger in die Kategorie "Akzeptierung" ($p < .05$) und signifikant häufiger in die Kategorie "kenne die Person nicht genug" ($p < .01$) eingestuft wurden als Regelschüler. Bezüglich der Kategorien "Ablehnung" und "Toleranz" ergaben sich keine bedeutsamen Unterschiede.

Furbee (1975) stellte gemäß Darstellung bei *Kniel* (1979) fest, daß teilintegrierte Lernbehinderte auf der 3., 6., 9. und 12. Schulstufe signifikant häufiger abgelehnt wurden als eine zufällig ausgewählte Kontrollgruppe von Regelschülern (vgl. Tabelle 19). Die Ablehnung nahm in höheren Klassenstufen deutlich zu. Dies ist eine Bestätigung der in der Untersuchung von *Monroe* und *Howe* (1971) festgestellten Tendenz.

Tabelle 19: Merkmale der bei *Kniel* (1979) dargestellten Untersuchung von *Furbee* (1975)

Unabhängige Variable	Abhängige Variable	Stichproben-merkmale	Ergebnisse
A) Teilintegrierte Lernbehinderte B) Nicht-lernbehinderte Mitschüler	Soziometrischer Status	N = ? Klassen der 3./6./9./12. Stufe	A < B Mit zunehmender Stufe steigt die Ablehnung der Lernbehinderten

Lapp (1957) untersuchte eine Stichprobe von 16 Lernbehinderten in einer Sonderklasse, von welchen zwölf einige Stunden in Sport, Kunst, Sozialkunde oder Sachunterricht in Regelklassen besuchten (vgl. Tabelle 20). Dies war in der betreffenden Schule bereits seit fünf Jahren üblich. Zur soziometrischen Erhebung dienten drei positive und drei negative Wahlfragen zu den Kriterien "bester Freund", "Sitznachbar" und "Spielkamerad". Verglichen wurden die erwarteten mit den tatsächlichen Wahlen. Die Ergebnisse zeigten, daß die soziometrischen Werte der teilintegrierten Lernbehinderten signifikant tiefer waren, als aufgrund der Werte der Regelschüler erwartet werden müßte. Die tiefen Werte sowohl in der Akzeptierung als auch in der Ablehnung zeigen, daß die Lernbehinderten nicht offen abgelehnt, sondern als Schüler mit einer eher passiven Rolle gesehen wurden. Bei der Interpretation dieser Befunde muß berücksichtigt werden, daß die Stichprobe mit zwölf Lernbehinderten sehr klein war, daß ein Teil der Regelschüler ebenfalls schlecht akzeptiert wurde und daß die Lernbehinderten nur wenig Zeit in den Regelklassen verbrachten.

Monroe und *Howe* (1971) untersuchten die Fragen, ob die soziale Anerkennung lernbehinderter Jugendlicher in Schulen mit gezielter Teilintegration zunimmt, je länger sie am gemeinsamen Unterricht teilnehmen, und ob zwischen der Schichtzugehörigkeit und der soziometrischen Stellung

Tabelle 20: Merkmale der Untersuchung von *Lapp* (1957)

Unabhängige Variable	Abhängige Variable	Stichproben-merkmale	Ergebnisse
Lernbehinderte	A) Erwartete positive und negative Wahlen: - bester Freund - Sitznachbar - Spielkamerad B) Tatsächliche positive und negative Wahlen: - bester Freund - Sitznachbar - Spielkamerad	Lernbehinderte: N = 12 IQ = 62-92 Regelschüler: N = 290	Positive Wahlen: A > B Negative Wahlen: A = B

lernbehinderter Jugendlicher ein Zusammenhang besteht. Die Stichprobe stammte aus fünf "junior high schools" aus dem Staate Iowa und umfaßte 70 Lernbehinderte und 574 Regelschüler (13-16-jährig) aus 19 Klassen mit gemeinsamem Sportunterricht. Als Meßinstrumente dienten die OHIO Social Acceptance Scale (Soziometrischer Status) einerseits und der Socioeconomic Index for Occupations SIO (Schichtzugehörigkeit) andererseits. Zur Beantwortung der ersten Frage wurden drei Gruppen mit unterschiedlich langer Teilnahmedauer an der Teilintegration gebildet. Zwischen den einzelnen Gruppen ergaben sich keine signifikanten Unterschiede bezüglich der soziometrischen Stellung; alle Werte waren niedrig. Es zeigte sich lediglich die Tendenz, daß jene Gruppe mit drei Jahren Teilintegration tiefere Werte aufwies als jene mit einem Jahr. Zur Beantwortung der zweiten Fragestellung fanden die Autoren in den Regelklassen eine Vergleichsgruppe von 70 Schülern mit einem IQ < 90, welche nie in die Sonderklasse eingewiesen worden waren. Diese Vergleichsgruppe unterschied sich signifikant positiv von den Lernbehinderten aus den Sonderklassen bezüglich ihrer Beliebtheitswerte ($p < .05$). In beiden Schülergruppen erwiesen sich die Schüler mit einem höheren sozioökonomischen Status beliebter als jene mit einem niedrigeren sozioökonomischen Status ($p < .01$). Die Merkmale der Untersuchung sind in Tabelle 21 zusammengestellt. *Kniel* (1979, S. 213) vermutet, daß es sich bei den Jugendlichen aus den Sonderklassen um Schüler mit Verhaltensstörungen gehandelt haben muß, da ja in denselben Schulen eine Vergleichsgruppe mit einem IQ < 90 gefunden werden konnte. So gesehen würde ihre geringe Akzeptiertheit bei längerer Teilnahme am gemeinsamen Sportunterricht nicht überraschen.

Rucker; Howe und *Snider* (1969) erfaßten die soziale Stellung von 23 teilintegrierten Lernbehinderten mit Hilfe der OHIO Social Acceptance Scale (vgl. Tabelle 22). In dieser Skala werden sechs Aussagen vorgelegt, die von hoher Akzeptierung bis aktiver Ablehnung reichen. Jeder Schüler muß dabei alle Mitschüler jenen Aussagen zuordnen, die am besten zu ihnen passen. Die 23 Lernbehinderten erhielten in zwei Sonderklassen während der Hälfte des Schultages Unterricht in Muttersprache, Rechtschreiben, Lesen und Mathematik. Während der anderen Tageshälfte besuchten sie den Unterricht in verschiedenen Regelklassen der 7. und 8. Stufe. Außer zwei Schülern besuchten alle den Naturkundeunterricht in der 7. (N=14) und 8. Klasse (N=7). Zudem nahm einer am Geographieunterricht der 7. Klasse und einer am Staatskundeunterricht der 8. Klasse teil. 22 Lernbehinderte erhielten gemeinsam mit den Regelschülern Unterricht in Sport. Die soziometri-

Tabelle 21: Merkmale der Untersuchung von *Monroe* und *Howe* (1971)

Unabhängige Variable	Abhängige Variable	Stichprobenmerkmale	Ergebnisse
a: Lernbehinderte aus Sonderklassen - Dauer der Teilintegration: A = 1 Jahr B = 2 Jahre C = 3 Jahre	Soziale Akzeptierung - OHIO Social Acceptance Scale	Teilintegrierte Lernbehinderte: N / IQ / Alter A: 33, B: 28, C: 9 } 54-92, 13-16	Akzeptierung: A = B = C
b: Lb = Lernbeh. aus Sonderklass. Vg = Vergleichsgruppe - Schichtzugehörigkeit: hS = hoher Status nS = niedriger Sta.	Soziale Akzeptierung - OHIO Social Acceptance Scale	Vergleichsgruppe in den Regelklassen : N = 70 IQ < 90	Akzeptierung: Lb < Vg hS > nS für beide Schülergruppen

sche Stellung der teilintegrierten Lernbehinderten wurde in 16 Regelklassen während des Naturkunde- und in 14 Regelklassen während des Sportunterrichts untersucht. Die Werte der soziometrischen Position Lernbehinderter erwiesen sich unter beiden Bedingungen als signifikant ($p < .01$) tiefer als jene der Regelschüler. Zusätzlich zur soziometrischen Erhebung mußten die Lernbehinderten einschätzen, wie anerkannt oder akzeptiert sie in Regelklassen sind. Die Lernbehinderten überschätzten die soziale Stellung, die sie in Regelklassen einnehmen, unabhängig davon, ob sie in Naturkunde oder in Sport teilintegriert waren. Schließlich berechneten die Autoren den Zusammenhang zwischen der sozialen Stellung Lernbehinderter in Sonderklassen und derjenigen im teilintegrierten Unterricht. Korrelationskoeffizienten von $r = .59$ (Naturkunde) und von $r = .57$ (Sport) zeigen, daß in der Stammklasse (Sonderklasse) akzeptierte Lernbehinderte auch in Regelklassen eher akzeptiert wurden.

Tabelle 22: Merkmale der Untersuchung von *Rucker; Howe* und *Snider* (1969)

Unabhängige Variable	Abhängige Variable	Stichprobenmerkmale	Ergebnisse
A) Lernbehinderte: 1) in akademischen Fächern teilintegriert 2) in nicht-akademischen Fächern teilintegriert 3) Unterricht in der Sonderklasse B) Nicht-lernbehinderte Mitschüler in Regelklassen	Akzeptierung: - Einstufung durch die Mitschüler auf der OHIO Social Acceptance Scale Selbsteinschätzung: - Einschätzung der eigenen sozialen Position auf der OHIO Social Acceptance Scale	A / B 1) 23 / 474 2) 22 / 536 3) 23 / -	Akzeptierung: A < B 1 = 2 Selbsteinschätzung für 1) und 2) Selbsteingeschätzte soziometrische Position > tatsächlicher soziometrischer Wert Korrelation: 3) mit 1) r =.59 3) mit 2) r =.57

Taylor; Asher und *Williams* (1987) untersuchten die soziometrische Stellung von teilintegrierten Schülern mit schweren Lernbehinderungen bzw. mit geistigen Behinderungen (IQ 47-80). Ihre Fragestellungen richteten sich insbesondere auf das Sozialverhalten, auf die Zufriedenheit in den Beziehungen zu den Mitschülern und auf die Selbstwahrnehmung in Spielsituationen (vgl. Tabelle 23). Die 34 Lernbehinderten verbrachten im Durchschnitt 8.4 Stunden pro Woche in Regelklassen; die Zeit für gemeinsames Mittagessen und Pause war dabei inbegriffen. Eine Kontrollgruppe von 34 Regelschülern wurde unter Berücksichtigung von Geschlecht, Klassenstufe, Rasse und sozioökonomischem Status nach dem Zufallsprinzip aus den 21 Regelklassen der 3. bis 6. Schulstufe ausgewählt. Zur Messung der soziometrischen Stellung wurde eine 5-stufige Ratingskala zum Kriterium "Spielkamerad" und positive Wahlen zum Kriterium "Freund" verwendet. Zur Feststellung der Beurteilung des Verhaltens hatten die Schüler Mitschüler zu wählen, welche am besten zu den Merkmalen "Kooperationsbereitschaft", "Stören", "Schüchternheit", "Streiten" und "Führer" paßten. Zur Feststellung der Beurteilung des Verhaltens durch den Lehrer wurde eine 7-stufige Ratingskala zu den Dimensionen "Freundlichkeit und Kooperationsbereitschaft", "Verschlossenheit", "dominantes Verhalten" und "störendes/aggressives Verhalten" angewendet. Die Zufriedenheit in der Beziehung zu den Mitschülern wurde mit einer 5-stufigen Skala mit elf Items, die Selbstwahrnehmung im Spiel mit 21 Items erhoben. Die teilintegrierten Schüler mit schweren Lernbehinderungen zeigten im Vergleich zu den Regelschülern eine signifikant tiefere soziometrische Stellung ($p < .01$). Die Beurteilung des Verhaltens durch die Mitschüler erbrachte, daß die Lernbehinderten im Vergleich zu den Regelschülern generell als scheu und mangelhaft sozial anpassungsfähig beurteilt wurden. Bezüglich störendem oder aggressivem Verhalten ergab sich kein signifikanter Unterschied. Dasselbe Bild ergab sich aus der Beurteilung des Verhaltens durch die Lehrer. Ferner unterschieden sich die Lernbehinderten von Regelschülern negativ einerseits bezüglich der Zufriedenheit in den Beziehungen zu den Mitschülern und andererseits in der Selbstwahrnehmung im Spiel. Die weitere Verarbeitung des Datenmaterials mittels einer Clusteranalyse erlaubte, die abgelehnten Lernbehinderten aufgrund ihrer Verhaltensweisen in eine internalisierende Gruppe mit scheuem, unauffälligem Verhalten und eine externalisierende Gruppe mit aggressivem und störendem Verhalten zu klassifizieren. Hierzu ist zu bemerken, daß diese Verhaltenskategorien bei abgelehnten Lernbehinderten nur für die Situationen in den Regelklassen zutreffen und nicht ihrem Verhalten in der Sonderklasse entsprechen müssen.

Tabelle 23: Merkmale der Untersuchung von *Taylor*; *Asher* und *Williams* (1987)

Unabhängige Variable	Abhängige Variable	Stichprobenmerkmale			Ergebnisse
			N	$\overline{X}$ IQ	
A) Teilintegrierte Lernbehinderte B) Nicht-lernbehinderte Mitschüler	Soziometrischer Status: - 5-stufige Ratingskala: Spielkamerad - positive Wahlen: Freund	A B	34 34	63.2 -	Soziometrischer Status: A < B

Teilintegrierte Lernbehinderte gelten bei ihren Mitschülern als scheu und weisen Mängel in der sozialen Anpassungsfähigkeit auf. In den Beziehungen zu den Mitschülern sind sie über ihre Situation unzufrieden.
Abgelehnte Lernbehinderte lassen sich aufgrund ihrer Verhaltensweisen in zwei Gruppen einteilen: eine internalisierende Gruppe mit scheuem, unbemerkbarem Verhalten und eine externalisierende Gruppe mit aggressivem, störendem Verhalten.

5.1.4 Lernbehinderte in Regelklassen mit zusätzlichen Maßnahmen

5.1.4.1 Die Ergebnisse im Überblick

Im Unterschied zur Teilintegration von lernbehinderten Sonderschülern geht es hier um Integrationsmodelle, in welchen grundsätzlich eine Regelklasse die Stammklasse der Lernbehinderten darstellt. Für die Förderung der Lernbehinderten werden jedoch zusätzliche Maßnahmen ergriffen. Einerseits können lernbehinderte Schüler innerhalb oder außerhalb der Klasse und einzeln oder in Kleingruppen durch einen speziell ausgebildeten Lehrer Förderunterricht erhalten. Andererseits können sie auch indirekte Hilfe bekommen, indem z.B. der Klassenlehrer durch einen pädagogischen Berater für die Förderung schwacher Schüler unterstützt wird.

Die Untersuchungsbefunde zur soziometrischen Stellung Lernbehinderter in Regelklassen mit zusätzlichen pädagogischen Maßnahmen ergeben ein nahezu eindeutiges Bild (vgl. Tabelle 24). Fast alle Untersuchungen belegen die im Vergleich zu den Regelschülern tiefere soziometrische Stellung der Lernbehinderten, obschon unterschiedliche Meßinstrumente benützt und Schüler unterschiedlichen Alters und aus verschiedenen Schulsystemen untersucht worden sind. Wenn man die methodisch ungenügenden Studien von *Bursuck* (1983) und von *Sainato; Zigmond* und *Strain* (1983) unberücksichtigt läßt, haben nur *Bruininks; Rynders* und *Gross* (1974) ein den Befunden der übrigen Untersuchungen widersprechendes Ergebnis erhalten, wofür die Autoren keine Erklärung gefunden haben.

In einigen Untersuchungen wurden auch Gründe für die niedrige soziometrische Stellung Lernbehinderter in Regelklassen mit zusätzlichen Maßnahmen erforscht (vgl. die Zusammenstellung in Tabelle 25). Hierzu scheinen uns folgende Befunde für weitere Forschungen bedeutsam zu sein: Die *Dauer der Integration* in eine Regelklasse scheint die soziometrische Stellung der Lernbehinderten nicht zu beeinflussen (*Iano; Ayers; Heller; McGettigan; Walker* 1974, *Bryan* 1976). Während *Bryan* (1976), *Sheare* (1978b) und *Scranton* und *Ryckman* (1979) bezüglich der soziometrischen Stellung Lernbehinderter keine *geschlechtsspezifischen* Unterschiede fanden, ergaben die Untersuchungen von *Bryan* (1974) und von *Gottlieb, Gottlieb, Berkell und Levy* (1986) eine signifikant stärkere Ablehnung lernbehinderter Mädchen. Die Befunde zur *Überschätzung der eigenen soziometrischen Stellung* durch Lernbehinderte sind ebenfalls widersprüchlich: Nach *Bruininks* (1978a und 1978b) tendieren Lernbehinderte in Regelklassen mit zusätzlichen Maßnahmen dazu, ihre eigene soziometrische Stellung zu überschätzen, was von *Garrett* und *Crump* (1980) und von *Horowitz* (1981) nicht bestätigt wird. Die tiefe soziometrische Stellung Lernbehinderter konnte bisher nicht mit einer im Vergleich zu Regelschülern schlechteren *kognitiven Fähigkeit, sich vom Egozentrismus zu lösen*

Tabelle 24: Ergebnisse der Untersuchungen zur soziometrischen Stellung Lernbehinderter in Regelklassen mit zusätzlichen Maßnahmen im Überblick

Hypothese: Schulleistungsschwache Schüler in Regelklassen mit zusätzlichen pädagogischen Massnahmen besitzen als Gruppe im Vergleich zu ihren Mitschülern einen ungünstigeren soziometrischen Status

Jahr	Autor	Untersuchungsmeth.	Hypothese bestätigt	Bemerkungen
1974	IANO; AYERS; HELLER; MC GETTIGAN; WALKER	Wahlverfahren + -	ja	
1972-1975	GOTTLIEB u. Mitarbeiter	Wahlverfahren + - Ratingskala	ja !	verschiedene Untersuchungen in 3 Schulen
1974	BRUININKS; RYNDERS; GROSS	Ratingskala	nein	
1974	BRYAN	Wahlverfahren + - Ratingskala	ja	
1976	BRYAN	Wahlverfahren + - Ratingskala	ja	
1976	HAGELGANS; SELBMANN	Wahlverfahren +	ja	
1978	BRYAN; BRYAN	Wahlverfahren + - Ratingskala	ja	
1978a	BRUININKS	Ratingskala	ja	
1978b	BRUININKS	Ratingskala	ja	
1978b	SHEARE	Ratingskala	ja	vgl. Zuwachs
1978	SIPERSTEIN; BOPP; BAK	Wahlverfahren +	ja	
1979	SCRANTON; RYCKMAN	Wahlverfahren + -	ja	
1980	GARRETT; CRUMP	Wahlverfahren + -	ja	
1981	HOROWITZ	Wahlverfahren + -	ja	Hypoth. nicht bestätigt, wenn IQ kontrolliert !
1981	PRILLAMANN	Wahlverfahren +	ja	zu kleine Stichproben für Unter-, Oberstufe
1983	BURSUCK	Wahlverfahren + Ratingskala	nein! nein	Vergleichsgruppe = "low achievers" - zu kleine Stichprobe
1983	PERLMUTTER; CROCKER; CORDRAY; GARSTECKI	Ratingskala	ja	9. bis 12. Klasse (Jugendliche)
1983	SAINATO; ZIGMOND; STRAIN	Ratingskala	nein !	methodische Unzulänglichkeiten
1985	FLICEK; LANDAU	Wahlverfahren + -	ja	
1986	BLESS	Ratingskala	ja	
1986	GOTTLIEB; GOTTLIEB; BERKELL; LEVY	Wahlverfahren syst. Beobachtung	ja	

Erklärung: + : positive Wahlen - : negative Wahlen
! : aufgrund methodischer Unzulänglichkeiten nicht generalisierbar

Tabelle 25: Untersuchungsergebnisse zur Differenzierung der Erklärungen für die tiefe soziometrische Stellung von Lernbehinderten in Regelklassen mit zusätzlichen Maßnahmen

Variable	Zusammenhang ja	Zusammenhang nein	Autor
Ein bzw. kein Zusammenhang zwischen dem soziometrischen Status schulleistungsschwacher Schüler und folgenden Variablen wurde festgestellt:			
Dauer der Integration		x x	IANO; AYERS; HELLER; MC GETTIGAN; WALKER 1974 BRYAN 1976
Geschlecht	 x x	x x x	BRYAN 1976 SHEARE 1978b SCRANTON; RYCKMAN 1979 BRYAN 1974 GOTTLIEB; GOTTLIEB; BERKELL; LEVY 1986
Überschätzung der eigenen soziometrischen Position	x x	 x x	BRUININKS 1978a BRUININKS 1978b GARRETT; CRUMP 1980 HOROWITZ 1981
Dezentrierungsleistung (PIAGET)		x	HOROWITZ 1981
Verbal aggressives Kommunikationsverhalten	x		BRYAN; BRYAN 1978
Aggressives Verhalten (Kontrolle über die Gruppe)	x x		BRUININKS 1978a PERLMUTTER; CROCKER; CORDRAY; GARSTECKI 1983
Tiefes Selbstkonzept	x x		BRUININKS 1978a SHEARE 1978
Attraktives Äußeres und körperliche Tüchtigkeit	x		SIPERSTEIN; BOPP; BAK 1978
Beliebtheit beim Lehrer	x		GARRETT; CRUMP 1980
Spielverhalten in freien Spielsituationen (Absonderung)	x		GOTTLIEB; GOTTLIEB; BERKELL; LEVY 1986
Hyperaktive Lb besitzen einen noch ungünstigeren soziometrischen Status als Lernbehinderte (Lb).			FLICEK; LANDAU 1985

(Dezentrierungsleistung nach *Piaget*), erklärt werden (*Horowitz* 1981). *Bryan* und *Bryan* (1978) konnten zeigen, daß der aggressivere und ungepflegtere *Sprachgebrauch* der Lernbehinderten als Faktor für ihre Ablehnung in Betracht gezogen werden könnte. Ein weiterer Faktor kann in dem bei Lernbehinderten gehäuft auftretenden *störenden Verhalten* wie Aggressivität, Stören und übertriebene Aktivität vermutet werden (*Bruininks* 1978a, *Perlmutter; Crocker; Cordray; Garstecki* 1983). Zwischen der soziometrischen Stellung von Lernbehinderten und Variablen wie *attraktives Äußeres, körperliche Tüchtigkeit* und *schulische Fähigkeiten* konnten signifikante Zusammenhänge nachgewiesen werden (*Siperstein; Bopp; Bak* 1978). Lernbehinderte scheinen nicht nur bei den Regelschülern, sondern auch *beim Regelklassenlehrer weniger beliebt* zu sein als die Regelschüler (*Garrett; Crump* 1980). Eine besonders ungünstige soziometrische Stellung konnte für *hyperaktive* Lernbehinderte nachgewiesen werden (*Flicek; Landau* 1985). Lernbehinderte spielen oft allein und werden auch in Spielsituationen abgelehnt (*Gottlieb; Gottlieb; Berkell; Levy* 1986).

Obschon diese zahlreichen Ergebnisse noch längst nicht als gesicherte Befunde behandelt werden können, weisen sie darauf hin, daß nebst den schlechten Schulleistungen andere Eigenschaften und insbesondere bestimmte Verhaltensweisen mit dem ungünstigen soziometrischen Status lernbehinderter Schüler einhergehen können. Es ist somit keineswegs von einem monokausalen Verhältnis zwischen Schulleistungsschwäche und niedrigem soziometrischem Status Lernbehinderter auszugehen.

5.1.4.2 Darstellung der einzelnen Untersuchungen

Bless (1986) untersuchte die soziometrische Stellung von 51 Lernbehinderten in 29 "Regelklassen mit Heilpädagogischer Schülerhilfe" des 3. bis 6. Schuljahres in der deutschsprachigen Schweiz (vgl. Tabelle 26). Es wurde die soziometrische Methode der erlebten Interaktionshäufigkeiten von *Krüger* (1976) verwendet. Die integrierten Lernbehinderten hatten eine signifikant tiefere soziometrische Stellung als die Regelschüler ($p < .01$). Es ergab sich kein signifikanter geschlechtsspezifischer Unterschied. Tendenziell hatten männliche Lernbehinderte eine niedrigere soziometrische Stellung als weibliche. Fast die Hälfte (47%) der Lernbehinderten befand sich im untersten Quartil der Verteilung der Integrationsmaße in der gesamten Stichprobe. Nur etwa 10% der Lernbehinderten erreichten mit ihren Werten das oberste Quartil der Verteilung.

Tabelle 26: Merkmale der Untersuchung von *Bless* (1986)

Unabhängige Variable	Abhängige Variable	Stichprobenmerkmale	Ergebnisse
A) integrierte Hilfsschüler B) durchschnittlich intelligente Mitschüler	Integrationsmaß: erhoben mit der Methode der erlebten Interaktionshäufigkeiten von KRÜGER - sprechen mit... - ärgern über...	A) N = 51 B) N = 544	Integrationsmaß: A < B

Bruininks, Rynders und *Gross* (1974) untersuchten 65 integrierte Lernbehinderte und eine Kontrollgruppe von 1324 Regelschülern (vgl. Tabelle 27). Die Lernbehinderten erhielten täglich während zwei Lektionen zusätzlichen Förderunterricht. Von den an der Untersuchung beteiligten Schulen befanden sich sieben in Gebieten der Innenstadt, wovon fünf typische Arbeiterquartiere und zwei typische Mittelschichtquartiere waren; zwei weitere Schulen befanden sich im Vorort. Jeder Schüler mußte auf einer von den Autoren modifizierten Version der OHIO Social Acceptance Scale seine Mitschüler nach deren Beliebtheit einstufen, wobei die drei Antwortmöglichkeiten zeichnerisch dargestellt waren (vgl. Abbildung 3).

Tabelle 27: Merkmale der Untersuchung von *Bruininks, Rynders* und *Gross* (1974)

Unabhängige Variable	Abhängige Variable	Stichprobenmerkmale				Ergebnisse
1) Schülertyp: A) Lernbehinderte B) Nicht-lernbehinderte Mitschüler 2) Schulbezirk: Stadt Vorort 3) Geschlecht: m = männlich w = weiblich	Beliebtheit: - Peer Acceptance Scale		Stadt	Vorort	Total	Beliebtheit: gleichgeschlechtliche Auswertung: Stadt: A > B Am > Bm Aw > Bw Vorort: A < B Am = Bm Aw = Bw Auswertung der gesamten Daten: Stadt: A = B Am = Bm Aw > Bw Vorort: A = B Am = Bm Aw = Bw
		Am	33	5	38	
		Aw	17	10	27	
		Bm	465	198	663	
		Bw	467	194	661	
					1389	

In den Schulen des Vororts erwiesen sich die Lernbehinderten als signifikant weniger beliebt als die Regelschüler (p < .01). In den Schulen der Innenstadt zeigte sich ein umgekehrtes Bild: Die Lernbehinderten erwiesen sich als signifikant beliebter als die Regelschüler (p < .01), wenn nach Geschlechtern getrennt ausgewertet wurde; die Signifikanz verschwand, wenn mit vermischten Geschlechtern (z.B. Wahlen, die ein Junge von Jungen und von Mädchen bekam) ausgewertet wurde. Die Autoren können sich diese Ergebnisse nicht erklären. "Sie vermuten jedoch, daß das Wertklima der Vororts- bzw. innerstädtischen Schulen sich so unterschied, daß lernbehinderte Kinder (die auch etwas intelligenter waren) die Leistungsanforderungen gut erfüllen konnten, dies jedoch an den Vorortschulen nicht der Fall war. Unklar ist jedoch, weshalb bei den Wahlen der Gesamtgruppe, also nicht nur durch Jungen und Mädchen, dieser Effekt eines unterschiedlichen "Wertklimas" nicht mehr auftrat." (*Kniel* 1979, 225)

Bruininks (1978a) untersuchte neben der soziometrischen Stellung weitere Persönlichkeitsmerkmale von 23 integrierten Lernbehinderten und von 23 unter Berücksichtigung der Geschlechtsverteilung zufällig ausgewählten Regelschülern (vgl. Tabelle 28). Die Schüler stammten aus sieben Regelklassen der 1. und 2. sowie der 4. und 5. Schulstufe aus zwei vorstädtischen

Abbildung 3: Antwortkategorien der Peer Acceptance Scale nach *Bruininks, Rynders* und *Gross* (1974, 380)

Schulbezirken in Minnesota (vgl. Tabelle 28). Alle Lernbehinderten erhielten zusätzlich zum Unterricht in den Regelklassen Förderunterricht durch einen Sonderschullehrer. Die soziometrische Stellung wurde mit der Peer Acceptance Scale von *Bruininks, Rynders* und *Gross* (1974) erhoben. Jeder Schüler schätzte auf derselben Skala die Einstufung der Mitschüler zu sich selbst ein. Mit dem *Coopersmith* Self-Esteem Inventory (*Coopersmith* 1959) wurde das Selbstkonzept der Schüler erhoben. Außerdem wurde der FIRO-B (Fundamental Interpersonal Relations Orientation-Behavior) von *Schutz* (1967) angewendet. Dieses Instrument gründet auf der Annahme, daß Aufnahme, Kontrolle und Zuneigung die Grundbedürfnisse sind, welche zwischenmenschliches Verhalten steuern. Sie äußern sich einerseits im gezeigten Verhalten und andererseits im gewünschten Verhalten der Interagierenden. Dementsprechend weist das Instrument sechs Skalen auf: je einmal gezeigtes und einmal gewünschtes Verhalten bezüglich jedem der drei genannten Grundbedürfnisse.

Mit einer zweifachen Varianzanalyse wurden die Unterschiede zwischen den Lernbehinderten und den Regelschülern einerseits und zwischen der tatsächlichen und der selbsteingeschätzten soziometrischen Stellung andererseits überprüft. Die gemessene soziometrische Stellung der Lernbehinderten war signifikant tiefer als jene der Regelschüler; die Lernbehinderten schätzten ihre Stellung signifikant höher ein, als es die gemessene soziometrische Stellung zeigte ($p < .05$). Das Selbstkonzept der Lernbehinderten erwies sich als signifikant tiefer als dasjenige der Regelschüler. Im FIRO-B ergab sich einzig in der Skala zum gezeigten Verhalten bezüglich Kontrolle ein bedeutsamer Unterschied (Lernbehinderte > Regelschüler). Die Befunde bestätigen, daß Lernbehinderte in Regelklassen unbeliebter sind als Regelschüler, daß sie ihre soziale Stellung überschätzen, daß sie ein tieferes Selbstkonzept als Regelschüler haben und daß sie ein größeres Bedürfnis zeigen, Kontrolle auf die Gruppe auszuüben, was sich z.B. in Aggressivität und übertriebener Aktivität äußern kann.

In einer weiteren Studie verglich *Bruininks* (1978b) die soziometrische Stellung und die Selbsteinschätzung von 16 Lernbehinderten mit den entsprechenden Daten von 16 zufällig ausgewählten Regelschülern aus denselben Klassen (vgl. Tabelle 29). Die Lernbehinderten erhielten täg-

Tabelle 28: Merkmale der Untersuchung von *Bruininks* (1978a)

<table>
<tr><th>Unabhängige Variable</th><th>Abhängige Variable</th><th>Stichprobenmerkmale</th><th>Ergebnisse</th></tr>
<tr>
<td>A) Lernbehinderte

B) Nicht-lernbehinderter Mitschüler</td>
<td>Akzeptierung:
- Peer Acceptance Scale

Einschätzung der eigenen sozialen Stellung:
- Peer Acceptance Scale

Selbstkonzept:
- Self-Esteem Inventory

Verhalten zur interpersonalen Beziehungsorientierung:
- FIRO-B</td>
<td><table>
<tr><th></th><th>m</th><th>w</th><th>total</th></tr>
<tr><td>A</td><td>15</td><td>8</td><td>23</td></tr>
<tr><td>B</td><td>81</td><td>58</td><td>139</td></tr>
<tr><td></td><td></td><td></td><td>162</td></tr>
</table></td>
<td>Akzeptierung:
A < B

Selbsteinschätzung:
A) wahrgenommene soziale Stellung > tatsächliche
B) wahrgenommene soziale Stellung = tatsächliche

Selbstkonzept:
A < B

Verhalten zur interpersonalen Beziehung:
- gezeigtes Verhalten zur Dimension Kontrolle
A > B
- übrige Skalen
A = B</td>
</tr>
</table>

lich während 45 Minuten Förderunterricht. Sowohl die tatsächliche als auch die wahrgenommene soziometrische Stellung wurde mit Hilfe der Peer Acceptance Scale von *Bruininks; Rynders* und *Gross* (1974) erhoben. Die Lernbehinderten erwiesen sich als signifikant weniger in ihren Klassen akzeptiert als die Regelschüler der randomisierten Kontrollgruppe ($p < .01$), aber auch als die Regelschüler im gesamten ($p < .005$). Die Lernbehinderten schätzten ihren soziometrischen Status gegenüber dem gemessenen wiederum signifikant höher ein ($p < .05$), was bei den Regelschülern nicht der Fall war.

Tabelle 29: Merkmale der Untersuchung von *Bruininks* (1978b)

Unabhängige Variable	Abhängige Variable	Stichprobenmerkmale	Ergebnisse
A) Lernbehinderte B) Kontrollgruppe (nicht-lernbehinderte Mitschüler) C) alle Mitschüler	Akzeptierung: - Peer Acceptance Scale Einschätzung der eigenen sozialen Stellung: - Peer Acceptance Scale	A) N = 16 B) N = 16 C) N = 394	Akzeptierung: A < B, C Selbsteinschätzung: A < B A) wahrgenommene soziale Stellung > tatsächliche B) wahrgenommene soziale Stellung = tatsächliche

Bryan (1974) verglich die soziometrische Stellung von 84 integrierten Lernbehinderten mit einem IQ über 80 mit derjenigen von 84 zufällig ausgewählten Regelschülern unter Berücksichtigung von Geschlecht, Rasse und Schulklasse aus 62 Regelklassen mit zusätzlichen Maßnahmen der 3. bis 6. Klassen (vgl. Tabelle 30). Die trotz relativ hoher Intelligenz als lernbehindert diagnostizierten Schüler wurden als hyperaktiv, unaufmerksam, leicht ablenkbar und emotional labil charakterisiert. Sie erhielten, zusätzlich zum Unterricht in den Regelklassen, Förderunterricht durch einen Sonderschullehrer. Neben Skalen zur Akzeptierung und zur Ablehnung dienten drei positive und drei negative Wahlfragen zu den Kriterien "Freund", "Sitznachbar" und "Einladung zu einer Geburtstagsparty" der soziometrischen Erhebung. Die Lernbehinderten erwiesen sich als signifikant weniger akzeptiert und signifikant häufiger abgelehnt als die Regelschüler. Lernbehinderte Mädchen wurden stärker abgelehnt als lernbehinderte Jungen. Weiße Lernbehinderte wurden weniger akzeptiert und öfter abgelehnt als schwarze Lernbehinderte. Die Regelschüler beschrieben die Lernbehinderten als ängstliche, unglückliche, beunruhigte Kinder, mit denen man nicht spielen möchte.

Tabelle 30: Merkmale der Untersuchung von *Bryan* (1974)

Unabhängige Variable	Abhängige Variable	Stichprobenmerkmale					Ergebnisse
1) Schülertyp: A = Lernbehinderte B = Mitschüler 2) Geschlecht K = Knaben M = Mädchen 3) Rasse: w = weiss s = schwarz	positive und negative Wahlen: - Freund - Sitznachbar - Einladung zu Geburtstagsparty Skalen: - Akzeptierung - Ablehnung		K		M		Akzeptierung: A < B Aw < As Ablehnung: A > B AM > AK Aw > As
		A	w=35	s=29	w=10	s=10	
		B	w=35	s=29	w=10	s=10	

Bryan (1976) wiederholte ein Jahr später die Untersuchung mit 25 weißen Lernbehinderten der früheren Stichprobe und 25 zufällig ausgewählten Regelschülern aus 20 Klassen der 4. und 5. Stufe (vgl. Tabelle 31). Wiederum erwiesen sich die Lernbehinderten als weniger akzeptiert und häufiger abgelehnt als die Regelschüler ($p < .001$). Der geschlechtsspezifische Unterschied zeigte sich diesmal nicht. Korrelationsberechnungen zwischen den soziometrischen Daten der ersten und der zweiten Untersuchung zeigen, daß sich Beliebtheit und Ablehnung der Schüler auch über einen Zeitraum von einem Jahr praktisch nicht verändert hatten.

Bryan und *Bryan* (1978) untersuchten die Frage, inwiefern der Sprachgebrauch von Lernbehinderten mit ihrer tiefen soziometrischen Stellung zusammenhängen könnte (vgl. Tabelle 32). 25 Lernbehinderte und 25 nach Geschlecht und Rasse ausgewählte Regelschüler bildeten die Stichprobe. Das Sprachverhalten wurde mittels systematischer Beobachtung erhoben und in sieben Kategorien kodiert (Ablehnung; Frage nach Informationen und Material; Selbstbild; Hilfsbereitschaft-Kooperation-Material geben; positive Verstärkung-soziale Bestätigung; Egozentrismus-Bemerkungen zu sich selbst; Reaktivität). Die soziometrische Erhebung wurde wie bei Bryan (1974) vorgenommen. Die im Vergleich zu den Regelschülern niedrigere soziometrische Stellung

Tabelle 31: Merkmale der Untersuchung von *Bryan* (1976)

Unabhängige Variable	Abhängige Variable	Stichprobenmerkmale	Ergebnisse
1) Schülertyp: A = Lernbehinderte B = Mitschüler 2) Geschlecht K = Knaben M = Mädchen	positive und negative Wahlen: - Freund - Sitznachbar - Einladung zu Geburtstagsparty Skalen: - Akzeptierung - Ablehnung	K M A 21 4 B 21 4	Akzeptierung: A < B Ablehnung: A > B Korrelationen zwischen der 1. und der 2. Untersuchung:

p<.001	Akzept. 2	Ablehn. 2
Akzept.1	r = .62	r = -.42
Ablehn.1	r = -.39	r = .61

der Lernbehinderten wurde auch in dieser Untersuchung bestätigt. Das Sprachverhalten der Lernbehinderten erwies sich als signifikant verschieden von demjenigen der Regelschüler. Die Lernbehinderten drückten sich auf eine ungepflegtere Art aus als die Regelschüler und ignorierten öfter Versuche zur Beziehungsaufnahme von Mitschülern. Sie verwendeten und erhielten Ausdrücke, die häufig Hinweise auf Feindseligkeiten und Ablehnung beinhalteten.

Tabelle 32: Merkmale der Untersuchung von *Bryan* und *Bryan* (1978)

Unabhängige Variable	Abhängige Variable	Stichprobenmerkmale	Ergebnisse
A) Lernbehinderte B) Nicht-lernbehinderte Mitschüler	Soziom. Status: Kombination posit. und negat. Wahlfragen (Freund, Sitznachbar, Einladung zu Party) mit zwei Skalen (Akzeptierung, Ablehnung) Verbales Kommunikationsverhalten (7 Kategorien)	A) N = 25 } 4. und 5. B) N = 25 } Klasse	Soziom. Status: A < B Verbales Kommunikationsverhalten: A < B
Das verbale Kommunikationsverhalten der Lernbehinderten wird als wichtiger Faktor für ihre Ablehnung betrachtet.			

Bursuck (1983) versuchte zu überprüfen, inwiefern das durch die Diagnose erteilte Etikett "lernbehindert" für die schlechte soziometrische Stellung Lernbehinderter verantwortlich sein könnte (vgl. Tabelle 33). Er erhob soziometrische Werte (Wahlen als Freund und eine Ratingskala), Lehrereinschätzungen über das Sozialverhalten der Schüler und die Kenntnisse der Schüler in Sozialverhalten. Die Stichprobe bestand ursprünglich aus zwölf männlichen Lernbehinderten, die in Regelklassen integriert waren, und aus zwölf sehr schwachen Regelschülern, die nicht als "lernbehindert" diagnostiziert waren. Die Leseleistungen beider Schülergruppen waren identisch. Im Nachhinein wurde in neun von den zwölf beteiligten Klassen (3.-4. Klassenstufe) je ein durchschnittlicher und ein überdurchschnittlicher Schüler nach Zufall ausgewählt und in eine nachträgliche Analyse einbezogen. Für keine der erhobenen Variablen konnte ein signifikanter Unterschied zwischen den Lernbehinderten und den schwachen Regelschülern nachgewiesen werden. In der nachträglichen Varianzanalyse mit vier Gruppen (Lernbehinderte, schwache, durchschnittliche und überdurchschnittliche Regelschüler) konnte einzig ein Unterschied zwischen den durchschnittlichen und den überdurchschnittlichen Schülern nachgewiesen werden. Die überdurchschnittlichen wurden signifikant häufiger als Freund oder Spielkamerad gewählt als die durchschnittlichen Schüler ($p < .05$).

Tabelle 33: Merkmale der Untersuchung von *Bursuck* (1983)

Unabhängige Variable	Abhängige Variable	Stichprobenmerkmale	Ergebnisse
A) Lernbehinderte B) Unterdurch-schnittliche Mitschüler C) Durchschnitt-liche Mitschüler D) Überdurch-schnittliche Mitschüler	1) Soziometrische Wahlen: - Freund 2) Ratingskala: - Spielkamerad 3) Lehrerurteil zum Sozialverhalten 4) Interview zu hypothetischen Situationen - Kenntnisse über Sozialverhalten	| A | B | C | D N | 12 | 12 | 9 | 9	Erste Analyse: 1) Freund: A = B 2) Spielkamerad: A = B 3) Sozialverhalten: A = B 4) Kenntnisse über soziales Verhalten: A = B Zweite Analyse: 1) Freund: A, B = C A, B = D C < D 2) Spielkamerad: A, B = C A, B = D C < D

Flicek und *Landau* (1985) gingen der Frage nach, inwiefern eher die Verbindung von Lernbehinderung mit Hyperaktivität als Lernbehinderung an sich für die tiefe soziometrische Stellung verantwortlich sein könnte (vgl. Tabelle 34). Die Stichprobe umfaßte 19 hyperaktive Lernbehinderte, 22 Lernbehinderte und 157 Regelschüler. Zur soziometrischen Erhebung wurden sechs Wahlfragen mit folgendem Inhalt gestellt: Beliebtheit; Ablehnung; negative - positive Beziehungen zu anderen; positive - negative Zuwendung des Lehrers. Den Lehrern wurde zudem eine Ratingskala zur Einschätzung der Aggressivität der Schüler vorgelegt. Die Regelschüler erwiesen sich als signifikant beliebter als die Lernbehinderten, diese jedoch als signifikant beliebter als die hyperaktiven Lernbehinderten ($p < .01$). Hyperaktive Lernbehinderte wurden auch signifikant häufiger abgelehnt als die übrigen Lernbehinderten, welche wiederum häufiger abgelehnt wurden als die Regelschüler ($p < .01$).

Garrett und *Crump* (1980) verglichen die soziometrische Stellung von integrierten Lernbehinderten und Regelschülern mit der Beliebtheit beim Lehrer einerseits und mit der selbsteingeschätz-

Tabelle 34: Merkmale der Untersuchung von *Flicek* und *Landau* (1985)

Unabhängige Variable	Abhängige Variable	Stichprobenmerkmale	Ergebnisse
A) Hyperaktive Lernbehinderte B) Lernbehinderte C) Mitschüler	Wahlen: - Beliebtheit - Ablehnung - negative Beziehungen zu anderen - positive Beziehungen zu anderen - negative Lehrerzuwendung - positive Lehrerzuwendung Lehrerurteil: - Aggressivität	| A | B | C N | 19 | 22 | 157	Beliebtheit: A < B < C ** Ablehnung: A > B > C ** neg. Bez. zu anderen: A > C * pos. Bez. zu anderen: A < B < C ** neg. Lehrerzuwend.: A, B < C ** pos. Lehrerzuwend.: A, B < C ** Aggressivität: A > B, C ** * p <.05 ** p <.01

ten soziometrischen Stellung andererseits (vgl. Tabelle 35). Die Stichprobe bestand aus 100 Lernbehinderten und 100 Regelschülern, welche unter Berücksichtigung von Geschlecht und Schulklasse aus 4. bis 6. Klassen in 18 Schulen im Westen von Tennessee zufällig ausgewählt wurden. Die Lehrer schätzten auf einer 9-stufigen Skala ein, wie gern sie die einzelnen Schüler ihrer Klasse hatten. Zur Erhebung des soziometrischen Status dienten eine positive und eine negative Wahlfrage mit drei Wahlmöglichkeiten zum Kriterium "Spielkamerad". Die Selbsteinschätzung der soziometrischen Position wurde mit der Peer Acceptance Scale vorgenommen. Die Lernbehinderten wiesen eine signifikant tiefere soziometrische Stellung auf als die Regelschüler (p < .001). Sie waren zudem auch bei ihren Lehrern signifikant weniger beliebt als die Regelschüler (p < .001). Tendenziell aber nicht signifikant schätzten die Lernbehinderten ihre Situation zu gut ein, während die Regelschüler eher dazu neigten, ihre Beliebtheit zu unterschätzen.

Tabelle 35: Merkmale der Untersuchung von *Garrett* und *Crump* (1980)

Unabhängige Variable	Abhängige Variable	Stichprobenmerkmale	Ergebnisse
A) Lernbehinderte B) Nicht-lernbehinderte Mitschüler	Soziometrischer Status: pos. und neg. Wahlen - Spielkamerad Selbsteinschätzung: - Peer Acceptance Scale Beliebtheit beim Lehrer: - 9-stufige Skala	A) N=100 rand. aus 350 B) N=100 rand. aus 1250	Soziometrischer Status: A < B Selbsteinschätzung: A = B Beliebtheit beim Lehrer: A < B

Tabelle 36: Merkmale der Untersuchungen von *Gottlieb* und Mitarbeitern (1972-75)

Unabhängige Variable	Abhängige Variable	Stichprobenmerkmale	Ergebnisse
GOODMAN; GOTTLIEB; HARRISON 1972			
A) Lernbehinderte B) Nicht-lernbehinderte Mitschüler C) Alter: GS = Grundstufe MS = Mittelstufe	- Beliebtheit (Peer Acceptance Scale)	A) N = 10 B) N = 20 (randomisiert aus 123 Kindern)	Beliebtheit: A < B A-GS > A-MS
GOTTLIEB; BUDOFF 1973			
Schülertyp: A) integ. Lernbehinderter B) Teilintegrierter Lernbehinderter C) Nicht-lernbehinderter Mitschüler Schule: 1) konventionelle Räume 2) offene Räume	Akzeptierung: Peer Acceptance Scale - Freund - OK - mag ihn nicht - kenne ihn nicht	Schule 1 / Schule 2: A) 4 / 8 B) 8 / 4 C) 56 (230) / 40 (270)	Akzeptierung: Schule 1: A, B < C Schule 2: A, B < C A = B Ablehnung: A1 < A2 A > B
GOTTLIEB; DAVIS 1973			
A) integ. Lernbehinderte B) separierte Lernbehinderte C) Nicht-lernbehinderte Mitschüler	Beliebtheit: Soziometrische Wahlen in echten Spielsituationen	42 Schüler: keine Angaben, wieviele der Gruppe A, B oder C angehörten	Beliebtheit: A, B < C A = B
GOTTLIEB; COHEN; GOLDSTEIN 1973			
Nicht-lernbehinderte Schüler aus folgenden Schultypen: A) int. Schule mit konventionellen Räumen B) int. Schule mit offenen Räumen C) Schule ohne Lernbehinderte	Einstellungen zu Lernbehinderten: - mittels Adjektivpaare (z.B. glücklich-traurig)		Einstellung zu Lernbehinderten: A, B < C (p<.001)
GOTTLIEB; BAKER 1975			
Prädiktoren für die Beliebtheit: - Geschlecht - Rasse - Sozialschicht - Lese-Rechenleist. - zeitliches Ausmaß der Integration	Beliebtheit	Lernbehinderte aus verschiedenen integrierenden Schulen: N = 300	Multiple Regressionsanalyse: Prädiktoren für Beliebtheit r = .27 7.3% Varianzaufklärung

Im folgenden fassen wir eine Gruppe von Untersuchungen zusammen, welche von *Jay Gottlieb* und seinen Mitarbeitern durchgeführt wurden (*Goodman; Gottlieb; Harrison* 1972, *Gottlieb; Budoff* 1973, *Gottlieb; Cohen; Goldstein* 1973, *Gottlieb; Davis* 1973, *Gottlieb; Baker* 1975, zitiert nach *Kniel* 1979, 223). Die Kleinheit und Eingeschränktheit der Stichproben läßt kaum Verallgemeinerungen der Ergebnisse zu; wir verzichten auf eine Diskussion der Vorgehensweise und verweisen auf die Tabelle 36. Obschon die Generalisierungsmöglichkeit nicht gegeben ist, erlauben die Arbeiten in Kombination mit den vielen anderen Untersuchungen einige Schlußfolgerungen: Integrierte Lernbehinderte sind bei ihren Mitschülern weniger beliebt und werden häufiger abgelehnt als Regelschüler. Ihre Beliebtheit unterscheidet sich nicht von jener teilintegrierter Lernbehinderter aus Sonderklassen (*Goodman; Gottlieb; Harrison* 1972, *Gottlieb; Budoff* 1973, *Gottlieb; Davis* 1973). Die Hypothese, die Einstellung von Regelschülern zu Lernbehinderten werde durch häufigen Kontakt positiv beeinflußt, kann nicht bestätigt werden (*Goodman; Gottlieb; Harrison* 1972, *Gottlieb; Budoff* 1973, *Gottlieb; Cohen; Goldstein* 1973). Die Dauer der Integration scheint keinen Einfluß auf die Beliebtheit von Lernbehinderten zu haben. Außerdem vermögen Variablen wie das Geschlecht, die Rasse, die Sozialschicht sowie die Schulleistungen in Lesen und Rechnen die Beliebtheit der Schüler nur ungenügend zu erklären (7.3% Varianzaufklärung) (*Gottlieb; Baker* 1975, zitiert nach *Kniel* 1979, 223). Als Gründe für die mangelnde Beliebtheit werden die geringen Schulleistungen und verbal aggressives Verhalten angegeben (*Gottlieb; Budoff* 1973.)

Gottlieb; Gottlieb; Berkell und *Levy* (1986) verglichen die soziometrische Stellung mit dem Spielverhalten außerhalb der Schulstunden (vgl. Tabelle 37). 37 integrierte Lernbehinderte und 37 nach Geschlecht und Alter parallelisierte Regelschüler der 3. bis 5. Klasse sowie deren Spiel- und Klassenkameraden beteiligten sich an der Untersuchung. Die Lernbehinderten erhielten in Lernzentren zusätzlichen Förderunterricht. Die Daten wurden zum einen mit einem soziometrischen Wahlverfahren (Spielkamerad) und zum anderen mit systematischer Beobachtung in freien Spielsituationen erhoben. Die Lernbehinderten erhielten im Vergleich zu den Regelschülern signifikant weniger Wahlen sowohl vom gleichen Geschlecht ($p < .01$) als auch von der gesamten Klasse ($p < .02$). Die Lernbehinderten spielten in freien Spielsituationen signifikant häufiger allein als die Regelschüler ($p < .05$). Die soziometrische Stellung der Lernbehinderten korrelierte negativ mit der Häufigkeit des einsamen Spielens ($r=-.45$). Die Lernbehinderten, als ganze Gruppe betrachtet, hatten auch in Spielsituationen eine tiefere soziale Stellung als die Regelschüler. Für die tiefe soziometrische Stellung der Lernbehinderten in der Schulklasse erwies sich das Wahlverhalten der Mädchen als verantwortlich: Regelschülerinnen wählten praktisch keine lernbehinderten Mädchen als Spielkameradin. In freien Spielsituationen hingegen wurden die Lernbehinderten unabhängig vom Geschlecht einheitlich stark abgelehnt.

Hagelgans und *Selbmann* (1976) untersuchten die soziometrische Stellung von 50 schwachen Schülern mit Förderkursen in der 1. bis 4. Klassenstufe einer deutschen integrierten Gesamtschule; entsprechend der Gesamtschulidee wurden die Förderkursteilnehmer nicht als Lernbehinderte bezeichnet (vgl. Tabelle 38). Die soziometrische Erhebung wurde innerhalb eines halben Jahres zweimal durchgeführt. Den Schülern der ersten Klassen wurden zwei, den übrigen vier Fragen vorgelegt: Welche Freunde/Freundinnen hast du in deiner Klasse? Wenn du etwas nicht verstanden hast, wen würdest du aus deiner Klasse um Hilfe bitten (nicht den Lehrer)? Wen würdest du zum Klassensprecher wählen? Wer soll die Klassenkasse übernehmen (nicht der Lehrer)? Zwischen den Stammklassenschülern und den Förderkursteilnehmern wurden einerseits die erhaltenen Wahlen

Tabelle 37: Merkmale der Untersuchung von *Gottlieb; Gottlieb; Berkell* und *Levy*

Unabhängige Variable	Abhängige Variable	Stichprobenmerkmale	Ergebnisse
1) Schülertyp: A= Lernbehinderte B= Nicht-Lernbehinderte 2) Geschlecht: m= männlich w= weiblich	- Wahlen zum Kriterium "Spielkamerad": - gleichgeschlechtliche Wahlen - Wahlen zum anderen Geschlecht - Wahlen der gesamten Klasse - Beobachtete Häufigkeiten des einsamen Spielens in freien Situationen	Schülertyp: A / B Geschlecht m: 20 / 19 w: 13 / 15 33 / 34	Wahlen: - gleichgeschlechtliche A < B m > w Am = BM - zum anderen Geschlecht A = B - gesamte Klasse A < B m > w Häufigkeit des einsamen Spielens: A > B

und andererseits das Ausmaß der von einem Schüler getroffenen Wahlen, welche von Mitschülern erwidert wurden (= Index für die emotionale Befriedigung), verglichen. Zum ersten Untersuchungszeitpunkt erhielten die Stammklassenschüler signifikant mehr Wahlen ($p < .05$) und ihre Werte für emotionale Befriedigung lagen signifikant höher ($p < .01$). Zum zweiten Untersuchungszeitpunkt bestand der signifikante Unterschied bezüglich der emotionalen Befriedigung nicht mehr, wohl aber bezüglich der erhaltenen Wahlen. In allen soziometrischen Fragen erhielten die Stammklassenschüler durchschnittlich mehr Wahlen als die Förderkursteilnehmer. Der Vergleich beider Untersuchungen zeigt, daß sich die Förderkursteilnehmer hinsichtlich der erhaltenen Wahlen als Freund oder Freundin signifikant verbessern konnten ($p < .05$).

Tabelle 38: Merkmale der Untersuchung von *Hagelgans* und *Selbmann* (1976)

Unabhängige Variable	Abhängige Variable	Stichprobenmerkmale	Ergebnisse
1) Schülertyp: A) Förderkursteilnehmer B) Stammklassenschüler 2) Untersuchungszeitpunkt: - t1 - t2	Wahlen: 1 Freund 2 Bei Nichtverstehen um Hilfe bitten 3 Klassensprecher 4 Klassenkasse Emotionale Befriedigung: - Index über das Ausmaß erwiderter abgegebener Wahlen zu 1-4	Gesamtschulklassen der 1. bis 4. Klasse: A) N = 50 B) N = 329	Frage / Anza. Wahl. / EB t1 1: A<B / A<B 2: A<B / A<B 3: A=B / A=B 4: A=B / A=B t2 1: A<B / A=B 2: A<B / A<B 3: A=B / A=B 4: A=B / A=B Veränderung t1-t2 bei A) für Anz.Wahl. 1 t1<t2 2,3,4 t1=t2

Horowitz (1981) untersuchte die Frage, inwiefern ein Zusammenhang zwischen der soziometrischen Stellung von Lernbehinderten und ihrer Fähigkeit zu Dezentrierungsleistungen (vgl. *Piaget:* kognitive Fähigkeit, sich vom Egozentrismus zu lösen), ihrer Fähigkeit, den Standpunkt einer anderen Person einzunehmen, und ihrer Fähigkeit, die eigene soziale Stellung wahrzunehmen, bestehen könnte (vgl. Tabelle 39). Die Stichprobe umfaßte 29 Lernbehinderte und 29 nach Geschlecht und Klasse parallelisierte Regelschüler der 3. und 4. Klasse. Folgende Meßinstrumente kamen zum Einsatz: Soziometrischer Test mit drei positiven und einer negativen Antwortmöglichkeit zu den Wahlfragen: Sitznachbar; Einladung zu einer Party; Wen würdest du mitnehmen, wenn du in eine andere Klasse gehen müßtest? - Selbsteinschätzung der eigenen sozialen Position: 6-stufige Skala von 'hat mich am liebsten' bis 'liebt mich am wenigsten'. - Dezentrierungsleistung, untersucht mit dem "Drei-Berge-Experiment" von *Piaget* (1956) und der "Aufgabe zur Rollenübernahme" von *Feffer* (1970). Die Lernbehinderten erwiesen sich als signifikant unbeliebter als die Regelschüler ($p < .05$). Bei kontrollierter Intelligenz verschwand allerdings dieser Unterschied. Keine Unterschiede ergaben sich bezüglich der Selbsteinschätzung der eigenen sozialen Stellung. Die Dezentrierungsleistungen beider Schülergruppen und beider Tests unterschieden sich zwar signifikant, was aber von der Autorin richtigerweise auf Intelligenzunterschiede zurückgeführt wurde. Zwischen der Beliebtheit und der Dezentrierungsleistung bestand kein Zusammenhang.

Iano; Ayers; Heller; McGettigan und *Walker* (1974) untersuchten die soziale Akzeptiertheit von 40 integrierten Lernbehinderten, von 606 Regelschülern und von 80 Regelschülern, die wie die Lernbehinderten zusätzlichen Förderunterricht erhielten (vgl. Tabelle 40). Die Beliebtheit oder Ablehnung wurde mit drei positiven und drei negativen Fragen zu den Kriterien "Freund", "Sitznachbar" und "Spielkamerad" erhoben. Für die Beliebtheit ergab sich folgende Reihenfolge: Regelschüler, Regelschüler mit Förderunterricht und schließlich Lernbehinderte ($p < .02$). Bezüglich der Ablehnung ergab sich dieselbe Reihenfolge zu Ungunsten der jeweils leistungsschwächeren

Tabelle 39: Merkmale der Untersuchung von *Horowitz* (1981)

Unabhängige Variable	Abhängige Variable	Stichprobenmerkmale	N	$\bar{X}$ IQ	$\bar{X}$ Alter	Ergebnisse
A) Lernbehinderte B) Nicht-lernbehinderte Mitschüler	Positive und negative Wahlen: - Sitznachbar - Einladung zu Party - Wen würdest du bei einer Versetzung in eine andere Klasse mitnehmen? Selbsteinschätzung: - 6-stufige Skala Dezentrierungsleistung: - Drei-Berge-Experiment von PIAGET - Aufgabe zur Rollenübernahme von FEFFER	A B	29 29	95.3 108.5	9;2 9;2	Soziometrischer Status: A < B Selbsteinschätzung: A = B Dezentrierungsleistung: A = B
Die schlechte soziometrische Stellung Lernbehinderter kann weder mit der Fähigkeit im Einschätzen der eigenen sozialen Stellung noch mit der Fähigkeit zu Dezentrierungsleistungen (vgl. PIAGET) erklärt werden.						

Gruppe, wobei der Unterschied zwischen den Regelschülern mit Förderunterricht und den Lernbehinderten nicht signifikant war. Die Stellung der Lernbehinderten änderte sich auch nach einem bzw. zwei Jahren der Integration nicht.

Tabelle 40: Merkmale der Untersuchung von *Iano; Ayers; Heller; McGettigan* und *Walker* (1974)

Unabhängige Variable	Abhängige Variable	Stichprobenmerkmale	Ergebnisse
1) Schülertyp: A) Lernbehinderte B) Nicht-lernbehinderte Mitschüler mit Förderunterr. C) Nicht-lernbehinderte Mitschüler ohne Förderunterr. 2) Dauer der Integration 1. Jahr 2. Jahr	Beliebtheit: - Freund - Sitznachbar - Spielkamerad Ablehnung: - Freund - Sitznachbar - Spielkamerad	A) N = 40 B) N = 80 C) N = 606	Beliebtheit: A < B < C Ablehnung: A > C B > C A = B Soziometrischer Status im Längsschnitt für A: 1. Jahr = 2. Jahr

Perlmutter; Crocker; Cordray und *Garstecki* (1983) untersuchten die soziometrische Stellung und damit zusammenhängende Persönlichkeitsmerkmale von 55 integrierten lernbehinderten und 107 nicht-lernbehinderten Jugendlichen. Die Autoren kamen dabei zum Ergebnis, daß auch lernbehinderte Jugendliche in ihren Klassen weniger akzeptiert werden als ihre Mitschüler. Die Lernbehinderten als Gruppe wurden häufiger als "aggressiv", "störend" und "auf andere einflußreich" eingeschätzt als die Regelschüler.

Tabelle 41: Merkmale der Untersuchung von *Perlmutter; Crocker; Cordray* und *Garstecki* (1983)

Unabhängige Variable	Abhängige Variable	Stichprobenmerkmale	Ergebnisse
A) Lernbehinderte Jugendliche B) Nicht-lernbehinderte Mitschüler	Soziometrischer Status: - 5-stufige Skala von "sehr unbeliebt" bis "sehr beliebt"	A) N = 55 } 9. bis 12. Klasse B) N = 107 }	Soziometrischer Status: A < B

Prillaman (1981) konnte das eindeutige Ergebnis der vielen anderen Untersuchungen nicht voll bestätigen (vgl. Tabelle 43). Die Stichprobe umfaßte 362 Schüler aus 14 Klassen der 1. bis 6. Stufe, wovon 28 Schüler als lernbehindert galten. Zur Erhebung der Beliebtheit benützte er das Wahlkriterium "Sitznachbar". Negative Wahlen wurden nicht erhoben. Da die Stichprobe vom Alter her eine große Streuung aufwies, wurde sie zur statistischen Überprüfung auf drei Gruppen aufgeteilt: Unter- (1. und 2. Klasse), Mittel- (3. und 4. Klasse) und Oberstufe (5. und 6. Klasse). Die

Ergebnisse ergaben keine signifikanten Unterschiede zwischen der Beliebtheit von Lernbehinderten und Regelschülern. Die Lernbehinderten erwiesen sich jedoch als signifikant ($p < .05$) häufiger sozial isoliert als die Regelschüler, wenn als Kriterium für soziale Isolation galt, daß ein Schüler nie oder nur einmal in der dritten Wahl gewählt wurde. Dieses Ergebnis deutet trotz der fehlenden Signifikanz beim Beliebtheitstest darauf hin, daß die Lernbehinderten nicht beliebt und deshalb sozial isoliert zu sein scheinen. An der Untersuchung ist insbesondere die unglückliche Auswahl der Stichprobe zu kritisieren (vgl. Tabelle 42).

Tabelle 42: Stichprobe der Untersuchung von *Prillaman* (1981)

Untergruppen nach Klassenstufe	Anzahl Schüler (N=362)					
	Lernbehinderte			Nicht-lernbehinderte Mitschüler		
	männlich	weiblich	Total	männlich	weiblich	Total
Unterstufe	4	1	5	42	34	76
Mittelstufe	12	3	15	61	49	110
Oberstufe	6	2	8	83	65	148
Total	22	6	28	186	148	334

Tabelle 43: Merkmale der Untersuchung von *Prillaman* (1981)

Unabhängige Variable	Abhängige Variable	Stichprobenmerkmale	Ergebnisse
1) Schülertyp: A = Lernbehinderte B = Nicht-lernbehinderte Mitschüler 2) Geschlecht: m = männlich w = weiblich	Anzahl Wahlen als Sitznachbar - soziale Isolierung - Star	A : N = 28 B : N = 334	Beliebtheit: A = B mA=mB=wA=wB "Sozial isoliert": A > B "Star": A = B

Sainato; Zigmond und *Strain* (1983) untersuchten den Zusammenhang zwischen der soziometrischen Stellung von integrierten Lernbehinderten und Regelschülern und deren sprachlichem und nichtsprachlichem Verhalten während des Mittagessens in der Schule (Beobachtungsverfahren nach *Strain* 1981). Die Stichprobe setzte sich aus sieben Lernbehinderten mit einem IQ-Mittelwert von 101.14 (!) und 39 nach Zufall ausgewählten Regelschülern (IQ-Mittelwert: 96.76) der 3. bis 5. Klasse zusammen. Von den Lernbehinderten verbrachte niemand mehr als 20% der Schulzeit pro Woche außerhalb des Klassenzimmers im Förderunterricht. Entgegen den Erwartungen unterschieden sich die Schülergruppen bezüglich der soziometrischen Werte nicht voneinander. Auch bezüglich des beobachteten Verhaltens ergaben sich keine Unterschiede. Angesichts der kleinen

Stichprobe und der IQ-Werte der Lernbehinderten erscheint uns diese Untersuchung praktisch unbrauchbar (vgl. Tabelle 44).

Tabelle 44: Merkmale der Untersuchung von *Sainato; Zigmond* und *Strain* (1983)

Unabhängige Variable	Abhängige Variable	Stichprobenmerkmale				Ergebnisse
			N	IQ $\bar{X}$	Alter $\bar{X}$	
A) Lernbehinderte	Soziometrischer Status: - Peer Acceptance Scale	A	7	101.14	125.57 Mo.	soziale Akzeptiertheit: A = B
B) Nicht-lernbehinderte Mitschüler		B	39	96.76	119.90 Mo.	
		! schlechte Stichprobenauswahl				

Scranton und *Ryckman* (1979) untersuchten 42 integrierte Lernbehinderte und 42 Regelschüler der 1. bis 3. Klasse (vgl. Tabelle 45). Zur soziometrischen Erhebung benutzten sie drei positive und drei negative Wahlfragen. Die soziometrische Stellung der Lernbehinderten war sowohl bei den positiven Wahlen ($p < .02$) als auch bei den negativen Wahlen ($p < .001$) ungünstiger als diejenige der Regelschüler. Regelschülerinnen waren außerdem signifikant beliebter als Regelschüler und als weibliche und männliche Lernbehinderte. Bei den negativen Wahlen wurden die lernbehinderten Mädchen signifikant öfter genannt als die übrigen drei Gruppen. Die Differenzen zwischen den Lernbehinderten und den Regelschülern konnten in dieser Untersuchung auf die Mädchen zurückgeführt werden.

Tabelle 45: Merkmale der Untersuchung von *Scranton* und *Ryckman* (1979)

Unabhängige Variable	Abhängige Variable	Stichprobenmerkmale				Ergebnisse
1) Schülertyp: A=lernbehindert B=nicht-lernbehindert 2) Geschlecht: m=männlich w=weiblich	Positive Wahlen - Freund - Sitznachbar - Spielen Negative Wahlen - Freund - Sitznachbar - Spielen	Schülertyp	N m	w	Total	Beliebtheit: A < B w = m wB > wA, mB, mA Ablehnung: A > B w = m wA > wB, mB, mA
		A	25	17	42	
		B	25	17	42	
			50	34	84	

Sheare (1978b) untersuchte die Wirkung zusätzlicher pädagogischer Maßnahmen auf die soziometrische Stellung und auf das Selbstkonzept von integrierten Lernbehinderten (vgl. Tabelle 46). Die Daten wurden zu Beginn und am Ende des Schuljahres mit der Peer Acceptance Scale und der *Piers-Harris* Children's Self Concept Scale erhoben. Die Stichprobe bestand aus 41 Lernbehinderten und aus 41 zufällig ausgewählten Regelschülern der gleichen 3. bis 5. Klassen aus fünf verschiedenen Grundschulen des Staates Pennsylvania. Die Lernbehinderten unterschieden sich zu beiden Untersuchungszeitpunkten signifikant negativ von den Regelschülern bezüglich des Selbstkonzepts und der soziometrischen Stellung. Der Zuwachs der beiden Schülergruppen zwischen beiden Testzeitpunkten war nicht signifikant unterschiedlich. Es konnte kein geschlechtsspezifischer Unterschied festgestellt werden. Die Hypothese, daß die zusätzlichen pädagogischen Maßnahmen (Förderunterricht) das Selbstkonzept und den soziometrischen Status lernbehinderter Schüler positiv beeinflussen, konnte nicht bestätigt werden.

Tabelle 46: Merkmale der Untersuchung von *Sheare* (1978b)

<table>
<tr><th>Unabhängige Variable</th><th>Abhängige Variable</th><th>Stichprobenmerkmale</th><th>Ergebnisse</th></tr>
<tr>
<td>1) Schülergruppe:
A) Lernbehinderte
B) Nicht-lernbehinderte Mitschüler

2) Meßzeitpunkt:
t1
t2

3) Geschlecht:
m=männlich
w=weiblich</td>
<td>Akzeptierung:
-Peer Acceptance Scale

Selbstkonzept:
- Piers-Harris Children's Self-Concept Scale</td>
<td><table><tr><th></th><th>m</th><th>w</th><th>Total</th></tr><tr><td>A</td><td>32</td><td>9</td><td>41</td></tr><tr><td>B</td><td>32</td><td>9</td><td>41</td></tr></table></td>
<td>Akzeptierung und Selbstkonzept:

t1 : A < B
t2 : A < B

Zuwachs in 1 Jahr:
A = B

Geschlecht: m = w</td>
</tr>
</table>

Siperstein; Bopp und *Bak* (1978) verglichen in acht Regelklassen den soziometrischen Status von 22 integrierten Lernbehinderten mit demjenigen von 177 Regelschülern. Die Lernbehinderten erhielten neben dem Unterricht in der Klasse während einem Viertel der Schulzeit Förderunterricht außerhalb der Klasse. Zur soziometrischen Erhebung wählten die Schüler einzeln und außerhalb des Klassenzimmers jene Mitschüler aus, die sie am liebsten hatten. Die Lernbehinderten erwiesen sich als signifikant weniger beliebt ($p < .01$) als die Regelschüler. Wer mehr als 60% der möglichen Wahlen erhielt, wurde als "Star" bezeichnet. Von den Regelschülern gehörten, im Vergleich zu den Lernbehinderten, überproportional mehr Schüler dieser Kategorie an ($p < .05$). Um festzustellen, inwiefern die soziometrische Position der Schüler mit körperlichen und schulischen Fähigkeiten sowie attraktiven äußeren Eigenschaften zusammenhängen könnte, standen folgende Wahlfragen zur Verfügung: Wer ist der beste Athlet in deiner Klasse (=körperliche Tüchtigkeit)? Wer ist der cleverste, schlauste Schüler (smartest) in deiner Klasse (=akademische Fähigkeiten)? Wer ist der Schönste in deiner Klasse (=attraktives Äußeres)?

Tabelle 47: Merkmale der Untersuchung von *Siperstein; Bopp* und *Bak* (1978)

Unabhängige Variable	Abhängige Variable	Stichprobenmerkmale	Ergebnisse
A) Lernbehinderte B) Nicht-lernbehinderte Mitschüler	Beliebtheit: - Anzahl Wahlen - "sozial Isolierte" - "Star"	A) N = 22 B) N = 177	Beliebtheit: A < B "sozial Isolierte": A = B "Star": A < B
Zwischen der Beliebtheit und folgenden Schülermerkmalen bestehen signifikante Zusammenhänge. Die Reihenfolge spiegelt die Stärke des Zusammenhangs wider: attraktives Äußeres, körperliche Tüchtigkeit, akademische Fähigkeiten.			

Diese Merkmale korrelierten signifikant mit der soziometrischen Stellung (körperliche Tüchtigkeit r=.27 p<.01; akademische Fähigkeiten r=.26 p<.01 und attraktives Äußeres r=.55 p<.001). Eine multiple Regressionsanalyse zeigte, daß die drei Merkmale mehr als 35% der Varianz bezüglich der soziometrischen Stellung der Schüler zu erklären vermögen. Lernbehinderte wurden signifikant weniger häufig (kein einziger) als schlauster Schüler der Klasse gewählt (p<.01). Für die beiden anderen Merkmale ergab sich zwar eine entsprechende, aber nicht signifikante Tendenz (p>.10).

5.1.5 Lernbehinderte in integrierenden Experimentalklassen

5.1.5.1 Die Ergebnisse im Überblick

Für einzelne amerikanische Untersuchungen wurden ausschließlich zu Forschungszwecken Schulklassen kurzfristig zusammengestellt, die möglichst nahe an einem Idealtypus sein sollten. Wir stellen diese Forschungsarbeiten mit Experimentalklassen in einem besonderen Abschnitt dar, weil sie sich aus methodischen Gründen von der Realität der Schulsysteme etwas entfernen (Tabelle 48).

Tabelle 48: Ergebnisse der Untersuchungen zur soziometrischen Stellung Lernbehinderter in integrierenden Experimentalklassen im Überblick

Hypothese: Schulleistungsschwache Schüler weisen im Vergleich zu ihren Mitschülern einen ungünstigeren soziometrischen Status auf.				
Jahr	Autor	Erhebungsmethode	Hypothese bestätigt	Bemerkungen
1976	HUTTON; POLO	Wahlverfahren + -	ja	
1981	ARMSTRONG; JOHNSON; BALOW	Wahlverfahren + - Ratingskala	ja	Ergebnis kann nicht auf integrierende Schulform übertragen werden, da die Experimentalklasse nur 4 Wochen und täglich 90 Minuten zusammen war.
Erklärung: + : positive Wahlen - : negative Wahlen				

Hutton und *Polo* (1976) zeigten, daß Lernbehinderte im Vergleich zu Regelschülern auch dann eine ungünstigere soziometrische Stellung einnehmen, wenn sie in der Klasse keine Minderheit darstellen, sondern zahlenmäßig gleich stark vertreten sind wie die Regelschüler. Auch im Experiment von *Armstrong; Johnson* und *Balow* (1981) wurde bestätigt, daß Lernbehinderte im Vergleich zu Regelschülern eine ungünstigere soziometrische Stellung einnehmen.

Die Unterrichtsmethode scheint auf die soziometrische Stellung von integrierten Lernbehinderten einen gewissen Einfluß zu haben. Unstrukturierte und stark individualisierende Unterrichtsformen begünstigen die Ablehnung der Lernbehinderten (*Hutton*; *Polo* 1976). Das Arbeiten in kooperativen Lerngruppen scheint gegenüber dem Arbeiten in individualisierten Lerngruppen der sozialen Integration lernbehinderter Schüler förderlicher zu sein (*Armstrong; Johnson*; *Balow* 1981). Der positive Einfluß gewisser Unterrichtsformen kann jedoch nicht darüber hinwegtäuschen, daß die Lernbehinderten im allgemeinen dennoch einen ungünstigeren soziometrischen Status behalten.

5.1.5.2 Darstellung der einzelnen Untersuchungen

Armstrong; Johnson und *Balow* (1981) untersuchten die Wirkungen von kooperativen und individuellen Lernformen auf die soziometrische Stellung von Lernbehinderten und von Regelschülern (Tabelle 49). In einer integrierenden Schule wurden aus der 5. und 6. Klassenstufe zwei Gruppen mit je zehn lernbehinderten Jungen, 14 Regelschülern und 16 Regelschülerinnen zufällig ausgewählt. In der einen Gruppe wurde der Stoff in kooperativen Lernformen, in der anderen in individuellen Lernformen erworben. Die Schüler waren für das Experiment für die Dauer von vier Wochen täglich während 90 Minuten als Gruppe zusammen. Die Ergebnisse sind also nur bedingt auf reale Schulverhältnisse übertragbar, weil die Schüler nur während einer kurzen Zeitspanne zusammen waren. Eine 5-stufige Ratingskala zu vier bipolaren Eigenschaften (angenehm - unangenehm, sympathisch - unsympathisch, wertvoll - wertlos, klug - dumm) und fünf Wahlfragen dienten der soziometrischen Erhebung. Die Lernbehinderten wurden bei allen vier Eigenschaftspaaren in beiden Gruppen signifikant tiefer eingestuft als die Regelschüler ($p < .01$). Es zeigt sich

Tabelle 49: Merkmale der Untersuchung von *Armstrong, Johnson* und *Balow* (1981)

Unabhängige Variable	Abhängige Variable	Stichprobenmerkmale	Ergebnisse
1) Schülertyp: A = Lernbehinderte B = Nicht-lernbehinderte Mitschüler 2) Unterrichtsstrategie: KL = Kooperatives Lernen IL = Individuelles Lernen	Wahlen: - Freund - Helfer (aktiv) - Helfer (passiv) - aus der Klasse entfernen - schlechtes Verhalten Ratingskala: - angenehm - sympathisch - wertvoll - klug	A) N = 10 B) N = 30 (14m, 16w)	Ratingskala: KL: A < B IL : A < B Wahlen: (Trend) KL: A < B IL : A < B Differenz A-B: KL < IL
Kooperative Lerngruppen scheinen für die soziale Integration Lernbehinderter förderlicher zu sein als Lerngruppen mit individuellem Vorgehen.			

ein deutlicher Trend, daß Lernbehinderte weniger oft gewählt wurden als Regelschüler; unter Berücksichtigung der kleinen Stichprobe wurde jedoch kein statistischer Signifikanztest gemacht. In der Gruppe mit kooperativen Lernformen wurden die Lernbehinderten häufiger als wertvoll und klug eingestuft und als Freund gewählt als in der Gruppe mit individuellen Lernformen.

Hutton und *Polo* (1976) untersuchten Zusammenhänge zwischen der soziometrischen Stellung von integrierten Lernbehinderten und der Unterrichtsmethode (vgl. Tabelle 50). Die Stichprobe umfaßte 18 Versuchsklassen der 4. Schulstufe zweier Schulbezirke in Texas. Jede Klasse zählte 12 Lernbehinderte und 13 Regelschüler. In jeweils einem Drittel der Versuchsklassen wurde nach einer der drei folgenden Unterrichtsmethoden gearbeitet: APSL (Alphabetic, Structural, Linguistic Method): sehr stark strukturierte Unterrichtsstrategie, wird bei allen Schülern uniform angewandt, lineare Abfolge des Unterrichtsprogramms; PI (Programmed Instruction Method): strukturiertes Programm mit linearer Abfolge der Unterrichtsinhalte, individuell angewandt, Schüler arbeitet am Programm nach eigenem Tempo und in seiner Leistungsstufe; IPP (Individually Prescribed Programm Method): nichtlineare Abfolge der Unterrichtsinhalte, unstrukturiert, individuelle Unterrichtsplanung. Zur soziometrischen Datenerhebung dienten zwei positive und zwei negative Wahlfragen (gemeinsames Arbeiten, Spielkamerad) mit maximal fünf Wahlmöglichkeiten. Bei einer nicht nach Unterrichtsmethoden differenzierenden Auswertung zeigte sich, daß Lernbehinderte signifikant häufiger Regelschüler als Arbeits- und Spielkamerad als umgekehrt wählten ($p < .01$) und daß Lernbehinderte signifikant häufiger von ihren Mitschülern abgelehnt wurden als umgekehrt ($p < .01$). Mit einer Ausnahme ergibt die für Jungen und Mädchen getrennte Analyse dasselbe Ergebnis. Im Unterschied zu den Mädchen wurden die lernbehinderten Jungen von ihren männlichen Mitschülern als Spielkamerad ebenso häufig akzeptiert und nicht häufiger abgelehnt als umgekehrt. Die Auswertung getrennt nach den Unterrichtsmethoden ergab nur bezüglich der Ablehnung der Lernbehinderten ein anderes Bild. Lernbehinderte wurden in Klassen mit der Un-

Tabelle 50: Merkmale der Untersuchung von *Hutton* und *Polo* (1976)

<table>
<tr><th>Unabhängige Variable</th><th>Abhängige Variable</th><th>Stichprobenmerkmale</th><th>Ergebnisse</th></tr>
<tr><td>1) Schülertyp:
A = Lernbehinderte
B = Nicht-lernbehinderte Mitschüler

2) Geschlecht:
m = männlich
w = weiblich

3) Unterrichtsmethode:
APSL
PI
IPP</td><td>positive Wahlen:
- Arbeitskamerad
- Spielkamerad

negative Wahlen:
- Arbeitskamerad
- Spielkamerad</td><td>18 Versuchsklassen (4. Kl.)

N = 450
<table><tr><th></th><th>APSL</th><th>PI</th><th>IPP</th></tr><tr><td>A</td><td>72</td><td>72</td><td>72</td></tr><tr><td>B</td><td>78</td><td>78</td><td>78</td></tr></table></td><td>Gesamte Stichprobe:
pos. Wahlen: A < B
neg. Wahlen: A > B

Geschlecht:
pos. Wahlen:
Am, Aw < Bm, Bw
neg. Wahlen:
Aw > Bw
Am > Bm (Arbeitsk.)
Am = Bm (Spielk.)

Unterrichtsmethode:
pos. Wahlen bei
APSL, PI, IPP: A < B
neg. Wahlen bei
APSL, PI: A = B
IPP: A > B</td></tr>
<tr><td colspan="4">Unstrukturierte und stark individualisierende Unterrichtsstrategien scheinen die Ablehnung Lernbehinderter durch ihre Mitschüler zu begünstigen.</td></tr>
</table>

terrichtsstrategie IPP signifikant häufiger von den Regelschülern abgelehnt als die Regelschüler von den Lernbehinderten ($p < .01$). Bei den Methoden APSL und PI wurden diese Unterschiede nicht festgestellt. Je unstrukturierter die Unterrichtsform ist, um so eher scheinen Lernbehinderte von ihren Mitschülern als Arbeits- und Spielkamerad abgelehnt zu werden.

5.2 Konzept der eigenen Begabung

5.2.1 Das Begabungskonzept von Lernbehinderten in Sonderschulen

5.2.1.1 Untersuchungen im deutschen Sprachraum

Im deutschsprachigen Raum sind zahlreiche Vergleichsstudien zur Selbsteinschätzung der eigenen Fähigkeiten (Begabungskonzept) von Lernbehinderten in Sonderschulen und in Regelschulen durchgeführt worden.

Rheinberg und *Enstrup* (1977) verglichen das Begabungskonzept von zwei intelligenzmäßig übereinstimmenden (IQ 75-85) Gruppen von Lernbehinderten aus Regelklassen und aus Sonderklassen. Die Untersuchung wurde an einer Querschnittstichprobe von 489 Schülern der 4. bis 9. Klassen durchgeführt. Das mit dem Fragebogen zum Selbstkonzept der Begabung SKB von *Meyer* (1972) erhobene Begabungskonzept der Lernbehinderten in Sonderschulen erwies sich als signifikant höher als dasjenige der Lernbehinderten in Regelschulen. Betrachtet man die Ergebnisse der Klassenstufen einzeln, so ergeben sich die signifikanten Unterschiede nur in den Klassen 4 bis 7, jedoch nicht mehr in den Klassen 8 und 9 (Abbildung 4). Die Autoren interpretieren das Ergebnis als Bezugsgruppeneffekt: Das höhere Begabungskonzept der Lernbehinderten in der Sonderschule könnte demnach als Auswirkung des Vergleichs mit einer leistungsmäßig eingeschränkten Bezugsgruppe erklärt werden. Eine Erklärung für das Verschwinden des signifikanten Unterschieds nach dem 7. Schuljahr sehen *Rheinberg* und *Enstrup* darin, daß Schüler mit zunehmendem Alter die Bezugsgruppe, innerhalb der sie sich vergleichen, über die eigene Schulklasse hinaus ausdehnen. Allerdings sind Schlußfolgerungen auf eine Entwicklung nur bedingt zulässig, weil sich die Ergebnisse ausschließlich auf eine Querschnittstudie stützen.

Bei einer Reinterpretation der skizzierten Untersuchung unterstützt *Casparis* (1978) zwar die These des Bezugsgruppeneffektes, hebt jedoch gleichzeitig die Gefahr der etikettierenden Wirkung der Sonderschule in den oberen Klassen hervor. Die Tatsache, daß das Begabungskonzept bei Lernbehinderten in Sonderschulen ge-

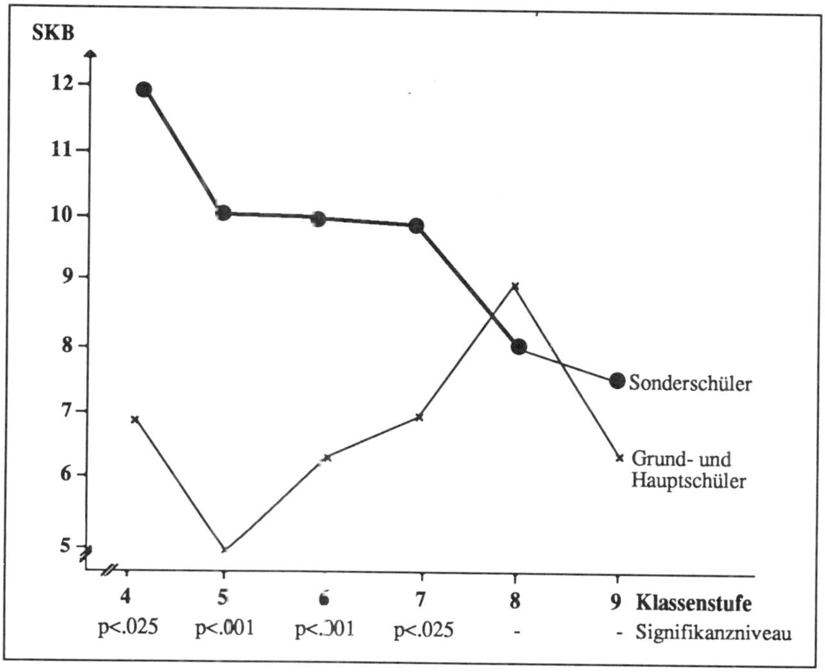

Abbildung 4: Selbstkonzept der eigenen Begabung bei Lernbehinderten in der Sonderschule und in der Regelschule (Grund- und Hauptschule) der 4. bis zur 9. Klassenstufe (N= 489) nach *Rheinberg* und *Enstrup* (1977, 174).

gen Ende der Schulzeit abnimmt, während es bei Lernbehinderten in Regelschulen etwa gleich bleibt, interpretiert er als Zunahme der etikettierenden Wirkung des Sonderschulbesuchs gegen den Zeitpunkt des Schulaustritts: "Als Fazit dieser Reinterpretation kann festgehalten werden, daß Bezugsgruppeneffekte offenbar die anfänglich etikettierende Wirkung einer Sonderschuleinweisung (bei relativ intelligenten Vpn) abschwächen, daß aber die Bedeutung des Etiketts für das Selbstbild wieder zunimmt, wenn die Vpn vor dem Schulaustritt stehen" (*Casparis* 1978, 267). Je näher der Übertritt ins Berufsleben kommt, umso weniger scheint sich der Lernbehinderte vornehmlich an der Bezugsgruppe der Sonderklasse orientieren zu können.

Mit den von *Rheinberg* und *Enstrup* (1977) für den Querschnittvergleich verwendeten Meßinstrumenten führten *Krug* und *Peters* (1977) eine Längsschnittstudie über drei Meßzeitpunkte hinweg durch. Die Versuchsgruppe bestand aus 40 Lernbehinderten (IQ = 85,7), die im Jahr der ersten Erhebung von der 3. und 4. Regelklasse in die Sonderschule eingewiesen worden waren. Als Kontrollgruppe dienten 32 Lernbehinderte (IQ = 87,1) aus 4. Klassen der Regelschule. Zwischen dem ersten und dem letzten Meßzeitpunkt lag ein knappes Jahr. Nach varianzanalytischer Prüfung war der Wechselwirkungseffekt zwischen Schulform und Zeitpunkt der Messung signifikant ($p < .05$): Das Begabungskonzept der Sonderschüler stieg stark an, während es bei den Lernbehinderten in den Regelklassen gleich blieb (Abbildung 5). Betrachtet man die Ausgangslage, so hatten die Sonderschüler bei der ersten Messung noch tiefere Werte als die Lernbehinderten in den Regelklassen; bei der letzten Messung war es umgekehrt. Die Autoren interpretieren ihre Ergebnisse als Widerlegung der Behauptung, "Einweisung in die Lernbehindertenschule habe eine Stigmatisierung zur Folge". Sie kannten die Argumentation von *Casparis* (1977) noch nicht, möglicherweise auch nicht die Ergebnisse von *Rheinberg* und *Enstrup* (1977). Wenn man bedenkt, daß sich die Längsschnittuntersuchung lediglich über das 4. und 5. Schuljahr hinzog, ist selbstverständlich die Befürchtung von *Casparis* (1978) angesichts der Ergebnisse bei Schülern vom 4. bis zum 9. Schuljahr (*Rheinberg; Enstrup* 1977), die entstigmatisierende Wirkung der Sonderschuleinweisung sei nur vorübergehend, in keiner Weise entkräftet.

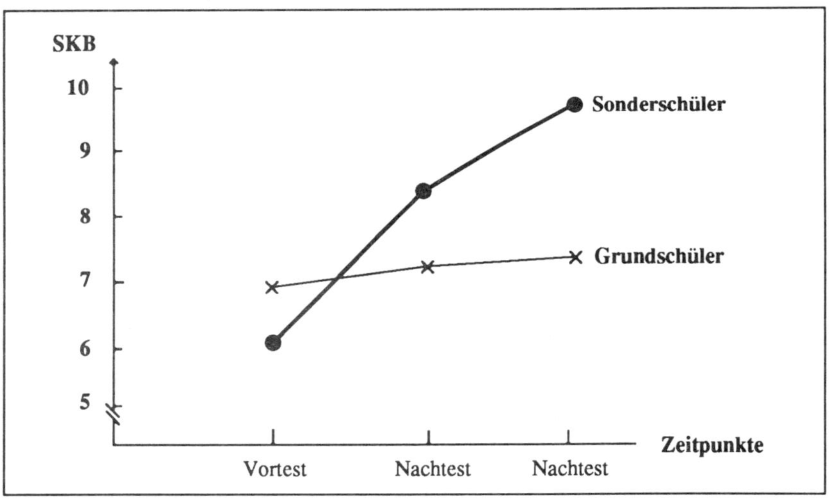

Abbildung 5: Entwicklung des Begabungskonzepts bei intelligenzmäßig vergleichbaren Lernbehinderten in der 4. Sonderklasse und in der 4. Grundschulklasse über den Zeitraum eines Jahres nach *Krug* und *Peters* (1977, 182).

Verschiedene mit etwas anderen Konstrukten, anderen Meßinstrumenten und mit teilweise gravierenden methodischen Mängeln durchgeführte Untersuchungen bestätigen tendenziell die Ergebnisse von *Rheinberg* und *Enstrup* (1977) sowie deren längsschnittorientierte Interpretation.

Lauth und *Wilms* (1982) untersuchten eine Stichprobe von 102 Lernbehinderten mit unterschiedlich langem Sonderschulbesuch bezüglich ihres Attribuierungsverhaltens. Die Dauer des Sonderschulbesuchs streute zwischen vier Monaten und sieben Jahren. Die Ergebnisse zeigten, daß Schüler, welche die Sonderschule kurzzeitig besucht hatten, ihren Erfolg stärker durch ihre eigene Begabung erklärten als die langzeitigen Sonderschüler. Die Autoren zogen die Schlußfolgerung, daß mit der Sonderschulüberweisung eine "positive Verhaltensänderung einhergeht, die sich jedoch im weiteren Verlaufe des Sonderschulbesuches wieder zum Negativen verändert" (*Lauth*; *Wilms* 1982, 229). Selbstverständlich ist die Aussagekraft dieser Ergebnisse, für sich allein genommen, dadurch stark geschmälert, daß keine Kontrollgruppe einbezogen war.

In einer ähnlichen Studie von *Krampen* (1983) konnte das Ergebnis teilweise bestätigt werden. Eine Stichprobe von 101 Schülern mit unterschiedlich langem Sonderschulbesuch wurde bezüglich des Attribuierungsverhaltens, verschiedener Aspekte der Selbsteinschätzung schulfachspezifischer Fähigkeiten sowie einiger weiterer Selbstkonzeptbereiche getestet. Die meisten Variablen erwiesen sich als relativ stabil. Einzig die internal-stabile Kausalattribution von Erfolgen erwies sich mit zunehmender Dauer des Sonderschulbesuchs als abnehmend. *Krampen* (1983, 141) interpretiert die Sonderschulüberweisung als einen Bezugsgruppenwechsel, der mit unmittelbar positiven Effekten auf motivationale Variablen verbunden sein könnte, die dann mehrheitlich relativ stabil bleiben. Wiederum ist aber das Fehlen einer Kontrollgruppe der entscheidende methodische Mangel, welcher die Untersuchung, für sich allein genommen, wertlos macht.

Ebenfalls ohne Kontrollgruppe wurde in der Längsschnittstudie von *Krampen* und *Zinsser* (1981) gearbeitet. Die Stichprobe umfaßte 21 Lernbehinderte zwischen 10 und 14 Jahren, die alle zum gleichen Zeitpunkt in die Sonderschule überwiesen worden waren. Die Schüler wurden in strukturierten Interviews befragt. Die erste Befragung fand eine Woche vor den Ferien statt, als alle Schüler noch in der Regelschule waren, die zweite wurde sechs Wochen nach den Ferien, als sie in die Sonderschule überwiesen waren, durchgeführt. Die Ergebnisse zeigten nach dem sechswöchigen Sonderschulbesuch signifikant bessere Werte ($p < .01$) in den Bereichen "Selbstkonzept eigener Fähigkeiten in Deutsch und Mathematik" sowie im Selbstkonzeptbereich "konvergentes Denken". Allerdings waren in der Sonderschule auch die Noten der Schüler signifikant besser geworden. Wegen der kleinen Stichprobe und der fehlenden Kontrollgruppe sind die Autoren bei der Interpretation mit Recht sehr zurückhaltend.

Der sich in fast allen Studien andeutende Bezugsgruppeneffekt auf die Selbsteinschätzung der eigenen Begabung durch Lernbehinderte in Sonderklassen oder in Regelklassen findet eine Analogie in Untersuchungen, die sich nicht auf Sonderschüler, sondern generell auf schwache und gute Schüler in den einzelnen Schultypen im Sekundarbereich (Hauptschule, Realschule, Gymnasium) beziehen. Lernbehinderte sind ja vor der Sonderschuleinweisung die schwächsten Grund- oder Hauptschüler gewesen. *Schwarzer* (1979a) untersuchte eine Stichprobe von 314 Hauptschülern, 403 Realschülern und 286 Gymnasiasten. In jedem Schultyp wurde je eine Gruppe von guten, mittleren und schwachen Schülern gebildet; selbstverständlich ist ein schwacher Gymnasiast oder ein schwacher Realschüler intelligenzmäßig kaum mit einem Sonderschüler vergleichbar, aber er befindet sich innerhalb seiner schulischen Vergleichsgruppe am unteren Ende des Leistungsspektrums. Für die Untersuchung wurden Subtests aus folgenden Fragebogen verwendet: Selbstwertgefühl, Hoffnungslosigkeit und Erfolgszuversicht von *Fend* (1976), Leistungsängstlichkeit von *Wieczerkowski u.a.* (1974) und Einstellung zur Schule von *Wagner* (1977a). Die Varianzanalysen ergaben folgendes: In jedem Schultyp zeigten die schwachen Schüler eine signifikant geringere Erfolgszuversicht und höhere Leistungsängstlichkeit als die guten Schüler. Wenn man annimmt, daß diese Variablen mit dem Begabungskonzept zumindest verwandt sind, ist dieses Ergebnis eine deutliche Bestätigung des Bezugsgruppeneffekts auf die Selbsteinschätzung. *Schwarzer* u.a. (1982) lieferten eine weitere Bestätigung mit einer Längsschnittstudie, in welche 129 Hauptschüler und 122 Gymnasiasten einbezogen waren. Es wurden die Methode zur Erhebung des Selbstkonzepts der Begabung von *Meyer* (1972), die Selbstwirksamkeits-Skala von *Schwarzer* und die Generalisierte Selbstbewertung nach der self-esteem-Skala von *Rosenberg* (1965), in der deutschen Fassung von *Fend* u.a. (1976), im Abstand von knapp einem halben Jahr dreimal angewendet. Die erste Erhebung erfolgte unmittelbar nach dem Übergang auf die Sekundarstufe, was automatisch einen Bezugsgruppenwechsel bedeutet. Die Schüler, die ins Gymnasium übertraten, verfügten bei der ersten Messung über ein signifikant höheres Begabungskonzept als die Hauptschüler. Dieser Effekt verschwand bereits nach wenigen Monaten, da sich die Gymnasiasten und die Hauptschüler nun mit ihrer neuen, leistungsmäßig insgesamt höheren oder tieferen Bezugsgruppe zu vergleichen begannen. Das schulbezogene Selbstkonzept bleibt offenbar nur so lange stabil, wie die Bezugsgruppe, innerhalb welcher Leistungen vollbracht und bewertet werden, sich nicht verändert. Eine Anschlußstudie von *Jerusalem* (1983) bestätigte die Befunde von *Schwarzer* (1979a und 1982): Hauptschüler erleben durch den Weggang der Gymnasiasten und Realschüler aufgrund der günstigeren Vergleichsinformationen eine gewisse Entlastung und können die eigenen Fähigkeiten wieder besser einschätzen. Gymnasiasten werden durch den Schulübertritt eher belastet, da sie sich mit leistungsmäßig ähnlichen oder besseren Schülern zu vergleichen haben.

5.2.1.2 *Untersuchungen in anderssprachigen Ländern als Bestätigung der Befunde*

Belege für die Verbesserung des Begabungskonzepts von Lernbehinderten nach der Einweisung in eine Sonderschule findet man auch außerhalb des deutschsprachigen Raums. Unter Berücksichtigung der günstigen deutschsprachigen Forschungslage beschränken wir uns auf wenige Beispiele. *Stangvik* (1979) verglich im schwedischen Schulsystem Lernbehinderte in Sonderschulen mit gleich schwachen Schülern, die in der Regelschule verblieben waren. Zusammengefaßt lauten die wichtigsten Ergebnisse dieser Studie: Sonderschüler hatten das signifikant höhere "personal self-concept" und das signifikant höhere "social self-concept" als in der Regelschule verbliebene Lernbehinderte. Diese zeigten jedoch die höheren Werte im "ideal self-concept" als die Sonderschüler. In den USA untersuchten *Battle* und *Blowers* (1982) das Selbstkonzept und das Begabungskonzept bei 68 lernbehinderten Schülern der 1. bis 7. Klasse im Längsschnitt. Unmittelbar vor ihrer Überweisung in eine Sonderklasse wurde die erste Erhebung durchgeführt. 85% der Schüler wurden in eine "adaption class" für Lernbehinderte eingewiesen; Schüler dieser Klassen sind zwar durchschnittlich intelligent, liegen in den Fächern Mathematik und Lesen jedoch zwei oder mehr Jahre zurück. Die restlichen 15% der Schüler wurden in eine "opportunity class" eingewiesen; Schüler dieser Klassen befinden sich intelligenzmäßig unter dem Durchschnitt (IQ zwischen 50 und 80). Als Kontrollgruppe wurden Regelschüler zugezogen und es wurden matched samples nach den Kriterien Geschlecht, Alter und sozioökonomischer Status gebildet. Auch hier bestätigen die Ergebnisse die positive Auswirkung der Sonderschuleinweisung auf das Selbst- und Begabungskonzept.

5.2.2 Das Begabungskonzept von integrierten Lernbehinderten

5.2.2.1 *Untersuchungen in deutschsprachigen Ländern*

Im deutschen Sprachraum ist die Forschungslage zu dieser Thematik erwartungsgemäß noch ungenügend, weil mit Versuchen zur Integration von Lernbehinderten erst vor einigen Jahren begonnen worden ist. *Bächtold* (1987) begann fast gleichzeitig mit unserem Forschungsprojekt mit der wissenschaftlichen Begleitung eines Teilintegrationsversuchs im Schulwesen des Kantons Zürich (Schweiz). Durch eine Flexibilisierung des Sonderschulwesens können seit kurzem in einigen Gemeinden des Kantons Zürich Lernbehinderte versuchsweise teilintegriert werden. Verschieden angelegte Schulversuche ermöglichten *Bächtold* die Bildung von drei Versuchsgruppen. Eine Gruppe bestand aus 40 Lernbehinderten in Sonderklassen, welche gewisse Fächer oder Stunden in einer für sie geeigneten Regelklasse besuchen konnten; *Bächtold* spricht in diesem Falle von teilintegrierten Lernbehinderten. Die beiden anderen Gruppen bestanden aus Lernbehinderten oder Lerngestörten in Regelklassen, welche einen durch Sonderklassenlehrer erteilten Zusatzunterricht besuchten. *Bächtold* (1987, 606) unterscheidet dabei zwischen einer Gruppe von 20 "Teilzeitschülern" mit Förderunterricht und einer Gruppe von 21 Schülern mit "Stütz- und Förderunterricht"; der Unterschied zwischen den beiden Formen von Zusatzunterricht wird aus den zur Verfügung stehenden Unterlagen nicht klar. Als Kontrollgruppe dienten 202 Regelschüler. Die Schüler füllten neben verschiedenen Schulleistungstests die Skalen Selbstwertgefühl, Kontaktbereitschaft und Einschätzung eigener Fähigkeiten aus dem Fragebogen zum Selbstkonzept FSK von *Wagner* (1977) aus. Die Ergebnisse zeigen einen deutlichen Trend zugunsten der Schüler in Regelklassen. Die "teilintegrierten" Lernbehinderten aus Sonderklassen weisen auf allen drei Skalen signifikant schlechtere Ergebnisse auf als die Regelschüler. Lernbehinderte in Regelklassen mit "Stütz- und Förderunterricht" haben gegenüber den andern Regelschülern signifikant tiefere Werte im Selbstwertgefühl und in der Einschätzung der eigenen Fähigkeiten. "Teilzeitschüler" unterscheiden sich nur in der Einschätzung der eigenen Fähigkeiten signifikant von den Regelschülern (*Bächtold* 1987, 607-609).

Die Zwischenergebnisse aus dieser noch laufenden Zürcher Studie sind deshalb interessant, weil für ihre Erklärung wiederum die Bezugsgruppentheorie fruchtbar sein kann: Sobald Schüler einer Sonderklasse teilintegriert, d.h. nicht mehr total getrennt von den Regelklassenschülern, unterrichtet werden, scheint die Wirksamkeit des Schonraums "Sonderschule" außer Kraft zu treten; die Schüler der Regelklasse scheinen dann zu ihrer Vergleichsgruppe zu werden, wobei ihr Status als Sonderschüler erhalten bleibt. Während der wenigen Stunden in der Regelschule scheinen die Sonderschüler zu realisieren, daß sie ihre eigenen Fähigkeiten im Vergleich zu einer weiteren Bezugsgruppe schlechter einzuschätzen haben. Auch die übrigen Ergebnisse zeigen sehr deutlich die Abhängigkeit der Selbsteinschätzung der eigenen Fähigkeiten von der Bezugsgruppe; auf dieser Dimension unterscheiden sich auch noch die "Teilzeitschüler" signifikant von den übrigen Schülern.

Neben dem Zwischenbericht von *Bächtold* (1987) liegt im deutschen Sprachraum nur noch die Untersuchung von *Moser* (1986) vor. Einer Stichprobe von 88 Lernbehinderten in Sonderklassen, 51 Lernbehinderten in Regelklassen mit heilpädagogischer Schülerhilfe und 220 Regelschülern war der Fragebogen zum Selbstkonzept von *Wagner* (1977) vorgelegt worden. Unabhängig davon, ob lernbehinderte Schüler integriert oder in der Sonderklasse unterrichtet wurden, zeigten sie ein niedrigeres Begabungs- und Selbstkonzept als die nichtlernbehinderten Regelschüler. Die signifikanten Unterschiede ($p < .01$) ließen sich auf die Subskalen Selbstwertgefühl und Einschätzung der eigenen Fähigkeiten zurückführen. *Moser* (1986, 158) schreibt die mangelnde Differenzierung zwischen Lernbehinderten in Sonderklassen und in Regelklassen mit heilpädagogischer Schülerhilfe den damals noch jungen und wenig ausgereiften integrativen Schulmodellen zu (*Moser* 1986, 158).

5.2.2.2 *Untersuchungen in englischsprachigen Ländern*

Da keine weiteren Untersuchungen aus deutschsprachigen Ländern vorliegen, muß auf die amerikanische Fachliteratur zurückgegriffen werden. *Strang; Smith* und *Rogers* (1978) untersuchten 50 Lernbehinderte aus acht Sonderklassen eines städtischen Schulsystems. Sie wurden zufällig auf eine Experimental- und eine Kontrollgruppe aufgeteilt. Die Schüler der Experimentalgruppe wurden für einen halben Tag pro Woche in den Unterricht einer Regelklasse geschickt; die restliche Schulzeit blieben sie in ihrer Sonderklasse. Die Schüler der Kontrollgruppe besuchten wie bisher ausschließlich die Sonderklasse. Die Schüler waren zwischen sechs und zehn Jahren alt; der Intelligenzquotient-Mittelwert, gemessen mit der *Wechsler* Intelligence Scale (*Piers; Harris*, 1969) for Children-Revised (WISC-R, *Wechsler* 1949), betrug 87 Punkte. Beide Gruppen hatten dreimal die *Piers-Harris* Children's Self-Concept Scale auszufüllen. Dieser Test besteht aus 80 Items, verteilt auf folgende Skalen: Angst (anxiety), Befinden (behavior), Beliebtheit (popularity), körperliche Einschätzung (physical appearance), schulisches Begabungskonzept (intellectual school-status) sowie Zufriedenheit (happiness and satisfaction). Der Schüler kann den Items zustimmen oder sie ablehnen; es können maximal 80 Punkte erreicht werden. Die erste Messung und die Durchführung der Intelligenztests fanden unmittelbar vor der Aufteilung in die Experimental- und in dieKontrollgruppe statt; die zweite Untersuchung wurde einen Monat nach Beginn des Experiments, die dritte fünf Monate später am Ende des Schuljahres durchgeführt. Die Daten wurden durch eine Kovarianzanalyse mit "repeated-measures" ausgewertet, wobei der erste Meßzeitpunkt die Kovariante bildete.

Während das Selbstkonzept der Schüler der Kontrollgruppe in etwa gleich blieb, stieg das Selbstkonzept der teilintegrierten Lernbehinderten im Verlaufe des Experiments signifikant an (vgl. Abbildung 6). Das Autorenteam erklärt sich den Zuwachs bei teilintegrierten Schülern durch deren Möglichkeit, für den Vergleich der eigenen Leistungen, zwischen zwei Bezugsgruppen wählen zu können. Sie glauben, daß für den Leistungsvergleich eher die leistungsähnlichere Bezugsgruppe der Sonderklasse, für nicht leistungsbezogene Vergleiche hingegen eher die neue Bezugsgruppe der Regelklasse herangezogen werde. Sie äußern die Meinung, daß die Teilintegration eine Stärkung des Selbstvertrauens der Lernbehinderten zu bewirken scheine, da sie sich vermehrt als Teil der ganzen Schule fühlen (*Strang; Smith; Rogers* 1978, 492). Unter Berücksichtigung der gegensätzlichen Ergebnisse von *Bächtold* (1987) ist allerdings zu vermuten, daß dieser positive Effekt der Teilintegration nur unter den Bedingungen eines insgesamt günstigen Schulklimas eintreten dürfte.

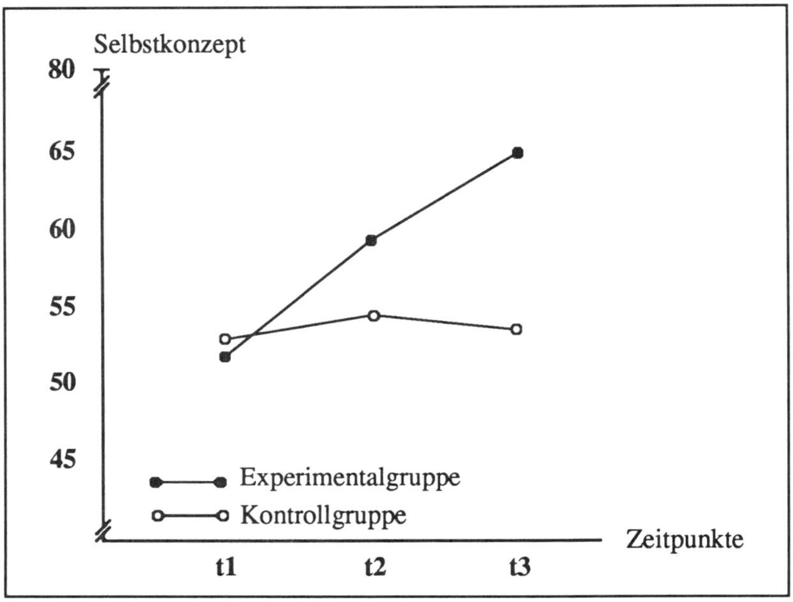

Abbildung 6: Entwicklung des Begabungskonzepts bei teilintegrierten Lernbehinderten (Experimentalgruppe) und bei Lernbehinderten in Sonderklassen (Kontrollgruppe) 1 Monat und 6 Monate nach der Gruppenzuteilung nach *Strang; Smith* und *Rogers* (1978, 492).

Im zweiten Teil des Experiments konnten *Strang; Smith* und *Rogers* (1978) nur noch die Entwicklung teilintegrierter Schüler verfolgen, weil die Sonderschüler in der Zwischenzeit ebenfalls teilintegriert worden waren. Die Schüler hatten noch einmal den Selbstkonzept-Test auszufüllen. Sie wurden wiederum zufällig auf eine Experimental- und eine Kontrollgruppe verteilt. Die Schüler der Kontrollgruppe füllten den Test während des Sonderklassenunterrichts aus, diejenigen der Experimentalgruppe während des Regelklassenunterrichts. Den Lernbehinderten der Experimentalgruppe wurde die Anweisung gegeben, daß sie den Test als Mitglied der Regelklasse ausfüllen sollten. Die Experimentalgruppe schnitt signifikant schlechter ab, was die Autoren durch die eingeschränkte Wahl der Bezugsgruppe erklären. Die Schüler der Kontrollgruppe hatten die uneingeschränkte Möglichkeit, zum Vergleich nur die Sonderschüler heranzuziehen. Die Ergebnisse sind eine eindrückliche Bestätigung der Bezugsgruppentheorie.

Coleman (1983) führte die Untersuchungen von *Strang; Smith* und *Rogers* (1978) weiter. Im Rahmen eines experimentellen Designs wurden lernbehinderte und nichtlernbehinderte Schüler bezüglich ihres Selbstkonzepts mit der *Piers-Harris* Children's Self-Concept Scale getestet. Vier Experimentalgruppen mit je 46 lernbehinderten Schülern wurden vier verschiedenen Schulformen zugeteilt: a) Regelklassen mit täglich *einer* Förderstunde im "resource-room"; b) Regelklassen mit täglich *zwei* Förderstunden im "resource-room"; c) Sonderklassen; d) Regelklassen ohne zusätzliche Fördermaßnahmen. Als Kontrollgruppe dienten 138 nach Zufall ausgewählte Regelschüler der 4., 5. und 6. Klasse. Die Auswertung der Daten mittels Varianzanalyse und Scheffé-Test führte zu einer erneuten Bestätigung der Bezugsgruppentheorie. Zwischen Lernbehinderten und Regelschülern wurde kein signifikanter Unterschied gefunden. Ein Vergleich zwischen den fünf Schülergruppen erbrachte jedoch, daß die lernbehinderten Schüler in Regelklassen ohne zusätzliche Hilfe ein signifikant tieferes Selbstkonzept hatten als die übrigen Lernbehinderten und als die Regelschüler ($p < .01$). Auf einem tieferen Signifikanzniveau ($p < .05$) hatten Lernbehinderte in Regelklassen mit *zwei* Stunden im "resource-room" das höhere Selbstkonzept als diejenigen mit *einer* Stunde im "resource-room".

Coleman (1983, 43) interpretiert bezugsgruppentheoretisch, daß der zeitweise Unterricht in einer Gruppe von Lernbehinderten einen Vergleichsmaßstab für eine höhere Einschätzung der eigenen schulischen Fähigkeiten ermögliche. Lernbehinderte in Regelklassen ohne zeitweisen Unterricht in einer Gruppe von schwachen Schülern haben nur die mehrheitlich besseren Regelschüler als Vergleichsmaßstab; deshalb entwickeln sie von den fünf untersuchten Gruppen das niedrigste Selbstkonzept der schulischen Begabung. Zwei Stunden Aufenthalt im "resource-room" scheinen die Tendenz zum Vergleich mit den anderen schwachen Schülern gegenüber nur einer Stunde im "resource-room" zu verstärken, was zu einem höheren Begabungskonzept der Lernbehinderten mit zwei Stunden "resource-room" führt. Die Interpretationen von *Coleman* sind dann zutreffend, wenn der Förderunterricht im "resource-room" so konzipiert werden kann, daß er die bisherige Funktion der Sonderschule als Schonraum übernehmen und den Vergleich mit einer homogeneren Bezugsgruppe ermöglichen kann. Diese Bedingung wäre vermutlich nicht gegeben, wenn Förderunterricht als Einzelunterricht oder als Unterricht in Kleinstgruppen von zwei bis drei Schülern konzipiert wäre; in diesem Falle könnte dem Schüler im

Förderunterricht kaum eine ausreichende Bezugsgruppe für den Aufbau eines positiveren Begabungskonzepts geboten werden.

Wang und *Birch* (1984) verglichen das Begabungskonzept von Lernbehinderten in zwei verschiedenen integrierenden Schulformen: Im "Adaptive Learning Environments Model" (ALEM) sind die lernbehinderten Schüler vollständig in die Regelklasse integriert; ein Sonderpädagoge (Spezialist für Sprache, Lesen, Mathematik) unterstützt den Regelklassenlehrer und nimmt vor allem eine beratende Funktion ein. Im zweiten Schulmodell erhalten lernbehinderte Schüler täglich eine zusätzliche Förderung durch den Sonderpädagogen im "resource-room". 179 lernbehinderte und nichtlernbehinderte Schüler wurden zufällig auf diese beiden Schulmodelle verteilt: 108 kamen in ALEM-Klassen, 71 in Klassen mit "resource-room". Alle Schüler wurden mit der Perceived Competence Scale (PCS) von *Harter* getestet, welche Skalen zur "Einschätzung der kognitiven, sozialen und körperlichen Fähigkeiten und des Selbstwertgefühls" umfaßt. Lernbehinderte der ALEM-Klassen schätzten ihre kognitiven, sozialen und körperlichen Kompetenzen sowie ihr Selbstwertgefühl signifikant höher ein als Lernbehinderte der Klassen mit "resource-room" ($p < .01$). Beim Vergleich von Lernbehinderten und Regelschülern konnten in ALEM-Klassen auf den Skalen "Einschätzung der sozialen Kompetenz" und "Selbstwertgefühl" keine Unterschiede festgestellt werden, bei den übrigen beiden Skalen schätzten sich Lernbehinderte tiefer ein als Regelschüler. In Klassen mit "resource-room" schnitten die Lernbehinderten auf allen Skalen schlechter ab als die Regelschüler. Diese Studie scheint einige Anhaltspunkte dafür zu geben, daß sich Integration ohne äußere Differenzierungsmaßnahme (in ALEM-Klassen) positiver auf die Selbsteinschätzung der eigenen Fähigkeiten der Schüler auswirken könnte als die äußere Differenzierung mit einer Stunde "resource-room". Daß das Ergebnis wieder etwas anders aussehen könnte mit zwei Stunden "resource-room", läßt die vorher dargestellte Untersuchung von *Coleman* (1983) vermuten. Eine Erklärung des positiveren Ergebnisses der ALEM-Klassen gegenüber Klassen mit einer Stunde "resource-room" könnte sein, daß in ALEM-Klassen nicht durch sichtbare Zuteilung zu Förderstunden und sichtbares Verlassen des Klassenraumes "Lernbehinderung" etikettiert wird und daß eine Stunde "resource-room" für eine Umorientierung der Lernbehinderten auf die Bezugsgruppe der schwachen Schüler nicht ausreicht.

Der jüngste amerikanische Vergleich zwischen lernbehinderten und nichtlernbehinderten Schülern wurde von *Cooley* und *Ayers* (1988) in Schulen mittelgroßer Industriestädte in Oregon durchgeführt. Ihre Stichprobe bestand aus 46 integrierten Lernbehinderten und 47 Regelschülern im Alter zwischen 10 und 14 Jahren. Experimental- und Kontrollgruppe wurden in bezug auf das Alter parallelisiert. Die integrierten Lernbehinderten erhielten pro Tag ein bis vier Stunden Förderunterricht im "resource-room". Die Intelligenz wurde nicht kontrolliert. Die Lernbehinderten waren vermutlich annähernd normalintelligent, zeigten aber schlechte Schulleistungen. Das Selbstkonzept wurde mit der bereits früher beschriebenen *Piers-Harris* Children's Self-Concept Scale, das Attribuierungsverhalten mit dem Intellectual Achievement Responsibility Questionnaire gemessen. Die Fragebogen wurden von den Regelschülern im Klassenzimmer, von den Lernbehinderten im "resource-room" ausgefüllt. Die Datenanalyse mittels Varianzanalyse führte zu folgenden Ergebnissen: Lernbehinderte erreichten im Selbstkonzept (Total) signifikant tiefere Werte als Regelschüler ($p < .01$). Ausschlaggebend für dieses Gesamtergebnis waren signifikante Unterschiede auf den Subskalen schulisches Begabungskonzept (intellectual school-status) und Befinden (behavior). Die Unterschiede im Attribuierungsverhalten waren nicht signifikant. Da in dieser Untersuchung nicht zwischen der Aufenthaltsdauer im "resource-room" differenziert wurde, kann sie die von *Coleman* (1983) begonnene Sichtweise der äußeren Differenzierung nicht vertiefen; die Studie bestätigt lediglich ein weiteres Mal, daß integrierte Lernbehinderte generell ein tieferes Begabungskonzept haben als Regelschüler.

Das tiefere Begabungskonzept von integrierten Lernbehinderten kann als gesicherter Befund behandelt werden. Über die referierten Untersuchungen hinaus gibt es noch weitere, die stets dieses Ergebnis bestätigen: *Bruininks* (1978a, b) untersuchte das Selbstkonzept bei 23 integrierten lernbehinderten Schülern der 1. 2. 4. und 5. Klasse, welche zusätzlich zum normalen Unterricht von einem Sonderschullehrer gefördert wurden. Als Kontrollgruppe dienten 23 Regelschüler mit vergleichbarer Verteilung des Geschlechts. Als Meßinstrument diente das *Coopersmith* Self-Esteem Inventory (*Coopersmith* 1959). Die Prüfung auf Unterschiede zwischen den beiden Gruppen mit dem t-Test ($p < .05$) ergab ein signifikant tieferes Selbstkonzept bei den integrierten Lernbehinderten. *Sheare* (1978b) verglich ebenfalls das Selbstkonzept von integrierten Lernbehinderten mit demjenigen von Regelschülern. Je 41 zufällig ausgewählte lernbehinderte und nichtlernbehinderte Schüler der 3. bis 5. Klasse wurden mit der *Piers-Harris* Children's Self-Concept Scale getestet. Sowohl bei einer ersten als auch bei einer späteren zweiten Messung waren die Selbstkonzept-Werte der Lernbehinderten signifikant tiefer als diejenigen der Regelschüler.

Man findet in der amerikanischen Forschung auch einzelne Versuche, den Zusammenhang zwischen Unterrichtsformen und dem Selbstkonzept von Lernbehinderten zu erforschen. *Madden* und *Slavin* (1983) verglichen mögliche Wirkungen von "traditionellem" und "kooperativem" Mathematikunterricht auf das Selbstkonzept von Lernbehinderten. Eine Experimentalgruppe von 20 Lernbehinderten wurde Klassen zugeteilt, in welchen während einer Stunde pro Tag auf kooperative Art Mathematik unterrichtet wurde (Gruppenarbeit, Einschätzung der Leistung und

Beurteilung der Gruppenbeteiligung auf einem Rating als Kontrolle der Arbeit). Die Kontrollgruppe von ebenfalls 20 Lernbehinderten wurde Klassen zugeteilt, in welchen der Mathematikunterricht konventionell war. Die Lehrervariable wurde dadurch kontrolliert, daß jeder Lehrer sowohl an einer Experimental- als auch an einer Kontrollgruppe unterrichtete. Neben Leistungszuwachs sowie sozialer Akzeptanz der lernbehinderten Schüler durch Regelschüler wurde zweimal das Selbstkonzept mit dem *Coopersmith* Self-Esteem Inventory erfaßt. Dieser Test besteht aus den drei Subskalen General Self-Concept, Social Self-Concept und Academic Self-Concept. Trotz der größeren Fortschritte in Mathematik der Lernbehinderten der Experimentalgruppe im Vergleich zu den Lernbehinderten der Kontrollgruppe konnte keine signifikante Steigerung der Selbstkonzept-Werte bei den Lernbehinderten der Experimentalgruppe erreicht werden. Dies kann wiederum als Bestätigung der Bezugsgruppentheorie interpretiert werden: Trotz positiver Effekte des "kooperativen" Unterrichts auf die Schulleistungen der integrierten Lernbehinderten ist eine Veränderung ihres Begabungskonzepts nicht zu erwarten, weil die Bezugsgruppe, mit welcher sie ihre Leistungen vergleichen, in ihrer Leistungsheterogenität durch die Unterrichtsform nicht verändert worden ist. Die durch den kooperativen Unterricht erzielten besseren Lernfortschritte betreffen die Lernbehinderten und die Regelschüler in gleichem Maße; im Vergleich zu den Regelschülern bleibt dem Lernbehinderten keine andere Möglichkeit, als die eigenen Fähigkeiten weiterhin niedrig einzuschätzen, da er seine individuellen guten Leistungsfortschritte in der Bezugsgruppe von Regelschülern nur bedingt erkennen kann.

5.3 Schulleistungen

Die Verallgemeinerung von Untersuchungsergebnissen zur Entwicklung der Schulleistungen von Lernbehinderten in den Schulsystemen verschiedener Länder erscheint uns nicht unproblematisch, weil die Lehrpläne unterschiedlich sein können und die Muttersprache von Land zu Land ohnehin verschieden ist. In einzelnen Ländern muß in der Schule eine Schriftsprache als "Muttersprache" erworben werden, welche sich stark von der eigentlichen Muttersprache, dem Dialekt, unterscheidet. Außerdem ist der Beginn des Fremdspracherwerbs zeitlich sehr unterschiedlich. Auch die Lehrpläne in Mathematik scheinen sich zwischen den Ländern zu unterscheiden. Wegen der historisch weit zurückreichenden kulturellen Verwandtschaft scheint uns die Übertragung von Ergebnissen zu den Schulleistungen von Lernbehinderten aus der Bundesrepublik Deutschland auf deutschschweizerische Verhältnisse am wenigsten problematisch zu sein, zumal die Entstehung der Sonderschulen für Lernbehinderte praktisch identisch ist. Schwieriger erscheint uns die Übertragung der vielen Untersuchungen zu den Schulleistungen von Lernbehinderten aus den USA. Neben der Unterschiedlichkeit der Lehrpläne dürfte hier auch die Problematik der ungleichen Definitionen von "Lernbehinderten" mitzuberücksichtigen sein. Deshalb unterteilen wir in diesem Abschnitt die Darstellung der Forschungslage in Untersuchungen in deutschsprachigen und in englischsprachigen Ländern.

5.3.1 Untersuchungen in deutschsprachigen Ländern

In den deutschsprachigen Ländern beschränkte sich die Forschung bisher vorwiegend auf die Untersuchung der Schulleistungen von Lernbehinderten in Sonderschulen. Bisher sind kaum Schulleistungen von Lernbehinderten in Sonderschulen mit Schulleistungen von integrierten Lernbehinderten verglichen worden. Mit wenigen Ausnahmen wurden nur Vergleiche zwischen Lernbehinderten in Sonderschulen und schwachen Regelschülern gemacht, was nur indirekte und unvollständige Antworten auf die Integrationsfrage zu liefern vermag.

Eine *erste Gruppe* von Studien sind Vergleiche zwischen Schulleistungen von Abschlußschülern der Sonderschule für Lernbehinderte und der Hauptschule. *Bleidick* (1966) befaßte sich in zwei Untersuchungen mit der Frage, welche Hauptschulklassenstufe dem *Mathematikleistungsniveau* der Abschlußklasse von Sonderschulen für Lernbehinderte entspricht. Er kam zum Schluß, daß der Leistungsrückstand in Mathematik am Ende der Sonderschule im Vergleich zur Hauptschule etwa vier bis fünf Jahre beträgt. In der Regel wird eine Sonderschuleinweisung in Betracht gezogen, wenn es zum zweiten Mal zum Sitzenbleiben kommt. Wenn man diese Regel in dem Sinne interpretiert, daß bei der Sonderschuleinweisung ein Leistungsrückstand von zwei bis drei Jahren zu bestehen scheint, dann könnte das Ergebnis bedeuten, daß sich der Rückstand während des Sonderschulbesuchs vergrößert. Eine ähnliche Vergleichsuntersuchung wurde mehr als 20 Jahre später in Hamburg und in Niedersachsen erneut durchgeführt (*Bartz; Winter* 1982). Der Vergleich der Mathematikleistungen von Sonderschülern und Hauptschülern gegen Ende der Schulpflicht erbrachte im wesentlichen die gleichen Ergebnisse wie die früheren Untersuchungen von *Bleidick* (1966).

In einer Vergleichsuntersuchung der *Rechtschreibleistungen* (*Böhm* 1967) zeigte sich, daß bei Abschlußschülern der Sonderschule für Lernbehinderte (9. Klasse) die Fehlerzahl bei Rechtschreibleistungen höher lag als bei Schülern der 4. Grundschulklasse. *Böhms* Schlußfolgerung, daß sich der Rückstand auch in diesem Leistungsbereich während der Sonderschulzeit vergrößere, muß aus diesem Ergebnis allein noch nicht zwingend gezogen werden, weil sich in der 4. Grundschulklasse neben den zukünftigen Hauptschülern auch noch die ohnehin leistungsbesseren zukünftigen Real- und Gymnasialschüler befinden. Ein Vergleich von Regelschülern und Sonderschülern mit vergleichbarem Intelligenzalter führte aber zu einem noch gravierenderen Unterschied zwischen den Rechtschreibleistungen der beiden Schülergruppen. Dies veranlaßte *Böhm* zur Formulierung des Vorwurfs, die Sonderschule schöpfe anscheinend die Intelligenz ihrer Schüler für das Rechtschreiben nicht im gleichen Maße aus wie die Regelschule.

Eine umfassendere Untersuchung befaßte sich unter der folgenden Fragestellung mit den *Mathematik-, Rechtschreib- und Leseleistungen*: "Sind die Rechen-, Lese- und Rechtschreibleistungen von Kindern, die nach Erfüllung ihrer gesetzlichen Schulpflicht aus dem 5. oder 6. Jahrgang der Normalschule entlassen werden, besser als die entsprechenden Leistungen von Schülern, welche den Abschluß einer Sonderschule für Lernbehinderte erreichen?" (*Ferdinand; Uhr* 1968, 332). In dieser Untersuchung wurden die Schulleistungen von Regelschülern und von Sonderschülern mit gleichen Intelligenzquotienten am Ende ihrer Schulzeit verglichen. Die Ergebnisse zeigen, daß die Entlaßschüler aus der Regelschule jenen aus der Sonderschule für Lernbehinderte in Mathematik und Rechtschreiben signifikant, im Lesen nur tendenziell überlegen waren. Dieses Ergebnis legt die Schlußfolgerung nahe, daß zwei- oder dreimaliges Sitzenbleiben in der Regelschule leistungsmäßig zu einem besseren Abschlußprofil zu führen scheint als das Durchlaufen der Sonderschule für Lernbehinderte. Allerdings ist die Möglichkeit zur Verallgemeinerung dieser Untersuchungsergebnisse fraglich, weil die Stichprobe nur zweimal zehn Schüler (parallelisierte Stichproben) zählte und somit kaum als repräsentativ erachtet werden kann.

Eine *zweite Gruppe* von Studien befaßt sich mit der Frage, ob Sonderschulbesuch Wirkungen auf die Höhe des Intelligenzquotienten habe. *Bernart* (1969) verglich die Intelligenzquotienten aller Schüler der Klassen 5 bis 9 einer von ihm geleiteten Sonderschule für Lernbehinderte mit den Intelligenzquotienten derselben Schüler zum Zeitpunkt ihrer Sonderschuleinweisung. Die forschungsmethodischen Unzulänglichkeiten dieser Untersuchung sind dermaßen gravierend, daß wir auf eine Wiedergabe von Ergebnissen verzichten müssen: Die Stichprobe beschränkte sich auf 134 Kinder aus acht Klassen der von *Bernart* geleiteten Sonderschule für Lernbehinderte; auf eine Kontrollgruppe wurde verzichtet. Mit einem solchen Untersuchungsplan kann die Veränderung von Intelligenzquotienten nicht als Effekt der Sonderschule interpretiert werden, da weder die Veränderung in Regelschulen noch ein möglicher Reifungseffekt kontrolliert worden sind.

Basler (1972) konnte an einer repräsentativen Stichprobe von Sonderschülern einen signifikanten IQ-Zuwachs nachweisen. Da auch hier keine Kontrollgruppe vorhanden war, können die Ergebnisse ebenfalls nicht als Beweis für eine sonderschulspezifische Wirkung interpretiert werden. Schüler mit gleich niedrigen IQs könnten ja auch im Falle eines Verbleibs in der Regelschule eine ähnliche IQ-Steigerung erfahren. *Basler* und *Basler* (1973) gingen dann diesem Problem nach. Sie untersuchten Lernbehinderte in der Regelschule (Kontrollgruppe), welche als sonderschulbedürftig diagnostiziert waren, aber wegen Raum- und Lehrermangels nie in die Sonderschule umgeschult worden waren. Aus den Ergebnissen dieser zweiten Untersuchung folgern die Autoren, daß der in der Studie von *Basler* (1972) angenommene Intelligenzzuwachs von Lernbehinderten nicht als Wirkung der Sonderschule interpretiert werden kann.

In einer *dritten Gruppe* von Studien wird die Dauer des Sonderschulbesuchs mit der bei Schulende erreichten Klassenstufe in Beziehung gesetzt. Diese Untersuchungen könnten für unsere Fragestellung relevant sein, wenn man die bis Schulende erreichte Klassenstufe als Indikator für das erreichte Niveau der Schulleistungen interpretiert. *Stranz* (1966) untersuchte retrospektiv die Schullaufbahn von 552 Lernbehinderten, die aus 14 Hamburger Sonderklassen entlassen wurden. Seine Ergebnisse legen die Annahme nahe, daß die Aussichten für einen erfolgreichen Abschluß der Sonderschule in der obersten Klassenstufe umso größer sind, je später die Sonderschuleinweisung erfolgt. Je früher die Schüler in die Sonderschule eingewiesen worden waren, umso kleiner war der prozentuale Anteil jener, die die 9. Klassenstufe erreichten. Diese Ergebnisse sind mit Vorsicht zu interpretieren, da nicht abgeklärt wurde, ob jene Schüler, die früher in die Sonderschule eingewiesen worden waren, schwerere Lernbehinderungen (z.B. über IQ-Werte kontrollierbar) aufwiesen als jene, die erst in der 7. oder 8. Klasse umgeschult wurden. Eine ähnliche Untersuchung wurde von *Zikowsky* (1975) an einer Stichprobe von 443 Lernbehinderten aus zehn Sonderschulen im Raum Mannheim-Heidelberg durchgeführt (referiert aus *Reinartz; Sander* 1982, 132-134). Er konnte die Ergebnisse von *Stranz* praktisch durchgehend bestätigen. Das Ergebnis, daß frühe Einweisung in die Sonderschule eine geringere Chance für einen erfolgreichen Abschluß in der 9. Klassenstufe bedeutet, kann nach der Interpretation von *Sander* (1982) nicht allein auf niedrigere IQs zurückgeführt werden; denn "Schüler mit einem Umschulungs-IQ 60-69 erreichten zu 42% die Klasse 9, mit IQ 70-79 zu 48%, mit IQ 80-89 auch nur zu 55% und selbst mit IQ 90-99 nur zu 64%" (*Sander* in: *Reinartz; Sander* 1982, 133).

Als *vierte Gruppe* sind natürlich die zwei Studien zu nennen, welche sich am nächsten bei der Fragestellung unseres Forschungsprojektes befinden. Die Untersuchung von *Merz* (1984) hebt sich von den bisher referierten Untersuchungen durch ihre methodologische Anlage ab, indem erstens zur Beurteilung der Effizienz der Sonderschule für Lernbehinderte nicht nur einzelne Bereiche isoliert betrachtet, zweitens eine Kontrollgruppe (schwache Schüler, die in der Grundschule verblieben sind) einbezogen und drittens die Daten im Quer- und im Längsschnitt (sechs Monate und dreieinhalb Jahre) verglichen worden sind. *Merz* (1984) faßt die Untersuchungsergebnisse ungewöhnlich eindeutig zusammen: "In der vorliegenden Untersuchung ergaben sich keine Resultate, welche die Beschulung in der Schule für Lernbehinderte gegenüber der Förderung in der Regelschule als effektiver auswiesen. Im Gegenteil verlief der Vergleich nicht nur bezüglich der durchschnittlich intelligenten Kinder mit Schulschwierigkeiten negativ für die Sonderbeschulung, sondern auch in bezug auf die unterdurchschnittlich intelligenten Jungen und Mädchen" (67-68). Für *Merz* scheint endgültig klar zu sein, daß Lernbehinderte in Sonderschulen weniger gut gefördert werden als in der Grundschule. Allerdings ist diese Untersuchung mehrmals von *Bleidick* (1982, 1983b, 1988) in entscheidenden methodologischen Punkten kritisiert worden. Die Kritik bezog sich beispielsweise auf die nicht vergleichbare soziale Herkunft der untersuchten Schüler und auf die nicht vergleichbaren Mittelwerte und Streuungen der IQs der Schüler aus den beiden Schulformen. Wenn man die aufgezeigten methodologischen Mängel ernst nimmt, hat sich die Hoffnung auf eine abschließende Klärung der Frage nach der Effizienz der Sonderschule im Vergleich zur Regelschule durch diese Untersuchung als unberechtigt und die "publizistische Vermarktung und die daraus gezogenen kurzschlüssigen bildungspolitischen Folgerungen" (*Bleidick* 1988, 120) als verfrüht erwiesen.

Die Forschungsergebnisse von *Wocken* (1987a und b) sind erst nach Beginn unseres Forschungsprojekts bekannt geworden. Er hat Schulleistungen von Hamburger Integrationsklassen gemessen und mit Schulleistungen von Schülern in Regelklassen (Leseverständnis, Zahlenrechnen) bzw. mit der Eichstichprobe von Lesetests verglichen (Lesefertigkeit). Im Hinblick auf Verallgemeinerungen ist einerseits die Beschränkung auf Hamburg und andererseits die kleine Kontrollgruppe von vier Regelklassen problematisch. Es ist deshalb nicht überraschend, daß weniger zwischen Integrationsklassen und Regelklassen als zwischen den einzelnen Integrationsklassen Leistungsunterschiede gefunden wurden. Dies scheint jedoch nicht nur auf die beschränkte Stichprobe zurückzuführen zu sein; denn in unseren eigenen Forschungen mit einer größeren Klassenmenge hat sich dieses Ergebnis teilweise ebenfalls bestätigt, solange man die Sonderklassen für Lernbehinderte nicht in den Vergleich miteinbezieht. Die Bedeutung von *Wockens* Untersuchungen liegt unseres Erachtens insbesondere darin, daß er erstmals nachgewiesen hat, daß das allgemeine Leistungsniveau in den Integrationsklassen gegenüber den Regelklassen nicht sinkt.

Obschon die Forschungslage im deutschsprachigen Raum zur Frage der Wirkungen unterschiedlicher Schulformen auf die Schulleistungen von Lernbehinderten nicht befriedigend ist und obwohl zu unserer Frage nach den Wirkungen integrierender Schulformen mit unterstützenden Maßnahmen noch wenig geforscht worden ist, erhalten folgende Vermutungen eine teilweise empirisch gestützte Berechtigung: Die leistungsbezogene Förderung von Lernbehinderten scheint in Sonderschulen nicht besser, möglicherweise sogar geringer zu sein als in Regelschulen. Es gibt keine Belege für die Befürchtung, daß die Leistungen der guten Schüler durch eine vermehrte Integration von Lernbehinderten sinken.

5.3.2 Untersuchungen in englischsprachigen Ländern

Trotz der Unvergleichbarkeit der Schulsysteme, der Lehrpläne, der Lerninhalte und möglicherweise des Begriffs der Lernbehinderung haben wir es für sinnvoll erachtet, zumindest die Forschungslage im englischsprachigen Raum, wo bereits Wirkungen von integrierenden Schulformen auf Schulleistungen untersucht worden sind, zu erfassen. Vor allem in den USA wurde auf diesem Gebiet intensive Forschung betrieben, nicht zuletzt deshalb, weil seit 1975 durch einen Gesetzeserlaß die "Erziehung aller behinderten Kinder" ("Education for all Handicapped Children Act") staatlich geregelt wird. Diese Verordnung setzt fest, daß alle Kinder zwischen 3 und 17 Jahren unter den am wenigsten einschränkenden Bedingungen aufwachsen sollen. Dies bedeutet, daß auch behinderte Kinder den Unterricht an regulären Schulen in Regelklassen besuchen können. Diese schulische und soziale Integration von Sonderschülern in Klassen mit nichtbehinderten Gleichaltrigen läuft unter dem Namen "mainstreaming". "Mainstreaming" ist jedoch nicht ein bloßes Rückführen von Sonderschülern in die Regelschule; es bringt vielmehr eine sorgfältige Planung und den Einsatz spezieller Maßnahmen mit sich.

5.3.2.1 Untersuchungen der Schulleistungen von Lernbehinderten in Sonderklassen und in Regelklassen ohne zusätzliche heilpädagogische Maßnahmen

5.3.2.1.1 Die Forschungslage im Überblick

Eine Übersicht über die amerikanische Forschungslage bestätigt relativ eindeutig die These, daß sich Sonderschulung auf die schulischen Leistungen lernbehinderter Schüler nicht positiver auswirkt als der Unterricht in Regelklassen ohne zusätzliche heilpädagogische Maßnahmen. Praktisch alle uns bekannten amerikanischen Studien, welche lernbehinderte Schüler aus Sonderklassen mit solchen aus Regelklassen mit "stiller Integration" verglichen haben (*Stanton; Cassidy* 1961, *Brown* 1962,

Bacher 1965, *Hoeltke* 1965, *Zito; Bardon* 1969, *Calhoun; Elliott* 1977, *Leinhardt* 1980, *Leinhardt; Pallay* 1982), weisen bezüglich der Entwicklung der Schulleistungen eine tendenzielle Unterlegenheit der Sonderklassenschüler nach. In allen Untersuchungen wurde nachgewiesen, daß Lernbehinderte in Regelklassen im Vergleich zu Lernbehinderten in Sonderklassen allgemein bessere oder gleiche oder in einzelnen Fächern bessere und in anderen gleiche Leistungen erzielen. Die Leistungsüberlegenheit oder der Leistungsgleichstand der lernbehinderten Regelklassenschüler zeigt sich in allen jeweils untersuchten kognitiven Fertigkeiten. Die beobachteten Effekte ergaben sich unabhängig von bestimmten Altersgruppen und unabhängig davon, ob sich die Untersuchung nur auf ein Jahr oder auf mehrere Jahre erstreckte.

Madden und *Slavin* (1983) differenzieren diese globale Zusammenfassung insofern, als sie auf eine Wechselwirkung zwischen Intelligenzhöhe und Unterrichtserfolg in den verschiedenen Schulformen hinweisen. Aufgrund ihrer Analyse empirischer Studien über die Wirkungen von Sonderschulung und Regelschulung auf die Schulleistungen lernschwacher Kinder kommen sie zum Schluß, daß eine Sonderschulplazierung für Schüler mit leichteren schulischen Schwierigkeiten wenig Vorteile bringen könne. Aus den Resultaten der verschiedenen von ihnen analysierten Untersuchungen folgern sie, daß ein Regelklassenbesuch für lernbehinderte Schüler mit einem IQ im oberen Bereich von Lernbehinderung vorteilhafter sei, während lernbehinderte Kinder mit tieferem IQ durch eine Sonderschulplazierung mehr profitieren können. Die Autoren betonen allerdings, daß es sich nicht um eine rein schulorganisatorische Plazierung lernbehinderter Schüler in Regelklassen handeln dürfe. Nur eine Einweisung in Regelklassen, welche den speziellen Bedürfnissen der lernbehinderten Schüler entgegenkommen können, würde sich positiv auf die Schulleistungen auswirken.

Die mangelnde Effizienz des Sonderschulunterrichts im Bereich der kognitiven Fertigkeiten lernbehinderter Schüler könnte laut *Leinhardt* und *Pallay* (1982) einerseits darauf zurückzuführen sein, daß in Sonderklassen oft nach "verwässerten" Lehrplänen gearbeitet würde, d.h., nicht nach eigenen, auf die besonderen Bedürfnisse der lernschwachen Schüler zugeschnittenen Lehrplänen, sondern nach für die Sonderschüler "zurechtgebogenen" Regelschulcurricula. Andererseits würden oft die Leistungsfächer zugunsten sozialer, emotionaler und lebenspraktischer Fertigkeiten vernachlässigt, was zu einem Intensitätsverlust in der kognitiven Förderung führen könne. Als weitere Komponente für die mangelnde Effizienz von Sonderschulung nennt *Kniel* (1979) die Häufung von Schülern mit geringer Arbeitsmotivation und mit Disziplinproblemen, welche das Lernen in der Gruppe hemme.

5.3.2.1.2 Darstellung der einzelnen Untersuchungen

Forschungsresultate älterer Studien finden sich bei *Kniel* (1979) zusammengefaßt, so daß wir darauf Bezug nehmen können. *Stanton* und *Cassidy* (1961) verglichen die Schulleistungen lernbehinderter Kinder aus Regelklassen und aus Sonderklassen in öffentlichen Schulen und in einer Heimsonderschule. Es wurden drei Gruppen von je 47 Schülern mit einem IQ zwischen 50 und 75 gebildet, welche in den Variablen soziale Herkunft und Intelligenz parallelisiert wurden. Der Vergleich der drei Gruppen ergab eine signifikante Überlegenheit der lernbehinderten Kinder in Regelklassen in allen Untertests des Stanford Achievement Tests (*Kelley et al.* 1956), im Zahlensymboltest des *Wechsler* Intelligenztests (WISC 1949) sowie im Draw a Man Test von *Goodenough* (1926). In allen diesen Bereichen zeigten die Lernbehinderten in Regelklassen höhere Leistungen als diejenigen in Sonderklassen, diese ihrerseits erreichten höhere Werte als die Heimsonderschüler. In einem Wortschatztest (*Ammons; Ammons* 1948) sowie in einem sprachfreien Intelligenztest, den Progressiven Matrizen von *Raven*, ergaben sich keine Unterschiede zwischen den drei Gruppen, hingegen waren die Heimsonderschüler den anderen beiden Gruppen im Mosaik Test des WISC signifikant überlegen. Der deutliche Leistungsvorsprung der Lernbehinderten in Regelklassen im Stanford Achievement Test kann als Hinweis für die Überlegenheit der Schulleistungsförderung lernbehinderter Schüler in Regelklassen interpretiert werden.

Brown (1962) untersuchte 55 lernbehinderte Kinder in Regelklassen aus einem Schulbezirk, in dem es kaum Sonderklassen gab, und verglich deren Leistungen im Wide Range Achievement Test (*Jastak* 1946) mit den Resultaten von 99 Kindern gleicher Intelligenz aus einem Bezirk mit gut ausgebautem Sonderschulwesen. Der Vergleich der Leistungen der lernbehinderten Schüler aus beiden Schulbezirken zeigte eine signifikante Überlegenheit im Rechnen und Lesen der Lernbehinderten aus dem Bezirk mit schlechter sonderpädagogischer Versorgung. Diese Resultate erlauben allerdings, für sich allein genommen, wegen möglicher Selektionseffekte keine definitive Beurteilung der Wirksamkeit von Sonderunterricht bzw. Unterricht in Regelklassen auf die Schulleistungen lernbehinderter Schüler.

Auch *Hoeltke* (1965) erfaßte die Leistungen von je 25 lernbehinderten Schülern im Alter von etwa zehn Jahren aus Regel- bzw. Sonderklassen mit Hilfe des Wide Range Achievement Tests von *Jastak*. Beide Gruppen hatte man bezüglich Intelligenz, Alter und Geschlecht parallelisiert; die durchschnittliche Intelligenz der Regelklassengruppe betrug 67,5, jene der Sonderklassenschüler lag bei 67,3. Die Regelklassenschüler erzielten in den Untertests Rechnen, Lesen und Rechtschreiben des Wide Range Achievement Tests signifikant höhere Werte als ihre Vergleichsgruppe aus den Sonderklassen.

Im Zusammenhang mit einer Untersuchung der Leistungsmotivation von lernbehinderten Schülern in Regel- und in Sonderklassen (je 50 Schüler) erfaßten *Zito* und *Bardon* (1969) mittels des Wide Range Achievement Tests von *Jastak* auch deren Leseleistung. Um Selektionseffekte so weit wie möglich zu kontrollieren, wurden die beiden Schülergruppen neben Intelligenz und Alter in verschiedenen weiteren Bereichen verglichen. Da keine Unterschiede festzustellen waren, kann die Untersuchung als relativ gut kontrolliert beurteilt werden. Die lernbehinderten Schüler in den Sonderklassen, die alle mindestens drei Jahre in dieser Schulform unterrichtet worden waren, erbrachten signifikant tiefere Leseleistungen ($p < .001$) als die lernbehinderten Schüler in Regelklassen.

Bacher (1965) verglich jeweils zu Beginn und zum Ende eines Schuljahres die Leseleistungen von je 30 lernbehinderten Schülern (IQ zwischen 75 und 95) in Sonder- und Regelklassen miteinander. Die Resultate ergaben keinen signifikanten Unterschied zwischen dem Zuwachs der Leseleistungen der beiden Gruppen, gemessen mit dem Stanford Achievement Test (*Kelley et al.* 1956), so daß sich auch in diesem Fall die Sonderbeschulung nicht als effizienter als die Regelschule erwiesen hat.

Leinhardt und *Pallay* (1982) nahmen eine Meta-Analyse der Resultate verschiedener Studien im Bereich Sonderschulung und Regelschulung vor; sie kamen zum Schluß, daß die Variablen, welche für erfolgreiche Schulergebnisse wichtig sind, in den meisten Schulformen auftreten können. Deshalb plädierten sie für die Unterrichtung lernbehinderter Schüler in der am wenigsten einschränkenden Umgebung, denn nicht das Setting, sondern eine wirksame Unterrichtspraxis wirke sich in erster Linie maßgebend auf die Leistungen der Schüler aus. In ihrer Analyse empirischer Studien aus den Jahren 1932 - 1970 nahmen die Autoren vor allem Arbeiten unter die Lupe, welche die Wirksamkeit von Sonderklassenunterricht auf die Leistungen lernbehinderter Schüler untersuchten (u.a. *Elenbogen* 1957, *Guskin; Spicker* 1968, *Thurstone* 1959, *Warren* 1962, *Wrightstone et al.* 1959). In diesen Untersuchungen wurde die schulische Entwicklung von Sonderklassenschülern mit der schulischen Entwicklung von lernbehinderten Regelklassenschülern mit ähnlichen Intelligenzquotienten verglichen. Die Resultate aller Studien ergaben, daß Lernbehinderte in Regelklassen, welche keine zusätzliche sonderpädagogische Unterstützung erhielten, höhere oder gleiche Schulleistungen erzielten wie Lernbehinderte in Sonderklassen. Absolut gesehen lagen jedoch die Leistungen in den Hauptfächern (Lesen, Rechnen, Rechtschreiben) bei allen untersuchten Stichproben weit unter den entsprechenden Klassendurchschnitten, und jedes Jahr fielen sie weiter ab.

Leinhardt und *Pallay* gingen weiter der Frage nach, weshalb zwischen Klassen mit speziellen, sonderpädagogischen Programmen und Klassen mit regulärem Unterricht keine bedeutenden Unterschiede in den Schulleistungen vorzufinden seien. Anhand der analysierten Untersuchungen ergaben sich folgende Antworten: a) Die Schüler in den stärker separierenden Klassen arbeiteten nach einem "angepaßten" Lehrplan, das heißt, die Inhalte waren ihrem Stand angeglichen und dadurch stark "verwässert" (*Guskin; Spicker* 1968); b) viel Zeit und Kraft wurde in den Sonderklassen für lebenspraktische, gefühlsbetonte Fertigkeiten aufgewendet (*Johnson* 1961); c) es wurde in Sonderklassen wenig unternommen, um die Unterrichtstechniken systematisch zu verändern; viel eher waren eine allgemeine Entspannung und eine Intensitätseinschränkung festzustellen (*Goldstein et al.* 1965, *Guskin; Spicker* 1968).

Auch *Madden* und *Slavin* legen eine Übersicht über verschiedene Untersuchungen zur Auswirkung von Sonderklassen- bzw. Regelklassenunterricht auf die Schulleistungen lernbehinderter Kinder vor. Einer Reihe von älteren Studien, welche in Regelklassen ohne spezielle Maßnahmen gleich gute oder bessere Schulleistungen ergaben, stehen sie skeptisch gegenüber, da die Stichproben nicht zufällig ausgewählt worden waren. Spätere Untersuchungen waren besser kontrolliert: Einerseits wurden die Schüler zufällig einer Sonderklasse oder einer Regelklasse zugeteilt, andererseits wurden gewisse Techniken angewendet, um Unterschiede in der Lehrerkompetenz auszuschalten, damit die effektiven Auswirkungen der verschiedenen Plazierungsarten an sich auf die Schulleistungen der Kinder gemessen werden konnten. Auf zwei Untersuchungen sei hier im speziellen hingewiesen.

Calhoun und *Elliott* (1977) erbrachten den deutlichsten Beweis der Überlegenheit einer Regelklassenplazierung gegenüber einer Sonderschuleinweisung bei lernbehinderten Schülern. Sie wiesen lernbehinderte und emotional gestörte Kinder, welche auf einer Warteliste für heilpädagogische Maßnahmen standen, zufällig einer Sonderklasse oder einer Regelklasse zu. Nach ihrer Einweisung in die verschiedenen Settings wurden die Schüler während dreier Jahre jeden Frühling und jeden Herbst mit dem Stanford Achievement Test geprüft und bewertet. Diese Langzeit-Stichprobe setzte sich aus 50 lernbehinderten und 50 emotional gestörten Schülern zusammen, welche gleichmäßig auf Sonderklassen und auf Regelklassen verteilt waren. Sämtliche Kinder waren schwarzer Hautfarbe. Der durchschnittliche IQ der lernbehinderten Kinder lag bei 72.4, jener der emotional gestörten Kinder bei 98.1 Punkten. Die Lehrer, welche alle in Sonderpädagogik ausgebildet waren, wechselten turnusmäßig jedes Semester die Klasse, abwechslungsweise unterrichteten sie in Regel- und in Sonderklassen. Die Lehrpläne, Unterrichtsmaterialien und Klassenzimmereinrichtungen waren in beiden Klassentypen dieselben.

Die Resultate der *Calhoun*- und *Elliott*-Studie ergaben eindeutig, daß die Plazierung in Regelklassen sowohl für lernbehinderte als auch für emotional gestörte Schüler positivere Auswirkungen auf die Schulleistungen ergab als die Einweisung in eine Sonderklasse. Dieser Vorsprung verlief allerdings nicht gradlinig. Trotz der zufälligen Zuweisung zu den beiden Klassenarten zeigten sich bei den lernbehinderten und den emotional gestörten Schülern aus den Sonderklassen im Vortest bessere Leistungen als bei ihren Vergleichsgruppen in den Regelklassen. Nach dem ersten Jahr waren diese Unterschiede verschwunden, und am Ende des zweiten Jahres erreichten die Schüler der Regelklassen signifikant höhere Werte. Am Schluß des dritten Jahres waren die Lernbehinderten und die emotional Gestörten der Normalklassen der Vergleichsgruppe in den Sonderklassen ausgesprochen überlegen. Diese Resultate sind aus verschiedenen Gründen bemerkenswert: Erstens stellte die Anwendung einer zufälligen Einweisung von Kindern, welche auf einer Warteliste für sonderpädagogische Maßnahmen standen, keine Probleme hinsichtlich Selektionseffekten; zweitens wurde durch die Rotation der sonderpädagogisch ausgebildeten Lehrer das Problem von Lehrereffekten weitgehend gelöst. Durch den Einsatz ähnlicher Unterrichtsmethoden und Schulmaterialien in beiden Klassentypen konnte der Einfluß solcher Faktoren als Erklärung für etwaige Unterschiede nicht herhalten. Schließlich lieferte die Langzeituntersuchung, dank welcher im Lauf der Zeit eine zunehmende Kluft zwischen Regelklassen- und Sonderklassenschülern erkennbar wurde, eine überzeugende Bestätigung der Unterschiede, welche schon am Ende des 2. Schuljahres festgestellt werden konnten. Es ist allerdings wichtig festzuhalten, daß die "Regelklasse" dieser Studie nicht dem typischen Bild entsprach, sondern in vielen Belangen so konzipiert war, daß sie den Bedürfnissen der lernbehinderten Schüler gerecht werden konnte (speziell ausgebildete Lehrer, vorwiegend individualisierte Curricula).

In einer kleineren Untersuchung verglich *Leinhardt* (1980) in ähnlicher Art die Anwendung eines individualisierenden Leseprogrammes in Regel- und in Sonderklassen. Bei der Einführung eines Sonderklassenprogrammes wurde von einem Schulpsychologen eine Gruppe von langsam lernenden Erstkläßlern ausgewählt, die einer "Übergangsklasse" zwischen Kindergarten und 1. Klasse zugeteilt wurden. In dieser "Einführungsklasse" wurde ein vollzeitliches Sonderklassenprogramm angeboten. Als Kontrollgruppe diente eine Gruppe Erstkläßler, welche zur Zeit nicht nach diesem Programm arbeiteten, jedoch nach den genau gleichen Kriterien ausgewählt wurde. Ein Teil dieser Schüler wurde nach einem individualisierten Lehrplan unterrichtet, der andere Teil lernte nach einem Grundleseprogramm. In der Studie von *Leinhardt* wurden somit drei Gruppen mit unterschiedlichen Programmen verglichen: ein Sonderschulprogramm mit individualisierendem Unterricht, ein Regelklassenprogramm mit individualisierendem Unterricht und ein Regelklassenprogramm mit einem Grundleselehrgang. Die lernbehinderten Schüler der Regelklasse mit dem individualisierten Leseprogramm erzielten signifikant höhere Leseleistungen als die Schüler in der "Übergangsklasse", obwohl dieser Klassentyp, in dem derselbe Lehrplan zur Anwendung kam, ein viel günstigeres Lehrer-Schüler-Verhältnis aufwies und einige der "besten" Lehrer der Schule angestellt hatte. Keine Unterschiede zeigten sich zwischen den Schülern der "Übergangsklasse" und den Schülern der Regelklassen mit Grundleselehrgang.

Die Resultate der Studien von *Calhoun* und *Elliott* (1977) und von *Leinhardt* (1980) zeigen, daß Regelklassen, in welchen versucht wird, den Bedürfnissen schwächerer Schüler besser gerecht zu werden, den Sonderklassen überlegen sind, sofern Lehrplan und Lehrereffekte kontrolliert werden. Die Ergebnisse weisen darauf hin, daß durch eine Plazierung in einer heterogenen Gruppe die Leistungen lernbehinderter Schüler gesteigert werden können, sofern diese Regelklasse gut genug strukturiert ist, um den Bedürfnissen der lernbehinderten Schüler entgegenzukommen.

5.3.2.2 Untersuchungen der Schulleistungen von Lernbehinderten in Sonderklassen und in Regelklassen mit speziellen Maßnahmen

5.3.2.2.1 Die Forschungslage im Überblick

Die Übersicht über die amerikanische Forschungslage bestätigt auch in diesem Falle relativ eindeutig, daß Lernbehinderte in integrativen Schulmodellen ebenso gute oder gar bessere Schulleistungen erzielen wie in Sonderklassen. Merkmale integrativer Schulmodelle in den USA sind vor allem die Individualisierung im Regelklassenzimmer, das sonderpädagogische Training der Regelklassenlehrer und die beratende Funktion von Sonderpädagogen an allgemeinen Schulen. Sind diese drei Voraussetzungen vorhanden, ist es aufgrund der uns bekannten Forschungsergebnisse für lernbehinderte Kinder möglich, als voll integrierte Mitschüler in einer regulären Klasse leistungsmäßig mithalten zu können.

Die Resultate der uns bekannten Studien (*Carroll* 1967, *Tilley* 1970, *Sabatino* 1971, *Davis* 1972, *Parkin* 1972 (zitiert nach *Kniel*, 1979, 177f.), *Bradfield et al.* 1973, *George* 1974, *Walker* 1974, *Budoff; Gottlieb* 1976) weisen darauf hin, daß sich eine integrative Schulung von lernbehinderten Schülern in Regelklassen mit unterschiedlichen Stützmaßnahmen (z.B. sorgfältig durchdachter, strukturierter und individualisierter Unterricht, gut aufgebaute "resource-room"-Programme) auf die schulischen Leistungen positiver auswirkt als eine vollzeitliche Sonderschulung. Der positive Einfluß einer integrativen Schulung scheint in hohem Maße von der Wahl und der Art der Anwendung spezieller Programme abhängig zu sein. Aus diesen Beobachtungen ziehen *Madden* und *Slavin* (1983) folgende Schlüsse: Obwohl Schüler mit Lernbehinderungen in Regelklassen oft mit ernsthaften Schwierigkeiten konfrontiert werden, sollte man sich diesen Problemen stellen, sei es durch eine umsichtige Restrukturierung im Klassenzimmer selbst, oder durch eine sorgfältige Planung und Gestaltung von "resource-room"-Programmen und im optimalen Fall durch den Einsatz beider Maßnahmen. Die Effizienz individualisierten Unterrichts und/oder parallel laufender Stütz- und Fördermaßnahmen hängt in hohem Maße von der Person und der Persönlichkeit des Lehrers ab, so daß eine fortwährende Weiterbildung der Regelklassenlehrkräfte unerlässlich ist. Spezielle Trainingsprogramme sollen ihnen Wissen und Fertigkeiten für den Umgang mit den speziellen Bedürfnissen lernbehinderter Schüler vermitteln.

5.3.2.2.2 Darstellung der einzelnen Untersuchungen

Bradfield et al. (1973) beschreiben ein Programm, in welchem lernbehinderte und lerngestörte Kinder (amerikanische Abgrenzung; siehe *Mercer et al.* 1976) in völlig individualisiert unterrichtete Regelklassen integriert wurden. Pro Klassenstufe wurden je drei lernbehinderte und drei lerngestörte Schüler zufällig aus Sonderklassen ausgewählt und individualisierten Modellklassen der 3. bzw. 4. Klassenstufe zugewiesen. Auch die nichtbehinderten Kinder der betreffenden Klassen wurden per Zufall aus Regelklassen ausgewählt. Die Modellklassen mit je sechs lernbehinderten/lerngestörten Schülern und 24 nichtbehinderten Mitschülern wurden von einem Lehrer und einem Lehrerassistenten betreut. Als Kontrollgruppe dienten je Klassenstufe 12 bzw. 18 lernbehinderte und 11 bzw. 15 lerngestörte Kinder, die in Sonderklassen verblieben. Im Rechnen, Lesen und Rechtschreiben wurde in der Regelklasse "precision teaching" eingesetzt, eine Methode, die ein hohes Maß an Individualisierung erlaubt und bei der Techniken der Verhaltensmodifikation zum Aufbau von Leistungsverhalten zur Anwendung kommen. Zusätzlich wurden Kinder aus den sechsten Klassen als Tutoren eingesetzt, welche die Schüler mit Leseschwierigkeiten mittels eines stark strukturierten Programmes (*Gray* 1971) unterwiesen. Mit Hilfe des California Achievement Tests (4. Klasse) (*Tiegs; Clark* 1957) und des Wide Range Achievement Tests wurden im Abstand von sieben Monaten die Leistungsveränderungen im Lesen, Rechtschreiben und Rechnen aller Modellklassen-Schüler mit denen der Kontrollgruppen in regulären bzw. Sonderklassen verglichen.

Obschon die Zuwachsraten aller getesteten Schulfächer für die nichtbehinderten Schüler der Modellklassen höher lagen als in den Vergleichsklassen, war nur die Differenz im Rechnen für die Modellklassenschüler der 4. Klasse statistisch signifikant ($p < .05$). Auf die Untergruppen lernbehinderter bzw. lerngestörter Kinder aufgeschlüsselt, ergaben sich für die lernbehinderten Schüler der 3. Klassenstufe der Modellklassen keine Unterschiede zum Leistungszuwachs in Sonderklassen, während die lerngestörten Kinder in den Modellklassen signifikant höhere Leistungssteigerungen ($p < .05$) im Rechnen erreichten als die Vergleichsgruppe in der Sonderklasse. In der 4. Klasse erzielten die lernbehinderten Kinder in den Modellklassen signifikant höhere Werte in Lesen und Rechnen verglichen mit der Kontrollgruppe in Sonderklassen ($p < .05$ bzw. $p < .01$), während sich bei den lerngestörten Schülern unter beiden Bedingungen keine Unterschiede zeigten. Aufgrund der geringen Stichprobengröße und Klassenzahl sind diese Resultate für sich allein genommen kaum generalisierbar.

Parkin (1972), zitiert nach *Kniel* (1979, 177f.), referiert über ein Programm mit kombinierten Klassen im Rahmen einer nicht nach Jahrgangsklassen organisierten Schule. Als Grundlage für den Versuch diente ein Curriculum, welches ein individuelles Fortschreiten erlaubt und nicht in Jahresfortschrittsraten aufgeteilt war. Je eine "family" von ca. 100 Kindern unterschiedlichen Alters wurde von vier Lehrern und einem Jahrespraktikanten unterrichtet. Verschiedene Lerngruppen wurden je nach Leistungsstand flexibel zusammengesetzt. Zehn Kinder der "primary family", d.h. der untersten Schulstufen, wurden als lernbehindert diagnostiziert und bildeten die Versuchsgruppe. Als Kontrollgruppe dienten zehn lernbehinderte Schüler einer Sonderklasse, welche nach Alter, IQ, Schulbesuchsdauer und Geschlecht der Versuchsgruppe entsprachen. Der Versuch wurde über die Zuwachsraten im Peabody Individual Achievement Test von *Dunn* und *Markwardt* (1970) evaluiert. Die Versuchsgruppe erzielte in den Untertests Rechnen, Leseverständnis, Rechtschreiben und im Gesamttestwert signifikant höhere Zuwachsraten als die Kinder in traditionellen Sonderklassen ($p < .05$). Im Durchschnitt lagen die Unterschiede in den Zuwachsraten zwischen Versuchs- und Kontrollgruppe bei etwa einem halben Schuljahr. Einzig im Lesen und im Untertest "allgemeine Information" ergaben sich keine Unterschiede zwischen den Gruppen.

Die folgenden Untersuchungen gehen insbesondere der Frage nach, ob der Unterricht in Regelklassen mit zusätzlichen sonderpädagogischen Maßnahmen ("resource-room", "learning center") dem Unterricht in Sonderklassen überlegen sei. *Tilley* (1970) wählte aus zwölf Grundschulen in Unterschichtwohngegenden lernbehinderte Kinder aus, welche in Sonderklassen, in Regelklassen mit zusätzlicher Unterstützung in einem "learning center" und in Regelklassen mit zusätzlichem Unterricht durch eine "Wanderlehrerin" unterrichtet wurden. Die Stützmaßnahmen in den Regelklassen bestanden aus der Beratung des Klassenlehrers sowie aus individueller Hilfe für lernbehinderte Kinder. Der Leistungszuwachs im Rechnen (Key Math Test), im Lesen (Beginning Reading Test) und im Allgemeinwissen (General Information Subtest of the Peabody Individual Achievement Test) wurde im Abstand von sechs Monaten erhoben. In allen Leistungstests ergab sich innerhalb der Gruppen ein signifikanter Leistungszuwachs im Verlaufe des halben Jahres ($p < .05$); zwischen den Gruppen zeigte sich jedoch in der Höhe des Zuwachses kein Unterschied. Es konnten lediglich Tendenzen unterschiedlicher Schwerpunkte der einzelnen Programme festgestellt werden: In den Sonderklassen waren die Leistungen der Schüler im Bereich "Allgemeinwissen" recht hoch, während in den Regelklassen mit "learning centers" bessere Resultate in Lesen und Rechnen erzielt wurden. Diese Ergebnisse müssen allerdings mit Vorsicht interpretiert werden, da ein Selektionseffekt wegen mangelnder Vergleichbarkeit der Gruppen nicht auszuschließen ist.

Davis (1972) untersuchte in einem der amerikanischen Südstaaten eine Stichprobe von Kindern zwischen 10 und 15 Jahren mit einem IQ zwischen 60 und 80 im Stanford Binet oder im WISC. Alle Schüler hatten bis dahin Regelklassen besucht, da das Sonderschulsystem noch wenig ausgebaut war. Je nach Schulbezirk wurden die lernbehinderten Kinder zu Beginn eines neuen Schuljahres entweder einer Sonderklasse oder einer Regelklasse mit zusätzlichen Fördermaßnahmen in einem zentralen Lernzentrum zugeteilt. Beide Gruppen wurden über die Merkmale Geschlecht, Rasse, sozioökonomischer Status, Intelligenz und Fehlen von Mehrfachbehinderung parallelisiert. Auch die Lehrer wurden nach Studienabschluß, sonderpädagogischer Ausbildung, Unterrichtserfahrung in Spezial- bzw. Regelklassen sowie Interesse an den Zielen des Projektes parallelisiert. Im

Abstand von neun Monaten wurden die Leistungen der lernbehinderten Schüler in Lesen, Rechnen und Rechtschreiben mittels des California Achievement Tests (*Tiegs; Clark* 1957) und/oder des Wide Range Achievement Tests (*Jastak et al.* 1965) gemessen. In sämtlichen erhobenen Leistungen zeigten sich keine statistisch signifikanten Unterschiede in den Zuwachsraten zwischen den lernbehinderten Kindern in den Klassen mit Förderung im Lernzentrum und den Sonderklassenschülern. Die Leistungen der Schüler der Lernzentren nahmen leicht zu, während jene der Sonderklassenschüler stagnierten oder geringfügig abnahmen. Die Unterschiede waren jedoch nicht von Bedeutung. Dieser Effekt kann unter Umständen darauf zurückgeführt werden, daß je nach Vortest in den beiden Gruppen verschiedene Leistungstests, welche an unterschiedlichen Populationen standardisiert worden waren, zum Einsatz kamen. Wegen der unterschiedlichen Ausgangslage müssen die Resultate dieser sonst sorgfältigen Studie mit Vorsicht betrachtet werden.

Von *George* (1974) wurden im Staate Ohio lernbehinderte Schüler untersucht, welche je nach Schulbezirk in Sonderklassen, in Sonderklassen mit Teilintegration in Musik, Sport und Kunst sowie in Regelklassen mit Stützunterricht im "resource-room" geschult wurden. Für die Studie wurden Schüler aller Stufen des Schulsystems (Grundschule bis senior high school) ausgewählt. Die Ausgangsleistungen in Rechnen und Lesen, gemessen mit der stufenbezogenen Version des Metropolitan Achievement Tests (*Durost et al.* 1971) und dem OHIO Special Achievement Inventory, waren bei allen untersuchten Schülern gleich. Auch der Leistungszuwachs der drei Gruppen in den beiden akademischen Fächern unterschied sich über den Zeitraum von drei Monaten hinweg nicht. Was sich zeigte, waren geschlechtsspezifische Effekte, erbrachten doch die Jungen in den Normalklassen mit Stützunterricht bessere Leistungen als ihre Mitschülerinnen.

Auch *Budoff und Gottlieb* (1976) erforschten unter anderem die Leistungsentwicklung lernbehinderter Kinder in Regelklassen mit "resource-room"-Programmen und in Sonderklassen. 31 lernbehinderte Schüler zwischen 7.7 und 14 Jahren, welche zuvor Sonderklassen in drei nun aufgelösten Schulen besucht hatten, wurden in einer neuerrichteten Schule zufällig einer Sonderklasse oder einer Regelklasse mit Stützunterricht zugeteilt. Um das Lernpotential dieser Kinder, welche alle aus Unterschichtfamilien stammten, zu erfassen, kam ein von *Budoff* entwickeltes Verfahren (*Babad; Budoff* 1974, *Budoff; Meskin; Harrison* 1971) zur Anwendung. Der "resource-room", ein großes Klassenzimmer, wurde von einem erfahrenen Lehrer und zwei Junglehrern geführt. Die lernbehinderten Schüler besuchten den Stützunterricht an fünf Tagen pro Woche während ungefähr 40 Minuten, einige Schüler auch öfter. Der Schwerpunkt der Förderung lag auf Mathematik und Lesen sowie einer generellen emotionalen Unterstützung und Beratung der Kinder. Die Sonderklasse mit 14 Schülern wurde von einem erfahrenen Sonderpädagogen und einem Referendar geleitet. In beiden Schultypen betrug das Lehrer-Schüler-Verhältnis 1 : 7. Zu Beginn der Untersuchung bestanden zwischen den beiden Gruppen keine Unterschiede in den Lese- und Rechenleistungen. Innerhalb der beiden Schultypen waren allerdings die Schüler mit hohem Lernpotential den Schülern mit niedrigem Lernpotential überlegen ($p < .01$ bzw. $p < .05$). Auch bei der zweiten Messung, zirka sechs bis acht Wochen nach Schulbeginn, war diese Überlegenheit gegeben, wobei die Leistungen vor Beginn des Versuchs durch Kovarianzanalyse konstant gehalten wurden ($p < .05$). Auch am Ende des Schuljahres zeigten die Kinder mit hohem Lernpotential, unabhängig von der Unterrichtsform, signifikant bessere Leistungen. Abgesehen von den unterschiedlichen Lernpotentialen innerhalb der beiden Klassentypen konnten keine Unterschiede in den Leistungen aufgrund des Besuches der Sonderklasse bzw. der Regelklasse mit "resource-room" nachgewiesen werden. Da sich jedoch der Unterricht im "resource-room" nach

Meinung der dort unterrichtenden Lehrer positiv auf Motivation und Leistungsverhalten auswirkte, wurden im zweiten Jahr fast alle Sonderklassenschüler in Regelklassen mit Stützmaßnahmen überwiesen, so daß im zweiten Schuljahr eine systematische Untersuchung der Leistungsveränderungen nicht mehr möglich war.

In ihrer Meta-Analyse empirischer Studien gingen auch *Madden* und *Slavin* (1983) der Fragestellung nach, inwieweit bereits empirisch abgesichert sein könnte, ob sich Sonderschulung oder Unterricht in Regelklassen mit heilpädagogischen Stützmaßnahmen effektiver auf die Schulleistungen lernbehinderter Kinder auswirke: Eine Untersuchung von *Carroll* (1967) ergab für die lernbehinderten Kinder in Regelklassen eine signifikant höhere Leistungszunahme im Lesen als für Sonderklassenschüler, während im Rechnen und im Rechtschreiben keine Unterschiede festgestellt werden konnten. Obwohl diese Resultate zugunsten eines integrierten Schulmodells ausfielen, müssen sie mit Vorsicht interpretiert werden, da gewisse Selektionseffekte vorlagen und gewisse Variablen unkontrolliert waren. Auch die Studie von *Walker* (1974) ist nicht unangefochten in bezug auf Selektion und Vortest-Unterschiede. *Walker*'s Ergebnisse zeigten ebenfalls eine Überlegenheit der lernbehinderten Kinder in "resource-room"-Programmen im Wörterlesen und im Wortschatz. *Sabatino* (1971) fand in seiner Untersuchung unterschiedliche Resultate. Er verglich Sonderklassenschüler mit Regelklassenschülern, welche mittels zweier verschiedener Stützprogramme unterrichtet wurden. Programm A vermittelte den Kindern täglich 40 Minuten speziellen heilpädagogischen Unterricht oder ein gezieltes Wahrnehmungstraining. Die Kinder des Programmes B erhielten denselben Spezialunterricht zweimal pro Woche während 20 Minuten. Die Schüler des A-Planes waren den Schülern des B-Planes sowie den Sonderschülern in der Worterkennung überlegen, wogegen die Sonderklassenschüler gegenüber den B-Programm-Schülern bessere Resultate im Wortverständnis aufwiesen. Auch in dieser Untersuchung sind jedoch Vorbehalte bezüglich der Stichprobe sowie des statistischen Vorgehens angebracht. Anhand ihrer Meta-Analyse kommen *Madden* und *Slavin* zu folgendem Schluß: Die Ergebnisse weisen deutlich darauf hin, daß lernbehinderte Schüler, welche in Regelklassen mit individualisiertem Unterricht oder zusätzlichen Stützmaßnahmen geschult werden, bessere Schulleistungen aufweisen als Schüler aus Sonderklassen mit denselben Unterrichtsprogrammen.

5.3.2.3 Untersuchungen der Schulleistungen von Lernbehinderten in unterschiedlichen integrativen Schulmodellen

5.3.2.3.1 Die Forschungslage im Überblick

Der Überblick über die amerikanische Forschungslage legt die Annahme nahe, daß im Rahmen integrativer Schulmodelle der Einsatz unterschiedlicher Unterrichtsmethoden und -programme möglich ist. Bei gezielter, sorgfältiger Anwendung der Methoden und Programme erzielen sowohl lernbehinderte Schüler als auch Regelschüler gute Schulleistungen.

Im Zuge des "mainstreaming" sind in den USA unterschiedliche integrative Schulformen mit unterschiedlichen Programmen und Unterrichtsmethoden ausgearbeitet und erprobt worden. Neben der Regelschulung mit teilzeitigem Förderunterricht außerhalb der Klasse haben vor allem die integrativen Modelle mit individualisiertem Unterricht starken Aufschwung genommen. Diese den individuellen Bedürfnissen aller Schüler einer Klasse angepaßte Unterrichtsform zeichnet sich durch folgende Merkmale aus:

- Der Unterricht ist gemäß den abgeklärten Fähigkeiten jedes einzelnen Schülers aufgebaut.
- Jeder Schüler arbeitet nach seinem eigenen Rhythmus und Tempo.
- Die Schüler erhalten regelmäßige Berichte über den Stand ihrer Leistungen und ihrer Fortschritte.
- Die Schüler planen und beurteilen ihr eigenes Lernen selbst.
- Alternative Materialien und Aktivitäten stehen ihnen zur Verfügung. Jeder Schüler kann individuell von jenen Angeboten Gebrauch machen, welche für ihn zum gegebenen Zeitpunkt angepaßt sind.
- Den Schülern stehen verschiedene Lernziele und Lernwege zur Wahl.
- Die Schüler unterstützen einander, um individuelle oder gemeinsame Ziele zu erreichen.

Die Unterrichtsmethoden müssen diesen schülerbezogenen Komponenten entsprechend angepaßt werden. Damit individualisierter Unterricht sowohl für schwache als auch für normalbegabte Schüler effizient sein kann, müssen integrierte Klassen stark strukturiert sein und klare schulische und verhaltensmäßige Zielsetzungen anstreben. Die Lehrer müssen sehr flexibel sein und über ein vielfältiges Repertoire an Unterrichtsmethoden verfügen, welche den unterschiedlichen Fähigkeiten und Bedürfnissen der einzelnen Schüler gerecht werden. Diese Unterrichtsmethoden umfassen direkte Unterrichtsanleitungen für neue Fertigkeiten, sei dies in kleinen Gruppen oder in der ganzen Klasse, gefolgt von begleiteter praktischer Umsetzung bis zum Zeitpunkt, an dem das Kind fähig ist, unabhängig weiterzuarbeiten oder im Teamwork mit seinen lernschwachen und nicht lernschwachen Mitschülern weiterzuüben (Kooperatives Lernen). Auf seiten des Lehrers müssen somit für einen effizienten Unterricht in integrierten Regelklassen folgende Voraussetzungen erfüllt sein:

- klare Richtlinien und klare Erwartungen; hohe Strukturierung des Unterrichts
- ein hohes Maß an Verstärkung für die Schüler
- sorgfältige Gruppierung der Schüler für den Unterricht
- direkte, in Schritte aufgeteilte Unterrichtsanweisungen
- individuelle Aufmerksamkeit des Lehrers für jeden einzelnen Schüler.

Wird in solchen individualisierten Unterrichtsmodellen ein ausgewogenes Gleichgewicht zwischen stark strukturierten Schulsituationen und offenen, selbstentdekkenden Lernphasen gefunden, werden sowohl lernbehinderte Schüler als auch Regelklassenschüler von einer gemeinsamen Schulung profitieren können. Dies haben die Resultate der zitierten Studien bewiesen (*Smith; Kennedy* 1967, *Clavin et al.* 1971, *Wang* 1981, *Wang; Birch* 1984, *Wang et al.* 1984, *Affleck et al.* 1988).

5.3.2.3.2 Darstellung der einzelnen Untersuchungen

In zwei älteren Untersuchungen, welche vor dem Inkrafttreten des Gesetzes für die "Erziehung aller behinderten Kinder" (1975) durchgeführt wurden, sind die Wirkungen eines teilzeitigen 'resource-room'-Programmes mit einer vollzeitigen Plazierung in einer regulären Schulklasse verglichen worden. *Glavin et al.* (1971) wiesen eine Gruppe der 61 lernbehinderten und gleichzeitig verhaltensgestörten Schüler zufällig einem speziellen individualisierten "resource-room"-Programm (ein bis zwei Tage pro Woche) zu, die andere Gruppe beließen sie in deren regulären Klassen. Im Stützprogramm wurde ein Münzen-Verstärker-System für die Verhaltenskontrolle sowie die Belohnung für gutes schnelles Arbeiten eingesetzt. Die Resultate dieser Studie ergaben, daß die Schüler des "resource-room"-Programmes im Leseverständnis und den arithmetischen Grundoperationen signifikant bessere Leistungen erzielten als die Kontrollgruppe. Im Gegensatz dazu konnten *Smith* und *Kennedy* (1967) keine Unterschiede in den Schulleistungen der drei von ihnen untersuchten Gruppen finden. Sie teilten eine Gruppe lernbehinderter Schüler durch Zufall folgenden drei Programmen zu: Regelklasse mit täglich 45 Minuten speziellem Stützunterricht, Regelklasse mit täglich 45 Minuten "resource-room" ohne gezieltes Stützprogramm, Vollzeit-Regelklassenunterricht. Keine der drei Schulformen hatte laut den Autoren signifikanten Einfluß auf die Leistungen der lernbehinderten Schüler.

Wang und Mitarbeiter (1981, 1984) haben in verschiedenen Untersuchungen ein spezielles "mainstreaming"-Programm, das Adaptive Learning Environments Model (ALEM) überprüft. Grundidee dieses Programmes ist die Gestaltung einer Lernumwelt im Regelklassenzimmer, die den individuellen Lernbedürfnissen des Kindes Rechnung trägt und somit die "Behinderung" mildert und den vorhandenen Fähigkeiten des Kindes entgegenkommt. Dieses Ziel wird duch ein stark strukturiertes Programm erreicht, welches förderdiagnostische Verfahren zur Entwicklung schulbezogener Fähigkeiten mit offenen, handlungsorientierten Lernformen zur Förderung der sozialen und emotionalen Entwicklung enthält. Um die Wirksamkeit des Modells als Vollzeit-mainstreaming-Programm im Regelklassenzimmer zu überprüfen, wurde das ALEM als Pilotstudie an einer altersgemischten Primarklasse der Grundstufe mit einer heterogenen Schülerschaft eingesetzt. *Wang* untersuchte 1981 eine Klasse von 45 Kindern zwischen fünf und acht Jahren, welche von zwei ausgebildeten Lehrkräften und einem Hilfslehrer im selben Klassenzimmer unterrichtet wurden. Unter den Schülern befanden sich 9 % schulschwache Kinder, deren standardisierte Leistungswerte beim oder unter dem 25. Perzentil lagen, sowie 18% besonders leistungsstarke Kinder mit Werten um das oder über dem 90. Perzentil. Die restlichen Kinder waren durchschnittlich begabte Regelklassenschüler. Die Untersuchung von *Wang* (1981) ging in erster Linie der Frage nach, ob eine gemeinsame Schulung unterschiedlich begabter Kinder in einer Regelklasse mit besonderem Förderprogramm für alle Schüler von Nutzen sei oder ob die eine oder die andere Gruppe im Rahmen dieses Schulmodelles zu kurz kommen könnte. Zur Überprüfung der Effekte des ALEM-Programmes auf die Schulleistungen der Kinder wurde auf der Mittelstufe der Primarschule eine Untersuchung der Nachwirkungen von ALEM durchgeführt. Die Schüler aus der Klasse mit dem speziellen Förderprogramm waren inzwischen in reguläre Primarklassen versetzt worden, die sich in ihrer Zusammensetzung nicht von der ursprünglichen Test-Klasse unterschieden. Verglichen wurden in dieser Studie die Lernfortschritte in Mathematik, gemessen am Lehrplan, und die Resultate eines standardisierten Leistungstests. Die Mathematikleistungen der Mittelstufe I (sieben Schüler aus dem ALEM-Programm, 25 Schüler aus anderen Primarklassen) wurden sechs Monate nach Abschluß des ALEM-Programmes, also nach einem halben Jahr Regelunterricht auf der Mittelstufe gemessen. Die Mehrheit der Schüler anderer ehemaliger Unterstufenklassen arbeiteten an Mathematikaufgaben von Level C (ungefähr Stoff der 3. Klasse), während die Mehrzahl der Kinder aus der Klasse mit ALEM-Programm in den ersten sechs Monaten auf der Mittelstufe Aufgaben von Level D (Stoff der 4. Klasse) lösten, was auf die férdernde Wirkung des ALEM zurückgeführt werden dürfte. Eine weitere Messung der Mathematikleistungen zu Beginn des zweiten Mittelstufenjahres zeigte einen anhaltenden Vorsprung der ALEM-Schüler. Noch immer befanden sich die Kinder der ehemaligen Förderklasse um einiges über dem erwarteten Klassendurchschnitt. Diese höheren Leistungen konnten während zwei Jahren nach der speziellen Förderung konstant aufrechterhalten werden. Nach einem halben Schuljahr auf der Mittelstufe wurde mit den Schülern der Iowa Test of Basic Skills durchgeführt. Schüler, welche während eines Jahres oder länger in einer ALEM-Klasse unterrichtet worden waren, erreichten Werte, welche der Schulnorm entsprachen oder gar darüber lagen, und in allen Fällen erreichten die ehemaligen Förderklassenschüler Werte über der nationalen Norm. Auch in den während der folgenden drei Jahre regelmäßig durchgeführten Tests blieb dieser Vorsprung der ehemaligen ALEM-Schüler bestehen, was sich mit den Resultaten der Lernfortschritte im Curriculum deckt. Obwohl die Ergebnisse dieser Pilotstudie nur beschreibenden Charakter haben, zeichnet sich folgende Tendenz ab: Die schulleistungsstarken Schüler konnten ihre hohen Leistungswerte im Verlauf der Untersuchung durchwegs aufrechterhalten, während die leistungsschwachen Kinder ihre Position dank dem ALEM-Programm beträchtlich zu verbessern vermochten. Alle Schüler der Pilotklasse zeigten zudem eine positive Veränderung ihrer sozialen Fähigkeiten und ihrer Verhaltensweisen, aber auch ihrer Haltung gegenüber Schule und Lernen. Da es sich um eine Pilotstudie mit einer einzelnen Schulklasse handelte, welche keine Kontrollgruppe einbezog und lediglich eine sehr kleine Stichprobe umfaßte, lassen sich die Resultate allerdings kaum generalisieren und sind mit großer Vorsicht zu interpretieren.

1984 führten *Wang et al.* (1984) eine weitere Untersuchung der Wirksamkeit von ALEM-Programmen durch. Der Grundsatz des Adaptive Learning Environment Models wird hier etwas ausführlicher dargelegt: Übergreifendes Ziel ist die Vermittlung von Lernerfahrungen, welche an die unterschiedlichen Bedürfnisse der einzelnen Schüler in einer integrierten ("mainstreamed") Regelklasse angepaßt werden, damit auch schwache Schüler sozial und leistungsmäßig in die Klasse integriert sind und denselben Zugang zu verfügbaren Unterrichtsquellen erhalten. Gearbeitet wird in größeren und kleineren Gruppen, aber auch individuell, wobei das Lerntempo von jedem Schüler seinen Fähigkeiten gemäß selbst bestimmt wird. Fortschritte werden vom Lehrer beobachtet und überwacht. Zu neuen, schwierigeren Aufgaben darf erst fortgeschritten werden, wenn eine Schularbeit zufriedenstellend vollendet worden ist. Lehrer unterrichten je nach Bedarf individuell oder in Gruppen. Schüler arbeiten oft gemeinsam, unterstützen einander und fragen einander ab, jedoch nicht ohne vom Lehrer jederzeit im Auge behalten zu werden. In ihrer Studie von 1984 wollten *Wang et al.* überprüfen, ob qualitative Veränderungen der Klassenprozesse für schulschwache und durchschnittlich begabte Schüler gleichermaßen positive Folgen (bessere Mathematik- und Leseleistungen, höhere Selbstkontrolle, positivere Haltung gegenüber der Schule und dem Lernen) zeitigen würden. Die Untersuchung wurde während des Schuljahres 1982/83 in 26 integrierten Regelklassen an fünf öffentlichen Schulen durchgeführt. Die untersuchte Population umfaßte sämtliche Schüler und Lehrer aller integrierten Klassen (N = 26), welche mit dem ALEM-Programm arbeiteten. Jede Klasse setzte sich aus 21 bis 31 Schülern zusammen. Im gesamten wurden in den 26 Klassen 69 Problemschüler (lernbehinderte, emotional und sozial gestörte Kinder) unterrichtet. Die 26 Lehrer hatten sich teils freiwillig an der Untersuchung beteiligt, teils wurden sie von ihren Rektoren ausgewählt. Drei Variablenkomplexe wurden gemessen: die Intensität, mit welcher das Programm eingesetzt wurde, die Auswirkungen auf die Klassenprozesse und die Folgen in bezug auf die schulischen Leistungen und die Einstellungen der Schüler. In unserem Zusammenhang interessieren vor allem die Auswirkungen des ALEM-Programmes auf die Schulleistungen der Kinder. Die schulischen Leistungen wurden mit Hilfe des Stanford Diagnostic Mathematic Tests und des California Achievement Tests in reading gemessen. Diese beiden Tests werden in allen Schulbezirken ab der zweiten Primarklasse jährlich durchgeführt. Die Resultate sollten die Frage klären, ob beide Schülergruppen - lernbehinderte ebenso wie durchschnittlich begabte - in Regelklassen mit ALEM-Programmen die erwarteten oder gar höhere Lernfortschritte erzielen. Die durchschnittliche Leistungszunahme für beide Gruppen lag bei oder über dem erwarteten Jahreszuwachs der entsprechenden Klassenstufe. Die durchschnittliche Leistungszunahme der nichtlernbehinderten Regelschüler ergab 1.87 in Mathematik (was sich signifikant vom erwarteten Leistungsgewinn von 1.00, $p < .001$ unterscheidet) und 1.19 im Lesen ($p < .01$). Die Leistungsgewinne der integrierten Sonderschüler lagen bei 1.08 in Mathematik und 1.04 im Lesen. Die Leistungszuwachswerte dieser Schülergruppe lagen zwar nicht signifikant über der nationalen Norm, sie waren jedoch signifikant höher als die erwarteten Gewinne sowohl im Lesen ($p < .01$) als auch in Mathematik ($p < .01$) bei Schülern mit vergleichbaren sonderpädagogischen Klassifikationen. Auch die durchschnittlichen Perzentilränge lagen nach dem Einsatz des ALEM-Programmes signifikant über der nationalen Norm. Erwähnenswert ist vor allem, daß ein beträchtlicher Prozentsatz der lernbehinderten Schüler Leistungswerte erreichte, welche beim oder über dem 75sten Perzentil lagen. So wiesen 42,3% der integrierten Sonderschüler der 4. Klasse Mathematikwerte im oberen Quartil auf, und 28,6% erreichten Lesewerte über dem 75sten Perzentil. Zusammenfassend hat sich nach Meinung von *Wang et al.* (1984) die Hypothese bestätigt, daß sich ein gezielter Einsatz des ALEM-Programmes sowohl bei durchschnittlich und gut begabten als auch bei leistungsschwachen Schülern positiv auf Schulleistungen und Einstellungen auswirke. Das ALEM-Programm erweist sich für die Forscher als alternatives Schulmodell zur Sonderschulung, das lernbehinderten Kindern als voll integrierten Schülern wirksame Sondererziehung und damit verbundene Hilfe vermitteln kann.

In den folgenden beiden Studien wurden Regelklassen mit "resource-room"-Unterricht mit voll integrierten Regelklassen mit speziellen Klassenzimmer-Förderprogrammen verglichen. So haben *Wang* und *Birch* (1984) während des Schuljahres 1980/81 eine Stichprobe von 179 Schülern untersucht, von denen 108 lernbehinderte und nichtlernbehinderte Kinder vom Kindergarten bis zur 3. Klasse in Klassen mit dem Adaptive Learning Environment Model (ALEM) unterrichtet wurden. Die entsprechenden restlichen Kinder wurden in 1. bis 3. Klassen ohne ALEM-Programm, jedoch mit "resource-room"-Unterstützung, geschult. Alle Kinder der Stichprobe wurden zufällig dem einen oder dem anderen Schulmodell zugeteilt. Alle Schüler der ALEM-Klassen wurden in allen Schulfächern vollzeitlich gemeinsam unterrichtet. Erziehungsspezialisten wie Sprachtherapeuten, Sonderschullehrer usw. standen den Regelschullehrern als Berater und Helfer zur Verfügung. Im Gegensatz dazu verbrachten die leistungsschwachen Schüler der Klassen ohne ALEM-Programm ihre Vormittage für den Unterricht in Lesen und Mathematik im "resource-room", während sie die Nachmittagslektionen in den nicht-akademischen Fächern im regulären Klassenzimmer besuchten, und zwar mit den gleichen Unterrichtsinhalten und -materialien, die auch in den ALEM-Klassen eingesetzt wurden. Die Schulleistungen der Kinder wurden mit standardisierten Leistungstests für Lesen und Mathematik zweimal pro Jahr, im Frühling und im Herbst, gemessen. Die Rohwerte des Stanford Achievement Tests der behinderten, durchschnittlich begabten und hochbegabten Kinder aus den Klassen mit und ohne ALEM-Programm wurden in verschiedener Hinsicht miteinander verglichen. In unserem Zusammenhang ist vor allem der Vergleich der Schulleistungen der Gruppe lernbehinderter Schüler beider Schulmodelle von Interesse. Im Herbst erzielten die leistungsschwachen ALEM-Schüler leicht tiefere Werte (25 im Lesen, 28 im Rechnen) als die analoge Gruppe in den Klassen ohne ALEM (32 im Lesen, 34 im Rechnen). Im Frühling jedoch wiesen die ALEM-Schüler einen größeren Leistungszuwachs im Lesen (+21 vs +7) und beinahe denselben Leistungsgewinn im Rechnen (+18 vs +17) auf. Diese Resultate sind mit Vorbehalt zu betrachten, da in den beiden untersuchten Settings eine unterschiedliche Personalsituation und unterschiedliche Unterrichtsbedingungen vorlagen. Trotzdem folgern die Autoren, daß aufgrund dieser vorläufigen Resultate eine Umstrukturierung regulärer Erziehungs- und Unterrichtsprogramme anzustreben sei, um Schülern, welche bis zu diesem Zeitpunkt durch separierende Maßnahmen oder teilintegrierende Programme vom Vollzeit-mainstreaming mit gleichaltrigen Mitschülern ausgeschlossen waren, in angepaßter Weise eine Erziehung unter am wenigsten einschränkenden Bedingungen zu ermöglichen.

Hallahan et al. (1988) haben sich in einer Literaturanalyse gründlich mit den verschiedenen Studien von *Wang (1981*, 1984a, b) auseinandergesetzt und warnen vor allzuviel Euphorie in bezug auf das individualisierende ALEM-Unterrichtsmodell, das in den *Wang*-Studien durchwegs positiv bewertet wird. Laut *Hallahan et al* (1988) weisen diese Untersuchungen einige Mängel auf: Zum Teil handelte es sich um sehr kleine Stichproben, die eine Generalisierung nicht zulassen; die untersuchten Schulklassen waren nicht immer zufällig ausgewählt worden; wo Kontrollgruppen fehlten, konnte nicht festgestellt werden, ob bestimmte Effekte nicht auch in Sonderklassen oder in "resource-room"-Programmen auftreten würden. Die ALEM-Studien können nach *Hallahan et al.* (1988) bestenfalls Hinweise für neue Schulungsformen liefern, dürfen jedoch keinesfalls als Beweis angesehen werden, daß Sonderklassen und "resource-room"-Modelle abgeschafft und durch ALEM-Programme ersetzt werden müssen. Die Autoren plädieren für eine Vielfalt verschiedener Stütz- und Fördermodelle, denn nur so sei die Schule bereit, der vielfältigen Population unterschiedlicher Schüler gerecht zu werden.

Affleck et al. (1988) haben einer Testgruppe von 137 lernbehinderten Kindern aus dreizehn voll integrierten Klassen (1. - 6. Primarstufe) eine Kontrollgruppe von 60 lernbehinderten Kindern aus Klassen mit "resource-room"-Programmen gegenübergestellt. Die voll integrierten lernbehinderten Schüler wurden nach dem Integrated Classroom Model (ICM) unterrichtet, in welchem das reguläre Unterrichtsprogramm so individualisiert wird, daß es den Bedürfnissen der integrierten

Problemschüler ebenso gerecht wird wie den Anforderungen der Regelschüler. Die Schüler des "resource-room"-Modells wurden täglich zwischen 30 und 150 Minuten außerhalb der Regelklassen in den Grundfertigkeiten Lesen, Sprache und/oder Rechnen unterrichtet. Im ICM wie im "resource-room"-Programm wurden dieselben Unterrichtsmaterialien und -methoden eingesetzt. Die lernbehinderten Schüler wurden je nach Wohngegend einem der beiden Modelle zugeteilt, da beide Schulformen nicht in allen Gebieten angeboten wurden. Die Lehrer beider Unterrichtsmodelle wiesen ähnliche Unterrichtserfahrungen und ähnliche Lebensumstände auf, und sie nahmen alle während der dreijährigen Untersuchungsphase an Weiterbildungskursen für Sonderschullehrer teil. Als Meßinstrument wurden die Untertests Lesen, Rechnen und Sprache der *Woodcock-Johnson* Psycho-Educational Battery *(Woodcock; Johnson* 1977) eingesetzt. Jeder Schüler der Versuchs- und der Kontrollgruppe wurde im Oktober und im Mai jeden Jahres von vier speziell dafür ausgebildeten Fachleuten individuell geprüft. Diese Test-Batterie ist ein weitverbreitetes, standardisiertes Meßinstrument, mit welchem Alterswerte, Klassenstufenwerte und Perzentilwerte erhoben werden können.

Die Resultate ergaben im Verlauf der drei Jahre weder im Lesen noch im Sprachunterricht signifikante Unterschiede zwischen den beiden Gruppen. Im Rechnen zeigten sich im 1. Jahr signifikant höhere Werte für die voll integrierten Schüler mit dem ICM-Programm. Im 3. Untersuchungsjahr entsprachen die Lese- und Rechenleistungen beider Gruppen dem entsprechenden Klassendurchschnitt, während beide Gruppen in den sprachlichen Leistungen etwas tiefer lagen. Eine Analyse der Leistungsgewinne und Leistungsverluste brachte zutage, daß jede Versuchsperson jedes Programmes, d.h. jeder einzelne Schüler, im Verhältnis von 2 : 1 mehr Leistungsgewinne erzielte als Rückschläge erfuhr. Als einzige Ausnahme wiesen die "resource-room"-Schüler im 1. Jahr in Mathematik mehr Leistungsverluste als -gewinne auf. Die Resultate dieser Analyse belegen, daß in beiden Programmen im Rechnen die auffälligsten Gewinn-/Verlust-Unterschiede zu finden sind. Im großen und ganzen lassen sich jedoch zwischen den beiden Programmen praktisch keine Gewinn/Verlust-Unterschiede feststellen, d.h., das ICM-Programm kann nicht als bessere Lösung postuliert werden, es kann jedoch als gelungene Alternative zum "resource-room"-Modell betrachtet werden.

5.4 Schulangst

Im deutschen Sprachraum wurde lernbehinderten Schülern in mehreren Untersuchungen der Angstfragebogen für Schüler AFS von *Wieczerkowski et al.* (1974, 1983) vorgelegt; eine Zusammenstellung der Untersuchungsergebnisse ergibt einen einheitlichen Befund. Es scheint, daß sich die schulbezogene Angst von Lernbehinderten analog zum Begabungskonzept und zur soziometrischen Stellung bezugsgruppentheoretisch interpretieren läßt.

5.4.1 Schulangst bei Lernbehinderten in Sonderschulen

Merz (1982) verglich Lernbehinderte in Regelklassen und in Sonderklassen bezüglich sämtlicher Skalen des Angstfragebogens AFS von *Wieczerkowski*. Er bildete eine Experimental- und eine Kontrollgruppe mit gleichen Intelligenzmittelwerten. Die Sonderschüler zeigten bezüglich der manifesten Angst wesentlich tiefere Werte als die Lernbehinderten in Regelklassen. In der bereits ausführlich dargestellten Untersuchung von *Rheinberg* und *Enstrup* (1977) wurde lediglich die Prüfungsangst mit der entsprechenden Subskala aus *Wieczerkowskis* Angstfragebogen AFS erhoben. Lernbehinderte in Sonderklassen zeigten signifikant weniger Prüfungsangst als Lernbehinderte in Regelklassen. Parallel zur Entwicklung des Begabungskonzepts verschwindet dieser Unterschied gegen Ende der Schulpflicht wieder infolge eines Ansteigens der Angst von Lernbehinderten in Sonderschulen. Ein Sinken der Angst vor schlechten Noten nach der Einweisung in die Sonderschule ist plausibel. Für die allmähliche Wiederzunahme der Angst in höheren Klassen der Sonderschule gilt wohl wiederum die Erklärung, daß sich der Sonderschüler mit dem Herannahen des Übertritts ins Berufsleben immer stärker an Außengruppen zu orientieren und die bevorstehenden Probleme zu realisieren beginnt. Damit wird erklärbar, warum Sonderschüler aus oberen Schuljahren auf der Skala zur manifesten Angst signifikant höhere Werte zeigen als Hauptschüler mit vergleichbarer Intelligenz (*Borchert* 1980).

In der schon an anderer Stelle dargestellten Längsschnittstudie von *Krug* und *Peters* (1977) war ebenfalls der Angstfragebogen AFS von *Wieczerkowski* zum Einsatz gekommen. Die Schulangst der Sonderschüler sank während des Beobachtungsjahres deutlich, so daß sie nach der letzten Messung signifikant tiefer lag als diejenige der Lernbehinderten in Regelklassen. Der gleiche Effekt wurde übrigens bei der Furcht vor Mißerfolg, gemessen mit dem LM-Gitter von *Schmalt (1976)* festgestellt.

5.4.2 Schulangst bei integrierten Lernbehinderten

Der Angstfragebogen für Schüler AFS von *Wieczerkowski* wurde von *Dumke* (1980) bei Lernbehinderten in verschiedenen integrierenden Schulformen eingesetzt. In Schulmodell A war ein durchgehend individualisierender Unterricht Grundlage der Integration: “Differenzierung und Individualisierung im Lehrangebot als Konsequenz auf die als höchst unterschiedlich erkannten Lernvoraussetzungen der Schüler, das engagierte Eintreten des Lehrerkollegiums für ein gemeinsames

Vorgehen sowie das Bestreben, neben dem Leistungsbereich die gesamte Persönlichkeit des Schülers einzubeziehen" (*Dumke* 1980, 47). Im Schulmodell B fand die spezielle Förderung nur im Bereich Sprache durch einen Sonderschullehrer statt. Lernschwache Schüler wurden in Kleingruppen außerhalb der Klasse sprachlich gefördert. Im Schulmodell C wurden möglichst alle Kinder eines Jahrgangs, auch die Lernbehinderten, eingeschult. Schüler, denen die notwendige Voraussetzung für eine Versetzung nach der ersten Klasse fehlte, wurden nicht einfach zurückgestellt, sondern für den Sprachunterricht einer Fördergruppe zugewiesen. Der Unterricht in den übrigen Fächern in der Stammklasse wurde stark binnendifferenziert. Aus jedem dieser drei Modelle wurde eine Experimentalgruppe ausgewählt. Die Experimentalgruppen wurden mit einer Kontrollgruppe von Regelschülern und untereinander verglichen. Die Schüler füllten im 4. Schuljahr den Angstfragebogen von *Wieczerkowski* und den Testteil Selbstbild aus dem Persönlichkeitsfragebogen für Kinder (PFK) von *Seitz* und *Rausche (1976)* aus. Die insgesamt neun Skalen aus AFS und PFK wurden mit Hilfe einer Faktorenanalyse auf zwei Dimensionen reduziert. Die Überprüfung der Daten mittels Varianzanalyse erbrachte in allen drei Modellen ungünstigere Werte für die Lernbehinderten. Lernbehinderte zeigten mehr Angst, Schulunlust und Minderwertigkeitsgefühle als Regelschüler. Ein Einzelvergleich jeder Experimentalgruppe mit der Kontrollgruppe ergab jedoch einen positiven Effekt des Modells B, in welchem sich ein Sonderschullehrer zusätzlich um die Lernbehinderten kümmerte. Die spezifischen Fördermaßnahmen scheinen in Modell B eine Reduzierung der Angst bei schwachen Kindern bewirkt zu haben, denn sie zeigten bessere Werte als die Kinder der Kontrollgruppe.

Einen allgemeinen Befund zur Schulangst von schwachen Schülern im bestehenden Schulsystem fand *Schwarzer* (1979a). Er hatte bei seinen Vergleichen von Hauptschülern, Realschülern und Gymnasiasten ebenfalls Erhebungen zur Schulangst unter Verwendung des Instruments von *Wieczerkowski et al.* (1974) gemacht. In jedem Schultyp erwiesen sich die jeweiligen schwachen Schüler als leistungsängstlicher als die guten Schüler. In jedem Schultyp wiederholt sich somit derselbe Bezugsgruppenprozeß, durch den die jeweils im internen Vergleich schwachen Schüler schulbezogene Ängste entwickeln.

5.5 Weitere Befunde zur Situation von Lernbehinderten

Neben Schulleistungen, Begabungskonzept, soziometrischer Stellung und Schulangst sind gelegentlich unterschiedliche weitere Indikatoren zur Beurteilung der Situation von Lernbehinderten in verschiedenen Schulformen erhoben worden.

Häufig scheint die Erhebung von zusätzlichen Variablen einfach deshalb vorgenommen worden zu sein, weil sie durch ein gewähltes Instrument leicht zusätzlich gemessen werden konnten. Der aktuelle Forschungsstand erlaubt uns nicht, die verschiedenartigen weiteren erhobenen Variablen in einen theoretischen Zusammenhang zu bringen.

Ein allgemeines Selbstkonzept oder Selbstwertgefühl wurde zusätzlich zum Begabungskonzept in den Untersuchungen von *Schwarzer* (1979a), *Borchert* (1980), *Battle* und *Blowers* (1982), *Wocken* (1983), *Wang* und *Birch* (1984) erhoben. Mehrere amerikanische Untersuchungen arbeiteten mit der *Piers-Harris* Children's Self-Concept Scale, welche Selbstkonzeptvariablen zu folgenden Dimensionen erhebt: Angst (anxiety), Befinden (behavior), Beliebtheit (popularity), körperliche Einschätzung (physical appearance), schulisches Begabungskonzept (intellectual school-status) sowie Zufriedenheit (happiness and satisfaction): *Sheare* (1978a), *Strang; Smith; Rogers* (1978), *Coleman* (1983), *Cooley; Ayers* (1988). Weitere gelegentlich erhobene Variablen sind: Leistungsmotivation (*Krug; Peter;* 1977, *Rheinberg; Enstrup* 1977, *Borchert* 1980), Schulunlust (*Merz* 1982), Soziale Selbstwahrnehmung wie "soziale Erwünschtheit" (*Merz* 1982), "Zufriedenheit mit den Kontakten zu den Klassenkameraden" (*Taylor; Asher;Williams* 1987) oder "Soziales Selbstkonzept" (*Madden; Slavin* 1983). Die Ergebnisse zum Attribuierungsverhalten (*Lauth; Wilms* 1982, *Krampen* 1983, *Cooley; Ayers* 1988) haben wir versuchsweise in einen Zusammenhang mit den Ergebnissen zum Begabungskonzept gestellt und deshalb im entsprechenden Kapitel referiert.

Wir halten es nicht für möglich, aus der Vielfalt von untersuchten Variablen eindeutige Ergebnistrends hinsichtlich der Situation lernbehinderter Schüler in verschiedenen Schulformen abzuleiten, soweit sie über die bereits aufgezeigten Trends bezüglich Schulleistungen, Begabungskonzept, soziometrische Stellung und Schulangst wesentlich hinausgehen sollten. Generell ist aufgrund mehrerer Ergebnisse zu vermuten, daß durch Sonderschuleinweisung zumindest kurzfristig neben dem Begabungskonzept auch andere Aspekte des Selbstkonzepts bzw. das Selbstwertgefühl verbessert werden können, die Leistungsmotivation etwas steigen und die allgemeine Schulverdrossenheit eher sinken dürften; dies dürfte aber ein positiver Effekt der Sonderschule sein, der nach einiger Zeit des Sonderschulbesuchs wieder verschwindet. Bezüglich integrierter Lernbehinderter ist zu vermuten, daß eine totale Integration ohne räumlich getrennte Förderung für das allgemeine Selbstwertgefühl der betroffenen Schüler günstiger ist als eine integrierende Schulform mit viel sichtbarer äußerer Differenzierung (vgl. *Wang; Birch* 1984). Generell können die meisten Ergebnisse bestätigen, daß Lernbehinderte unter fast allen schulorganisatorischen Bedingungen die Tendenz zu mehr Angst, mehr Schulunlust und mehr Minderwertigkeitsgefühlen haben als Regelschüler (vgl. *Dumke* 1980). Auf dieses Phänomen, das wohl eher auf umfassendere gesellschaftliche Wertstrukturen zurückgeht als auf eine schulinterne Problematik, werden die Pädagogen im Rahmen jeder traditionellen oder noch zu erprobenden Schulform sehr genau achten müssen.

6. Theoretische Einordnung der Forschungen

6.1 Der bezugsgruppentheoretische Rahmen

Die Bezugsgruppentheorie ist eng mit der Theorie sozialer Vergleichsprozesse (theory of social comparison processes) von *Festinger* (1954) verwandt. *Festinger* nahm als ein Grundbedürfnis des Menschen an, seine eigenen Meinungen und Fähigkeiten zu beurteilen. Diese Beurteilung geschieht eher durch Vergleiche mit Meinungen und Leistungen im sozialen Umfeld als mit objektiven Kriterien. Fehlen sowohl soziale als auch allfällige objektive Vergleichsmöglichkeiten, so wird die Beurteilung unstetig und orientierungslos. Der soziale Vergleich ist nach *Festinger* (1954, 120) nur in angemessener Weise möglich, wenn sich die Meinungen und Fähigkeiten der Mitglieder der Vergleichsgruppe nicht zu stark von denjenigen der vergleichenden Person unterscheiden. Je weiter entfernt die sozialen Vergleichsmaßstäbe von den eigenen Meinungen und Fähigkeiten liegen, desto unklarer und problematischer wird für eine Person die eigene Beurteilung. Sofern Wahlmöglichkeiten zwischen Vergleichsgruppen bestehen, werden jene bevorzugt, welche bezüglich der eigenen Meinungen möglichst übereinstimmen und bezüglich der eigenen Fähigkeiten am kongruentesten sind. Vergleiche mit Meinungen und Leistungen extrem ungleicher Vergleichsgruppen werden zuweilen in der Phantasie und im Wunschdenken gemacht.

Angewendet auf die Situation von Lernbehinderten würde *Festingers* Theorie der sozialen Vergleichsprozesse bedeuten, daß diese innerhalb einer Sonderklasse mit ausschließlich ähnlich leistungsschwachen Mitschülern eher den eigenen Leistungen naheliegende Vergleichsmaßstäbe finden und das Bedürfnis zur zufriedenstellenden Beurteilung der eigenen Fähigkeiten befriedigen können. Lernbehinderte, welche den Unterricht in einer Regelklasse mit überwiegend extrem leistungsbesseren Mitschülern besuchen, müßten nach dieser Theorie auf größere Schwierigkeiten stoßen, den Vergleichsprozeß zufriedenstellend und - insbesondere bezüglich der Schulleistungen - mit einem günstigen Ergebnis durchzuführen.

Die Bezugsgruppentheorie geht über *Festingers* Theorie sozialer Vergleichsprozesse in dem Sinne hinaus, als sie die Annahme macht, daß alle Einstellungen, Werte und Motive einer Person von der Bezugsgruppe abhängen (*Runciman* 1968, 69). Nach *Ulich* (1972, 16) hat die Bezugsgruppentheorie "die Determination individueller Einstellungen und Verhaltensweisen durch spezifische Individuum-Gruppen-Beziehungen" zum Gegenstand. Die Bezugsgruppe ist diejenige Gruppe, mit der sich eine Person identifiziert, die sie als Bezugsrahmen für die Bildung von

Verhaltensmaßstäben und Einstellungen benützt und die für sie Vergleichsfunktion hat (*Kelley* 1968, 81).

Mit der Einschulung wird dem Kind für fast ein Drittel des Tages eine Bezugsgruppe angeboten, in der es sich zurechtfinden und orientieren muß. Kann es sich mit der Bezugsgruppe identifizieren, werden die Übernahmen von Einstellungen, Werten und Motiven und die Vergleichsprozesse in der Bezugsgruppe mehr oder weniger befriedigend ablaufen. Ist die Möglichkeit der Identifikation beispielsweise durch eine zu große Entfernung der Gruppenleistungen von der eigenen Leistungsfähigkeit erschwert, wird der betroffene Schüler in dieser Bezugsgruppe Orientierungsschwierigkeiten haben. Je anspruchsvoller beispielsweise ein Schultyp ist, umso höher werden die Vergleichsmaßstäbe bezüglich Leistung sein. Ein schwacher Schüler wird in einem weniger anspruchsvollen Schultyp günstigere Vergleiche anstellen können.

Die Bezugsgruppe hat neben der Vergleichsfunktion auch eine normative Funktion, indem sie Werte und Normen, die sich in Einstellungen und Motiven verfestigen, vermittelt und deren Einhaltung kontrolliert. In unserer Regelschule wird insbesondere leistungsorientiertes Verhalten positiv bewertet und mit guten Noten sowie weiteren positiven Sanktionen wie beispielsweise Zuwendung und Sympathie belohnt. Wenn ein Schüler die Erwartungen an sein Leistungsverhalten nicht erfüllen kann, wird dies mit negativen Noten und mit negativen Reaktionen von Mitschülern und Lehrer sanktioniert. Da der Schüler keine andere Bezugsgruppe zur Wahl hat, beginnt er unter Gefühlen des Ungenügens und des Ausgeschlossenseins zu leiden. Dies kann sich unter Umständen von außen gesehen in Aggressivität und unangepaßter Überaktivität äußern, was dem betroffenen Schüler zusätzliche negative Reaktionen wie Ablehnung und Bestrafung einbringt.

Es ist einleuchtend, daß sich aus dieser theoretischen Perspektive die Bezugsgruppensituation für Lernbehinderte in Sonderschulen von derjenigen in Regelschulen positiv unterscheidet, sofern in der Regelschule die theoretisch zu erwartenden sozialen Prozesse nicht entscheidend beeinflußt werden können. In der Sonderschule finden Lernbehinderte Mitschüler, die alle bereits einmal Schulprobleme hatten und leistungsmäßig nicht allzu weit auseinander liegen. In der Regelschule hingegen befinden sich Lernbehinderte leistungsmäßig immer am unteren Ende. Die meisten Mitschüler in der Regelklasse haben weniger Schulleistungsprobleme, lösen die Aufgaben schneller und mit weniger Fehlern als integrierte Lernbehinderte. Die Spannweite zwischen schwachen und guten Schülern ist in der Regelklasse wesentlich größer als in der leistungshomogeneren Sonderklasse. In einer Sonderklasse hat in der Regel die Schulleistung nicht den zentralen Wert wie in den Regelklassen. Wenn Leistung von der Bezugsgruppe nicht mehr gleich stark bewertet wird wie in der Regelschule, dann müssen in dieser Hinsicht auch nicht mehr die für das Regelschulsystem typischen normativen Erwartungen erfüllt werden. Bis er sich in den oberen Schulklassen wieder stärker an Außengruppen zu orientieren beginnt, wird der Lernbehinderte in der Sonderschule vorübergehend von einem allgemein verbreiteten gesellschaftlichen Erwartungsdruck befreit; in diesem Sinne stellt die Sonderschule bezugsgruppentheoretisch zweifelsohne für eine gewisse Zeitspanne einen "Schonraum" dar.

6.2 Zur Entstehung von Beliebtheitsrangordnungen

Für die Entstehung von Beliebtheitsrangordnungen innerhalb von schulischen Bezugsgruppen sind nach *Petillon* (1978) äußere Voraussetzungen, Prozesse bei der Interaktionsaufnahme und soziale Stabilisierungsprozesse gleichzeitig und wechselseitig wirksam. *Petillon* hat in seinem theoretischen Ansatz die Austauschtheorie von *Thibaut* und *Kelley* (1959) auf die Bezugsgruppensituation in Grundschulen (Volksschulen) übertragen.

Als wirksame *äußere Voraussetzungen* kommen vor allem Merkmale der familialen Sozialisation, des Schulsystems, der Lehrer und der Mitschüler in Frage. Die Familienumwelten, aus denen die verschiedenen Schüler in einer Klasse stammen, und die damit verbundenen Sozialisationsbedingungen und -prozesse unterscheiden sich beträchtlich. Besonders intensiv sind in den letzten Jahrzehnten die schichtspezifischen Sozialisationsbedingungen erforscht worden. Im Schulsystem werden die Kinder aus den unterschiedlichsten Familienumwelten mit einer relativ einheitlichen, mittelschichtspezifischen, hohen Bewertung der kognitiven Leistungen insbesondere in den sprachlichen und mathematischen Fächern konfrontiert. Wenn sie sich aufgrund ihrer familialen Sozialisation relativ leicht mit den schulischen Werten identifizieren können, verstärkt sich ihre für den Schulerfolg günstige Meinung, daß Wert und Erfolg eines Menschen weitgehend von seinen Schulleistungen abhängen. Diese wertorientierte Meinung begünstigt auf der einen Seite bei Schülern mit guten Schulleistungen die Bereitschaft zur Ablehnung leistungsschwacher Schüler und auf der anderen Seite bei Schülern mit schlechten Schulleistungen schulbezogene Angst, tiefes Selbstkonzept der eigenen schulischen Begabung, Minderwertigkeitsgefühle und Isolation.

Viele Lehrer sind sich nur teilweise bewußt darüber, daß ihr Verhalten, ihr Erziehungsstil und ihre Einstellungen bei der Vergabe von Sympathien zwischen den Schülern von großer Bedeutung sein können. Das Verhalten der Mitschüler kann die Häufigkeit und die Qualität sozialer Erfahrungen stark beeinflussen. Die einmal beliebten Mitschüler wachen über die Erhaltung der ausgebildeten Rangordnung und lassen nur wenig Abweichungen zu (*Petillon* 1978, 44). Dies wirkt sich stabilisierend auf die Beliebtheitspositionen aus.

Hat ein Schüler einmal das Merkmal der Beliebtheit bekommen, so gibt ihm dies ein hohes Maß an innerer Sicherheit, was sich wiederum stabilisierend auf seine Beliebtheitsposition auswirken kann. Ein nicht beliebter und abgelehnter Schüler hingegen erfährt ständige Verunsicherungen seiner selbst. Dies kann zu störendem Verhalten im Umgang mit Mitschülern führen, was sich wiederum in soziale Ablehnung ummünzt. Es kommt zu einer stabilisierenden Wechselwirkung zwischen Beliebtheitsrang und einer Vielfalt von Verhaltensweisen und Einstellungen des Schülers. Dabei ist nicht mehr entscheidbar, ob Beliebtheit Folge oder Ursache der übrigen Verhaltens- und Persönlichkeitsmerkmale des Schülers ist. *Petillon* hat verschiedene empirisch erforschte Schülermerkmale zusammengestellt, welche mit der Beliebtheit zusammenhängen können (vgl. Zusammenstellung in Abbildung 7).

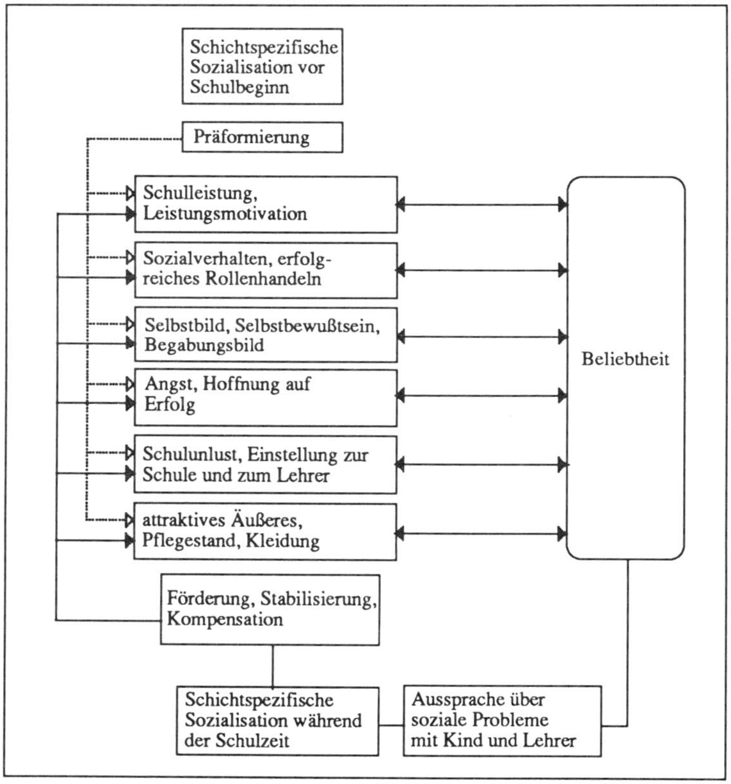

Abbildung 7: Sozialisationsbedingte Schülermerkmale, die mit der soziometrischen Stellung zusammenhängen (in: *Petillon* 1978, 62)

Prozesse bei der Interaktionsaufnahme mit einem Mitschüler in einer Schulklasse beginnen mit Wahrnehmungsvorgängen, in welchen Eindrücke und Informationen über den potentiellen Interaktionspartner gesammelt werden. Mit dem Zweck der Vorwegnahme von möglichen Interaktionsabläufen macht man sich ein Bild vom möglichen Partner, indem man teilweise vorgefertigte Kategorien anwendet. Bewertung und Selektion der Informationen hängen von der Individualität des Wahrnehmenden und dessen Sozialisationserfahrungen in Elternhaus und Schule ab. *Petillon* stützt sich zur Klassifizierung der Wahrnehmungsprozesse auf ein von *Warr* und *Knapper* (1968) entwickeltes Modell, auf dessen differenzierte Darstellung wir hier verzichten. Für unsere Problematik ist von Bedeutung, daß durch das schulische Wertklima die Wahrnehmung von Mitschülern häufig vorwiegend auf Schulleistungen und auf schulkonformes Verhalten kanalisiert wird. Dies kann Stereotypisierungen und Analogieschlüsse bei der Wahrnehmungsverarbeitung begünstigen. Die Vorstellungen von einem Mitschüler, mit dem man in Interaktion treten möchte, werden häufig von den im Schulsystem dominierenden Wertvorstellungen geprägt. Lernbehinderte, die zusätzlich zur Leistungsschwäche den schulischen Normen widersprechendes, d.h. störendes Verhalten zeigen, dürften es unter diesen Bedingungen ganz besonders schwer haben, in einer Regelklasse der Volksschule Interaktionspartner zu finden (*Petillon* 1978, 70-73).

Den Wahrnehmungen folgen im Prozeß der Interaktionsaufnahme Erwägungen darüber, wie eine zukünftige Interaktion verlaufen könnte. In Anwendung der Austauschtheorie von *Thibaut* und *Kelley* (1959) (vgl. auch *Blau* 1964 und *Homans* 1968) wird die Attraktivität von Interaktionspartnern durch eine Kosten-Nutzen-Bilanzierung bestimmt. Ein Partner ist dann attraktiv, wenn die erhoffte Befriedigung der eigenen Bedürfnisse (Nutzen) von einem Kontakt größer ist als die eigenen Bemühungen (Kosten), die man in die Interaktion einbringen muß. Ist die Kosten-Nutzen-Bilanzierung unerfreulich, so wird der Kontakt gemieden, der Partner ist unattraktiv. Wenn in einer Schulklasse bereits eine soziale Struktur besteht, wird dieser Entscheidungsprozeß auch davon beeinflußt; d.h., ein Schüler mit bereits hohem Beliebtheitsgrad hat die höheren Chancen, als attraktiv bewertet zu werden als ein Schüler mit einem niedrigen Beliebtheitsgrad. In der Regel hat sich in einer strukturierten Gruppe ein Konsens darüber herausgebildet, was als Nutzen und was als Kosten zu betrachten ist; dieser Konsens ist durch die Werthaltung der Gruppe bestimmt. Für einen großen Teil der Regelschullehrer, der Eltern und der Regelschüler (in der Grundschule) gilt der Schulerfolg als zentraler Wertmaßstab. Schulerfolg erfordert gute Leistungsfähigkeit und Anpassungsbereitschaft an die Erwartungen der Lehrer. Nach *Petillon* (1978, 77-83) reduziert sich die Kosten-Nutzen-Definition zumindest in der Grundschule zur Hauptsache auf die zwei schulischen Grundwerte "Leistung" und "Konformität". Je stärker sich Kosten-Nutzen-Definitionen auf "Leistung" und "Konformität" konzentrieren, desto eher werden negative Zuschreibungen der Mitschüler in Richtung des leistungsschwachen und verhaltensauffälligen Kindes erfolgen. Welche Schülermerkmale sich nach der Zusammenstellung von *Petillon* auf die schulisch attraktiven Merkmale "Leistung" und "Konformität" verengen, ist in Abbildung 8 schematisch zusammengestellt.

Soziale Stabilisierungsprozesse ergeben sich aus der Tendenz einer Schulklasse, den von einem Schüler einmal erreichten Beliebtheitsstatus global zu sehen und als feste Eigenschaft des betreffenden Kindes zu behandeln. Die Eigenschaft der Beliebtheit wird mit anderen günstigen Merkmalen und Zuschreibungen gekoppelt. Das Umgekehrte gilt für unbeliebte Schüler. Auf diese Weise werden Beliebtheitspositionen verfestigt, weshalb es für unbeliebte Schüler schwierig wird, sich in der Beliebtheitsrangordnung emporzuarbeiten.

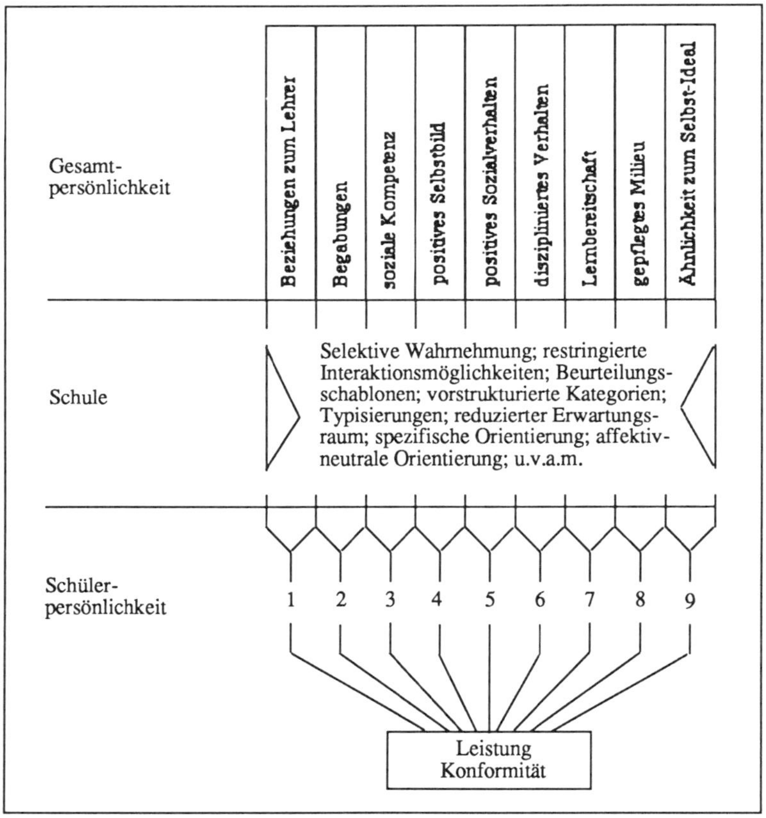

Abbildung 8: Filterwirkung der Schule auf die Persönlichkeitsbeurteilung (in: *Petillon* 1978, 81)

Beliebte Schüler haben verschiedene günstige Möglichkeiten, ihre Beliebtheitsposition auszubauen: Durch ihre Schlüsselstellung im Interaktionsgeschehen erhalten sie viele und vollständige Informationen. Mit ihrem Ansehen können sie Einfluß auf die Kosten-Nutzen-Definitionen und auf die Spielregeln des Zusammenlebens ausüben. Aufgrund ihrer Position wird ihnen mehr Überzeugungskraft zugeschrieben. Sie können Mitschüler, die durch entsprechendes Verhalten ihre Beliebtheit bestätigen, mit Zuwendung belohnen. Die Stellung des unbeliebten Schülers hingegen stabilisiert sich, weil ihm diese Möglichkeiten versperrt bleiben und er sich dem Druck der Gruppe unterwerfen muß. Zur Verbesserung oder Stabilisierung des eigenen Beliebtheitsstatus ist die Aufnahme von Interaktionen mit statushöheren Mitschülern von besonderer Bedeutung. Zu diesem Zwecke dienen unter anderem auch Verhaltensweisen, die man als Strategien des "Sich-Beliebt-Machens" bezeichnet. Eine Stabilisierung bestimmter Positionen kann auch durch die Fixierung auf Rollen wie Klassenclown, Sündenbock und andere erfolgen.

6.3 Empirische Befunde unter theoretischer Perspektive

6.3.1 Lernbehinderte in Sonderklassen und in Regelklassen

Die Bezugsgruppentheorie bestätigt sich dann, wenn Lernbehinderte in der leistungsmäßig eingeschränkteren Bezugsgruppe einer Sonderklasse zu einer besseren Beurteilung der eigenen Fähigkeiten gelangen als in einer leistungsmäßig heterogenen Regelklasse, in welcher keine zusätzlichen Maßnahmen zur Verbesserung der bezugsgruppentheoretischen Voraussetzungen ergriffen werden. Die positive Situation in der Sonderschule bleibt allerdings nur so lange aufrechterhalten, wie sich der Lernbehinderte zur Hauptsache mit der Bezugsgruppe in der Sonderklasse identifiziert. Wenn zur Bezugsgruppe der Sonderklasse weitere Bezugsgruppen mit anderen Leistungserwartungen und Wertorientierungen in Konkurrenz treten, ist es möglich, daß sich der Lernbehinderte mit konkurrierenden Bezugsgruppen vergleicht und wieder zu einer schlechteren Beurteilung der eigenen Fähigkeiten gelangt; dies kann beispielsweise beim Herannahen des Schulaustritts oder bei einer Teilintegration mit einzelnen Stunden in Regelklassen geschehen.

Noch allgemeiner gesehen müßte sich die Bezugsgruppentheorie dann bestätigen, wenn leistungsschwache Schüler generell in leistungsmäßig den eigenen Leistungen näheren Bezugsgruppen eine bessere Beurteilung der eigenen Fähigkeiten zeigen würden als in Bezugsgruppen mit einem von den eigenen Leistungen weit entfernten Vergleichsmaßstab; d.h., im Sekundarschulwesen müßten schwache

Hauptschüler, schwache Realschüler und schwache Gymnasiasten eine ähnlich tiefe Beurteilung der eigenen Fähigkeiten zeigen, obschon sich, gemessen an objektiven Maßstäben, die Leistungsfähigkeiten von schwachen Schülern in den verschiedenen Typen des Sekundarschulwesens stark voneinander unterscheiden.

Diese bezugsgruppentheoretisch begründeten Annahmen sind in den empirischen Untersuchungen von *Battle* und *Blowers* (1982), *Jerusalem* (1983), *Krampen* und *Zinsser* (1981), *Krug* und *Peters* (1977), *Lauth* und *Wilms* (1982), *Rheinberg* und *Enstrup* (1977), *Schwarzer* (1979a, 1982), *Stangvik* (1979) und *Wocken* (1983) bestätigt worden. Die Beurteilung der eigenen Fähigkeiten wird empirisch häufig mit Fragebogen zum Begabungskonzept gemessen. In einigen Untersuchungen wurde anstelle des Begabungskonzepts das Attribuierungsverhalten erhoben, welches Hinweise darauf gibt, wie ein Schüler die eigenen Erfolge und Mißerfolge erklärt; *Lauth* und *Wilms* (1982) konnten beispielsweise zeigen, daß Schüler kurz nach dem Eintritt in die Sonderschule ihren Erfolg besonders stark durch die eigene Begabung (Leistungsfähigkeit) erklären, wobei diese positive Meinung über die eigene Begabung bei längerem Sonderschulbesuch wieder sinkt. Andere Untersuchungen erhoben Indikatoren wie Selbstwertgefühl, Hoffnungslosigkeit und Erfolgszuversicht; so konnte *Schwarzer* (1979a) zeigen, daß schwache Schüler in Hauptschulen, in Realschulen und in Gymnasien jeweils eine signifikant geringere Erfolgszuversicht und höhere Leistungsängstlichkeit aufweisen als die guten Schüler innerhalb der einzelnen Schultypen. Auch bei diesen Variablen dürfte es sich um Indikatoren für die Beurteilung der eigenen Fähigkeiten handeln.

Teilweise wurden leider in den Untersuchungen keine Kontrollgruppen von Regelschülern oder von Lernbehinderten in Regelklassen einbezogen. Dennoch bestätigen auch diese methodisch schwächeren Untersuchungen die Bezugsgruppentheorie, wenn sie nach dem Übertritt in eine Sonderklasse ein signifikantes Ansteigen der Beurteilung der eigenen Fähigkeiten durch Lernbehinderte nachweisen können. Beispielsweise zeigten *Krampen* und *Zinsser* (1981), daß Lernbehinderte nach sechswöchigem Sonderschulbesuch eine signifikant bessere Einschätzung der eigenen Fähigkeiten in Deutsch und Mathematik haben als vorher in der Regelschule; die ebenfalls signifikant besseren Noten nach dem Sonderschuleintritt liefern diesen Schülern auch die scheinbar objektive Berechtigung zur neuen Selbsteinschätzung, obschon natürlich die Noten lediglich ein Abbild des neuen sozialen Bezugsrahmens für den Leistungsvergleich darstellen.

Verfolgt man die Beurteilung der eigenen Fähigkeiten durch Sonderschüler über mehrere Jahre des Sonderschulbesuchs hinweg, so zeigen die Untersuchungen wiederum ein einheitliches Bild, welches mit der Bezugsgruppentheorie übereinstimmt. Der eindeutig positive Bezugsgruppeneffekt auf die Selbsteinschätzung der eigenen Fähigkeiten durch Lernbehinderte nach der Überweisung in die Sonderschule hält nicht bis zum Ende der Schulzeit an. In den Untersuchungen von *Rheinberg* und *Enstrup* (1977). *Borchert* (1980), *Lauth* und *Wilms* (1982) und *Krampen* (1983) ist nachgewiesen worden, daß die Beurteilung der eigenen Fähigkeiten und das allgemeine Selbstkonzept bei Sonderschülern gegen Ende der Schulzeit ab- und die schulbezogenen Ängste wieder zunehmen und sich denjenigen von Lernbehinderten in Regelklassen wieder angleichen. Dieser Befund stützt die bezugsgruppentheoretisch begründbare Vermutung, daß mit dem Herannahen des Übergangs ins Berufsleben und des Wechsels vom Schonraum der Sonderklasse in das ungeschützte gesellschaftliche Leben für Lernbehinderte die Auseinandersetzung mit weniger eingeschränkten Bezugsgruppen an Einfluß auf die Selbsteinschätzung gewinnt.

Auf der Grundlage der Theorie zur Entstehung und Stabilisierung von Beliebtheitsrangordnungen in Klassen der Volksschule läßt sich ebenfalls eine eindeutige Annahme zum durchschnittlichen Beliebtheitsgrad von Lernbehinderten in Regelklassen formulieren. Die Theorie geht davon aus, daß in Bezugsgruppen im Grundschulbereich die Wahrnehmung anderer Schüler in der Schulklasse vorwiegend auf Schulleistungen und auf schulkonformes Verhalten kanalisiert wird. Das Bild des beliebten Mitschülers wird häufig von den dominierenden schulischen Wertvorstellungen geprägt. Für einen großen Teil der Regelschullehrer, der Eltern und der Regelschüler (in der Grundschule) gelten gute Schulleistungen und Anpassungsbereitschaft als zentraler Bewertungsmaßstab bei der Kosten-Nutzen-Definition im Interaktionsgeschehen und der dabei erfolgenden Vergabe von Beliebtheits- oder Unbeliebtheitsgraden. Je stärker sich in der Bezugsgruppe einer Schulklasse die Kosten-Nutzen-Definitionen auf "Leistung" und "Konformität" konzentrieren, desto eher erhalten leistungsschwache Schüler, also die Lernbehinderten in Regelschulen, einen tiefen Rang in der Beliebtheitsordnung. Es ist außerdem anzunehmen, daß jene Lernbehinderten in einer Regelklasse am unbeliebtesten sind, welche zusätzlich störendes Verhalten und weitere negative Merkmale aufweisen.

Obschon es hierzu wenig empirisches Material gibt, ist anzunehmen, daß in Sonderklassen Wahrnehmung und Kosten-Nutzen-Definitionen bei Interaktionen innerhalb der Klasse nicht im gleichen Maße am Maßstab von Schulleistungen und Konformität gemessen wird wie in Regelklassen. Sonderklassenlehrer stehen beispielsweise nicht unter demselben Leistungs- und Selektionsdruck wie Regelschullehrer und können sich deshalb eher auch an alternativen Werten wie Muße und sozialem Erleben orientieren. Auch von den Eltern vieler Sonderschüler, die bekanntlich größtenteils der sozialen Unterschicht angehören, geht nicht dasselbe Schulerfolgs- und Leistungsdenken aus, welches viele Regelschüler aus Mittelschichtfamilien schon aufgrund der familialen Sozialisation prägt. Außerdem besteht eine Sonderklasse nur aus Lernbehinderten, so daß zumindest ein Teil der in der Regelklasse Leistungsschwachen in dieser Bezugsgruppe als gute Schüler gelten können, wodurch im Falle eines ähnlichen Wertklimas in der Sonderklasse wie in der Regelklasse ihre soziometrische Stellung besser als vorher in der Regelschule würde. Nach dem Übertritt in eine Sonderklasse müßte somit ein großer Teil der Lernbehinderten einen höheren Beliebtheitsrang erreichen als in der Regelklasse.

Praktisch alle dargestellten empirischen Untersuchungen (über vierzig) bestätigen, daß Lernbehinderte in Regelklassen durchschnittlich eine niedrigere soziometrische Stellung haben als die Regelschüler; dieser durchgehende Befund ist unabhängig davon, ob die Lernbehinderten während der gesamten Unterrichtszeit, während der meisten Unterrichtszeit oder nur für einige wenige Lektionen wöchentlich in einer Regelklasse sind. Jede Art von Zugehörigkeit zur Bezugsgruppe einer Regelklasse hat zur Folge, daß Lernbehinderte im Durchschnitt in ungünstigere soziometrische Positionen gedrängt werden. Die Ergebnisse beruhen auf Untersuchungen, welche in verschiedenen Schulsystemen der Vereinigten Staaten von Amerika, der Bundesrepublik Deutschland, Großbritannien und der Schweiz durchgeführt wurden. Die Vielfalt der Stichproben und der benützten Untersuchungsmethoden dürfte die Eindeutigkeit der Ergebnisse noch unterstreichen.

Demgegenüber scheint sich zumindest für einen Teil der Lernbehinderten die soziometrische Stellung nach einer Überweisung in eine Sonderschule wesentlich zu verbessern. Dieser Befund ist durch mehrere Untersuchungen gesichert (*Bacher* 1965, *Johnson* 1961, *Jordan* 1959, *Mullen*; *Itkin* 1961, *Rick* 1961). *Kniel* (1979, 106) bemerkt dazu, daß die Sonderschule für Lernbehinderte dennoch keine geeignete Lösung zum Abbau der sozialen Isolierung zu sein scheint, da zum einen nur ein Teil der Schüler nach der Überweisung in eine Sonderschule eine Verbesserung ihrer soziometrischen Stellung erfährt und zum anderen vermutlich die gleichen Mechanismen wie in der Regelschule die Beliebtheitsrangordnung in der Sonderschule determinieren.

6.3.2 Lernbehinderte in Regelklassen mit zusätzlichen Maßnahmen

Die meisten Untersuchungen zur Situation von Lernbehinderten in integrativen Regelschulen mit besonderen Maßnahmen stammen aus den USA, wo die Integration seit 1975 gesetzlich verankert ist. Im "Public Law 94-142" ist festgehalten, daß möglichst alle behinderten Kinder in Regelklassen unterrichtet werden sollen. Die Integrationsbewegung, die dadurch ausgelöst worden ist, wird "mainstreaming" genannt (*Opp* 1984, 148). Zu den wichtigsten zusätzlichen Maßnahmen gehört der

Förderunterricht im "resource-room". Als "resource-room" wird diejenige Einrichtung bezeichnet, in der integrierte Lernbehinderte und andere Behinderte außerhalb der Regelklasse von einem Sonderpädagogen in Gruppen oder einzeln gefördert und unterstützt werden.

Bezugsgruppentheoretisch gesehen, befindet sich der Lernbehinderte in erster Linie in der uneingeschränkten und damit von seiner Leistungsfähigkeit weit entfernten Bezugsgruppe einer Regelklasse; beim Vergleich mit dieser Bezugsgruppe müßte er somit zu einer schlechten Beurteilung der eigenen Fähigkeiten und damit zu einem ungünstigen schulischen Selbstwertgefühl gelangen. Ob die Fördergruppe im "resource-room" für den Lernbehinderten unter Umständen eine alternative Bezugs- und Vergleichsgruppe darstellen kann, hängt von der Größe dieser Gruppe, der Dauer des Zusammenseins und der Fluktuation der Teilnehmer ab; es ist somit schwierig, eindeutige, bezugsgruppentheoretisch begründete Prognosen zu stellen. Wenn die Fördergruppe zu einer wirksamen alternativen Bezugsgruppe wird, stellt sich dem Lernbehinderten das Problem, die unterschiedliche Beurteilung der eigenen Fähigkeiten innerhalb der Fördergruppe und innerhalb der Regelklasse zu verarbeiten; hierzu ist sicherlich als äußere Hilfe ein allgemeines Schulklima erforderlich, das sich vom leistungs- und konformitätsorientierten Klima des derzeitigen Regelschulsystems unterscheidet. Dies bedeutet mit anderen Worten, daß für die Verarbeitung der Bezugsgruppenprobleme von integrierten Lernbehinderten die Haltung der beteiligten Regelschullehrer, Sonderschullehrer und Eltern entscheidend sein dürfte. In der Unberechenbarkeit dieser Voraussetzungen liegt der Grund dafür, daß eine eindeutige bezugsgruppentheoretische Prognose für einzelne Integrationsmodelle praktisch unmöglich und die Übertragbarkeit eines positiv verlaufenden Schulversuchs grundsätzlich nur bedingt gegeben ist.

Da der Ausbruch einer Schule aus dem derzeitigen Klima der Leistungs- und Konformitätsorientierung noch als seltener Glücksfall gelten dürfte, ist es bezugsgruppentheoretisch am wahrscheinlichsten, daß auch in Regelklassen mit zusätzlichen Maßnahmen Lernbehinderte die eigenen Fähigkeiten schlechter beurteilen als Regelschüler; denn die Leistungen des Lernbehinderten bleiben nach wie vor weit entfernt von den Leistungen der aus Regelschülern bestehenden Bezugsgruppe. Diesen Befund haben wir denn auch in mehreren empirischen Untersuchungen gefunden; integrierte Lernbehinderte schneiden bei fast allen Vergleichsuntersuchungen bezüglich der Beurteilung der eigenen Fähigkeiten, des allgemeinen Selbstkonzepts und der schulbezogenen Angst schlechter ab als die Regelschüler (z. B. *Bächtold* 1987, *Bruininks* 1978, *Cooley*; *Ayers* 1988, *Moser* 1986, *Sheare* 1978a, *Strang; Smith*; *Rogers* 1978, *Taylor; Asher*; *Williams* 1987). Dasselbe ist auch für die allgemeine Schulunlust gezeigt worden (*Dumke* 1980).

Widersprüchlicher müßten unter bezugsgruppentheoretischer Sicht die Ergebnisse von Untersuchungen ausfallen, welche die Beurteilung der eigenen Fähigkeiten von Lernbehinderten in integrativen Regelklassen mit solchen in Sonderklassen oder in Regelklassen ohne zusätzliche Maßnahmen vergleichen. Eine Heterogenität der Ergebnisse ist deshalb zu erwarten, weil die Wirkungen unterschiedlich gestalteter Maßnahmen im "resource-room" kaum theoretisch voraussagbar sind. In der Tat sind die Ergebnisse derartiger Untersuchungen wenig einheitlich ausgefallen. Während beispielsweise *Strang; Smith* und *Rogers* (1978) eine Überlegenheit der integrierten Lernbehinderten gegenüber den Sonderschülern bezüglich Selbsteinschätzung feststellten, war das Ergebnis bei *Moser* (1986) und bei *Cooley* und *Ayers* (1988) gerade umgekehrt; integrierte Lernbehinderte erreichten signifikant tiefere Werte als Sonderschüler. *Coleman* (1983) wies ein besseres Selbstkonzept von Lernbehinderten in integrativen Regelklassen gegenüber Lernbehinderten in Regelklassen ohne zusätzliche Maßnahmen nach. Daß die soziale Integration nicht einfach ein Zustand ist, welcher durch ein Schulmodell erreicht wird, sondern ein beeinflußbarer Prozeß, zeigten *Madden* und *Slavin* (1983) mit ihrer Interventionsstudie: Zwar konnte das *Selbstkonzept* der Lernbehinderten nicht beeinflußt werden, die ablehnende Haltung der Regelschüler nahm aber signifikant ab.

Wie bereits erläutert wurde, kann aufgrund unseres theoretischen Rahmens nicht erwartet werden, daß sich an der tiefen soziometrischen Stellung von Lernbehinderten im Vergleich zu Regelschülern in integrativen Regelklassen etwas ändert. Mehr als 20 der dargestellten empirischen Untersuchungen bestätigen, daß sich die tiefe soziometrische Stellung von Lernbehinderten auch in Schulformen, welche mit schulorganisatorischen Maßnahmen einerseits und besonderen pädagogischen Bemühungen andererseits den Integrationsgedanken zu verwirklichen versuchen, nicht im erwünschten Maße verbessert. Lernbehinderte werden von ihren Mitschülern durchwegs schlecht akzeptiert.

6.3.3 Gründe für die Unbeliebtheit von Lernbehinderten

Von besonderer Bedeutung für weitere Integrationsversuche ist die Frage, aus welchen Gründen die Mehrheit der Lernbehinderten in integrierenden Schulformen eine ungünstige soziometrische Stellung einnehmen, es aber doch einzelnen Lernbehinderten gelingt, einen höheren Beliebtheitsrang zu erreichen. Obschon fast die Hälfte aller Lernbehinderten in integrativen Regelklassen im untersten Quartil der Beliebtheitsverteilung in den Klassen liegt, erreicht doch etwa ein Zehntel der Lernbehinderten das oberste Quartil (*Bless* 1986). Aufgrund unseres theoretischen Bezugsrahmens lassen sich einige Vermutungen über Zusammenhänge zwischen tieferem oder höherem Beliebtheitsgrad von Lernbehinderten in Regelklassen ableiten. Die Komplexität der an den Bezugsgruppenprozessen beteiligten Faktoren läßt aber nur sehr unsichere theoretische Prognosen zu.

Aus der schematischen Zusammenstellung in Abbildung 7 ergibt sich die theoretische Annahme, daß jene Lernbehinderten die größte Chance für eine günstigere soziometrische Stellung haben, welche mittelschichtangepaßtes Sozialverhalten zeigen, durch ruhiges, wenig störendes und kooperatives Verhalten den Erwartungen von Lehrern und Mitschülern entgegenkommen sowie in der äußeren Erscheinung attraktiv und sauber sind. Umgekehrt wäre der typische unbeliebte Lernbehinderte jener Schüler, der neben dem Schulversagen störendes, von Lehrern und Mitschülern nicht geschätztes Verhalten zeigt sowie in Kleidung und Erscheinung negativ auffällt. Da an vielen Schulorten die Mehrheit der Lernbehinderten eher Merkmale dieses zweiten Schülertyps aufweist, liegt der Durchschnitt der Lernbehinderten vermutlich auf der Beliebtheitsskala einer Schulklasse noch tiefer, als aufgrund der Schulleistungsschwäche allein vorausgesagt werden könnte. Da die genannten Merkmale des beliebteren Lernbehinderten eher Mädchen zugeschrieben werden, könnte auch vermutet werden, daß weibliche Lernbehinderte, die den Erwartungen im positiven Sinne entgegenkommen, besonders hohe Chancen zu höherer Beliebtheit haben; umgekehrt wären dann weibliche Lernbehinderte mit den negativen Merkmalen besonders unbeliebt.

Die theoretisch plausible Annahme, daß extrem unbeliebte Lernbehinderte häufig Merkmale wie störendes Verhalten und unattraktives Äußeres aufweisen, wird durch mehrere der dargestellten Untersuchungen belegt (*Baldwin* 1958, *Bruininks* 1978a, *Gottlieb*; *Budoff* 1973, *Johnson* 1950, *Johnson*; *Kirk* 1950, *Perlmutter; Crocker; Cordray*; *Garstecki* 1983, *Studer* 1968). Als besonders abgelehntes Merkmal in Kopplung mit Lernbehinderung wurde in einzelnen Untersuchungen Hyperaktivität nachgewiesen (*Bryan* 1974); *Flicek* und *Landau* (1985) konnten eindrücklich zeigen, daß hyperaktive Lernbehinderte bei den Regelschülern noch unbeliebter sind als die übrigen Lernbehinderten. *Taylor; Asher* und *Williams* (1987) gelang der Nachweis, daß neben den Lernbehinderten mit aggressivem und störendem Verhalten auch eine Gruppe von Lernbehinderten mit scheuem, unauffälligem Verhalten zu den besonders unbeliebten Schülern gehört; offenbar wird auch derartiges Außenseiterverhalten als störend und unattraktiv bewertet. Auf die zweite, äußerlich wenig auffällige Gruppe von unbeliebten Lernbehinderten macht auch die Untersuchung von *Lapp* (1957) aufmerksam, in welcher gezeigt wird, daß Lernbehinderte von den Regelschülern oft als Schüler mit einer eher passiven Rolle gesehen werden. Auf einen speziellen Aspekt von abgelehntem Verhalten Lernbehinderter verweist die Untersuchung von *Bryan* und *Bryan* (1978); sie wiesen nach, daß sich unbeliebte Lernbehinderte auf eine ungepflegtere Art und mit einer aggressiver wirkenden Sprache ausdrücken als viele Regelschüler; dies dürfte vermutlich durch die überwiegende Herkunft Lernbehinderter aus Unterschichtfamilien erklärbar sein. Die theoretisch möglichen geschlechtsspezifischen Zusammenhänge deuten sich in einzelnen Untersuchungen in relativ unklarer Form an (*Gottlieb; Gottlieb; Berkell*; *Levy* 1986).

Über die skizzierten Zusammenhänge hinaus kann man theoretisch plausibel vermuten, daß sich Lernbehinderte in integrativen Regelklassen, welche in einem Einzugsgebiet eines Stadtteils mit einem hohen Anteil an Mittelschichtfamilien angesiedelt sind, auf der Beliebtheitsrangordnung in einer tieferen Position befinden als in Stadtteilen mit einem hohen Anteil an Arbeiterfamilien. Diese Vermutung ist in der Annahme begründet, daß Leistungs- und Konformitätsorientierung zwecks Schulerfolg vorwiegend in der Mittelschichtsozialisation vermittelt werden; dadurch wird in Schulklassen mit mittelschichtspezifischem Einzugsgebiet der bezugsgruppenspezifische Leistungsdruck größer als in Schulklassen in Arbeiterquartieren. Hierzu enthalten zwei der dargestellten Untersuchungen bestätigende Ergebnisse: In der Untersuchung von *Monroe* und *Howe* (1971) waren Lernbehinderte mit einem höheren sozioökonomischen Status beliebter als jene mit einem niedrigeren sozioökonomischen Status, wodurch der mögliche Zusammenhang zwischen Sozialschicht und Beliebtheitsrang belegt ist. Die behauptete Abhängigkeit der soziometrischen Stellung Lernbehinderter von der geographisch gegebenen sozialschichtspezifischen Lage einer Schule findet eine Bestätigung in der Untersuchung von *Bruininks; Rynders* und *Gross* (1974): In den integrativen Regelschulen der vermutlich mittelständischen Vorstadt waren die Lernbehinderten signifikant weniger beliebt als die Regelschüler. In den Schulen der Innenstadt mit einem mehrheitlich unterschichtspezifischen Einzugsgebiet waren die Lernbehinderten demgegenüber signifikant beliebter oder bei nicht-geschlechtsspezifischer Auswertung zumindest nicht unbeliebter als die Regelschüler.

Inwiefern die Beliebtheit von Lernbehinderten in Regelklassen von unterschiedlichen Konzeptionen der Förderung im "resource-room" und von Unterrichtsformen in der Regelklasse beeinflußt werden könnte, ist aus dem theoretischen Rahmen nur sehr vage ableitbar. Mit relativ hoher Wahrscheinlichkeit können Konzeptionen von Förderung im Einzelunterricht oder in Kleinstgruppen von zwei bis drei Schülern keinen Einfluß auf die soziometrische Stellung in der integrativen Regelklasse haben, weil die Fördergruppe keine ausreichende Größe für eine alternative Bezugsgruppe hat. Aus bezugsgruppentheoretischer Sicht dürfte am ehesten eine Förderkonzeption zu positiven Veränderungen der soziometrischen Struktur führen, welche die Förderung nicht in einen "resource-room" verlegt, sondern sich räumlich und zeitlich innerhalb des Regelklassenunterrichts als Hilfe für den Regelklassenlehrer und für die gesamte Klasse versteht; dadurch müßte Lernbehinderung nicht mehr im gleichen Sinne wie bisher sichtbar gemacht werden, und die Zusammenarbeit zwischen dem Regelklassenlehrer und dem Förderlehrer innerhalb des Regelklassenunterrichts könnte bei günstigen Voraussetzungen seitens der Lehrerpersönlichkeiten zu einer gewissen Veränderung des schulischen Wertklimas führen. Einen gewissen Beleg für diese Annahmen finden wir in der Untersuchung von *Wang* und *Birch* (1984), welche einen positiven Einfluß von Integration ohne äußere Differenzierung auf die Selbsteinschätzung und das Selbstwertgefühl von Lernbehinderten nachweist; allerdings fehlen in der Untersuchung Angaben zum Beliebtheitsgrad. Voraussetzung für die Überlegenheit der Integration ohne äußere Differenzierung ist sicherlich eine Überwindung des von *Garrett* und *Crump* (1980) nachgewiesenen Sachverhalts, daß Lernbehinderte in integrativen Regelklassen bei Lehrern signifikant weniger beliebt sind als Regelschüler.

Falls an der Förderung im "resource-room" festgehalten wird, müßte auf eine genügend große Gruppe, auf einen genügenden zeitlichen Anteil des Förderunterrichts (vgl. die Untersuchung von *Coleman* 1983), möglicherweise auf eine Durchmischung mit einflußreichen Regelschülern und auf eine intensive Kooperation zwischen dem Regelklassenlehrer und dem Förderlehrer geachtet werden.

Entsprechend den vermutbaren positiven Wirkungen kooperativer Arbeitsformen von Lehrern im Regelklassenraum könnte man auch davon ausgehen, daß kooperative Lernformen der Schüler eher etwas an der soziometrischen Struktur in Bewegung bringen dürften als das individuelle Lernen beim traditionellen Frontalunterricht. Die Untersuchung von *Armstrong; Johnson* und *Balow* (1981) kann diese Annahme stützen; in ihrem Experiment wurden Lernbehinderte in Klassen mit kooperativen Lernformen von den Regelschülern häufiger als wertvoll und klug eingestuft und als Freund gewählt als in Klassen mit individuellen Lernformen. Allerdings darf die Anwendung von kooperativem Lernen in einer integrativen Klasse nicht mit einem Verzicht der Lehrer auf straffe und klare Strukturierung des Unterrichts verwechselt werden; nach den Untersuchungsergebnissen von *Hutton* und *Polo* (1976) scheinen Lernbehinderte von ihren Mitschülern als Arbeits- und Spielkamerad umso mehr abgelehnt zu werden, je unstrukturierter der Unterricht ist.

Bei den angedeuteten differenzierteren Zusammenhängen zwischen Elementen von integrativen Regelklassen und soziometrischer Stellung von Lernbehinderten handelt es sich nicht um gesicherte Ableitungen aus dem theoretischen Rahmen, sondern sie enthalten auch einen relativ großen spekulativen Anteil. Bei der Analyse der bisherigen empirischen Studien haben wir zwar verschiedene Hinweise dafür gefunden, in welcher Richtung weiter geforscht werden sollte, aber die inhaltliche und methodische Heterogenität der Untersuchungen erlaubt zur Zeit kaum eine theoretische Systematisierung der Befunde.

7. Ziele und Merkmale einer integrationsfähigen Schule

7.1 Systemsoziologische Erklärung des separierenden Schulwesens

Schule kann makrosoziologisch als ein zweckrationales Teilsystem der Gesellschaft aufgefaßt werden; d.h., Schule wird von der Gesellschaft mit dem Zweck organisiert, Kinder und Jugendliche auf die Eingliederung in Beruf und Gesellschaft vorzubereiten. Zweckrationale Teilsysteme unserer Gesellschaft haben die Tendenz, die bei der Lösung der Aufgabe auftretenden Probleme durch eine bürokratische Ausdifferenzierung von relativ selbständigen kleineren Subsystemen zu lösen. So gesehen, kann die Schaffung eines Sonderschulsystems und die damit einhergehende Separation von Schülern in Sonderklassen als Folge der Tendenz gesellschaftlicher Systeme zur Ausdifferenzierung interpretiert werden. *Bleidick* (1985) erklärt die Entwicklung der separierenden Sonderschulpädagogik mit dieser Theorie und zieht daraus die Schlußfolgerung: "Die so entwickelten Subsysteme haben ihre eigenen Gesetze, sie machen sich selbständig; so Sonderschulpflicht und Sonderschulverfassung gegenüber der allgemeinen Schule" (*Bleidick* 1985, 257). Systemtheoretisch kann demnach ein wesentlicher Zweck der Schule in der Reduktion von Komplexität durch die Organisation von bürokratisch besser verwaltbaren Subsystemen gesehen werden: "Ein System kann sich eine äußerst komplexe Umwelt dadurch vereinfachen, daß es verschiedene Umweltteile unterscheidet und je verschieden behandelt" (*Luhmann* 1973, 202, zit. nach *Bleidick* 1985, 257).

Dem Prinzip der Komplexitätsreduktion durch Subsystembildung folgend, hat sich die Schule nach der Einführung der allgemeinen Schulpflicht und der dadurch entstandenen Probleme des Unterrichtens einer leistungsheterogenen Schülerschaft dadurch handlungsfähig und bürokratisch verwaltbar erhalten, daß sie Subsysteme gebildet hat, in welche Schüler so in Schulen und Klassen aufgeteilt werden, daß sie mit herkömmlichen Mitteln unterrichtbar bleiben. Die Schule hat sich somit der Mittel einer bürokratischen Organisation bedient. *Bleidick* (1985, 258) hat aufgezeigt, daß der Gedanke der pädagogischen Komplexitätsreduktion durch organisatorische Differenzierung im Volksschulwesen schon 1864 bei *Stötzner*, dem geistigen Vater des Hilfsschulwesens, auftauchte.

Wenn diese Annahmen systemsoziologischer Gesetzmäßigkeiten weiterhin auf das gesellschaftliche System Schule angewendet werden können, müssen wir davon ausgehen, daß sie das politisch vorgegebene neue Ziel, schulleistungsschwache und behinderte Kinder nicht mehr in Sonderschulen zu separieren, sondern in Regelklassen zu integrieren, wiederum nach dem beschriebenen Prinzip der organisatorischen Komplexitätsreduktion und somit durch bürokratisch handhabbare Vorschriften und Maßnahmen lösen wird. Es ist zu befürchten, daß die Integration wiederum in erster Linie unter dem Aspekt der bürokratischen Verwaltbarkeit gesehen und realisiert wird. Das Subsystem Sonderschule würde dann von der Schulbürokratie einfach durch eine neues Subsystem "Integrationsmaßnahmen" ersetzt. Beispielsweise könnte das neue Subsystem ein bürokratisch durchorganisiertes Stütz- und Förderlehrersystem werden. Es stellt sich die Frage, welche Entwicklungen im Schulwesen durch ein derartiges neues, bürokratisiertes Subsystem in Gang gesetzt würden.

Es ist zu befürchten, daß die Integration eines Stütz- und Förderlehrersystems in das Regelschulsystem zu einer für schwache und behinderte Schüler verhängnisvollen Zweckdefinition des neuen Subsystems führen könnte: Angleichung der Schulleistungen von bisherigen Sonderschülern an das Leistungsniveau von Regelschülern. Mit einer derartigen zweckrationalen Subsystembildung wäre aber die mit der bisherigen bürokratischen Trennung zwischen Regel- und Sonderschulwesen verbundene latente Vorstellung von "integrationsfähigen" und "integrationsunfähigen" Kindern nicht überwunden. Denn aus pädagogischer Sicht ist mit Sicherheit vorauszusagen, daß auch mit dem aufwendigsten Stütz- und Förderunterricht nie alle Schüler die Durchschnittsleistung erreichen werden. Die Selektion und Separation derjenigen, die trotz erhöhter Bemühungen und bürokratisch intelligent organisierter Maßnahmenpakete "integrationsunfähig" bleiben, dürfte dann noch gravierendere Folgen für diese Menschen haben, als es beim derzeitigen Stand der Separation bereits der Fall ist. Ihre "Integrationsunfähigkeit" wäre dann öffentlich und mit bürokratischer Genauigkeit dokumentiert. Unter der zweckrationalen Perspektive gesellschaftlicher Systementwicklung bliebe nur noch die Möglichkeit von Sondereinrichtungen für die Restgruppe der "Integrationsunfähigen" oder - wenn der gesellschaftlich nicht begründbare ethische Grundsatz des Lebenswertes und -rechtes aller Menschen an Verbindlichkeit verlieren würde - der physischen Elimination dieser Restgruppe.

Eine systemsoziologisch durch das Prinzip der Komplexitätsreduktion erklärbare und damit in erster Linie bürokratische Antwort auf das Integrationspostulat kann an dem heutigen negativen und positiven Bewerten von Menschen nach deren Leistungsfähigkeit kaum etwas ändern. Dies kann deshalb vermutet werden, weil die Zweckrationalität von Systemen in einer marktwirtschaftlich funktionierenden Gesellschaft zentral auf Herstellung und Förderung von Leistungsmotivation und

-fähigkeit ausgerichtet ist. Leistungsstärke ist unter marktwirtschaftlichen Bedingungen eine zentrale Kategorie, weil sie mit dem Prinzip der Marktkonkurrenz und dem eigengesetzlichen Zwang zur Optimierung von Produktion und Konsumation korrespondiert (vgl. *Haeberlin* 1985, 49ff.). Dem Leistungsstarken und -motivierten winken Konsumgüter und Privilegien im Produktionsprozeß. Die Verknüpfung von "Integrationsfähigkeit" mit "Leistungsfähigkeit" ist ein wesentlicher Bestandteil unseres gesellschaftlichen Wertklimas. Der Wert der Gleichheit aller Menschen bei unterschiedlichsten Leistungspotentialen steht im Widerspruch zur marktwirtschaftlich funktionierenden Gesellschaft des Habens und des Haben-Wollens. Wenn Familienerziehung und Schule nicht mehr das Motiv des Haben-Wollens und der Leistungskonkurrenz auf Kosten Schwacher vermitteln würden, wäre der Produktions-Konsumations-Kreislauf unserer marktwirtschaftlichen Leistungsgesellschaft (Prinzip der Marktkonkurrenz) ernsthaft in Frage gestellt; eine Minderheit von Aussteigern aus dem marktwirtschaftlichen Kreislauf bedeutet dabei keine ernsthafte Gefahr, sondern stabilisiert höchstens die Illusion der Entscheidungsfreiheit im Konsumzwang. Ähnlich ist dies bei "pädagogischen Inseln", wie sie als Alternativen zur öffentlichen Schule (z.B. Rudolf-Steiner-Schulen) schon lange bestehen.

Aus den skizzierten systemsoziologischen und gesellschaftstheoretischen Annahmen ergibt sich für uns folgende These: Integrationsversuche im öffentlichen Schulwesen neigen dazu, "Integrationsfähigkeit" einseitig auf das Kind zu beziehen und mit "Schulleistungsförderbarkeit" gleichzusetzen. Damit wird die negative Bewertung von niedrigen Leistungspotentialen beibehalten. Die dann "Nicht-Förderbaren" könnten zu einer noch negativer bewerteten, unter Umständen wieder einmal "wertlos" werdenden Restgruppe werden. "Integration" verstanden als "Schulleistungsangleichung" der "Förderbaren" ist so gesehen kein Fortschritt zur Vision einer integrationsfähigen Schule.

7.2 Die integrationsfähige Schule als normative Vision

Kern von ethisch-pädagogisch und nicht systemsoziologisch motivierten Integrationsversuchen müßte die Vision einer integrationsfähigen Schule sein. In dieser werden Kinder unterschiedlichster Leistungsfähigkeit als gleichwertige Partner in das Beziehungsnetz der schulischen Bezugsgruppe (Klasse) aufgenommen; es gibt keine Geringschätzung wegen unterdurchschnittlicher Schulleistungsfähigkeit. Diese Schule wäre getragen vom Wunsch nach der Utopie des Dialogischen, welche durch folgende Merkmale charakterisiert ist: Annahme jedes Schülers als Partner, Vertrauen in das Potential des Partners, Echtheit. Dem Merkmal der Annahme steht in unserer gesellschaftlichen Realität die Tendenz der Menschen im Wege, Denken, Fühlen und Verhalten des anderen vorwiegend auf die eigenen Probleme und Wünsche zu beziehen und deshalb den andern als Teil von sich selbst zu sehen. Das Merkmal des Vertrauens ist durch die Tendenz gefährdet, von der Machbarkeit des Menschen auszugehen und - mit *Hanselmanns* Worten ausgedrückt - "erzieherisches Helfen" mit "Vergewaltigung durch Erziehung" zu verwechseln (*Hanselmann* 1954, 125). Dem Merkmal der Echtheit steht nach *Buber* (1979, 278) die Tendenz zum "Scheinen" im Sinne des Vortäuschens von Wunschbildern im Wege (vgl. *Haeberlin* 1988c, 1988d, 1989).

Wenn ein engagierter Pädagoge gedanklich den Schritt von der systemsoziologisch erklärbaren gesellschaftlichen Wirklichkeit zur integrationspädagogischen Utopie macht, postuliert er mit Recht die Notwendigkeit einer Abwendung von der bürokratisierten Komplexitätsreduktion zu einer auf jedes einzelne Kind individualisierten pädagogischen Problemlösung: "Pädagogisch sinnvoll ist es deshalb zu fragen, wenn ein behindertes Kind in eine allgemeine Schule aufgenommen werden soll, wie die Verhältnisse in der Schule arrangiert werden können, daß das Kind auf den Weg des Lernens kommt und Geborgenheit in der Schule erfährt. Die primäre Frage richtet sich also nicht auf die Integrationsfähigkeit des Kindes, sondern auf die Integrationsfähigkeit der Schule" (*Muth* 1988, 17).

Die zentrale Voraussetzung für den Perspektivenwechsel von der Integrationsfähigkeit des Kindes zur Integrationsfähigkeit der Schule wäre unseres Erachtens eine allgemeine Absage an die negative Bewertung von Menschen durch Mitmenschen nach Leistungsfähigkeit, Intelligenz und anderen Ausgrenzungsmerkmalen. Integrationsfähigkeit der Schule würde Aufnahme und Annahme jedes Kindes als gleichwertig bei ungleichen Leistungspotentialen bedeuten. Dieser Vision von Schule steht das Wissen gegenüber, daß die marktwirtschaftliche Leistungsgesellschaft auf dem Bewerten nach Leistungsfähigkeit aufgebaut ist. In der Doppeldeutigkeit des Integrationsbegriffs (Integrationsfähigkeit der Schule vs. Integrationsfähigkeit des Kindes) widerspiegelt sich der Widerspruch zwischen dem Wunsch nach ethisch motivierter Gleichheit und der Realität gesellschaftlich motivierter Ungleichheit. Integrationsutopisten sollten diesen Widerspruch nicht aus den Augen verlieren und folgendes bedenken: "In unserem Erziehungs- und Bildungssystem sind *Segregation* (Ausschluß Behinderter), *Selektion* der Schülerschaft (nach Leistung) und *Parzellierung* der zu lehrenden Inhalte (reduzierte Curricula) nach Maßgabe einer jeweils gesellschaftlich definierten, fiktiven Normalität für alle Schüler Realität" (*Feuser* 1988, 170).

Unter Voraussetzung einer ethisch motivierten normativen Utopie der Integration und in Kenntnis ihres Widerspruchs zur gesellschaftlich motivierten Wirklichkeit des Schulwesens müßte die pragmatische Frage zur Integration lauten: Wie weit kann sich die öffentliche Schule Integrationsfähigkeit erlauben, ohne mit der marktwirtschaftlichen Leistungsgesellschaft in einen existentiellen Konflikt zu kommen? Integrationsfähig wird eine Schule nur dann, wenn Integration ausnahmslos für alle als möglich angenommen wird. Diese Vision steht im Widerspruch zur marktwirtschaftlichen Leistungsgesellschaft. Wenn wir Bruchstücke davon realisieren, dann sollen diese weg von der Realität und hin zur Vision führen.

7.3 Schülerorientierte Ziele einer integrationsfähigen Primarschule

7.3.1 Soziale Integration

Im Sinne einer normativen Vision bedeutet soziale Integration die Aufhebung sämtlicher systematischer Zusammenhänge zwischen Beliebtheit und Ablehnung von Schülern und irgendwelchen Ausgrenzungsmerkmalen wie beispielsweise äußere Erscheinung, soziale Herkunft, Sprachfähigkeit, Intelligenz, Leistungsfähigkeit und Verhaltensauffälligkeiten. Beliebtheit und Ablehnung von Mitgliedern einer Bezugsgruppe sind Ausdruck des normativen Klimas in der Gruppe; soziale Integration im Sinne einer normativen Vision wäre identisch mit einer Veränderung des normativen Klimas in Schulklassen hin zum dialogischen Klima. Sie würde Absage an die positive Sanktionierung von leistungsorientiertem Verhalten durch Zuwendung und Sympathie und entsprechende negative Sanktionierung von Leistungsversagen bedeuten. Integrationsfähigkeit der Schule bedeutet Absage an die negative Bewertung von Menschen durch Mitmenschen nach Leistungsfähigkeit, Intelligenz und anderen Ausgrenzungsmerkmalen. Sie bedeutet Aufnahme und Annahme jedes Kindes als gleichwertig bei ungleichen Leistungspotentialen und andern Merkmalen.

Alle uns bekannten soziometrischen Untersuchungen (vgl. Kapitel 5.1) zeigen, daß das Ziel der sozialen Integration im Sinne der skizzierten normativen Vision bezüglich schwacher und verhaltensauffälliger Kinder in keinem der bisherigen europäischen und amerikanischen Integrationsmodelle auch nur annähernd erreicht worden ist. Der systematische Zusammenhang zwischen Unbeliebtheit und Ablehnung einerseits und Schulleistungsschwäche andererseits ist bisher in den Integrationsmodellen immer erhalten geblieben. Die Überprüfung des Verhältnisses zwischen dem Ziel der sozialen Integration und der soziometrischen Realität in den Schulklassen muß im Zentrum jeder Evaluation von Integrationsversuchen stehen, welche für sich beanspruchen, bisherige Sonderschüler nicht nur organisatorisch, sondern sozial im Sinne der Vision einer dialogischen Gemeinschaft zu integrieren. Somit wird auch in unserem Forschungsprojekt die Beurteilung der sozialen Integration anhand soziometrischer Untersuchungen zentral sein.

7.3.2 Leistungsmotivation

Eine wesentliche Voraussetzung für den Lernerfolg in der Schule ist die individuelle Leistungsmotivation. Die Erfahrung, daß jeder Unterricht nur dann erfolgreich ist, wenn der Schüler im Unterricht lernen "möchte", also motiviert ist, dürfte sich auch in einer integrationsfähigen Schule nicht ändern. Hingegen halten wir es für die Entwicklung einer integrationsfähigen Schule für ein großes Problem, daß die heute gültigen motivationspsychologischen Theorien in einem separierenden Schulwesen und in einer marktwirtschaftlich geprägten Leistungsgesellschaft entwickelt worden sind. Es stellt sich die Frage, inwieweit diese Motivationstheorien auf Konzeption und Beurteilung von integrationsfähigen Schulen angewendet werden können.

Aufgrund des derzeitigen Standes der Motivationstheorien muß man davon ausgehen, daß die Leistungsmotivation eines Schülers dann hoch ist, wenn er sich den Aufgaben in seiner Klasse gewachsen fühlt. In der klassischen Risikowahl-Theorie zur Leistungsmotivation von *Atkinson* (1964) wird angenommen, daß das, worum wir uns bemühen und was wir erreichen wollen, davon abhängt, was uns das angestrebte Ziel bedeutet und für wie wahrscheinlich wir es halten, daß wir es erreichen können (*Weiner* 1984, 143). Das würde für einen Schüler bedeuten, daß er wenig leistungsmotiviert ist, wenn er Leistung als wertlos oder als unerreichbar erachtet. Trotz weiterer Ausdifferenzierung (vgl. *Heckhausen* 1980, *Meyer*; *Schmalt* 1976, *Weiner* 1984) kann das Grundmodell von *Atkinsons* Theorie für die Struktur des motivationstheoretischen Denkens genügen. Es zeigt, daß leistungsorientiertes Verhalten sowohl von Umweltfaktoren (Wahrscheinlichkeit und Anreiz) als auch von einer persönlichen Disposition (Motiv) bestimmt gesehen wird.

Der "reine Fall" des Risikowahl-Modells kommt beim Aufgabenlösen in der Schule allerdings nicht vor, weil die Aufgaben nicht nur vom einzelnen Schüler, sondern in der Regel auch von Mitschülern gelöst werden. Ein zentraler Faktor für motiviertes Lösen von Aufgaben in der Schulklasse bildet die Bezugsgruppe. Der

Schüler ist nach der klassischen Motivationstheorie dann leistungsmotiviert, wenn er seine Leistung positiv bewertet und bei Inangriffnahme einer Aufgabe die Lösung mit der eigenen Leistungsfähigkeit für erreichbar hält. Zur Beurteilung des Wertes der eigenen Leistungen verwendet der Schüler in der Regel die soziale Bezugsnorm, weil sich auch die Leistungsbewertung durch den Lehrer weitgehend an dieser Bezugsnorm orientiert. Die soziale Bezugsnorm ist je nach Homogenität oder Heterogenität der Schüler in unterschiedlichen Schulformen sehr verschieden. Wird der schulleistungsschwache Schüler in der leistungsheterogenen Regelklasse unterrichtet, so ist die soziale Bezugsnorm für diesen viel weiter von den eigenen Leistungen entfernt, als wenn er sich mit "seinesgleichen" in der leistungshomogenen Sonderklasse für Lernbehinderte vergleichen kann.

Da es von der Homogenität oder Heterogenität der Bezugsgruppe abhängt, welche Informationen ein Schüler über seine Leistungsfähigkeit erhält, inwiefern er sich fähig oder unfähig zum Erbringen von Schulleistungen hält und inwieweit er zu einer positiven oder negativen Beurteilung der eigenen Leistungen kommt, ist nach klassischen motivationspsychologischen Theorien bezugsgruppenabhängig. Die Bezugsgruppe, genauer die soziale Bezugsnorm, wird im leistungsorientierten Wertklima einer Schule zu einem wesentlichen Faktor für die Einschätzung der eigenen Fähigkeiten durch den Schüler und damit für die Entwicklung seiner Leistungsmotivation. Muß sich ein schulleistungsschwacher Schüler in einer leistungsheterogenen Regelklasse dauernd mit besseren Mitschülern vergleichen, so kann sich dies unter Umständen negativ auf seine Einschätzung der eigenen Fähigkeiten auswirken, was motivationspsychologisch zu einer geringen Leistungsmotivation führen würde.

Um sich für die Lösung der gestellten Aufgaben in einer Klasse fähig fühlen und somit leistungsmotivational integriert sein zu können, scheint es nach dem klassischen motivationspsychologischen Denken von Vorteil zu sein, wenn ein Schüler in der Schule leistungsmäßig gut ist. Es liegt in der Natur der Sache, daß gute Schüler eine gleiche Aufgabe leichter lösen können als schwache, was sich positiv auf deren subjektive Erfolgswahrscheinlichkeit auswirkt; schwache Schüler hingegen werden mehr Probleme haben. Wenn sich schwache Schüler mit den Mitschülern einer Regelklasse vergleichen, werden sie eher als in einer Sonderklasse glauben, daß sie schwach sind, was sich negativ auf ihre Leistungsmotivation auswirken kann.

Bei einer bezugsgruppentheoretischen Betrachtungsweise ist die Einschätzung der eigenen schulischen Fähigkeiten bzw. das Begabungskonzept ein geeigneter Indikator für Leistungsmotivation. Da diese für das erfolgreiche Lernen erforderlich ist und von schwachen Schülern in leistungsheterogenen Regelklassen nicht erreicht werden kann, liefert die klassische Motivationstheorie zum vornherein die

Rechtfertigung für separierende Schulen. Für eine integrationsfähige Schule müßte somit auch eine geeignete Motivationstheorie gefunden werden, welche sich nicht an der Leistungsbewertung anhand der sozialen Bezugsnorm entscheidet. Als Alternative würde sich die Leistungsbewertung an der individuellen Bezugsnorm anbieten; d.h., persönliche Leistungen werden nicht an den Leistungen der Klasse, sondern im Längsschnitt an den vorangegangenen eigenen Leistungen gemessen und danach beurteilt. So gesehen könnte jeder Schüler, auch der Schwache, zu einer positiven Beurteilung der eigenen Leistungen gelangen und zu einer positiven Leistungsmotivation kommen. Dies setzt allerdings die bereits skizzierten radikalen Veränderungen im Wertklima einer integrationsfähigen Schule voraus, die sich in der Bereitschaft zur positiven Benotung individueller Leistungsfortschritte zeigen, auch wenn eine Leistung in Bezug zur sozialen Norm äußerst klein wäre.

Wir erachten es als notwendig, bei der Evaluation von Integrationsmodellen die Selbsteinschätzung der eigenen schulischen Fähigkeiten als Indikator für die leistungsmotivationale Integration zu erheben. Dieser Indikator kann aber angesichts des Widerspruchs zwischen integrationspädagogischer Vision und leistungsideologischer Wirklichkeit eine doppelte Bedeutung für den Schüler haben: Einerseits kann ein tiefes Begabungskonzept für einen schwachen Schüler fehlende Leistungsmotivation bedeuten; andererseits kann es für ihn aber auch ein wirklichkeitsorientiertes Annehmen der eigenen Situation in der Klasse bedeuten, ohne daß eine negative Auswirkung auf die Leistungsmotivation stattfindet. Im ersten Fall wäre nicht vom Fortschreiten eines integrierenden Schulmodells in Richtung einer integrationsfähigen Schule zu sprechen, weil sich die im separierenden Schulwesen geltenden Zusammenhänge zwischen sozialer Bezugsnorm, Leistungsmotivation und effektiver Leistung nicht verändert haben. Im zweiten Fall wäre in dem Sinne ein Schritt zur Integrationsfähigkeit der Schule gemacht, daß die soziale Bezugsnorm zwar bewußt wahrgenommen wird, aber offenbar eine Orientierung am individuellen Lernfortschritt für die Leistungsmotivation möglich wird.

Ein Hinweis darauf, daß das tiefe Begabungskonzept für den Schüler eher die zweite Bedeutung bekommen haben könnte, dürfte dann gegeben sein, wenn sich zwischen einem tiefen Begabungskonzept und guten individuellen Leistungsfortschritten (trotz negativer Abweichung von der sozialen Bezugsnorm) eine auffällige Diskrepanz ergibt. Dieser Fall könnte als möglicher Indikator dafür angesehen werden, daß der betroffene schwache Schüler für sich die im separierenden Schulwesen gültigen motivationspsychologischen Gesetzmäßigkeiten durchbrochen hat und daß für ihn andersartige, im integrationsfähigen Schulwesen gültige, motivationspsychologische Gesetzmäßigkeiten gelten. Mit diesen Feststellungen möchten wir nachdrücklich vor voreiligen Interpretationen von Ergebnissen zum Begabungskonzept schwacher Schüler warnen; die Interpretation soll nur gemacht werden, wenn die Beziehung zwischen Begabungskonzept als Indikator für Leistungsmotivation und objektiven individuellen Leistungsfortschritten bekannt ist.

7.3.3 Schulleistungen

Die Primarschule soll auch unter integrationspädagogischer Sicht den Auftrag behalten, die Kinder in die grundlegenden Kulturtechniken einzuführen und Qualifikationen für das spätere Berufsleben vorzubereiten. Wie bereits in der Einleitung ausgeführt wurde, ist die Vermittlung von Sprache, Schrift und Rechnen zur Ausübung konkreter Arbeit und zur Teilhabe am gesellschaftlichen Leben erforderlich. Berufliche und gesellschaftliche Integration ist letztlich das Ziel der schulischen Integration. Es ist deshalb unbestritten, daß für die Beurteilung integrierender Primarschulversuche die Wirkungen der leistungsheterogenen Bezugsgruppe auf den Erwerb der elementaren Kulturtechniken wie Lesen, Schreiben und Rechnen untersucht werden müssen.

Bisher wurde die separierende Schulung und Berufsvorbereitung von leistungsschwachen Schülern durch das Argument gerechtfertigt, daß diese in besonderen Klassen mit einer leistungshomogenen Zusammensetzung besser und effizienter unterrichtet werden können.

In integrierenden Schulmodellen muß aber der leistungsschwache Schüler in einer leistungsheterogenen Klasse unterrichtet werden. Da es ein Ziel jeder Primarschule ist, die Schüler zu einer möglichst guten Beherrschung der elementaren Kulturtechniken zu führen, muß es ein Ziel der integrationsfähigen Schule sein, schwache Schüler darin mindestens gleich zu fördern, wie es bisher in den Sonderklassen geschehen kann. Mit unserem Forschungsvorhaben müßte somit bezüglich der Leistungsförderung nachgewiesen werden, daß die Annahme einer grundsätzlichen Überlegenheit homogener gegenüber heterogenen Lerngruppen widerlegt werden kann.

7.3.4 Selbsteinschätzung des sozialen Integriertseins und des subjektiven Wohlbefindens

Ob ein Schüler gerne zur Schule geht und ob er sich in einer Klasse wohlfühlt, ist ebenfalls zum Teil von der Bezugsgruppe abhängig. Das subjektive Wohlbefinden eines Schülers in der Schulumwelt gilt unbestritten als eine günstige Voraussetzung für das schulische Lernen und für eine positive Entwicklung. Bei der Evaluation eines Integrationsmodells sollte auf eine Erhebung der Beurteilung des sozialen Integriertseins und des subjektiven Befindens in der integrierenden Regelklasse nicht verzichtet werden.

Allerdings ist die Interpretation von Ergebnissen zur Selbsteinschätzung des sozialen Integriertseins und des subjektiven Wohlbefindens in der Regel nicht eindeutig klar. Aufgrund der sozialpsychologischen Gesetzmäßigkeit, Dissonanzen zwischen Denken und Verhalten zu vermeiden, kann beispielsweise eine positive Selbsteinschätzung des sozialen Integriertseins von den zwar negativ verlaufenden Versuchen zum Aufbau von sozialen Beziehungen in der Klasse beeinflußt sein: Weil der Schüler durch möglicherweise unangemessenes und erfolgloses Verhalten versucht, Kontakte aufzubauen, veranlaßt ihn die Tendenz zur kognitiven Konsonanz zu einer positiven kognitiven Einschätzung seines sozialen Integriertseins, obschon er möglicherweise soziometrisch zu den unbeliebten und abgelehnten Schülern gehört. Ähnliches ist bezüglich der Einschätzung des subjektiven Wohlbefindens möglich: Wenn ein Schüler täglich viele Stunden in der Schule verbringt, könnte er sich wiederum zwecks Vermeidung von Dissonanzen veranlaßt sehen, sein Wohlbefinden in der Schule kognitiv positiv einzuschätzen.

Somit sind voreilige Interpretationen von Ergebnissen zur Selbsteinschätzung des Integriertseins zu vermeiden. Sie dürfen nur in Beziehung zu anderen Indikatoren für die Integrationsfähigkeit der Schule, z.B. die soziometrische Stellung oder die individuellen Lernerfolge, vorsichtig interpretiert werden.

8. Methodologie und Hypothesen unserer Begleitforschung

8.1 Wissenschaftsmethodologische Einordnung

8.1.1 Zur Kritik an empirischer Schulbegleitforschung

Weil Integration einen unverkennbaren ethischen und politischen Aspekt aufweist, bleibt die Forschungsmethodologie zur wissenschaftlichen Begleitung von Integrationsversuchen von teilweise ethisch und politisch motivierten Kontroversen nicht verschont. Beim Durchlesen des "Handbuchs der Integrationspädagogik" (*Eberwein* 1988a) findet man Wiederholungen von Einwänden gegen die empirische Schulforschung, welche Anfang der 70er Jahre im Zusammenhang mit Postulaten der "Pädagogischen Handlungsforschung" mit großem politischem Engagement diskutiert worden waren (z.B. *Haag; Krüger; Schwärzel; Wildt* 1972, *Heinze* 1972, *Klafki* 1973, *Stickelmann* 1972, *Zinnecker* 1972):

- technologischer und instrumentalisierender Praxisbezug
- inhumane Trennung zwischen erforschtem Objekt und forschendem Subjekt
- Verwendung von lebensweltunangemessenen Beobachtungskategorien
- Reduktion der Erkenntnismöglichkeit auf das Meßbare
- Verhinderung von gesellschaftlichem Fortschritt (vgl. *Haeberlin* 1975).

Im erwähnten "Handbuch der Integrationspädagogik" deutet sich die latente wissenschaftsmethodologische Kontroverse beispielsweise darin an, daß von *Preuss-Lausitz* (1988) hoffnungsvoll über die Möglichkeiten weiterer empirisch-analytischer Integrationsforschung geschrieben wird, während *Eberwein* (1988c) die skizzierten Einwände der Handlungsforschungsbewegung der 70er Jahre wiederholt und für eine Überwindung der "Einengung durch naturwissenschaftliche Forschungsprinzipien und eine neopositivistische Methodologie sowie die Forderung nach experimentellen Kontrollgruppenvergleichen" (297) und für eine alternative qualitative Forschung plädiert. Hinter der empirischen Forschung, welche auf wissenschaftliche Systemvergleiche abzielt, wird "die politische Strategie vermutet, über die Genehmigung von Schulversuchen eine echte Strukturreform zu verhindern" (*Eberwein* 1988c, 291). In verschiedenen Artikeln des "Handbuches" wird der empirieabstinente Eindruck erweckt, als sei Integration immer "gut", gesonderte Unterrichtung von "behinderten" Kindern immer schlecht und empirische Evaluationsforschung störend und überflüssig. Von *Muth* (1988, 17) werden ausdrücklich alle Evaluationsstudien an Schulversuchen als problematisch bezeichnet, "die der Frage nachgehen, ob Integration möglich ist oder ob sie nicht möglich ist".

Zutreffend an solcher Globalkritik ist, daß empirische Schulbegleitforschung zwangsläufig Restriktionen der experimentellen Forschung gelegentlich sprengen muß, indem sie Ergebnisse aus quasiexperimentellen Untersuchungen in einen praktischen und politischen Kontext einordnet und interpretiert sowie die Deutung der oft nicht ganz klaren Ergebnisse mit einer Bewertung verknüpft (*Teschner* 1981, 222). Schulbegleitforschung als "Evaluation von Schulversuchen" ist dadurch gekennzeichnet, daß dem Vorgang des oft unbefriedigend objektivierten, quasiexperimentellen Messens und Beschreibens das sorgfältig abwägende Interpretieren, Bewerten und Beurteilen folgt, indem die Daten mit den Intentionen des Schulversuchs verglichen werden. Die Bewertung hat letztlich zum Ziel, Entscheidungen nach einigermaßen rationalen Kriterien fällen zu können (*Niedermann* 1977, 22, *Cronbach* 1972, 41). Der Unterschied zwischen Evaluation mit empirischen Mitteln und nicht evaluativer empirischer Forschung besteht darin, "daß pädagogische Evaluation den Wert, pädagogische Forschung dagegen die wissenschaftliche Wahrheit einer Sache einzuschätzen versucht" (*Glass* 1972, 169).

Evaluationsforschung bedeutet demnach explizite Verwendung wissenschaftlicher Forschungsmethoden und -techniken für den Zweck der Durchführung einer Bewertung (*Wittmann* 1984, 17). Unser Forschungsprojekt ist in diesem Sinne zweifelsohne Evaluationsforschung. Da sich der Begriff "Evaluation" in der Erziehungswissenschaft jedoch kaum durchsetzen konnte, verwenden wir den gängigeren Begriff "Schulbegleitforschung" (vgl. *Wittmann* 1984, 12). Betrachtet man die allgemeine Literatur zur Schulbegleitforschung, so kann man feststellen, daß sich die Autoren mindestens darüber einig sind, daß Schulbegleitforschung wichtig und notwendig sei. So argumentiert beispielsweise *Prell* (1984, 17), daß Schulversuche wissenschaftlich begleitet werden müßten, damit ein Mißlingen oder eine Fehlinterpretation von Schulreformen verhindert werden könne. Für *Teschner* (1981, 222) sind "Entwicklung und Evaluation unabdingbare Elemente von Innovation, gewissermaßen die beiden Seiten der Medaille. Ohne eine dieser Seiten ist die Medaille nicht nur die Hälfte wert, sondern gar nichts wert."

Über das Postulat der Notwendigkeit von Schulbegleitforschung hinaus gibt es relativ wenig Übereinstimmung, die nicht schon kontrovers diskutiert worden wäre. Einigkeit besteht immerhin noch darüber, daß, unabhängig vom wissenschaftsmethodologischen Standpunkt, die Komplexität des Untersuchungsgegenstandes zu methodologischen Problemen führt (vgl. *Straka*; *Strittmatter* 1978; *Eberwein* 1984, *Klauer* 1977, 45). Schulbegleitforschung befindet sich häufig in folgendem Dilemma: "Ist die möglichst hohe Exaktheit die Maxime, dann hat das im Forschungsprozeß meist zur Folge, daß aus der Komplexität der vorfindbaren Realität immer nur Teilaspekte herausgegriffen werden, die dann aber infolge ihrer isolierenden Tendenz zur Verzerrung oder Versimplifizierung der Realität führen. Und umgekehrt: Steht die Erforschung vergleichsweise komplexer Zusammenhänge im Vordergrund des Interesses, ist in den meisten Fällen die Anwendung relativ inexakter Methoden die Folge..." (*Straka*; *Strittmatter* 1978, 110).

Unter dem bereits erwähnten Stichwort "Pädagogische Handlungsforschung" wird in hartnäckiger Regelmäßigkeit immer wieder suggeriert, die Aufgaben der quasiexperimentellen empirischen Forschung einerseits und der Beratung und geplanten Veränderung eines Schulversuchs andererseits könnten gleichzeitig im gleichen Forschungsfeld angegangen werden. Nach wie vor gilt unseres Erachtens die wissenschaftsmethodologisch eindeutige Regel, daß "...Gleichzeitigkeit von empirisch-analytischer Forschung und Handlungsforschung im gleichen Forschungsfeld als Möglichkeit auszuschließen..." ist (*Haeberlin* 1975, 673). Als Qualitätsmerkmal für empirische Schulbegleitforschung gilt weiterhin der Grundsatz, "...daß Phasen der empirischen Analyse und Phasen des pädagogischen Handelns zeitlich oder räumlich strikt voneinander getrennt werden müssen" (*Haeberlin* 1975, 674).

Wir sind der Meinung, daß man methodologische Probleme nicht dadurch überwindet, daß man sie polemisch verschleiert. Verzichtet man auf empirisch-analytische Kriterien der Wissenschaftlichkeit, so fallen zwar die methodologischen Probleme automatisch weg, gleichzeitig aber auch der Anspruch auf Generalisierbarkeit. Ist es möglich, eine Fragestellung auch mit empirischen Methoden zu bearbeiten, so verringert man dadurch das Irrtumsrisiko bei der Interpretation und Bewertung. Trotz methodischer Probleme und mit dem Wissen, daß empirisch-analytische Regeln nur bis zu einem gewissen Grad erfüllt werden können, sind durch erfahrungswissenschaftliche, intersubjektiv nachvollziehbare Methoden und Quasi-Experimente stabilere Erkenntnisse möglich als allein durch subjektive Wirklichkeitsdeutung (*Teschner* 1981, 234).

8.1.2 Der Widerspruch zwischen Erkenntnis und Handeln

Der Kritik alter und neuer Anhänger der Handlungsforschung als neue Wissenschaftsmethode ist der methodologische Vorteil empirischer Forschung entgegenzuhalten, daß sie intersubjektiv nachvollziehbar und in den Methoden wiederholbar zu theoriegeleitet generalisierbaren Erkenntnissen kommen kann. Auf die im

Kritischen Rationalismus formulierten Minimalprinzipien der Nachvollziehbarkeit aller Denkschritte und gegebenenfalls der wiederholbaren Überprüfung von behaupteten Zusammenhängen sollte man unseres Erachtens nicht verzichten. Damit verbinden wir jedoch *keine* Aufforderung zur Beschränkung der Wissenschaft auf die Überprüfung von Gesetzmäßigkeiten. Wissenschaft hat unseres Erachtens darüber hinaus die Aufgabe, praxisleitende Ideologien und Alltagstheorien rational diskutierbar und damit veränderbar zu machen.

Die immer wieder zum Ausdruck gebrachte These, daß durch den empirischen Nachweis von "subjektunabhängigen, übergreifenden Gesetzmäßigkeiten ... gesellschaftliche Strukturen mittels technokratischer Verwaltung von Menschen abgesichert" (*Eberwein* 1988c, 293) werden, trifft vermutlich nur deshalb nicht selten zu, weil empirische Schulforschung häufig von Forschern durchgeführt wird, die direkt oder indirekt von der Schulbürokratie abhängig sind, sich von technokratisch verwendbaren Forschungsergebnissen Laufbahn- oder Arbeitsplatzprivilegien erhoffen oder sich durch politische Abstinenz mißbrauchen lassen. Wir versuchen, mit unseren Integrationsforschungen die Gegenthese zu belegen, daß die empirische Aufdeckung von "subjektunabhängigen, übergreifenden Gesetzmäßigkeiten" von hoher ideologiekritischer Bedeutung sein kann.

Wir anerkennen, daß wissenschaftliche Forschung sowohl zu verallgemeinerten und objektivierten Erkenntnissen führen als auch praktisches Handeln erleichtern und optimieren soll. Mit den kritisch-rationalistischen Minimalprinzipien für Wissenschaftlichkeit nehmen wir bewußt den Widerspruch zwischen Erkenntnis und Handeln als unaufhebbar im Sinne einer dialektischen Einheit in Kauf (Abbildung 9). Während Erkenntnis methodologisch objektivierbar und theoriegeleitet generalisierbar sein soll, ist praktisches Handeln auf das nicht wiederholbare und nicht generalisierbare Einzelproblem gerichtet; letzteres gilt natürlich auch für die Beratung von Integrationsschulversuchen. Die einseitige Gewichtung eines Poles dieser dialektischen Einheit führt zu Fehlentwicklungen der Wissenschaft: Einerseits bewirkt Rückzug auf praktisches Handeln Blindheit gegenüber Ideologien und Verwechslung von Wunsch mit Wirklichkeit. Andererseits hat Beschränkung auf Erkenntnis Blindheit für die Nöte der einzelnen Menschen zur Folge; die verallgemeinerte Erkenntnis kann sogar zum Schaden einzelner Kinder werden.

Wir gehen davon aus, daß die Annahme eines Kontinuums zwischen den beiden skizzierten Polen wissenschaftstheoretisch vertretbar und sinnvoll ist. Auf diesem Kontinuum bedeuten abnehmende Objektivierbarkeit und Generalisierbarkeit zunehmenden Druck zum praktischen Handeln; abnehmender Druck zum unmittelbaren Handeln hingegen ermöglicht zunehmende Distanznahme zwecks objektivierender Forschung und generalisierender Theoriebildung (vgl. Abbildung 9). Lösungen des Widerspruchs durch Bevorzugung eines der beiden Pole kann zu

Fehlentwicklungen der Forschung führen: Einerseits kann Beschränkung der Schulbegleitung auf praktisches Handeln und Beraten zur theoretischen und ideologiekritischen Blindheit führen, was den Fehler vieler Pädagogen fördert, Wünsche als Realität zu behandeln. Andererseits kann Beschränkung der Schulbegleitung auf die objektivierende Erforschung von Wirkungen schulischer Einflüsse und theoriegeleitete Generalisierungen der Forschungsergebnisse Blindheit für die Nöte und Probleme der einzelnen Menschen als nicht generalisierbare und aus Durchschnittswerten nicht prognostizierbare Subjekte zur Folge haben. Um beide Fehlentwicklungen zu verhindern, muß sich wissenschaftliche Begleitung stets zum Ziel machen, mehrere Teilprojekte möglichst gleichmäßig auf das Kontinuum verstreut durchzuführen.

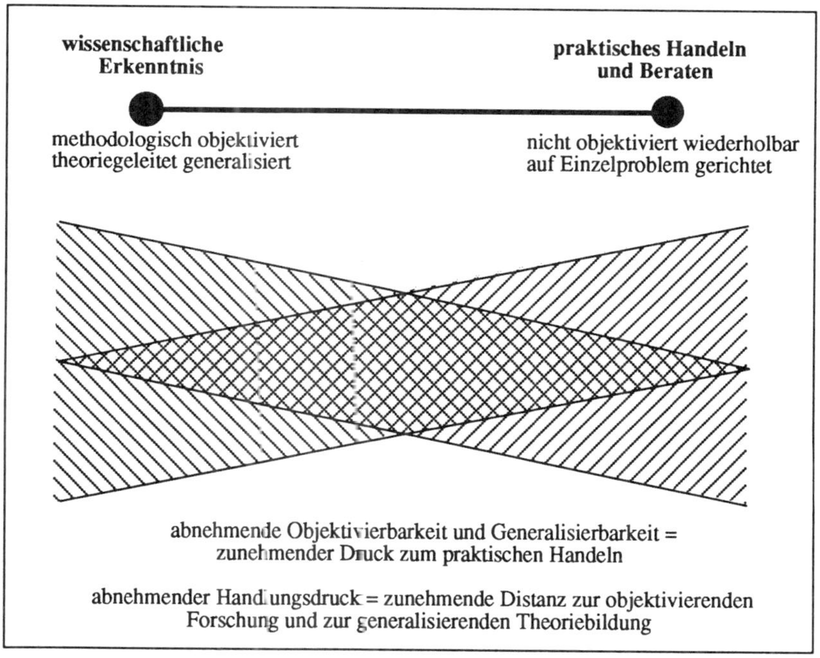

Abbildung 9: Das dialektische Verhältnis zwischen Erkenntnis und Handeln

Wir illustrieren unsere wissenschaftstheoretische Sichtweise an vier Beispielen aus unseren Freiburger Forschungen. Das in den folgenden Abschnitten dargestellte Forschungsprojekt "Wirkungen separierender und integrierender Schulformen auf schulleistungsschwache Schüler" ist am nächsten beim Pol der idealtypischen empirischen Forschung. Als klärende wissenschaftstheoretische Zwischenbemerkung zu diesem Projekt sei der Hinweis erlaubt, daß wir es als selbstverständlich erachten, daß das mit dem Integrationspostulat verbundene Menschenbild des "Gleich-Seins" und des "Person-Seins" nicht empirisch begründet werden kann. Es läßt sich zwar in nachvollziehbaren, also wissenschaftlichen Gedankengängen zeigen, daß das Funktionieren des marktwirtschaftlichen Kreisprozesses von Produktion und Konsumation Streben nach Ungleichheit und nach ichbezogener Bedürfnisbefriedigung und nicht Motive zum "Gleich-Sein" erfordert. Jeder Pädagogik, die für den Schwachen Partei ergreift - auch der zur Zeit neu belebten Integrationspädagogik -, droht das Aufgeriebenwerden zwischen Wunsch nach gleicher Würde und gleichem Wert aller Menschen und die Ohnmacht gegenüber der realen Entwürdigung von Menschen durch den verselbständigten Mechanismus von Produktion und Konsumation.

Der unmittelbare Handlungsdruck und Beratungswert der Forschungsergebnisse unserer quasiexperimentellen Wirkungsstudie ist in Anwendung des Modells zum Verhältnis zwischen Erkenntnis und Handeln als gering einzustufen; hingegen liegt ihre ideologiekritische Funktion in der Verhinderung einer Verwischung des Widerspruchs zwischen möglicherweise ungebrochen realitätsstiftender Leistungsideologie auch in Integrationsklassen und pädagogischen Integrationswünschen. Bei einer Verschleierung dieses Widerspruchs durch Empirieabstinenz könnte allzuleicht Wunsch mit Realität verwechselt und übersehen werden, daß nur hartnäckigste und geballte Kritik an der Selektions- und Zuweisungsfunktion von Schule Integration im Sinne des "Gleich-Seins" und des "Person-Seins" aller Schüler mehr als nur scheinbar erfüllter Wunsch werden könnte.

Am nächsten beim Handlungs-Pol befindet sich unser Projekt "Ambulante Heilpädagogische Intensivbetreuung", welches im vorliegenden Forschungsbericht noch keine breitere Darstellung finden kann. In diesem Projekt führen Forscher selbst die intensive Betreuung einzelner sonderschulbedrohter Kindergarten- und Primarschulkinder durch und dokumentieren deren Verlauf. Am Anfang und im Zentrum dieses Projekts stehen weder ein wissenschaftsmethodischer Anspruch noch ein generalisierungsfähiger theoretischer Bezugsrahmen, sondern Kinder, die uns zum pädagogischen und schulpolitischen Handeln im kleinen herausfordern. Wir gingen vorerst gar nicht von der Intention eines Forschungsprojekts aus, sondern ließen uns vom Wunsch nach intensiver Betreuung eines sonderschulbedrohten Kindergartenkindes vor und nach seiner erwünschten Einschulung in die Regelklasse leiten. Da von der Schulbürokratie die Möglichkeit einer intensiven ambulanten Betreuung nicht vorgesehen war, stand am Anfang der pädagogischen Hilfe das praktische Problem, wie man die Bürokratie überlisten könnte. Seit der erfolgreichen Lösung dieses Problems führen Wissenschaftler selbst die intensive Betreuung durch und dokumentieren deren Verlauf. Es entstand die Idee, diese intensive Hilfe weiteren Kindern mit ähnlicher Ausgangslage zu ermöglichen. Damit erst hat sich das Unterfangen zum Projekt etabliert. Angestrebt wird ein übertragbares und praktikables Modell integrativer Pädagogik.

Wir skizzieren zwei Projekte, die zwischen den beiden Polen angesiedelt sind. Beide Projekte konnten in den vorliegenden Forschungsbericht aufgenommen werden. Das Projekt "Merkmale schulleistungsschwacher Schüler in soziometrischen Extrempositionen" (*Bless* 1989) will Durchschnittsbefunde zum Zusammenhang zwischen Schulleistungsschwäche und soziometrischer Stellung differenzieren (vgl. die Darstellung in Kapitel 12). Die Zunahme der Handlungsrelevanz geht mit einer gewissen Abnahme methodologischer Ansprüche einher. Wir fassen plakativ vereinfachend die Ergebnisse der Extremgruppenvergleiche zusammen: Jene integrierten Lernbehinderten haben die größte Chance, in ihrer Klasse nicht zu den Unbeliebtesten zu gehören, welche eine relativ hohe Intelligenz haben, mittelschichtangepaßtes Sozialverhalten zeigen, durch ruhiges, wenig störendes und kooperatives Verhalten den Erwartungen von Lehrern und Mitschülern entgegenkommen sowie in der äußeren Erscheinung attraktiv und sauber sind.

Selbstverständlich ist auch dieser Befund bezüglich der praktischen Schlußfolgerungen ambivalent; in der Lehrerberatung kann er aber durchaus praktische Bedeutung für das Verständnis des sozialen Geschehens in einer einzelnen Klasse haben. Es wird die praxisrelevante Frage nahegelegt, ob es pädagogisch wünschenswert ist, daß die soziale Struktur in Schulklassen eng mit Schulleistung, Intelligenz und angepaßtem Mittelschichtverhalten zusammenhängen soll. Dabei werden wir allerdings mit Ohnmachtsgefühlen fertig werden müssen, wenn einige Lehrer die empirisch belegten Kriterien der schulischen Hackordnung für richtig und unverrückbar halten und keine Bereitschaft zur Parteinahme für die Schwachen entwikkeln.

Das in Kapitel 4.4 zusammengefaßte Projekt "Der Heilpädagogische Förderunterricht im Urteil der betroffenen Schüler" (*Moser* 1989) fragt nach den Besonderheiten im Schulalltag von integrierten Lernbehinderten. Als Ergebnis deutet sich an, daß sie sich zwischen dem Lernvorteil im Förderunterricht und dem zeitweisen Herausgerissensein aus dem sozialen Verband der Klasse verunsichert fühlen und unter einem inneren Zwiespalt leiden könnten. Dies ist bedeutungsvoll für die Praxis der Integration. Die heute praktizierte äußere Differenzierung mit Stütz- und Förderunterricht (aber auch beispielsweise mit logopädischer und schulpsychologischer Einzelförderung) wird aus der Perspektive dieser Ergebnisse fragwürdig. Eine Umorientierung zur inneren Differenzierung und zu neuen Kooperationsformen zwischen Regelschullehrern, Förderlehrern, Schulpsychologen, Logopäden u.a. ist angezeigt. Dies hätte ein neues Berufsverständnis aller Beteiligten zur Folge.

8.2 Allgemeine Hypothesen

Integrationspädagogisch bedeutsame Forschungshypothesen müssen einen evaluativen Bezug zu der in Kapitel 7.2 dargestellten normativen Vorstellung einer integrationsfähigen Schule haben. Bei der Auswahl der zu erforschenden Hypothesen zur Evaluation von laufenden Integrationsversuchen am Maßstab der normativen Integrationsidee ist insbesondere der folgende Leitsatz zu berücksichtigen: Wenn die Angleichung der Schulleistungen von bisherigen Hilfsschülern an das Leistungniveau von Regelschülern in den Mittelpunkt gestellt wird, ist ein Integrationsversuch von vornherein keine Annäherung an die normative integrationspädagogische Vorstellung; denn er ändert an dem heutigen negativen und positiven Bewerten und der damit verbundenen Zuweisung von Beliebtheitsrangpositionen von Menschen nach deren Leistungsfähigkeit nichts. Die Vorstellung von "integrationsfähigen" und "integrationsunfähigen" Kindern wird damit nicht überwunden, weil auch mit dem aufwendigsten Förderunterricht nie alle Schüler die Durchschnittsleistung erreichen werden. Unsere wertgeleitete Evaluation hat von einer Hypothesenbildung auszugehen, welche Hinweise auf die Frage gibt, inwieweit Integrationsversuche die Gleichsetzung von "Integrationsfähigkeit" und "Schulleistungsförderbarkeit" zumindest ansatzweise überwinden können. Solange diese Gleichsetzung bestehen bleibt, wird grundsätzlich die negative Bewertung von niedrigen Leistungspotentialen beibehalten.

Der normative Kern eines Integrationsversuchs müßte die Vision einer integrationsfähigen Schule sein, in welcher Kinder unterschiedlichster Leistungsfähigkeit als gleichwertige Partner in das Beziehungsnetz der schulischen Bezugsgruppe (Klasse) aufgenommen werden und in welcher es keine Geringschätzung wegen unterdurchschnittlicher Schulleistungsfähigkeit gibt. Diese normative Sichtweise hat uns zur Erforschung von bezugsgruppentheoretisch begründeten Hypothesen veranlaßt. Der bezugsgruppentheoretische Rahmen ist in den Kapiteln 6.1 und 6.2 entfaltet worden, so daß hier auf eine erneute Darstellung verzichtet werden kann. Im Zentrum dieses theoretischen Rahmens stehen folgende Annahmen: Die Beurteilung der eigenen Fähigkeiten geschieht in der Regel durch Vergleiche mit den Leistungen von Mitgliedern in Bezugsgruppen, in welchen sich zentrale Bewertungskategorien herausgebildet haben. Diese zentrieren sich in Primarschulen häufig um die Grundwerte "Leistung" und "Konformität", weil diese Verstärkung durch Erzieher und Lehrer positive Selektion versprechen. Unter diesen Bedingungen definieren sich auch häufig Sympathie und Ablehnung nach den Schulleistungen und dem schulkonformen Verhalten von Mitschülern.

Wenn wir von der Vermutung ausgehen, daß in den von uns zu untersuchenden Integrationsversuchen keine grundsätzliche Veränderung des bisherigen Wertklimas in Primarschulklassen stattgefunden haben dürfte, besteht Anlaß zur Hypothese, daß in Regelklassen integrierte Lernbehinderte soziometrisch signifikant häufiger als die übrigen zu den unbeliebten und abgelehnten Schülern gehören. Diese Hypothese liegt deshalb nahe, weil Lernbehinderte in der Regel durch schlechte Schulleistungen auffallen und häufig aufgrund ihrer sozialen Herkunft und ihrer Reaktionen auf die Ablehnung durch Lehrer und Mitschüler unangepaßtes Verhalten zeigen. Die Integrationsfähigkeit im Sinne unserer normativen Vorstellung wäre dann eher gegeben, wenn sich diese Hypothese nicht bestätigen würde. Es ist daran zu erinnern, daß wir in Kapitel 7.3.1 die Beurteilung der sozialen Integration anhand soziometrischer Untersuchungen als zentral für die normative Evaluation von Integrationsversuchen betrachtet haben.

Weitere Elemente unserer bezugsgruppentheoretischen Annahmen erlauben, auf unsere Fragestellungen angewendet, folgende Schlußfolgerungen: Lernbehinderte finden in der leistungshomogenen Hilfsklasse Vergleichsmaßstäbe, die eine relativ positive Beurteilung der eigenen Leistungsfähigkeit erlauben; der positive Effekt einer Sonderschuleinweisung ist jedem Praktiker bekannt. In einer leistungsheterogenen integrativen Regelklasse finden Lernbehinderte hingegen Vergleichsmaßstäbe, die sie zu einer negativen Beurteilung der eigenen Leistungsfähigkeit veranlassen. Wir nehmen an, daß in den derzeitigen Integrationsversuchen keine grundsätzliche Veränderung des schulischen Wertklimas stattgefunden hat. Somit liegen folgende Hypothesen nahe: Vergleichbar schwache Schüler haben nach der Sonderschuleinweisung ein signifikant höheres Begabungskonzept als nach einer Integration in eine Regelklasse. Wenn sich der Sonderschüler jedoch in den oberen Klassen im Hinblick auf den Austritt aus dem “Schonraum” der Sonderschule auf neue Bezugsgruppen umorientiert, sinkt sein Begabungskonzept wieder auf das tiefe Niveau der integrierten schwachen Schüler.

Eine Bestätigung oder Nicht-Bestätigung dieser Hypothese an sich wäre jedoch noch kein hinreichender Indikator für die positive oder negative Bewertung eines Schulversuchs bezüglich seiner integrationspädagogischen Kraft. Wir haben in Kapitel 7.3 darauf hingewiesen, daß dieser Indikator für schwache Schüler alternative Bedeutungen haben kann: entweder fehlende Leistungsmotivation oder Realitätsbewußtsein ohne negative Auswirkungen auf die Leistungsmotivation. Nur bei der zweiten Interpretationsmöglichkeit wäre ein Schritt zum Wertklima einer integrationsfähigen Schule gemacht. Ein Hinweis auf diese zweite Interpretationsmöglichkeit wäre für uns dann gegeben, wenn schwache Schüler trotz tiefem Begabungskonzept auffällig positive Leistungsfortschritte machen.

Damit diese Interpretationsmöglichkeit überhaupt geschaffen wird, ist die Überprüfung der folgenden Frage zwingend erforderlich: Entspricht dem besseren Begabungskonzept von Lernbehinderten in Sonderklassen gegenüber Lernbehinderten in Regelklassen ein objektiv besserer Fortschritt bezüglich der Schulleistungen? Aufgrund des fortgeschrittenen Standes amerikanischer Forschungen müßte, unabhängig von unseren theoretischen Überlegungen, die Hypothese in folgender Gerichtetheit formuliert werden: Lernbehinderte machen in Sonderklassen schlechtere Leistungsfortschritte als in integrierenden Regelklassen. Wenn diese Hypothese in unserer Untersuchung auch wieder bestätigt wird, so heißt dies jedoch noch nicht zwingend, daß das tiefere Begabungskonzept von schwachen Schülern in Regelschulen nun integrationspädagogisch positiv beurteilt werden kann, weil es ja sogar noch bessere Schulleistungen zuläßt. Denn es besteht ja auch die Möglichkeit, daß in Regelklassen sitzengelassene schwache Schüler (häufig Mehrfachrepetenten) schon immer bessere Leistungsfortschritte gezeigt haben als Lernbehinderte in Sonderklassen, weil die eingeschränkte Bezugsgruppe in einer Sonderklasse den Lehrer zu einer weniger durchschnittsorientierten Leistungsförderung veranlassen könnte. So gesehen könnte ein Unterschied zwischen den Leistungen schwacher Schüler in Regelklassen und in Sonderklassen wiederum nichts anderes als eine Folge des Unterrichtens in leistungsheterogenen und -homogenen Bezugsgruppen sein. Der Sonderschullehrer setzt möglicherweise mangels Vergleichsmöglichkeiten die Unterrichtsziele tiefer an, als er dies für die gleichen Schüler in einer Regelklasse mit uneingeschränkten Vergleichsmöglichkeiten tun würde.

Neben den Kernfragen nach der soziometrischen Integration und dem Verhältnis zwischen Begabungskonzept und Schulleistungen stellen sich auch die subjektbezogenen Fragen, ob sich ein Schüler selbst als sozial gut oder schlecht integriert und als subjektiv glücklich oder unglücklich beurteilt. Unter Bezugnahme auf die Hypothesen einer ungünstigen soziometrischen Stellung und eines tiefen Begabungskonzepts von schwachen Schülern in Regelklassen ist die Hypothese naheliegend, daß sich die in Regelklassen integrierten schwachen Schüler auch bezüglich der selbsteingeschätzten sozialen und emotionalen Integration negativ von Hilfsschülern unterscheiden. In Kapitel 7.3.4 haben wir allerdings festgehalten, daß eine eindeuti-ge Interpretation von Ergebnissen zur Selbsteinschätzung des sozialen Integriertseins und des subjektiven Wohlbefindens in der Regel auf Probleme stoßen dürfte. Selbsteinschätzungen können häufig durch die Tendenz, Dissonanzen zwischen Verhalten, Denken und Fühlen zu vermeiden, erklärt werden. Über die Wahrscheinlichkeit einer Bestätigung der Hypothese kann man somit durchaus geteilter Meinung sein.

9. Forschungsmethodik

Entsprechend den Ausführungen in Kapitel 8.2 sind folgende Hypothesen zur soziometrischen Stellung, zur Selbsteinschätzung der eigenen Fähigkeiten (Begabungskonzept), zu den Schulleistungen sowie zur Selbsteinschätzung des sozialen und des emotionalen Integriertseins zu überprüfen.

Hypothese zur soziometrischen Stellung:

In leistungsheterogenen Klassen (Regelklassen mit oder ohne Heilpädagogische Schülerhilfe) haben schulleistungsschwache Schüler einen ungünstigeren soziometrischen Status als nicht-schulleistungsschwache Schüler.

Hypothesen zur leistungsmotivationalen Integration (Selbsteinschätzung der eigenen Fähigkeiten, Begabungskonzept):

Schulleistungsschwache Schüler haben in leistungshomogenen Sonderklassen für Lernbehinderte (Hilfsklassen) eine höhere Selbsteinschätzung der eigenen Fähigkeiten als vergleichbare Schüler in leistungsheterogenen Regelklassen. Die sichtbare Gewährung Heilpädagogischer Schülerhilfe in Regelklassen ist mit einer noch niedrigeren Selbsteinschätzung der eigenen Fähigkeiten der schulleistungsschwachen Schüler verbunden.

Hypothese zu den Schulleistungen:

Schulleistungsschwache Schüler in leistungsheterogenen Regelklassen erzielen von einem Zeitpunkt t1 bis zu einem Zeitpunkt t2 eine stärkere Verbesserung der Ergebnisse in Schulleistungstests als vergleichbare schulleistungsschwache Schüler in leistungshomogenen Hilfsklassen.

Hypothese zum sozialen und emotionalen Integriertsein (Selbsteinschätzung der Beziehungen zu den Mitschülern und des subjektiven Befindens):

Schulleistungsschwache Schüler haben in leistungshomogenen Sonderklassen eher eine bessere Selbsteinschätzung des subjektiven Befindens in der Schule als vergleichbare Schüler in leistungsheterogenen Regelklassen. Die Selbsteinschätzung der Beziehungen zu den Mitschülern deckt sich tendenziell mit der soziometrischen Stellung von schulleistungsschwachen Schülern.

9.1 Die Instrumente zur Messung der Schülermerkmale

9.1.1 Das soziometrische Untersuchungsverfahren

9.1.1.1 Die Methode der erlebten Interaktionshäufigkeiten nach Krüger

Krüger (1976) entwickelte ein Verfahren zur soziometrischen Erhebung, das nicht wie üblich auf Wahlen, sondern auf erlebten Interaktionshäufigkeiten beruht. Die Durchführung dieser Untersuchungsmethode ist sehr einfach. Jeder Schüler muß zwei Fragen, nämlich "wie oft spreche ich mit ..." und "wie oft ärgere ich mich über ...", für jeden Mitschüler auf einer fünfstufigen Skala (immer-oft-mittel-selten-nie) beantworten.

Wir haben uns aus verschiedenen Gründen für die Methode von *Krüger* entschieden. Die Annahme, daß "erlebte Tatsächlichkeiten" (damit sind das Handeln und das erlebte Verhalten in der Gruppe gemeint) die zwischenmenschliche Situation einer Gruppe widerspiegeln, stellt das bessere methodische und theoretische Fundament der Soziometrie dar als Wahlen und Wertschätzungen. Die Fragestellung in dieser Methode ist auf eine Erfahrung des "Tuns" und auf das konkrete Verhalten ausgerichtet. Sie richtet sich im Gegensatz zu anderen Verfahren nicht nach dem Emotionalen, dem Vorgestellten oder dem Gewünschten.

Krüger (1976, 25-29) weist auf Mängel der traditionellen Soziometrie hin, die auf das Wahlverfahren von *Moreno* (1934) zurückgehen. Er betont in seiner Kritik unter anderem die Gefahren der Wertung, die in Wahlverfahren insbesondere bei negativen Wahlen entstehen. Die Frage nach den negativen Beziehungen zwingt die Schüler zu unnatürlichen Überlegungen; nämlich zur klassifikatorischen Suche nach Schülern, die man nicht mag. Man überlegt sich doch beispielsweise kaum, wen man ausgesprochen nicht zum Geburtstag einlädt oder neben wem man nicht sitzen will, sondern wen man einladen oder neben wem man sitzen will. Ferner kritisiert *Krüger* die Polarität der soziometrischen Wahl, die bei den Wahlverfahren entsteht, da nur die Extrempositionen erhoben werden. Das Ergebnis gliedert sich bestenfalls in drei Kategorien: Gewünschte, Abgelehnte und Gleichgültige. Die große Mitte wird nicht weiter analysiert. Zur besseren Differenzierung müßten im Mittelbereich zusätzliche Kategorien geschaffen werden. Dieselbe Kritik wird auch von *Asher* und *Taylor* (1981,17) geäußert. Schließlich bemerkt *Krüger*, daß, bedingt durch die hohe Spezifität der Untersuchungsfrage, eine nachgewiesene Abhängigkeit der Ergebnisse von der Frage entsteht. Mit anderen Worten beeinflußt die konkrete Situation, die in der Untersuchungsfrage enthalten ist, das Ergebnis, obwohl die Beliebtheit eines Mitschülers bei der Wahl sicherlich auch mitspielt. Die Wahl eines Mitschülers zum Sitznachbarn könnte zum Beispiel auch aus anderen Gründen als nur durch die Zuneigung zu ihm bedingt sein. Auch möchte man beispielsweise am liebsten mit einem guten Fußballspieler in der Mannschaft spielen.

Auf detaillierte Informationen zur Aufarbeitung der Daten wird an dieser Stelle verzichtet. Für genaue Informationen dazu verweisen wir auf *Krüger* (1976, 43-140 und 194-216). Bezüglich der *Retest-Reliabilität* gibt *Krüger* einen Reliabilitätskoeffizienten von .90 an. Die Reliabilität soziometrischer Größen liegt in der Regel eher unter der Reliabilität anderer psychometrischer Verfahren. Dabei dürfen an die Soziometrie nicht zu hohe Erwartungen gestellt werden; denn sie will wesentlich einen Stand "hier und jetzt" erfassen, so daß immer mit einer geringeren Stabilität gerechnet werden muß. Die Reliabilität der Methode der erlebten Interaktionshäufigkeiten liegt in allen Berechnungen oft über derjenigen der Wahlverfahren. Zur *differentiellen Reliabilität* wurde von *Krüger* die individuelle Stabilität berechnet. Die Einzelurteile bleiben über etwa vier Wochen mit .80, über längere Zeiträume mit etwa .50 bis .60 konstant (*Krüger* 1976, 170-184). Zur Beurteilung der *Validität* des Meßinstruments nahm *Krüger* eine Validierung der Profilmatrix oder der einzelnen Sozioprofile am Außenkriterium "Lehrerurteil" vor. Die Bewertung der Interaktionsdyaden wurde mit Aufsätzen (Schüler beschreiben Schüler) verglichen. Die hohe Übereinstimmung vermag einen Beitrag zur Validierung der Methode zu leisten (*Krüger* 1976, 75-82 und 186-194).

9.1.1.2 Das Integrationsmaß

Damit die Ergebnisse über die Spezifität der einzelnen Schulklassen hinaus vergleichbar sind, erweiterten wir die Methode von *Krüger* (1976), indem wir ein Verrechnungsverfahren entwickelten, das die soziometrischen Ergebnisse jedes Schülers (gewonnen mit der Methode der erlebten Interaktionshäufigkeiten) in einer Zahl, dem Integrationsmaß, zusammenfaßt (vgl. *Bless* 1985). Eine genaue Beschreibung der Berechnung des Integrationsmaßes am Beispiel einer Klasse kann bei den Autoren angefordert werden.

Das von *Bless* (1985) entwickelte Integrationsmaß (IM) wird für jeden Schüler berechnet und drückt sich in einer Zahl zwischen 0 und 100 aus. Je näher das Integrationsmaß an 100 kommt, desto positiver ist der soziometrische Status des betreffenden Schülers zu bewerten. Das Integrationsmaß ermöglicht, die Ergebnisse der soziometrischen Untersuchung über die Spezifität der Klasse hinaus zu vergleichen. Die Berechnung des Integrationsmaßes erfolgt anhand folgender Indexzahlen:

- Summe der gegenseitig positiven Interaktionsdyaden (Zweierbeziehungen) innerhalb der Klasse (P/P-Beziehungen)
- Summe der gegenseitig negativen Interaktionsdyaden innerhalb der Klasse (N/N-Beziehungen)
- Beliebtheitsmittelwerte aufgrund der Kerngrößen-Konfigurationen
- Größe der Klasse (Schülerzahl).

Bei der Auswertung der soziometrischen Daten werden alle möglichen Interaktionsdyaden aufgrund ihrer gegenseitigen Urteile bewertet. Besonders wichtig für die Kennzeichnung eines Schülers sind seine *P/P- und N/N-Beziehungen*. Sie stellen ein Maß für die Weite des sozialen Feldes dar, das der einzelne zur Verfügung hat. Je mehr P/P-Beziehungen ein Schüler hat, umso beweglicher ist er in seinem Sozialfeld und desto leichter fällt ihm der soziale Kontakt. Die Anzahl P/P-Beziehungen zeigt auf, wieviele Interaktionsmöglichkeiten ein Schüler hat. Dagegen sind viele N/N-Beziehungen ein Hinweis auf geringere Freiheiten im sozialen Raum. Je mehr N/N ein Schüler hat, umso geringer sind seine Möglichkeiten, Kontaktbedürfnisse zu befriedigen. Die Summen der N/N- und P/P-Beziehungen geben Aufschluß über den soziometrischen Status eines Schülers (*Krüger* 1976, 199-215).

In der Berechnung des Integrationsmaßes wird außerdem der *Beliebtheitsmittelwert der Kerngrößen-Konfiguration* des Schülers berücksichtigt. Die Kerngrößen-Konfiguration setzt sich aus dem Mittelwert des passiven Sprechens (MPSp), dem Mittelwert des aktiven Sprechens (MASp), dem Mittelwert des aktiven Ärgerns (MAAe) und dem Mittelwert des passiven Ärgerns (MPAe) zusammen. Die Profilmatrix faßt die Kerngrößen-Konfigurationen der gesamten Klasse zusammen. *Krüger* (1976, 43-112) zeigt, daß die Kerngrößen-Konfigurationen Aussagekraft für viele Bereiche des schulischen Lebens besitzen. Aus diesem Grunde werden sie in die Berechnung des Integrationsmaßes einbezogen. Dazu muß aber vorerst festgelegt werden, welchem Kriterium die Konfigurationen unterlegt werden sollen. Es bietet sich die "Beliebtheit in der Klasse" an, die *Krüger* in seiner Stichprobe über das Lehrerurteil erhoben hat. Dabei bestimmt man, ob ein Schüler einer bestimmten Konfiguration eher als beliebt oder als unbeliebt einzustufen ist. Die Lehrer von 22 Klassen mußten ihre 774 Schüler auf einer fünfstufigen Skala nach der "Beliebtheit in der Klasse" beurteilen. Diese Urteile wurden trichotomiert, d.h., man verwandelte die fünfstufigen Daten in dreistufige, wobei jeweils ein Drittel der Urteile auf die neuen drei Stufen entfallen sollte. Für die Berechnung des Beliebtheitsmittelwertes einer Konfiguration wurde die Häufigkeit, mit der sie in der Stichprobe vorkommt, und die Anzahl Urteile auf den neuen drei Stufen berücksichtigt. Dazu wurde bei den Lehrerurteilen für "beliebt" eine +1, für "mittel beliebt" eine 0 und für "unbeliebt" eine -1 eingesetzt.

Beispiel: Kerngrößen (aus der Profilmatrix):

MPSp	+
MASp	+
MAAe	+
MPAe	-

Die Konfiguration (+++-) kommt in *Krügers* Stichprobe elfmal vor. Acht Lehrer bewerten sie mit "beliebt", drei mit "mittel beliebt" und niemand mit "unbeliebt". Die Berechnung: 8 x (+1) + 3 x (0) + 0 x (-1) = 8 und 8/11= 0.73. Die Konfiguration (+++-) hat somit einen Beliebtheitsmittelwert von 0.73. Es wird die Summe gebildet, die anschließend durch die Häufigkeit der Konfiguration dividiert wird. Der höchstmögliche Beliebtheitsmittelwert ist +1, der kleinstmögliche -1. Für jede mögliche Konfiguration aus den Kerngrößen (81 Möglichkeiten) erhält man so einen Mittelwert der Beliebtheit, nach dem man die Konfigurationen in eine Rangreihe bringen kann (*Krüger* 1976, 194-198).

Die *Klassengröße* bildet die letzte Indexzahl, die zur Berechnung des Integrationsmaßes berücksichtigt wird. Sie muß einbezogen werden, damit die P/P- und N/N-Beziehungen sowie die Beliebtheitsmittelwerte in Relation zur Klassengröße gesetzt werden können.

Für die Berechnung des Integrationsmaßes verwendet man nicht die absoluten Werte der eben erwähnten Indexzahlen. Die Indices werden schulklassenweise in eine Rangordnung gebracht. So erhält jeder Schüler für seine P/P-, N/N-Beziehungen und für den Beliebtheitsmittelwert seiner Kerngrößen-Konfiguration je einen Rangplatz. Somit können die Indices einzeln zur Klassengröße in Relation gesetzt werden. Aus Gründen der Anschaulichkeit multipliziert man den erhaltenen Koeffizienten mit 100. Auf diese Weise ergibt die Berechnung des Integrationsmaßes eine Zahl zwischen 0 und 100.

Die Rangplätze werden folgendermaßen vergeben: Wer in der Klasse am meisten P/P-Beziehungen hat, erhält, von hinten aufkumuliert, den höchsten Rangplatz. Sein Rang ist somit gleich n (Klassengröße). Wird der Rangplatz zur Klassengröße (n) in Relation gesetzt, so ist der Koeffizient 1. Dasselbe gilt für den Beliebtheitsmittelwert der Kerngrößen-Konfiguration. Bei den N/N-Beziehungen hingegen ist es umgekehrt. Wer am wenigsten N/N hat, erhält den höchsten Rangplatz. Abbildung 10 faßt die Berechnung des Integrationsmaßes in einer Formel zusammen.

$$IM = \frac{\text{Rangplatz P/P}}{n} + \frac{\text{Rangplatz N/N}}{n} + \frac{\text{Rangplatz Beliebtheits-}\bar{x}}{n} \cdot 100$$

$$\text{daraus folgt:} \quad IM = \frac{\text{Rangplatz P/P + Rangplatz N/N + Rangplatz Beliebtheits-}\bar{x}}{3n} \cdot 100$$

Abbildung 10: Formel zur Berechnung des soziometrischen Integrationsmaßes

Damit ein Schüler ein Integrationsmaß von 100 erreicht, müßte er in seiner Klasse am meisten P/P-Beziehungen und am wenigsten N/N-Beziehungen haben, und seine Kerngrößen-Konfiguration müßte den höchsten Beliebtheitsmittelwert innerhalb der Klasse aufweisen.

Die Validierung des Integrationsmaßes wurde von uns am externen Kriterium Lehrerurteil vorgenommen (vgl. *Bless* 1985). Dieser Validierungsversuch stellt eine beschränkte Rückversicherung dafür dar, daß das Integrationsmaß tatsächlich den soziometrischen Status eines Schülers mißt. Dabei wurde die Rangreihe des Integrationsmaßes einer Klasse mit der Rangreihe aus Lehrerurteilen derselben miteinander verglichen. Sechs Lehrer von sechs zufällig aus der Gesamtstichprobe ausgewählten Klassen beantworteten auf einer fünfstufigen Skala *sehr gut integriert - gut integriert - mittel integriert - wenig integriert - überhaupt nicht integriert* folgende Frage: Wie gut sind folgende Schüler im Klassenverband integriert? Diese Frage mußte auf einer fünfstufigen Skala beantwortet werden, da ein Lehrer unmöglich eine echte Rangreihe der Schüler zur erwähnten Frage erstellen kann. Die Gefahr ist zu groß, daß nur die Pole der Rangreihe mit

Sicherheit bestimmt werden können. Beide Rangreihen wurden mit dem *Wilcoxon*-Test auf signifikante Unterschiede hin geprüft. Tabelle 51 faßt die Ergebnisse der Validitätsberechnung zusammen. In allen Klassen unterscheidet sich das Integrationsmaß nicht signifikant vom Lehrerurteil. Dieses eindeutige Ergebnis vermag einen Beitrag zur Validierung des Integrationsmaßes zu leisten, da zwischen den Rangreihen eine hohe Übereinstimmung besteht.

Tabelle 51: Ergebnisse der Validitätsberechnungen für das soziometrische Integrationsmaß

WILCOXON-Test: Rangreihe des IM / Rangreihe des Lehrerurteils					
Klasse	p	Anzahl Schüler	T - empirisch	T - tabelliert	Entscheid
1	< .05	19	87	46	H0
2	< .05	22	116	66	H0
3	< .05	16	66	30	H0
4	< .05	22	126	66	H0
5	< .05	18	76.5	40	H0
6	< .05	20	104.5	52	H0

9.1.2 Das Instrument zur Erhebung der Selbsteinschätzung der eigenen Fähigkeiten sowie des sozialen und emotionalen Integriertseins

Aus den normativen Postulaten an eine integrationsfähige Schule in den Kapiteln 7.3.3 und 7.3.4 geht hervor, daß wesentliche integrationspädagogische Dimensionen durch folgende Selbsteinschätzungsbereiche abgedeckt werden dürften:

- Die Einschätzung der eigenen Fähigkeiten im Rahmen des Schulunterrichts gibt Hinweise zur Dimension der *leistungsmotivationalen Integration.*
- Die Einschätzung der eigenen Beziehungen zu den Mitschülern gibt Hinweise zur *Dimension der sozialen Integration.*
- Die Einschätzung des eigenen Befindens in der Schule gibt Hinweise zur *Dimension der emotionalen Integration.*

Zur Erhebung der Selbsteinschätzung auf diesen drei Dimensionen konstruierten wir den "Fragebogen zur Erfassung von Dimensionen der Integration von Schülern FDI 4-6 ". Dieser ist für Benützer in einer leicht handhabbaren Testform publiziert worden; sämtliche Konstruktions- und Testgütemerkmale sind im Testmanual enthalten, so daß wir hier nur eine abgekürzte Testbeschreibung wiederzugeben brauchen (*Haeberlin; Moser; Bless; Klaghofer* 1989). Zur Illustration sind in Abbildung 11 einige Itembeispiele aus den drei Untertests wiedergegeben. Der FDI erfaßt mit drei Untertests mit je 15 Items die in Kapitel 7 postulierten Dimensionen des Integriertseins von Schülern in die Schulklasse. Die Items sind als Aussagen formuliert, welche auf einer vierstufigen Antwortskala *stimmt genau - stimmt ziemlich - stimmt weniger - stimmt gar nicht* von den Schülern zu beurteilen sind.

Skala: Beziehung zu den Mitschülern	stimmt ziemlich	stimmt genau	stimmt weniger	stimmt gar nicht
8. Meine Mitschüler sind immer hilfsbereit.	☐	☐	☐	☐
29. In meiner Klasse fühle ich mich allein.	☐	☐	☐	☐
32. Mit meinen Mitschülern vertrage ich mich ausgezeichnet.	☐	☐	☐	☐

Skala: Subjektives Befinden	stimmt ziemlich	stimmt genau	stimmt weniger	stimmt gar nicht
1. Ich gehe gern in die Schule.	☐	☐	☐	☐
16. In der Schule gibt es nur wenige Sachen, die mir gefallen.	☐	☐	☐	☐
19. Ohne Schule wäre alles viel schöner	☐	☐	☐	☐

Skala: Begabungskonzept	stimmt ziemlich	stimmt genau	stimmt weniger	stimmt gar nicht
9. Obwohl ich mich sehr anstrenge, kann ich schwere Aufgaben nicht lösen.	☐	☐	☐	☐
27. In der Schule ist mir vieles zu schwer.	☐	☐	☐	☐
30. Ich verstehe immer, was der Lehrer uns erklärt.	☐	☐	☐	☐

Abbildung 11: Itembeispiele aus dem FDI 4-6

9.1.2.1 Untertest SI "Soziales Integriertsein" (Einschätzung der Beziehungen zu den Mitschülern)

Mit dem Untertest SI des FDI wird die Selbsteinschätzung der Beziehungen unabhängig vom relativierenden Urteil der Mitschüler erhoben. Individualdiagnostisch dürften allfällige extreme Diskrepanzen zwischen den Ergebnissen im Untertest SI und den Ergebnissen eines soziometrischen Tests von besonderer Bedeutung sein.

Beim Durchsehen der Items ist zu beachten, daß aus Gründen bewährter Prinzipien der Testkonstruktion nicht alle Items gleich gepolt sind; d.h., Zustimmung kann je nach Item entweder hohe oder niedrige soziale Integration bedeuten.

Die Items des Untertests SI:

2. Ich bin sehr gerne mit meinen Mitschülern zusammen.
5. Ich habe sehr viele Freunde in meiner Klasse.

8. Meine Mitschüler sind immer hilfsbereit.
11. Es gibt nur wenige Klassenkameraden, die ich mag.
14. Ich bin auch gerne an freien Nachmittagen mit meinen Mitschülern zusammen.
17. Ich ärgere mich oft über meine Klassenkameraden.
20. Mit meinen Mitschülern komme ich sehr gut aus.
23. In meiner Klasse gibt es viele Schüler, die mich stören.
26. In unserer Klasse sind wir alle gute Freunde.
29. In meiner Klasse fühle ich mich allein.
32. Mit meinen Mitschülern vertrage ich mich ausgezeichnet.
35. Mit meinen Mitschülern bin ich auch gerne nach der Schule zusammen.
38. In unserer Klasse gibt es viele, die ich nicht mag.
41. In unserer Klasse fühle ich mich nicht immer wohl.
44. Mit meinen Mitschülern langweile ich mich.

9.1.2.2 Untertest EI "Emotionales Integriertsein" (Einschätzung des eigenen Befindens in der Schule)

Ein Hinweis auf das Gefühl das Integriertseins in die Schulklasse könnte die Tatsache sein, daß ein Schüler seine positive Einschätzung des eigenen subjektiven Befindens bei der Reaktion auf Items zum Ausdruck bringt. Der Untertest EI erfaßt die Einschätzung des subjektiven Befindens unspezifisch; es geht also nicht um die Einschätzung einzelner Faktoren wie beispielsweise Lehrer-Schüler-Verhältnis oder Angst vor Prüfungen, die an der Entstehung des subjektiven Befindens beteiligt sein könnten. Es wird vielmehr das momentane globale Befinden des Schülers erfaßt, wie er sich zur Zeit in der Schule fühlt.

Die Items des Untertests EI:

1. Ich gehe gern in die Schule.
4. In der Schule ist es interessant.
7. Ich bin froh, wenn ich einmal nicht mehr zur Schule muß.
10. Ich habe keine Lust, in die Schule zu gehen.
13. Nach den Ferien freue ich mich auf die Schule.
16. In der Schule gibt es nur wenig Sachen, die mir gefallen.
19. Ohne Schule wäre alles viel schöner.
22. Mir gefällt es in der Schule.
25. Oft warte ich nur darauf, bis die Schule endlich aus ist.
28. Ich bin froh, wenn die Schule aus ist.
31. In der Schule ist es manchmal langweilig.

34. Manchmal habe ich genug von der Schule.
37. Schule macht Spaß.
40. Manchmal würde ich gerne die Schule schwänzen.
43. Es wäre schön, wenn ich nicht mehr in die Schule gehen müßte.

9.1.2.3 Untertest LI "Leistungsmotivationales Integriertsein" (Einschätzung der eigenen Fähigkeiten)

Ein Hinweis auf das Integriertsein eines Schülers in das normative Klima der Schule kann die Tatsache sein, daß er Vertrauen in die eigenen Fähigkeiten hat, sich somit den im Unterricht gestellten Aufgaben gewachsen fühlt und folglich leistungsmotiviert ist. Die Selbsteinschätzung der eigenen Fähigkeiten zum Lösen schulischer Aufgaben wird in der Fachliteratur auch als "Begabungskonzept" bezeichnet. Es wird häufig beschrieben als ein Komplex von subjektiven Vorstellungen über die eigene Leistungsfähigkeit (*Meyer* 1984b). Wir haben den Begriff nicht für die Benennung des vorliegenden Untertests gewählt, weil "Begabung" zu leicht mit der Vorstellung einer ererbten Leistungsfähigkeit verbunden wird.

Eine hohe Selbsteinschätzung der eigenen Fähigkeiten braucht nicht unbedingt zu bedeuten, daß sich die Person im objektiven Vergleich mit der Gesamtbevölkerung als besonders leistungsfähig erweisen muß. Es ist durchaus möglich, daß im Hinblick auf einen solchen Vergleich die eigenen Fähigkeiten zu niedrig oder zu hoch eingeschätzt werden. Derartige Selbsteinschätzungen widerspiegeln bezugsgruppenabhängige subjektive Theorien über die eigenen Fähigkeiten in verschiedenen Leistungsbereichen. Man kann beispielsweise die eigene Leistungsfähigkeit als Sportler hoch, aber als Schüler tief einschätzen. Die subjektiven Theorien können sich auf ganze Lebensbereiche und/oder innerhalb eines Bereichs auf mehr oder weniger spezifische Einzelfähigkeiten beziehen. Sie lassen sich hierarchisch ordnen. Eine subjektive Fähigkeitstheorie unterer Ordnung im Bereich Schule wäre beispielsweise die Meinung: "Ich bin begabt im Bruchrechnen". Eine übergeordnete Theorie würde sich in diesem Fall auf den gesamten Mathematikunterricht beziehen. Eine Zusammenfassung der fächerspezifischen subjektiven Fähigkeitstheorien kann zu einer allgemeinen subjektiven Theorie über die eigenen schulischen Fähigkeiten führen, die sich in der Meinung "Ich bin ein guter Schüler" niederschlägt (*Epstein* 1979, 19). Für die Beurteilung der leistungsmotivationalen Anpassung an das normative Klima der derzeitigen Leistungs- und Selektionsschule erscheint uns die allgemeine, fachunspezifische Selbsteinschätzung schulischer Fähigkeiten als geeigneter Indikator.

Die Items des Untertests LI:

3. Das Lernen bereitet mir große Mühe.
6. Bei den Hausaufgaben komme ich immer nach.
9. Obwohl ich mich anstrenge, kann ich schwere Aufgaben nicht lösen.
12. In der Schule gelingt mir vieles nicht.
15. Wenn der Lehrer neue Aufgaben erklärt, verstehe ich sofort.
18. Ich kann auch sehr schwere Aufgaben lösen.
21. Ich lerne schnell.
24. In der Schule bin ich für vieles zu wenig gescheit.
27. In der Schule ist mir vieles zu schwer.
30. Ich verstehe immer, was der Lehrer uns erklärt.
33. Die Schule bereitet mir keine Mühe.
36. In der Schule kann ich alles.
39. Ich bin ein gescheiter Schüler.
42. Ich kann viele Schulaufgaben nicht.
45. Ich lerne leicht.

9.1.2.4 Formulierung und Analyse der Items

Zu jeder der drei theoretisch begründeten Dimensionen des Integriertseins wurde eine möglichst große Zahl von realitätsbezogenen Aussagen (Items) gesammelt, welche durch eine zustimmende oder ablehnende Stellungnahme des Schülers zu Indikatoren für dessen Selbsteinschätzung des eigenen sozialen, emotionalen oder leistungsmotivationalen Integriertseins werden könnten. Aufgaben mit einem schlechten Indikatorwert sollten im Laufe der Testkonstruktion aufgrund der Trennschärfen- und Schwierigkeitsanalyse ausgeschieden werden; Ziel der Testkonstruktion war eine möglichst hohe Innere Konsistenz eines Untertests, was eine gewisse Garantie für einen homogenen Indikatorwert aller Aussagen gewährleisten kann.

Bei der Formulierung der Items sind folgende Anforderungen berücksichtigt worden: 1) Die Aussagen sind immer in eine ich-bezogene Form zu bringen. 2) Sie sollen möglichst kurz und von einfacher Syntax sein. 3) Sie sollen eindeutig sein und Fehlinterpretationen verhindern. 4) Sie sollen sich auf die Gegenwart beziehen. 5) Doppelte Verneinungen sollen vermieden werden. 6) Es sollen Aussagen sein, auf welche Personen mit unterschiedlichen Standpunkten auch tatsächlich unterschiedlich reagieren (*Holm* 1975, 89; *Heidenreich* 1984, 428).

Viele Items kamen in Diskussionen und Interviews mit Dozenten des Heilpädagogischen Instituts der Universität Freiburg, mit Regelschullehrern, mit Sonderschullehrern, mit Schülern und mit weiteren Personen zustande. Es wurden auch Items in vorhandenen deutschsprachigen Instrumenten auf ihre Eignung für unsere Zwecke und Anforderungen geprüft.

Von den mit dem Untertest SI verwandten Unterskalen anderer Tests (Lernsituations-Test [LST] von *Kahl* 1977; Fragebogen zum Unterrichtsklima [FUK] von *Dreesmann* 1982a; Einstellung zur Schule [FES] von *Wagner* 1977) entspricht am ehesten die Skala "Verhältnis zu Klassenkameraden" im FES den Zielsetzungen des FDI. Es sind deshalb einzelne, unseren Ansprüchen entgegenkommende Items des FES für die Konstruktion des FDI übernommen worden.

Mit dem Untertest EI verwandte Skalen finden sich im Fragebogen "Einstellung zur Schule" FES (*Wagner* 1977a) und im "Angstfragebogen für Schüler" (*Wieczerkowski et al.* 1980) in der Subskala "Schulunlust". Die Skalen aus diesen vorliegenden deutschsprachigen Instrumenten konnten jedoch unter den Zielsetzungen des FDI nicht übernommen werden, da die Items für schulleistungsschwache Schüler eine sprachliche Überforderung dargestellt hätten.

Mit dem Untertest LI dürften mehrere Instrumente zur Erhebung des "Begabungskonzepts" eine Verwandtschaft aufweisen. Einige vorhandene deutschsprachige Meßinstrumente (Selbstkonzept Mathematik [SKM] von *Jobt* 1978; Selbstkonzept eigener Fähigkeiten im Schulfach Deutsch [SKD] von *Krampen* 1980; Selbstkonzept der Begabung [SKB] von *Meyer* 1972; Skala "Einschätzung eigener Fähigkeiten" im Fragebogen zum Selbstkonzept von *Wagner* 1977) wurden bei der Entwicklung des Untertests LI berücksichtigt, erwiesen sich aber aus verschiedenen Gründen als ungeeignet.

In formaler Hinsicht wurde bei der Itemformulierung darauf geachtet, daß es sich um monotone Items handelt, da sich die Testkonstruktion nach dem Modell der *Likert*-Skala orientieren sollte. Außerdem sollte je etwa die gleiche Anzahl von Aussagen in "positiver" wie in "negativer" Richtung formuliert sein, um dem möglichen Einfluß systematischer Reaktionstendenzen so weit wie möglich zu begegnen. Bei der Wahl der Ratingskala wurde unter Berücksichtigung des Alters und des intellektuellen Niveaus der Zielgruppe die vierstufige Reihe *stimmt genau - stimmt ziemlich - stimmt weniger - stimmt gar nicht* verwendet. Dadurch sollte die Überforderung der Befragten hinsichtlich des Differenzierungsvermögens verhindert werden (*Heidenreich* 1984, 423).

Zwecks Erprobung der Itemformulierungen wurden in einer ersten Versuchsphase einer kleinen Stichprobe von drei Klassen mit insgesamt 50 Schülern probeweise 37 Items zur Einschätzung vorgelegt. Mit diesem Versuch erhielten wir Hinweise dazu, ob sich die Schüler beim Einschätzen mittels Rating zurechtfinden und worauf bei der Durchführung zu achten ist. Die Auswertung dieser ersten Versuchsphase erleichterte im folgenden eine adäquatere Formulierung der restlichen Items. Die gesammelten Items wurden nun vorerst einer logisch-rationalen Analyse unterzogen. Dabei wurden theoretische, logische und psychologische Gesichtspunkte berücksichtigt. Diesen Analysen hielten insgesamt 67 Items stand. Diese wurden nun der empirisch-statistischen Itemanalyse unterzogen.

Die auf die beschriebene Weise zusammengestellten und nach rationalen Kriterien selektionierten Items wurden einer Stichprobe von sieben Klassen mit insgesamt 125 Schülern vorgelegt. Die Daten dieser Erhebung dienten der Selektion von Items für eine vorläufige Testform. Bei der Auswahl der Items war das primäre Kriterium eine maximale Trennschärfe, was bei homogenen Tests sinnvoll ist. Außerdem wurden Items mit sehr schlechten Schwierigkeitsindices eliminiert. Es wurden schließlich 45 Items, gleichmäßig verteilt auf die Subskalen, beibehalten. Diese Testform konnte dann einer Stichprobe von 1279 Schülern der 4. und 5. Klasse aus breit gestreuten Regionen der deutschsprachigen Schweiz vorgelegt werden.

Die aus der Erhebung an den 1279 Schülern berechneten Trennschärfen und Schwierigkeitsindices sind bei *Haeberlin; Moser; Bless* und *Klaghofer* (1989) im Tabellenanhang einsehbar. Die Trennschärfeberechnung wurde mittels Produkt-Moment-Korrelation durchgeführt. Ein Item wurde weiter verwendet, wenn der Trennschärfekoeffizient mindestens .30 erreichte (*Lienert* 1969, 138). Der Schwierigkeitsindex, wie er in der Regel bei Leistungstests durch den Prozentsatz aller Versuchspersonen, die eine Aufgabe richtig gelöst haben, ausgedrückt wird, kann sinngemäß auf Tests übertragen werden, bei denen es nicht um richtige oder falsche Antworten, sondern um Zustimmung oder Ablehnung geht (*Lienert* 1969, 88). (Die Bedeutung des Wortes "Schwierigkeit" trifft auf diese Tests selbstverständlich nicht zu.) Bei mehrstufigen Ratingskalen werden allerdings in der Regel Mittelwert und Standardabweichung des Items angegeben. Bezogen auf eine vierstufige Rating-Skala gilt dann folgende Interpretationshilfe: Ist der Mittelwert gleich 4, das heißt gleich der höchstmöglichen Einstufung, so haben 100% der Stichprobe dem Item die höchste Einstufung gegeben. Ist der Mittelwert gleich 1, das heißt gleich der tiefstmöglichen Einstufung, dann haben 100% der Stichprobe dem Item die tiefste Einstufung gegeben. Items mit derartigen Mittelwerten sind natürlich nutzlos, da sie in keiner Weise zwischen den Versuchspersonen differenzieren. Ein Mittelwert von 2,5 würde bedeuten, daß je 50% der Stichprobe auf den unteren beiden Stufen 1 oder 2 und den oberen Stufen 3 oder 4 angekreuzt haben. Je näher somit der Mittelwert eines Items bei 2,5 liegt, umso besser differenziert es.

9.1.2.5 Testgütemerkmale

Reliabilität

Zweck und theoretischer Anspruch des FDI verlangen bezüglich der verschiedenen Reliabilitätsmaße insbesondere eine hohe Innere Konsistenz, während die Test-Retest-Stabilitäten von nachgeordneter Bedeutung sind. Eine zu hohe Test-Retest-Stabilität über einen größeren Zeitraum wäre deshalb unerwünscht, weil Veränderungsmöglichkeiten bezüglich der Selbsteinschätzung des Integriertseins angenommen werden; zwischen zwei länger auseinanderliegenden Zeitpunkten sollte somit die Test-Retest-Stabilität auf keinen Fall auf der Höhe liegen, die beispielsweise bei der Konstruktion von Intelligenztests anzustreben wäre, da die Intelligenz als ein stabiles Persönlichkeitsmerkmal definiert ist. Aufgrund dieser Überlegungen wurde bei der Konstruktion der Untertests des FDI eine möglichst hohe Innere Konsistenz angestrebt, die Test-Retest-Reliabilität hingegen wurde eher vernachlässigt und lediglich zur Kontrolle für den Zeitraum von etwa einem Jahr überprüft. Wünschenswert ist bei einem solchen Zeitraum für Instrumente vom Charakter des FDI eine Test-Retest-Stabilität von .50 bis .70.

Tabelle 52: Reliabilitätsmaße der Untertests des FDI 4-6 (N = 1279)

	SI	EI	LI
Innere Konsistenz (Cronbach-Alpha)			
a) zum 1. Zeitpunkt	.89	.93	.93
b) zum 2. Zeitpunkt (1 Jahr)	.90	.93	.94
Test-Retest-Stabilität (Zwischenzeit 1 Jahr)	.57	.60	.73

Die Inneren Konsistenzen der Untertests wurden als Alpha-Koeffizient nach *Cronbach* (1951) berechnet, und zwar mit den Daten von 1279 Schülern der 4. und 5. Klasse. Nach einem Jahr konnte die Berechnung nochmals mit den Daten von denselben Schülern, welche diesmal die 5. und 6. Klasse besuchten, durchgeführt werden. Innere Konsistenz bedeutet Konsistenz der Leistung jeder Versuchsperson von Aufgabe zu Aufgabe und liefert somit ein Maß für die Homogenität eines Untertests (*Belser* 1975, 147). Die theoretische Definition der Dimensionen verlangt Untertests mit nachgewiesener Homogenität. Um neben dem Konsistenz-Koeffizient weitere Hinweise auf diese Anforderung zu haben, wurde außerdem eine Faktorenanalyse durchgeführt.

Validität

Die Forderung nach inhaltlicher Validität ist deshalb erfüllt, weil die Aussagen in konsequenter und leicht nachvollziehbarer Orientierung an den vorgängig definierten und inhaltlich spezifizierten Dimensionen des schulischen Integriertseins formuliert worden sind. Es ist bei der Itemformulierung vermieden worden, Aussagen zu berücksichtigen, die sich in semantisch unklarer Weise vom definierten Inhalt einer Dimension entfernen. Diese konsequente Berücksichtigung der inhaltlichen Validität wird daran sichtbar, daß sich die Items eines Untertests relativ ähnlich sind, ohne daß sie das genau Gleiche wiederholen.

Unsere Theorie des dreidimensionalen Integriertseins in die Schule legt den Versuch nahe, aus dem Fragebogen drei Faktoren zu extrahieren (*Bortz* 1984, 629; *Bogun* 1983, 132). Betrachtet man die Abfolge der Eigenwerte, so wird der Abbruch nach drei Faktoren bestätigt (vgl. *Bortz* 1984, 663). Die gefundene Lösung nach Varimax-Rotation führt zu den drei theoretisch angenommenen Dimensionen, so daß keine Faktoreninterpretationsprobleme bestehen. Erfreulich ist die hohe Varianzaufklärung von rund 50%, was in der sozialwissenschaftlichen Forschung ein nicht häufig erreichtes Ergebnis darstellt (*Bogun* 1983, 129). Bei *Haeberlin; Moser; Bless* und *Klaghofer* (1989) sind die Ergebnisse der Faktorenanalyse zusammengestellt; der interessierte Leser findet dort auch alle weiteren wichtigen statistischen Angaben zu den Testmerkmalen sowie Material und Anleitungen für Auswertung und Durchführung des Tests.

9.1.3 Schulleistungstests

9.1.3.1 Beschreibung im Sinne der klassischen Testkonstruktion

Die Vermittlung von mathematischen und schriftsprachlichen Fertigkeiten als unverzichtbare Kulturtechniken wird in den Richtlinien der Primarschule stets als zentrales Anliegen der schulischen Bemühungen dargestellt. Es handelt sich um Fertigkeiten, welche von praktisch allen Mitgliedern unserer Industriegesellschaft vorausgesetzt werden müssen. Die Erfolge der Förderung von elementaren Fertigkeiten im mathematischen und sprachlichen Bereich sind bei einer Evaluationsforschung, wie sie von uns durchgeführt wird, unbestrittenermaßen mitzuerheben. Zu diesem Zweck wurden von uns Schulleistungstests zu den folgenden Bereichen angewendet:

- Mathematik :	-	Grundoperationen
	-	Textrechnen
- Deutsch als Muttersprache:	-	Wortschatz
	-	Leseverständnis
	-	Wortverständnis
	-	Rechtschreiben

Aufgrund unseres Forschungsinteresses müßten die Instrumente nebst den üblichen Kriterien für Schulleistungstests zusätzlich folgender Anforderung genügen: Die Stichprobe umfaßte Schüler mit extrem unterschiedlichem Schulleistungsvermögen der 4./ 5. und nach einem Jahr der 5./ 6. Klassenstufe. Die Erhebungsinstrumente mußten deshalb so konstruiert sein, daß die Schwierigkeit ihrer Aufgaben vom Niveau der Hilfsklasse über die 4., 5. und 6. Klasse der Primarschule streute.

Die Schulleistungen wurden mit sechs Untertests erhoben, deren Lösung insgesamt etwa zwei bis drei Stunden in Anspruch nahm:

- Rechnen: Grundoperationen	max. 50 Minuten	Form A und B
- Rechnen: Textrechnen	max. 50 Minuten	Form A und B

- Sprache: Total ca. 50 Min. Form A und B

- Wortschatz	2x2 Minuten
- Leseverständnis	12 Minuten
- Wortverständnis	17 Minuten
- Rechtschreiben	10 Minuten

Die Meßinstrumente wurden in einer Voruntersuchung erprobt. Die Stichprobe der Voruntersuchung (vgl. Tabelle 53) setzte sich wie folgt zusammen:

Tabelle 53: Stichprobe der Voruntersuchung

	Anzahl Schüler	Anzahl Klassen
Hilfsschüler	65	6
4. Primar	83	4
5. Primar	72	4
6. Primar	42	2
Total	262	16

Alle Klassen stammten aus dem Kanton Freiburg, einem Gebiet mit ländlichem Charakter, was mit den Eigenheiten der Stichprobe für die Hauptuntersuchung übereinstimmt.

Untertest Mathematik: Grundoperationen

Es handelt sich um eine Zusammenstellung der Testreihe "Primarschultests Rechnen" für 4., 5. und 6. Klassen (*Brutschin et al. 1980*) einerseits und Aufgaben aus dem Lehrmittel Rechnen 4 (*SHG*, Schweizerische Heilpädagogische Gesellschaft 1979) andererseits. Die Testreihe "Primarschultests Rechnen" entstand im Auftrag der Primarschulkonferenz und wurde speziell für die Bedürfnisse der deutschsprachigen Schweiz konstruiert. Den kantonalen Unterschieden bezüglich Lehrplan und Lehrmittel wurde dabei Rechnung getragen, so daß die Testreihe in allen deutschsprachigen Kantonen verwendet werden kann. Das Rechenlehrmittel der SHG lieferte uns bei der Zusammenstellung des Instruments Aufgaben, die dem Lernniveau schulleistungsschwacher Kinder angepaßt sind. In diesem Testteil sollen die rechnerischen Fertigkeiten der Schüler in den vier Grundoperationen im Zusammenhang mit einfachen zeichnerischen Darstellungen, die auch Umkehraufgaben ermöglichen, geprüft werden. In Abbildung 12 sind Aufgabenbeispiele wiedergegeben.

Mit Rücksicht auf die leistungsheterogene Stichprobe und zur Ermutigung der leistungsschwachen Schüler beginnt der Test mit leichteren Aufgaben, die von den meisten Schülern richtig gelöst wurden. Bedingt durch die Vermischung der Grundoperationen und der Einordnung nach Themenkreisen, entspricht die Reihenfolge der Aufgaben nicht genau dem Schwierigkeitsgrad, der sich bei der Erprobung er-

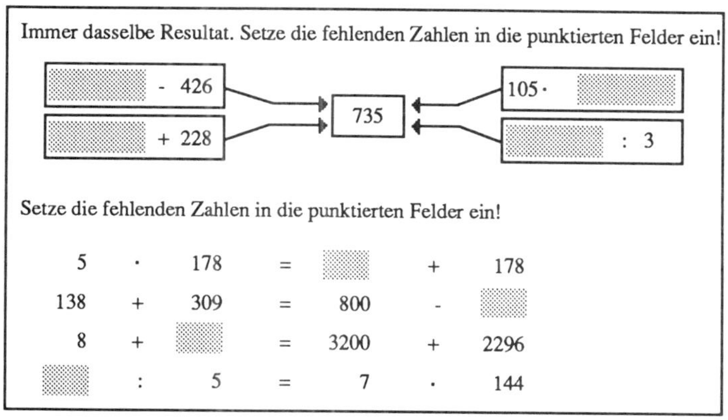

Abbildung 12: Itembeispiele aus dem Untertest "Mathematische Grundoperationen"

geben hat. Im allgemeinen nimmt aber die Schwierigkeit von Aufgabe zu Aufgabe zu. Die Aufgaben entsprechen in ihrer Reihenfolge dem Mathematikstoff der einzelnen Klassenstufen in folgender aufsteigender Reihenfolge: Hilfsschule 1 - 8, 4. Primarklasse 9 - 24, 5. Primarklasse 25 - 32, 6. Primarklasse 33 - 37.

Die Form B des Instrumentes ist eine "Pseudo"-Parallelform, da nur die Zahlen abgeändert wurden, damit die Problemstellung einer Aufgabe erhalten bleibt. Bei der Veränderung der Zahlen wurden die Schwierigkeiten der Rechenoperation (Einmaleins, Zehner-Übergänge usw.) berücksichtigt. Der T-Test ergab, daß zwischen den Formen A und B statistisch keine signifikanten Unterschiede bestehen, so daß hier parallele Messungen vorliegen.

Es wurde bei der Aufgabenzusammenstellung darauf geachtet, daß die Schwierigkeitsindizes praktisch über die ganze Breite streuen ($.5 < p < .95$). Für Schulleistungstests ist es nicht erforderlich und nicht erwünscht, daß die Indizes zwischen .20 bis .80 streuen, wie dies bei anderen Tests üblich ist (*Lienert* 1969, 138). Zur Bestimmung der Zuverlässigkeit des Instruments benützten wir ein Verfahren, das die Homogenität der Testaufgaben bestimmt (Innere Konsistenz nach *Kuder-Richardson*). Bei Leistungstests läßt sich das Verfahren der Testwiederholung innerhalb einer kurzen Zeitspanne nicht realisieren, da angenommen werden muß, daß durch die erneute Bearbeitung ein Lerneffekt eintritt. Koeffizienten für die Innere Konsistenz über .80 dürfen als hoch gelten.

Aufgrund der Voruntersuchung konnten folgende Merkmale dieses Teiltests angenommen werden:

Tabelle 54: Statistische Kennzahlen des Untertests "Mathematische Grundoperationen"

	Form A	**Form B**
Schwierigkeitsindex	.44 - .95	.19 - .95
Trennschärfeindex	.23 - .75	.12 - .91
Innere Konsistenz	.94	.93

Anhand der an einer Stichprobe von 1260 Schülern der 4. und 5. Klasse gewonnenen Daten unserer Hauptuntersuchung haben wir für den Untertest Grundoperationen die Testgütemerkmale berechnet. Der Reliabilitätskoeffizient im Sinne der Inneren Konsistenz nach *Cronbach* beträgt .91. Die Retest-Stabilität über die Zeitspanne von mehr als einem Jahr liegt bei .77. In Tabelle 55 sind die so gewonnenen Schwierigkeitsindizes, Trennschärfen und die Innere Konsistenz (Reliabilitätskoeffizient alpha) wiedergegeben; Meßzeitpunkt 1 bezieht sich auf die erste Erhebung in der 4. und 5. Klasse; Meßzeitpunkt 2 bezieht sich auf den Zeitpunkt der zweiten Erhebung in der 5. und 6. Klasse bei den gleichen Schülern.

Tabelle 55: Schwierigkeitsindizes, Trennschärfen und Reliabilität des mathematischen Untertests "Grundoperationen" (N = 1260)

	Meßzeitpunkt 1		Meßzeitpunkt 2	
Item	Schwierigkeitsindex	Trennschärfe	Schwierigkeitsindex	Trennschärfe
1	.93	.18	.95	.17
2	.95	.25	.97	.25
3	.90	.27	.95	.24
4	.81	.31	.92	.33
5	.90	.34	.94	.31
6	.97	.16	.98	.19
7	.85	.47	.94	.49
8	.92	.32	.97	.23
9	.86	.35	.95	.35
10	.85	.30	.93	.22
11	.54	46	.79	.32
12	.58	55	.79	.48
13	.90	.30	.96	.27
14	.63	.52	.84	.52
15	.68	.49	.86	.47
16	.57	.51	.83	.44
17	.61	.51	.82	.49
18	.64	.57	.88	.58
19	.66	.52	.86	.47
20	.38	.50	.71	.47
21	.31	.53	.58	.52
22	.47	.50	.71	.49
23	.24	.53	.58	.55
24	.25	.54	.58	.58
25	.41	.49	.70	.46
26	.66	.45	.83	.48
27	.49	.53	.77	.57
28	.26	.55	.71	.60
29	.17	.44	.44	.48
30	.13	.44	.43	.52
31	.29	.56	.72	.53
32	.32	.55	.64	.53
33	.19	.49	.54	.55
34	.32	.45	.64	.48
35	.31	.42	.69	.53
36	.03	.25	.30	.46
37	.02	.20	.25	.45
	Reliabilitätskoeffizient:	alpha = .91	Reliabilitätskoeffizient:	alpha = .91

Untertest Mathematik: Textrechnen

Es handelt sich ebenfalls um eine Zusammenstellung der Testreihe "Primarschultests Rechnen" für 4., 5. und 6. Klassen einerseits und Aufgaben aus dem Lehrmittel "Rechnen 4" für Hilfsklassen (*SHG*) andererseits. Die Textaufgaben (vgl. Aufgabenbeispiele in Abbildung 13) sollen dem Schüler eine Situation nahebringen, die mit der Lösung eines Problems verbunden ist. Für die rechnerische Lösung des Problems ist das Verständnis des Sachverhalts Voraussetzung. Die Aufgaben entsprechen in ihrer Reihenfolge dem Mathematikstoff der einzelnen Klassenstufen in folgender aufsteigender Reihenfolge: Hilfsschule 1 - 4, 4. Primarklasse 5 - 21, 5. Primarklasse 22 - 27, 6. Primarklasse 28 - 33. Die Test-Form B ist ebenfalls ein "Pseudo"-Parallel-Test zur Form A.

1. Welche der folgenden drei Zahlen ist die kleinste? 110 101 278
2. Rolf hat 17 Fr. 85 Rp. in der Sparbüchse. Zum Geburtstag schenkt ihm sein Onkel 35 Fr. Wieviel Geld hat er jetzt? ___ Fr. ___ Rp.
3. Zähle 6 mal 82 cm zusammen. Wieviel fehlen dir bis 5 m? ___ cm
4. Der Zug fährt um 13.45 Uhr. Zum Bahnhof braucht Willi 25 Minuten. Wann muß er spätestens das Haus verlassen? ___ Uhr

Abbildung 13: Itembeispiele aus dem Untertest "Textrechnen"

Aufgrund der Voruntersuchung konnten folgende Merkmale dieses Teiltests (vgl. Tabelle 56) angenommen werden:

Tabelle 56: Statistische Kennzahlen des Untertests "Textrechnen"

	Form A	**Form B**
Schwierigkeitsindex	.06 - .97	.01 - .94
Trennschärfeindex	.33 - .73	.16 - .68
Innere Konsistenz	.94	.93

Anhand der an einer Stichprobe von 1260 Schülern der 4. und 5. Klasse gewonnenen Daten unserer Hauptuntersuchung haben wir für den Untertest Textrechnen die Testgütemerkmale berechnet. Der Reliabilitätskoeffizient im Sinne der Inneren Konsistenz nach *Cronbach* beträgt .91. Die Retest-Stabilität über die Zeitspanne von mehr als einem Jahr liegt bei .66. In Tabelle 57 sind die so gewonnenen Schwierigkeitsindizes, Trennschärfen und die Innere Konsistenz (Reliabilitätskoeffizient alpha) wiedergegeben; t1 bezieht sich auf die erste Erhebung in der 4. und 5. Klasse; t2 bezieht sich auf den Zeitpunkt der zweiten Erhebung in der 5. und 6. Klasse bei den gleichen Schülern.

Tabelle 57: Schwierigkeitsindizes, Trennschärfen und Reliabilität des mathematischen Untertests "Textrechnen" (N = 1260)

	Meßzeitpunkt 1		Meßzeitpunkt 2	
Item	Schwierigkeitsindex	Trennschärfe	Schwierigkeitsindex	Trennschärfe
1	.97	.04	.98	.08
2	.86	.25	.93	.18
3	.74	.39	.88	.38
4	.69	.38	.85	.44
5	.43	.41	.68	.35
6	.72	.49	.91	.37
7	.68	.47	.88	.38
8	.68	.44	.87	.33
9	.68	.49	.89	.36
10	.83	.48	.93	.43
11	.82	.50	.92	.45
12	.79	52	.92	.50
13	.79	.44	.89	.48
14	.71	.48	.83	.48
15	.63	.52	.81	.50
16	.70	.53	.91	.57
17	.41	.54	.73	.64
18	.37	.53	.69	.62
19	.59	.62	.87	.62
20	.54	.66	.83	.67
21	.48	.66	.80	.67
22	.46	.53	.75	.50
23	.28	.43	.59	.49
24	.48	.48	.78	.47
25	.25	.47	.56	.47
26	.39	.52	.78	.46
27	.32	.51	.69	.46
28	.39	.43	.68	.47
29	.47	.51	.77	.52
30	.23	.50	.65	.52
31	.29	.56	.69	.52
32	.21	.49	.62	.46
33	.03	.20	.27	.40
	Reliabilitätskoeffizient:	alpha = .92	Reliabilitätskoeffizient:	alpha = .91

Untertest Sprache: Wortschatz

Es handelt sich um den unveränderten Wortschatztest aus dem Diagnostischen Test Deutsch von *J. Nauck* und *R. Otte* (1980). Zu vorgegebenen Anfangsbuchstaben sind in einem bestimmten Zeitraum möglichst viele Wörter zu finden und aufzuschreiben. Das Ausmaß der Wortflüssigkeit ist primär vom Wortschatz abhängig, da die Bearbeitungszeit ausreichend bemessen ist. Die Rechtschreibung bleibt hier unbeachtet (vgl. Aufgabenbeispiel in Abbildung 14).

Überlege dir zu den unten aufgeschriebenen Anfangsbuchstaben möglichst viele Wörter und schreibe sie untereinander auf!

Beispiel:

1. Aufgabe K, k	2. Aufgabe U,u
kurz	....
Kranz	....

1. Aufgabe A,a	2. Aufgabe B,b
....	....
....	....

Abbildung 14: Itembeispiele aus dem Untertest "Wortschatz"

Bezüglich der Testwerte ist uns lediglich die Retest-Stabilität von .45 über mehr als ein Jahr, ermittelt an der Stichprobe (1260) unserer Hauptuntersuchung, bekannt.

Untertest Sprache: Leseverständnis

Dieser wurde aus dem Allgemeinen Schulleistungstest AST4 von *F. Fippinger* (1978) übernommen. In diesem Untertest wird das Sinnverständnis beim Lesen überprüft. Der Schüler soll zunächst in sich geschlossene Geschichten lesen und anschließend Fragen beantworten, die sich auf den Inhalt dieser Geschichten beziehen. Der Antwort kann entnommen werden, ob der Inhalt bzw. der Sinn der Geschichte verstanden wurde (vgl. das Aufgabenbeispiel in Abbildung 15).

Geschichte 1:
Richtig gefreut hat sich Sabine, als sie von ihrer Tante Susi ein Paket bekam. Wie staunte sie, als sie ein Paar neue Rollschuhe vorfand. Gleich schnallte sie sich die Rollschuhe an und ging damit auf die Straße. Sie fuhr ganz vorsichtig auf dem Gehweg. Ihre Knie zitterten ein wenig. Doch nach einiger Zeit stand sie schon sicherer auf ihren Rädern. Jetzt lief sie sogar auf die Straße. Mit langen Schritten griff sie aus. Plötzlich hörte sie ein Auto hupen. Sie sprang auf den Gehweg und stolperte dabei. Sie schlug mit den Händen hart auf, so daß sie bluteten. Doch am nächsten Tag war dieser Unfall vergessen. Sabine hatte aus diesem Erlebnis eine Lehre gezogen.

1. Als Sabine auf den Gehweg sprang...
   a rollte sie vorwärts
   b stolperte sie
   c löste sich der Rollschuh
   d rief sie ihre Freundin

2. Wo verletzte sich Sabine?
   a am Kopf
   b an den Händen
   c am Ellbogen
   d an den Knien

Abbildung 15: Itembeispiele aus dem Untertest "Leseverständnis"

Fippinger (1978) gibt folgende Kennzahlen dieses Tests an (vgl. Tabelle 58):

Tabelle 58: Statistische Kennzahlen des Untertests "Leseverständnis" des AST von *Fippinger* (1978)

	Form A	**Form B**
Schwierigkeitsindex	.38 - .90	.30 - .88
Trennschärfeindex	.22 - .61	.27 - .78
Testhalbierungs-Reliabilität	.90	.92
Korrelationskoeffizienten beider Parallelformen A und B .45		

Die Retest-Stabilität über mehr als ein Jahr, gewonnen an der Stichprobe (1260) unserer Hauptuntersuchung, beträgt .56.

Untertest Sprache: Wortverständnis

Er wurde dem Kombinierten Schultest, 4. Schuljahr von *G. Mietzel* (1973) entnommen. Der Untertest "Wortverständnis" überprüft die Kenntnis dessen, was verschiedene Wörter der deutschen Sprache bedeuten. Außerdem werden die Treffsicherheit, mit der kleine sprachliche Bedeutungsunterschiede erkannt werden müssen, sowie das Urteilsvermögen der Schüler, in einem sprachlichen Zusammenhang das geeignetste Wort auswählen zu können, gemessen. Die Aufgaben bestehen aus einem Wort, das in einen kurzen sprachlichen Zusammenhang gestellt ist, und vier möglichen Synonymen, wovon eines angestrichen werden muß (vgl. das Aufgabenbeispiel in Abbildung 16).

Kreuze dasjenige Wort an, das am besten zum fettgedruckten Wort paßt!

1. langsam **schmelzen**	2. den **Alarm** hören
a verschwinden	a die Nachricht
b flüssig werden	b die Botschaft
c verdampfen	c die Ansage
d zerfallen	d die Warnung

Abbildung 16: Itembeispiele aus dem Untertest "Wortverständnis"

Mietzel (1973) gibt folgende Kennwerte an (vgl. Tabelle 59):

Tabelle 59: Statistische Kennzahlen des Untertests "Wortverständnis"

Schwierigkeitsindex:	Streuungsbreite .30 - .85
Trennschärfeindex:	Streuungsbreite .30 - .61
Testhalbierungs-Reliabilität:	Form A .91 Form B .89

Die Retest-Stabilität über mehr als ein Jahr, gewonnen an der Stichprobe (1260) unserer Hauptuntersuchung, beträgt .77.

Untertest Sprache: Rechtschreiben

Dieser wurde dem Allgemeinen Schulleistungstest von *F. Fippinger* (1978) entnommen. Im Untertest "Rechtschreiben" wird mit der Methode der Fehlererkennung geprüft, inwiefern der Schüler in der Lage ist zu entscheiden, ob "kritische" Wörter in vorgesehenen Geschichten richtig oder falsch geschrieben sind (vgl. das Aufgabenbeispiel in Abbildung 17).

In den folgenden Texten können die fettgedruckten Wörter richtig oder falsch geschrieben sein. Siehe jedes dieser Wörter genau an! Ist es richtig geschrieben, so schreibe ein [R] in das Kästchen unter dem Wort. Ist es falsch geschrieben, schreibe ein [F] in das Kästchen.

Eltere Leute erzählen noch, daß sie früher das Wasser am Brunnen holen **musten.**
☐ ☐

Mermals täglich **pumbten** sie Grundwasser **herrauf** ...
☐ ☐ ☐

Abbildung 17: Itembeispiele aus dem Untertest "Rechtschreiben"

Fippinger (1978) gibt folgende Kennwerte an (vgl. Tabelle 60):

Tabelle 60: Statistische Kennzahlen des Untertests "Rechtschreiben"

	Form A	**Form B**
Schwierigkeitsindex	.42 - .96	.41 - .88
Trennschärfeindex	.21 - .64	.21 - .66
Testhalbierungs-Reliabilität	.90	.92
Paralleltestreliabilität	.71	

Die Retest-Stabilität über mehr als ein Jahr, gewonnen an der Stichprobe (1260) unserer Hauptuntersuchung, beträgt .73.

9.1.3.2 *Faktorenanalyse der Schulleistungstests*

Die in diesem Kapitel dargestellten Resultate beziehen sich auf die Daten zum 1. Meßzeitpunkt t1. Da die Ergebnisse aus den Daten zum 2. Meßzeitpunkt t2 praktisch identisch sind, werden sie hier nicht wiedergegeben.

Betrachtet man die in Tabelle 61 dargestellten Korrelationen zwischen den sechs Schulleistungstests, so kann auf Grund ihrer Höhe eine einfaktorielle Lösung in der durchgeführten Faktorenanalyse (Hauptkomponentenanalyse) erwartet werden. Tatsächlich trifft dies nach dem Scree-Test (vgl. *Cattell* und *Jaspars* 1967) sowie dem Eigenwertkriterium (Eigenwert größer gleich 1) auch zu (vgl. Abbildung 18). Dieser Faktor kann unschwer als "allgemeine Schulleistung" bezeichnet werden. Er erklärt knapp 60% der Datenvarianz und besitzt ausreichend hohe Ladungen von .85 bis .56 in den verwendeten Schulleistungstests; entsprechend hoch liegen auch die Kommunalitäten, nämlich zwischen .73 und .31 (vgl. Tabelle 62). Folgerichtig lassen sich die einzelnen

Tabelle 61: Korrelationsmatrix der mathematischen und sprachlichen Untertests (N = 1260)

Korrelationsmatrix	Grundop.	Textr.	Wortsch.	Lesever.	Wortver.	Rechtschr.
Grundoperationen	1.00					
Textrechnen	.82	1.00				
Wortschatz	.42	.39	1.00			
Leseverständnis	.48	.47	.24	1.00		
Wortverständnis	.57	.58	.33	.64	1.00	
Rechtschreiben	.56	.55	.37	.49	.59	1.00

Testwerte zu einem Schulleistungsgesamtwert verrechnen. In den später dargestellten Ergebnissen der Varianzanalysen wird also eine wesentliche abhängige Variable eben dieser Schulleistungsgesamtwert sein. (Der Schulleistungsgesamtwert ergibt sich wie folgt: Die Rohwerte der einzelnen Untertests werden in den prozentualen Anteil richtig gelöster Aufgaben transformiert. Anschliessend wird ein Mittelwert für Mathematik und Deutsch gebildet. Der Durchschnitt beider Werte ergibt den Gesamtwert für Schulleistungen.) Da jedoch die Korrelationen der Tests untereinander nicht gleich 1 sind, haben wir uns entschlossen, die Resultate gelegentlich auch getrennt für Mathematik und Sprache und zusätzlich noch für jeden einzelnen Test darzustellen. Dies sollte ein sehr differenziertes Bild der Leistungsergebnisse ermöglichen.

Ergänzend sei hier noch bemerkt, daß die Retest-Stabilität über mehr als ein Jahr für den Bereich Mathematik .78, für den Bereich Sprache .82 und für den Schulleistungsgesamtwert .85 beträgt.

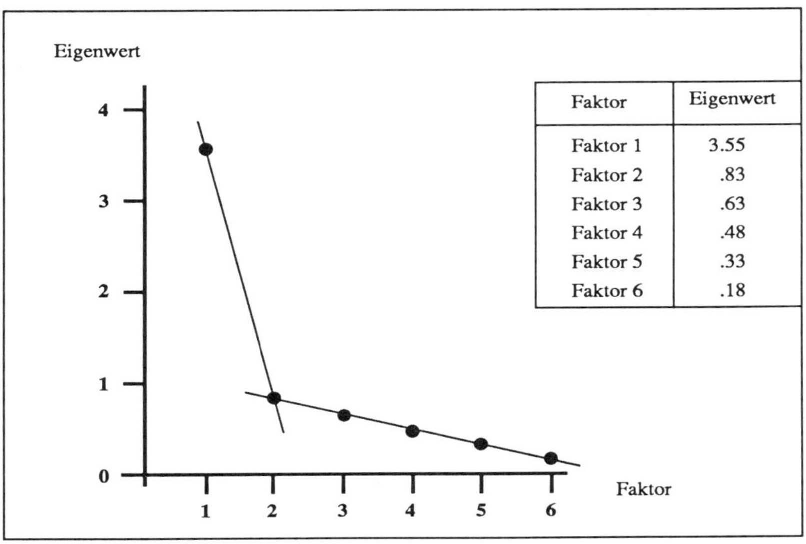

Faktor	Eigenwert
Faktor 1	3.55
Faktor 2	.83
Faktor 3	.63
Faktor 4	.48
Faktor 5	.33
Faktor 6	.18

Abbildung 18: Eigenwerte der Faktoren

Tabelle 62: Nachweis der einfaktoriellen Lösung bezüglich der Schulleistungstests

Einfaktorielle Lösung				
	Faktor 1: Gesamtleistung			
Grundoperationen	.85			
Textrechnen	.85			
Wortverständnis	.82			
Rechtschreiben	.78			
Leseverständnis	.72			
Wortschatz	.56			
Variablen	Kommunalität	Faktor	Eigenwert	Varianzaufklärung
Grundoperationen	.73	1	3.55	59.2 %
Textrechnen	.72			
Wortverständnis	.67			
Rechtschreiben	.61			
Leseverständnis	.53			
Wortschatz	.31			

9.1.3.3 Eine Analyse der Mathematiktests nach dem probabilistischen Modell von Rasch

Sämtliche von uns verwendeten Instrumente, auch die Schulleistungstests, basieren auf der klassischen Testtheorie, sind also nach klassischen Kriterien konstruiert. Dieser Ansatz wurde bereits in den sechziger Jahren, aber auch später, immer wieder kritisiert (*Fischer* 1968, 1974), vor allem, was die Stichprobenabhängigkeit von Testgütekriterien sowie die Skaleneigenschaft der Tests betrifft sowie die Tatsache, daß diese Theorie die Messung voraussetzt und nicht begründet. Einen völlig anderen Ansatz, von *Rasch* (1963) vorgeschlagen (vgl. *Fischer* 1974), stellt das probabilistische Meßmodell dar: Nach diesem Modell können die Itemschwierigkeiten (Itemparameter) unabhängig von der Verteilung der Personenwerte (Personparameter) und umgekehrt geschätzt werden (spezifische Objektivität); zusätzlich besitzen Item- und Personparameter Rationalskaleneigenschaft. Allerdings stellt das Modell sehr restriktive Voraussetzungen an die Daten, und nicht jeder Test eignet sich aufgrund seiner Konstruktionsart für eine entsprechende Analyse. Eine ausführliche Darstellung und Diskussion des Modells und der Modelltests findet man beispielsweise bei *Fischer* (1974).

Die von uns übernommenen Tests zum Bereich Muttersprache scheinen für eine probabilistische Testanalyse wenig geeignet: Konstruktionsart und/oder mangelnde lokale stochastische Unabhängigkeit der Items sind hierfür die Hauptgründe. Die beiden von uns neu konstruierten Mathematiktests dürften jedoch den Modellvoraussetzungen genügen. Die Ergebnisse ihrer Analyse nach dem dichotomen logistischen Modell von *Rasch* sind im folgenden wiedergegeben. Für die Schätzung der Parameter wurde das "Minimum-Chi-Quadrat"-Verfahren nach *Fischer* (1974) verwendet, für welches ein von uns an den VAX-Computer der Universität Freiburg adaptiertes Fortranprogramm von *Forman* (1974) vorliegt.

9.1.3.3.1 Ergebnisse für den Test "Grundoperationen"

Besitzt das Modell Gültigkeit, mißt also der Test bei allen Personen die gleiche latente Eigenschaftsdimension entlang einer Rationalskala, so müssen wegen der gegebenen spezifischen Objektivität die aus verschiedenen Teilstichproben geschätzten Itemparameter gleich sein, d.h., die

Tabelle 63: Itemparameter des Tests "Grundoperationen" für die beiden Stichproben mit unter- bzw. überdurchschnittlicher Testleistung (Zeitpunkt t1 und t2)

Itemnummer	t1 Itemparameter (> C50)	t1 Itemparameter (< C50)	t2 Itemparameter (> C50)	t2 Itemparameter (< C50)
1	3.17	1.81	2.13	0.86
2	3.54	2.79	2.43	2.40
3	2.75	1.60	1.90	1.46
4	1.71	1.05	1.42	1.00
5	2.62	2.18	1.60	1.21
6	4.14	2.84	2.77	3.38
7	1.93	2.45	1.94	2.76
8	2.96	2.63	2.54	1.76
9	2.25	1.63	2.05	1.43
10	2.10	1.30	1.71	0.41
11	-0.03	-0.23	0.27	-0.95
12	0.06	0.19	-0.10	-0.11
13	2.60	2.16	2.40	1.91
14	0.36	0.46	0.43	0.37
15	0.76	0.55	0.67	0.35
16	0.03	0.06	0.31	-0.01
17	0.33	0.24	0.25	-0.02
18	0.33	0.72	0.80	2.13
19	0.61	0.67	0.66	0.30
20	-1.10	-0.95	-0.58	-1.03
21	-1.91	-1.29	-1.61	-1.30
22	-0.45	-0.51	-0.67	-0.62
23	-2.58	-1.76	-1.66	-1.21
24	-2.68	-1.58	-1.77	-1.08
25	-0.93	-0.72	-0.65	-0.91
26	0.71	0.41	0.23	0.27
27	-0.60	-0.02	-0.32	0.19
28	-2.29	-1.55	-0.85	-0.09
29	-2.75	-2.46	-2.36	-2.18
30	-3.62	-2.76	-2.70	-1.99
31	-2.08	-1.29	-0.65	-0.59
32	-1.84	-1.12	-1.17	-1.04
33	-2.91	-2.16	-1.98	-1.30
34	-1.20	-1.38	-1.06	-1.08
35	-1.11	-1.51	-0.85	-0.55
36	-4.90	-4.47	-3.43	-2.88
37			-4.10	-3.23

Items müssen in verschiedenen Stichproben gleich schwierig sein. Trägt man nun in einem Koordinatensystem die Itemparameter der einen Teilstichprobe auf der Abszisse und diejenigen der anderen Teilstichprobe auf der Ordinate ab, so müssen, bei Modellgültigkeit, die Schnittpunkte entlang einer 45°-Geraden liegen (graphischer Modelltest). In Tabelle 63 sind die Itemparameter der beiden Teilstichproben von leistungsstärkeren (überdurchschnittliche Testleistung) und leistungsschwächeren (unterdurchschnittliche Testleistung) Schülern dargestellt, wobei die Gesamtstichprobe zu diesem Zweck medianhalbiert wurde. Für das letzte Item (Nr. 37) konnte beim 1. Meßzeitpunkt keine Parameterschätzung vorgenommen werden, da es von keinem einzigen der schwächeren Schüler gelöst wurde.

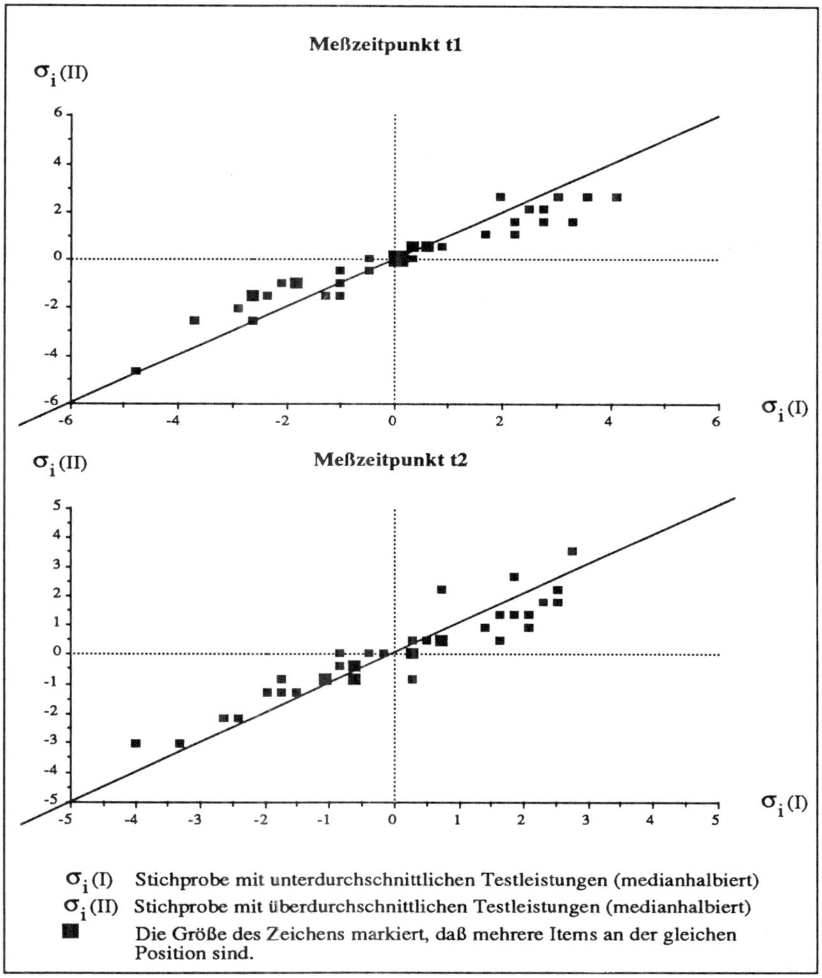

Abbildung 19: Graphischer Modelltest zum Test "Grundoperationen" nach über- und unterdurchschnittlicher Testleistung zum Zeitpunkt t1 und t2

Der oben erwähnte graphische Modelltest ist in Abbildung 19 dargestellt. Man erkennt eine sehr gute Modellpassung: Die Schnittpunkte liegen deutlich entlang einer 45°-Geraden (wobei in der Graphik aus technischen Gründen der Winkel von 45° nicht eingehalten ist). Die Korrelation beträgt zum Zeitpunkt t1 r = .98 und zum Zeitpunkt t2 r = .94. Dieser Modelltest nach dem Kriterium hoher vs. niedriger Testrohwert stellt meist die "härteste" Modellkontrolle dar (*Fischer* 1974). Die Ergebnisse in Abbildung 19 geben somit einen wichtigen Hinweis auf die Gültigkeit des Modells.

Weitere, nicht explizit dargestellte graphische Modelltests bestätigen die Modellgültigkeit: Modelltest nach Geschlecht (Jungen vs. Mädchen, r = .99), nach Klasse (4. vs. 5. Klasse, r = .98) und nach Testform (Form A vs. Form B, r = .99). Ein Test nach Schulform (Regelschüler vs. Hilfsschüler) erscheint wegen der starken Ähnlichkeit zum ersten angegebenen Modelltest nicht notwendig, wohl aber die Kontrolle, ob der Test zum 2. Meßzeitpunkt die gleiche latente Eigenschaftsdimension mißt wie zum 1. Meßzeitpunkt. Dieser graphische Modelltest ist in Abbildung 20 wiedergegeben. Auch hier ist gut ersichtlich, daß die Schnittpunkte entlang einer 45°-Geraden liegen (r = .99), d.h., der Test mißt zu beiden Zeitpunkten das Gleiche (wobei in der Graphik aus technischen Gründen der Winkel von 45° nicht eingehalten ist). Die Modellkontrollen nach den oben erwähnten Kriterien zeigen, zum 2. Meßzeitpunkt durchgeführt, praktisch identische Resultate wie zum 1. Meßzeitpunkt. Es kann daher eine vollumfänglich hohe Modellgültigkeit angenommen werden.

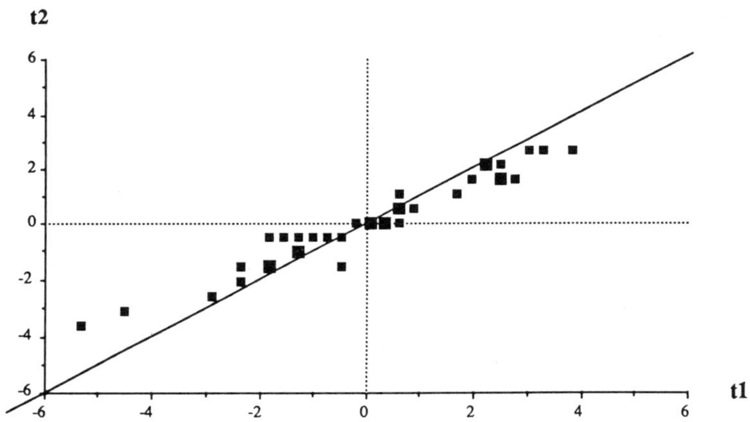

t1 Itemparameter zum Meßzeitpunkt t1
t2 Itemparameter zum Meßzeitpunkt t2
■ Die Größe des Zeichens markiert, daß mehrere Items an der gleichen Position sind.

Abbildung 20: Graphischer Modelltest zum Test "Grundoperationen" nach Meßzeitpunkt

In Tabelle 64 sind schließlich die Itemparameter der Gesamtstichprobe angegeben sowie der zum jeweiligen Testrohwert gehörende Personparameter. Dabei ist zu beachten, daß für Personen, die kein Item oder alle Items lösen, kein Parameter angegeben wird, da ihre Fähigkeit unendlich gering bzw. hoch sein kann.

Tabelle 64: Itemparameter der Gesamtstichprobe bezüglich Test "Grundoperationen" und zum jeweiligen Testrohwert gehörende Personparameter

Itemnummer	Itemparameter (σ_i) (aus der Gesamtstichprobe)	Personenrohwert	Personparameter
1	2.65	1	-5.02
2	3.26	2	-4.21
3	2.31	3	-3.69
4	1.43	4	-3.28
5	2.42	5	-2.94
6	3.68	6	-2.64
7	1.94	7	-2.36
8	2.78	8	-2.10
9	1.99	9	-1.86
10	1.78	10	-1.63
11	-0.19	11	-1.40
12	0.06	12	-1.18
13	2.40	13	-0.97
14	0.34	14	-0.77
15	0.62	15	-0.57
16	-0.02	16	-0.37
17	0.23	17	-0.17
18	0.41	18	0.02
19	0.57	19	0.21
20	-1.08	20	0.40
21	-1.58	21	0.59
22	-0.54	22	0.79
23	-2.08	23	0.98
24	-1.97	24	1.18
25	-0.89	25	1.39
26	0.54	26	1.60
27	-0.39	27	1.82
28	-1.87	28	2.05
29	-2.64	29	2.30
30	-3.05	30	2.57
31	-1.64	31	2.87
32	-1.46	32	3.23
33	-2.46	33	3.66
34	-1.38	34	4.24
35	-1.41	35	5.13
36	-4.75		

Nun stellt sich die Frage, wie diese unterschiedlichen Itemschwierigkeiten zu erklären sind. Betrachtet man die Items, so erscheint es plausibel, daß diejenigen, die im Test weiter hinten liegen, auch schwieriger sind; zu ihrer Lösung benötigt man kompliziertere Operationen als bei den Items zu Testbeginn. Eine detaillierte und wissenschaftsmethodisch saubere Erklärung, etwa mittels des linear logistischen Modells (*Fischer* 1974), steht zum jetzigen Zeitpunkt noch aus. Es bedürfte hier einer genauen Analyse, welche Operationen in welchem Umfang in jedem Item vorkommen; dies sollte Aufgabe weiterer Forschungsarbeit sein.

9.1.3.3.2 Ergebnisse für den Test "Textrechnen"

Völlig analog zum vorher beschriebenen Test "Grundoperationen" wurde beim Test "Textrechnen" vorgegangen. Tabelle 65 zeigt die Itemparameter für die beiden Stichproben mit unter- bzw. überdurchschnittlicher Testleistung und Abbildung 21 die entsprechenden graphischen Modelltests. Man erkennt, daß die Schnittpunkte in etwa entlang einer 45°-Geraden liegen, jedoch nicht so deutlich wie im Test "Grundoperationen"; die Korrelation liegt mit r = .91 zum Zeitpunkt t1 denn auch etwas niedriger (für das letzte Item Nr. 33 konnte für den 1. Zeitpunkt keine Parameterschätzung durchgeführt werden, da es von keinem einzigen der leistungsschwächeren Schüler gelöst wurde). Weitere Modelltests nach Geschlecht (r = .99), Klasse (r = .95) und Testform (r = .99) zeigen wieder eine sehr gute Modellgültigkeit.

Tabelle 65: Itemparameter des Tests "Textrechnen" für die beiden Stichproben mit unter- bzw. überdurchschnittlicher Testleistung (Zeitpunkt t1 und t2)

Itemnummer	t1 Itemparameter (> C50)	t1 Itemparameter (< C50)	t2 Itemparameter (> C50)	t2 Itemparameter (< C50)
1	4.59	2.07	3.26	1.51
2	2.29	1.00	1.56	0.36
3	1.27	0.61	0.92	-0.08
4	0.94	0.35	0.60	-0.28
5	-0.41	-0.99	-0.62	-1.52
6	0.95	0.84	1.08	0.67
7	0.76	0.48	0.91	-0.13
8	0.87	0.30	0.76	-0.26
9	0.74	0.66	0.98	-0.09
10	1.71	2.00	1.37	3.27
11	1.61	1.81	1.33	1.68
12	1.36	1.73	1.11	2.62
13	1.42	1.26	0.74	0.99
14	0.85	0.45	0.10	0.15
15	0.36	0.19	-0.11	-0.10
16	0.76	1.25		
17	-1.40	-0.54	-0.78	-0.04
18	-1.63	-0.82	-1.05	-0.49
19	-0.05	0.67	0.48	2.61
20	-0.48	0.43	0.08	2.61
21	-0.88	0.01	-0.24	1.50
22	-0.61	-0.54	-0.40	-0.56
23	-1.38	-1.74	-1.46	-1.65
24	-0.27	-0.53	-0.20	-0.27
25	-2.01	-1.76	-1.59	-1.84
26	-1.07	-0.89	-0.02	-0.71
27	-1.44	-1.34	-0.75	-1.26
28	-0.82	-1.03	-0.84	-1.24
29	-0.43	-0.58	-0.28	-0.45
30	-2.53	-1.93	-1.13	-1.18
31	-2.24	-1.39	-0.84	-0.92
32	-2.82	-2.03	-1.18	-1.55
33			-3.78	-3.33

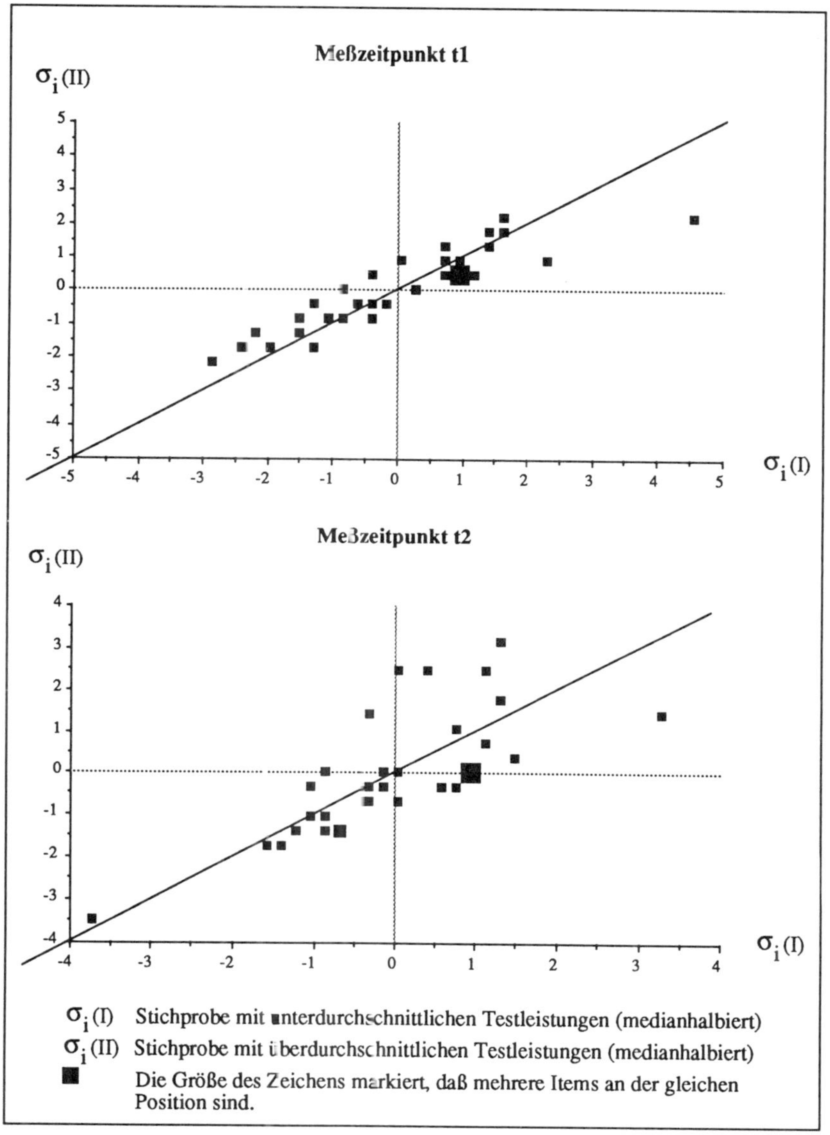

Abbildung 21: Graphischer Modelltest zum Test "Textrechnen" nach über- und unterdurchschnittlicher Testleistung zum Zeitpunkt t1 und t2

Der in Abbildung 22 dargestellte Modelltest nach dem Kriterium "Meßzeitpunkt" zeigt, daß der Test zu beiden Zeitpunkten dieselbe latente Eigenschaftsdimension mißt; die Schnittpunkte liegen deutlich entlang einer 45°-Geraden (r = .97).

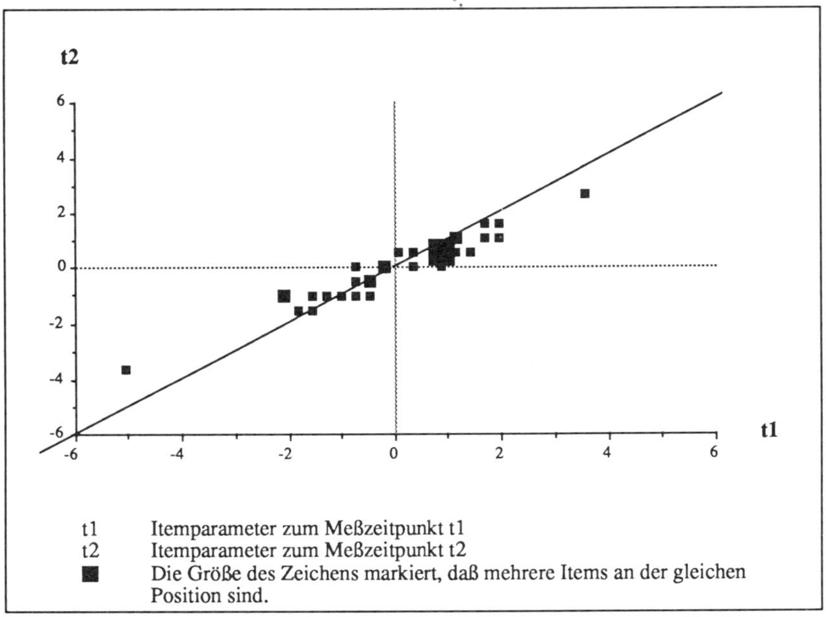

Abbilung 22: Graphischer Modelltest zum Test "Textrechnen" nach Meßzeitpunkt

Die zum 2. Meßzeitpunkt durchgeführten Modelltests nach Geschlecht, Klasse und Testform ergeben fast identische Resultate wie zum 1. Meßzeitpunkt, nicht jedoch der Modelltest nach dem Kriterium niedriger vs. hoher Testrohwert; die Korrelation sinkt hier auf r = .73 (vgl. Abbildung 21). Die Items zu Testbeginn sind in der Stichprobe der leistungsschwächeren Schüler leichter, die Items in Testmitte schwieriger als bei leistungsstärkeren Schülern. Eine Erklärung hierfür erscheint schwierig, zumal die speed-Komponente in diesem Test - wie übrigens auch bei den Grundoperationen - verhältnismäßig gering zu veranschlagen ist. Diese, die Modellvoraussetzungen bekanntlich verletzende Komponente, kann also kaum zur Erklärung herangezogen werden (vgl. *Fischer* 1974). Möglicherweise spielt die in diesem Test vorhandene sprachliche Komponente eine nicht zu unterschätzende Rolle (für das Lösen von Textaufgaben sind auch sprachliche Fähigkeiten notwendig), sodaß die Eindimensionalität der latenten Eigenschaft nicht ausreichend gegeben ist. Aber auch das Arbeitsverhalten könnte in beiden Stichproben verschieden sein: Bessere Schüler arbeiten zu Testbeginn zu rasch und flüchtig, die Items am Testanfang erscheinen dann schwieriger. Allerdings zeigte sich dies zum 1. Meßzeitpunkt sowie für den Test "Grundoperationen" nicht. Weitere Forschungsarbeiten wären hier notwendig.

Betrachtet man aber die Modelltests insgesamt, so können wir auch in diesem Test von einer guten Modellgültigkeit ausgehen, d.h., der Test mißt zu beiden Meßzeitpunkten die gleiche latente Eigenschaftsdimension entlang einer Rationalskala. In Tabelle 66 sind schließlich die Itemparameter für die Gesamtstichprobe sowie der zum jeweiligen Testrohwert gehörende Personparameter dargestellt.

Zur Beantwortung der Frage nach der Entwicklung schulleistungsschwacher Schüler in Hilfs- und Regelschulen fungieren in Kapitel 10 die Personparameter als Meßwerte in einem varianz-

Tabelle 66: Itemparameter der Gesamtstichprobe bezüglich Test "Textrechnen" und zum jeweiligen Testrohwert gehörende Personparameter

Itemnummer	Itemparameter (σ_i) (aus der Gesamtstichprobe)	Personenrohwert	Personparameter
1	3.44	1	-4.26
2	1.81	2	-3.43
3	1.02	3	-2.91
4	0.71	4	-2.52
5	-0.73	5	-2.20
6	0.90	6	-1.92
7	0.64	7	-1.68
8	0.64	8	-1.45
9	0.69	9	-1.24
10	1.75	10	-1.05
11	1.63	11	-0.86
12	1.43	12	-0.68
13	1.35	13	-0.50
14	0.69	14	-0.33
15	0.28	15	-0.15
16	0.86	16	0.02
17	-0.94	17	0.19
18	-1.17	18	0.36
19	0.18	19	0.53
20	-0.13	20	0.71
21	-0.48	21	0.89
22	-0.60	22	1.08
23	-1.64	23	1.28
24	-0.42	24	1.48
25	-1.89	25	1.70
26	-1.00	26	1.94
27	-1.41	27	2.21
28	-0.96	28	2.51
29	-0.53	29	2.88
30	-2.15	30	3.36
31	-1.71	31	4.13
32	-2.30		

analytischen Design für Meßwiederholungen. Wir sind uns bewußt, daß hier eine Abschätzung des Lernzuwachses auf der Grundlage des *Rasch*-Modells z.B. nach *Spada* (1976), vgl. auch *Echterhoff* (1978), ein noch geeigneteres Vorgehen wäre. Aufgrund des Zeit- und Personalaufwandes konnte dies aber bis zum jetzigen Zeitpunkt noch nicht bewältigt werden.

9.1.4 Intelligenztest CFT 20

Der Intelligenztest CFT 20 von *Weiß* erschien 1980 in der 2. Auflage als überarbeitete Fassung des CFT 2, der deutschen Adaptation der "Culture Fair Intelligence Test-Scale 2" von *Cattell* (1960). Dieser Test eignet sich für den Einsatz in Einzel- und Gruppenuntersuchungen bei Kindern ab 8 1/2 bis 18 Jahren. In der Forschung wird der CFT 20 insbesondere in der Unterrichtsforschung und im Rahmen wissenschaftlicher Begleituntersuchungen bei Schulversuchen eingesetzt.

Mit dem Culture Fair Intelligence Test verfolgte *Cattell* die Entwicklung eines ökonomischen Testverfahrens zur validen Diagnose einer allgemeinen Grundintelligenz. Dieser Test ist nach Meinung des Autors frei von soziokulturellen, erziehungsspezifischen und rassischen Einflüssen. Sein Intelligenzkonzept orientiert sich an zwei Allgemeinfaktoren, der "General Fluid Ability" und der "General Crystallized Ability". Der CFT 20 erfaßt vorwiegend den ersten Faktor. Der Fluid-Ability-Faktor wird interpretiert als Fähigkeit, komplexe Beziehungen in neuartigen Situationen wahrnehmen und erfassen zu können. Diese Fähigkeit ist bestimmt durch das Ausmaß der kortikalen, neurologischen Entwicklung eines Individuums. "Demgegenüber wird der Crystallized-Ability-Faktor wirksam in Bereichen, die *Thurstone* als Primärfähigkeiten beschrieb (Verbal, Number, Reasoning) und die mit schulischen Fähigkeiten zu tun haben. Beide Faktoren korrelieren positiv miteinander: Die Fluid-Intelligence kann als relationsstiftende intellektuelle Leistungsdisposition durch den Kontakt mit Kulturträgern zu bestimmten Fähigkeiten gerinnen oder kristallisieren, die mit Wortschatz, Sprachbeherrschung und -gefühl, Urteilsfähigkeit usw. beschreibbar sind" (*Brickenkamp* 1975, 101).

Gütekriterien:

- Objektivität: Die Durchführungs-, Auswertungs- und Interpretationsobjektivität ist gegeben.

- Reliabilität: Die der Aufgabenanalyse zugrunde liegenden Daten stammen mehrheitlich aus Untersuchungen zum CFT 2, so daß die Angaben über die Trennschärfe nur annähernd stimmen dürften. Für beide Testteile besteht eine hohe Übereinstimmung für die Trennschärfeindizes (rit) aus zwei repräsentativen Stichproben.

	mittlere Trennschärfe
Testteil 1:	rit1 = .48 (11 Jahre)
	rit2 = .47 (15 Jahre)
Testteil 2:	rit1 = .48 (11 Jahre)
	rit2 = .45 (15 Jahre)

  Der mittlere Trennschärfekoeffizient für beide Testteile und beide Stichproben beträgt .47.

- Innere Konsistenz (split-half-Methode):

Testteil 1:	rtt = .90
Testteil 2:	rtt = .91
Gesamttest:	rtt = .95

- Äquivalenz zwischen 1. und 2. Testteil: Die Korrelationen zwischen Teil 1 und Teil 2 liegen bei r =.78 und r =.82 bei einem mittleren Wert von .80.

- Validität: Faktorielle Validität
  In allen Subtests wurden Korrelationen zwischen der General Fluid Intelligence und der General Crystallized Intelligence zwischen r=.78 und r=.83 errechnet. Spezielle Faktorenladungen sind in den grundlegenden Bereichen der Denkfähigkeit vorhanden:
  - Erkennen von Regelhaftigkeiten und Gesetzmäßigkeiten
  - Erkennen und Operieren mit (figuralen) Relationen
  - Konstanz und Organisiertheit im Denkverhalten bei intellektuellen Problemstellungen (*Weiß* 1980).

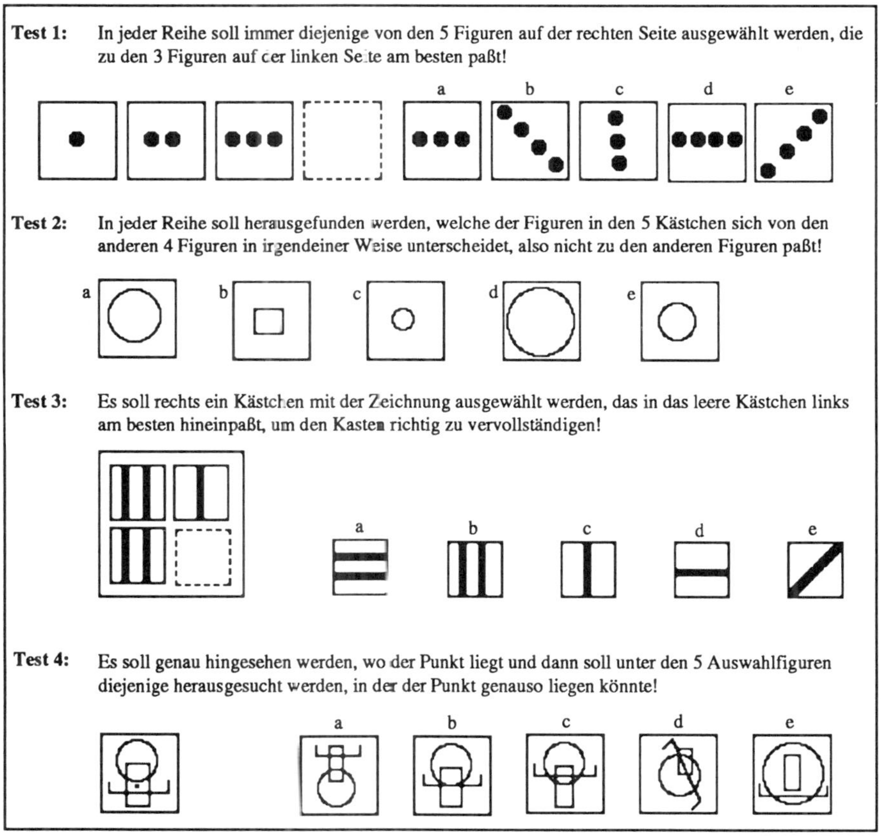

Abbildung 23: Itembeispiele aus dem CFT 20 (*Weiß* 1980)

"Durch das Erfassen dieser essentiellen Faktoren kann eine Aussage über die grundlegende 'Denkkapazität' oder 'Allgemeine geistige Leistungsfähigkeit' getroffen werden. Die Dominanz liegt dabei auf dem Faktor der 'General Fluid Ability', d.h., der Fähigkeit zur Problemerfassung in neuartigen Situationen" (*Weiß* 1980, 7). Itembeispiele aus den verschiedenen Subtests des CFT 20 sind in Abbildung 23 wiedergegeben.

9.2 Stichprobe und Untersuchungsplan

9.2.1 Stichprobe

9.2.1.1 Schulleistungsschwache und nicht-schulleistungsschwache Schüler

Auf die Notwendigkeit einer operationalen Definition von Schulleistungsschwäche, welche von den unklaren Definitionen von Lernbehinderung abweicht, haben wir bereits in Kapitel 4.1 hingewiesen. Da sich schulleistungsschwache Schüler in integrierenden Schulformen nicht nach der schulorganisatorischen Zuordnungsregel als "lernbehindert" ("Lernbehindert ist, wer die Schule für Lernbehinderte besucht") definitorisch ausgrenzen lassen, mußten wir diagnostische Zuordnungsregeln zur eindeutigen Abgrenzung zwischen Schulleistungschwäche (SLS) und Nicht-Schulleistungsschwäche (NSLS) relativ willkürlich, aber klar festlegen.

Die operationale Definition des schulleistungsschwachen Schülers (SLS) hat folgende Form:

1. Er hat einen IQ zwischen 70 und 100.
2. Er liegt im Leistungsgesamtwert zum ersten Meßzeitpunkt im letzten Sechstel einer ausgewogenen Stichprobe.

Die Zuweisung zur Stichprobe der schulleistungsschwachen Schüler (SLS) erfolgt, wenn die Kriterien 1 und 2 zutreffen. Die restlichen Schüler, selbstverständlich mit Ausnahme derjenigen mit einem IQ unter 70, gehören zur Stichprobe der nicht-schulleistungsschwachen Schüler (NSLS).

Die "ausgewogene" Stichprobe wurde aus sämtlichen Regelklassen mit Heilpädagogischer Schülerhilfe gebildet. Nur in diesen Klassen sind schulleistungsschwache Schüler repräsentativ zu ihrem Jahrgang vertreten, da sie noch nicht separiert wurden. Würde man die Regelklassen ohne Heilpädagogische Schülerhilfe als Referenzgruppe heranziehen, so wären schulleistungsschwache Schüler vermutlich untervertreten; denn im Normalfall befinden sich diese bereits in einer Hilfsklasse. Umgekehrt wären die schulleistungsschwachen Schüler übervertreten, wenn man die gesamte Stichprobe (inklusive Hilfsklassen) zur Definition des schulleistungsschwachen Schülers heranziehen würde; denn es wurden - zwecks Erleichterung der Bildung vergleichbarer Stichproben - möglichst viele Hilfsklassen in die Stichprobe aufgenommen.

Mit der Einschränkung im Intelligenzbereich wird verhindert, daß Schüler, welche zwar den Schulleistungen, nicht aber den intellektuellen Fähigkeiten entsprechen, als schwach bezeichnet werden können ("underachiever"), in die Experimentalgruppe einbezogen werden. Denn es wird angenommen,"... daß schulleistungsschwache Schüler aus der oberen Hälfte der nach IQ halbierten Schülerpopulation mit hoher Wahrscheinlichkeit Schüler mit besonderen Formen von Teilleistungsschwächen, psychischen Problemen, Umweltproblemen u.a.m. sind, welche auch speziellere therapeutische Hilfen benötigen werden als vordergründige heilpädagogische Maßnahmen gegen Schulleistungsschwäche" (*Bless; Haeberlin* und *Moser* 1987, 586). Wird die IQ-Grenze gegen unten nicht ebenfalls definitorisch festgelegt, so könnte es vorkommen, daß auch Kinder mit schwerwiegenden Lernbehinderungen bzw. mit geistiger Behinderung in die Stichprobe aufgenommen werden. Dies sollte vermieden werden, um Ergebnisse über eine relativ klar umrissene Schülergruppe erhalten zu können.

Entsprechend unserer Fragestellung mußte die Stichprobe schulleistungsschwache Schüler (SLS) in Sonderklassen für Lernbehinderte bzw. Hilfsklassen (HS), in Regelklassen mit Heilpädagogischer Schülerhilfe (RG+) und Regelklassen ohne Heilpädagogische Schülerhilfe (RG-) enthalten. Es wurden nur Schüler der 4. und 5. Klassen aufgenommen. Zur Kontrolle der Muttersprache wurden zudem nur deutschsprachige Schüler in die Berechnungen einbezogen.

9.2.1.2 Beschreibung der einzelnen Stichproben

Regelklassen (RG-)

Die Stichprobe der Regelklassen sind gewöhnliche Primarklassen, das heißt Regelklassen ohne Heilpädagogische Schülerhilfe, wie sie üblicherweise in unserer Volksschule bestehen. Auch in diesen Klassen finden wir schulleistungsschwache Schüler; diese sind aus verschiedensten Gründen nie als "lernbehindert" diagnostiziert oder nicht in eine Sonderklasse eingewiesen worden. Dies ist nicht verwunderlich; denn in einzelnen Gemeinden besteht gar keine Möglichkeit, Schüler in eine Hilfsklasse zu überweisen oder sie allenfalls heilpädagogisch zu unterstützen und zu fördern. Aber auch in Orten, wo Hilfsklassen für schulleistungsschwache Schüler vorhanden sind, gibt es Regelklassen mit schulleistungsschwachen Schülern. In solchen Fällen ist eine Überweisung oft am Widerstand der Eltern gescheitert.

Regelklassen mit Heilpädagogischer Schülerhilfe (RG+)
In dieser Stichprobe befinden sich alle Klassen dieses Schultyps, die in der deutschsprachigen Schweiz zum Zeitpunkt der Erhebung existierten. Die Stichprobe entspricht somit für diesen Zeitpunkt der Population. Schulleistungsschwache Schüler dieser Klassen werden für bestimmte Forschungsfragen unterteilt in eine Gruppe, welche Förderunterricht erhält, sowie eine Gruppe, die keinen Förderunterricht erhält. Es ist uns nicht bekannt geworden, warum in diesen Klassen nicht alle nach unserer Definition schulleistungsschwachen Schüler der Heilpädagogischen Schülerhilfe zugewiesen werden; möglicherweise hängt dies mit der Überlastung des Heilpädagogen zusammen.

Hilfsklassen (HS)
Es wurden, wenn möglich, pro Kanton in ländlichen Gebieten zwei Hilfsklassen der Mittelstufe (4.-6. Klasse) zufällig ausgewählt. Hilfsklassen sind meist mehrstufig, das heißt, Schüler, welche der Altersstufe der 4., 5. oder 6. Klasse zugehören, besuchen dieselbe Klasse. Die Aufnahme überdurchschnittlich vieler Hilfsklassen in die Untersuchung ermöglichte es, den Stichproben vergleichbare Schüler zuzuweisen.

Gemischte Kleinklassen (GKL)
Da es zum Erhebungszeitpunkt diese Stichprobe nur in einer Region mit einer sehr kleinen Schülerzahl gab, mußten diese Schüler für die meisten Auswertungen weggelassen werden.

Wie bereits mehrmals erwähnt, handelt es sich bei unserer Untersuchung um eine quasi-experimentelle Versuchsanordnung; dies bedeutet, daß eine vollständige Randomisierung nicht möglich war. Einzig gewöhnliche Regelklassen konnten zufällig ausgewählt werden. Aus ökonomischen und organisatorischen Gründen wurden ganze Schulklassen der 4. und 5. Stufe - sogenannte Klumpenstichproben (vgl. *Bortz* 1984, 114) - ausgewählt. Obwohl in der Schweiz bereits einige Regelklassen mit Heilpädagogischer Schülerhilfe existieren, wäre die Anzahl schulleistungsschwacher Schüler für eine zufällige Stichprobe zu gering gewesen. Aus diesem Grund wurde die Population "Regelklassen mit Heilpädagogischer Schülerhilfe" in die Untersuchung aufgenommen. Bei den schulleistungsschwachen Schülern aus den Hilfsschulen handelt es sich um eine nach den Variablen "Alter" und "geographische Lage" geschichtete Stichprobe.

9.2.1.3 *Die von der Erhebung erfaßte Ausgangsstichprobe*

Die Gesamtstichprobe, in der wir unsere Erhebung zum Anfangszeitpunkt durchgeführt hatten, umfaßte 116 Schulklassen der 4. und 5. Klassenstufe mit 1842 Schülern (vgl. Tabelle 67). Die Klassen stammen aus der deutschsprachigen Schweiz und dem Fürstentum Liechtenstein. Nicht beteiligt sind die Kantone Basel-Stadt und Bern, da hier die Primarschule bereits nach der 4. Klasse endet. Im Kanton Zürich war die Untersuchung unerwünscht, weil er ein eigenes Team für die Evaluation ähnlicher Schulversuche eingesetzt hatte. Infolge unvorhersehbarer Verzögerungen mußte auf den Einbezug von Klassen des Kantons Graubünden verzichtet werden. Die 22 Schüler der Gemischten Kleinklassen des Kantons Wallis sind in der Zusammenstellung bereits weggelassen.

Tabelle 67: Verteilung der Stichprobe auf Kantone, Schulformen und Klassen

Anzahl Schüler (Klassen)	**Schulform**			
	RG-	**RG+**	**HS**	Total
Kantone				
AG	19 (1)	21 (1)	30 (3)	70 (5)
AI	37 (2)		14 (1)	50 (3)
AR	37 (2)		17 (2)	54 (4)
BL	39 (2)		51 (5)	90 (7)
FL	99 (5)	29 (2)	8 (2)	136 (9)
GL	37 (2)		32 (3)	69 (5)
SH	43 (2)		35 (3)	78 (5)
SO		30 (2)		30 (2)
SG	57 (3)		13 (2)	70 (5)
SZ	119 (5)	90 (4)	34 (5)	243 (14)
TG	68 (3)		25 (2)	93 (5)
LU	63 (3)	10 (1)	21 (2)	94 (6)
NW	100 (5)	60 (3)	5 (1)	165 (9)
OW	71 (3)	32 (1)	8 (1)	11 (5)
UR	48 (2)	29 (3)	21 (3)	98 (8)
VS	133 (6)	186 (10)	36 (4)	355 (20)
ZG	15 (1)		20 (3)	35 (4)
Total	985 (47)	487 (27)	370 (42)	1842 (116)

RG- = Regelklasse ohne Heilpädagogische Schülerhilfe
RG+ = Regelklasse mit Heilpädagogischer Schülerhilfe
HS = Hilfsschule (Sonderschule für Lernbehinderte)

Verteilung der Geschlechter

In der Schülerstatistik 1985/86 des Bundesamtes für Statistik wird für das Schuljahr 1985/86 ein Verhältnis von 51% Jungen zu 49% Mädchen für die Primarklassen der gesamten Schweiz angegeben. In den Regelklassen ohne Heilpädagogische Schülerhilfe (RG-) unserer Stichprobe ist das Verhältnis 52,2% Jungen zu 47,8% Mädchen, in den Regelklassen mit Heilpädagogischer Schülerhilfe 50,8% Jungen zu 49,2% Mädchen und in den Hilfsklassen 55,7% Jungen zu 44,3% Mädchen. Die Abweichung von der gesamtschweizerischen Statistik ist in unserer Stichprobe sowohl für die Regelklassen ohne als auch für die Regelklassen mit Heilpädagogischer Schülerhilfe relativ gering. Bei den Hilfsschülern sind die Jungen im Verhältnis zu den Mädchen deutlich übervertreten. Dies entspricht bereits bekannten Ergebnissen zur Geschlechterverteilung in Sonderklassen für Lernbehinderte.

Verteilung nach Muttersprache

In den Regelklassen ohne Heilpädagogische Schülerhilfe sind 91,5% deutscher Muttersprache und in den Regelklassen mit Heilpädagogischer Schülerhilfe sind es sogar 96,1%; in den Hilfsklassen hingegen weisen nur 73,5% Deutsch als Muttersprache aus. Jeder vierte Hilfsschüler ist von fremder Muttersprache, was mit den Angaben in der Arbeit von *Sturny* (1984, 82) übereinstimmt. Die Frage, ob die Hilfsklassen immer mehr zum Auffangbecken fremdsprachiger Schüler werden, drängt sich hier auf.

Schulweg

Von den Schülern in den Regelklassen besuchen 94,4% die Schule am Wohnort, von den Schülern in Regelklassen mit Heilpädagogischer Schülerhilfe sind es sogar 96,3%; hingegen können von den Hilfsschülern nur 64,3% am eigenen Wohnort zur Schule gehen. Jeder dritte Hilfsschüler begibt sich somit täglich, einige unter ihnen sogar zweimal am Tag, in ein anderes Dorf zur Schule. In den Regelklassen besucht nur jeder 18. Schüler eine Klasse außerhalb seines Wohnortes. In den Regelklassen mit Heilpädagogischer Schülerhilfe geht sogar nur jeder 27. Schüler in ein anderes Dorf zur Schule, obwohl diese Klassen zum größten Teil aus dünnbesiedelten Gebieten stammen.

Verteilung der Intelligenzquotienten

Abbildung 24 zeigt die Verteilung der Intelligenzquotienten in den Stichproben der verschiedenen Schulformen. Die punktierte Fläche innerhalb der Verteilungen zeigt deutlich, wie sich Schüler der Hilfsklassen mit Schülern in Regelklassen und Regelklassen mit Heilpädagogischer Schülerhilfe bezüglich der Intelligenztestleistung überschneiden.

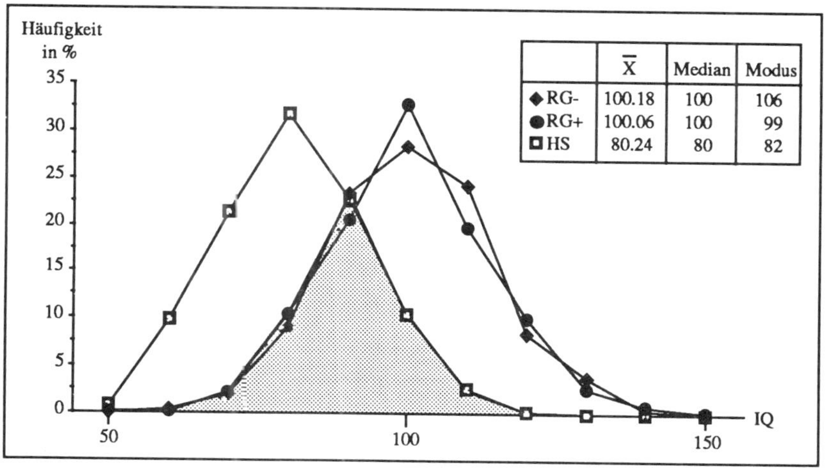

Abbildung 24: Verteilung der Intelligenzquotienten in den Stichproben der verschiedenen Schulformen

9.2.1.4 *Die für die Hypothesenprüfung reduzierte Stichprobe*

Von der beschriebenen Ausgangsstichprobe blieben für die Auswertung 1368 Schüler übrig (vgl. Tabelle 68). Das Schwinden der Stichprobe ist insbesondere auf die Kontrolle einzelner Variablen zurückzuführen:

- Die Stichprobe der Schulform "Gemischte Kleinklasse" wurde nicht in weitere Auswertungen einbezogen, da hier Ergebnisse nicht verallgemeinert werden können (Schwund: 22 Schüler = 1.2% der Ausgangsstichprobe).
- Die Kontrolle der Variable "Muttersprache" hatte zur Folge, daß 221 Schüler mit fremder Muttersprache der verbleibenden Stichprobe ausgeschieden wurden (Schwund: 11.9% der Ausgangsstichprobe).
- Für die Auswertungen wurden nur Schüler berücksichtigt, die zum Meßzeitpunkt t1 elf- und zwölfjährig waren, das heißt, die 4. und 5. Klasse besuchten. Die Kontrolle der Variable "Alter" hatte ein Ausscheiden von weiteren 113 Schülern zur Folge (Schwund: 6.1%).
- 51 Schüler mit einem Intelligenzquotienten unterhalb von 70 wurden ebenfalls ausgeschieden (Schwund: 2.7%).
- 39 Schüler waren bei der Erhebung des IQ abwesend, so daß aufgrund dieser "missing data" keine sichere Zuordnung zur Schülergruppe der Schulleistungsschwachen bzw. der Nicht-Schulleistungsschwachen möglich war (Schwund: 2.1%).

- Bei der Durchführung eines der sechs Schulleistungstests zum Meßzeitpunkt t1 waren insgesamt 50 Schüler infolge Krankheit abwesend (Schwund: 2.7%). Diese Schüler konnten ebenfalls nicht der Schülergruppe der Schulleistungsschwachen oder jener der Nicht-Schulleistungsschwachen zugeordnet werden.

Tabelle 68: Zusammensetzung der in die Auswertung aufgenommenen Stichprobe zum Zeitpunkt t1

		HS	RG-	RG+	Total
SLS	4. Klasse	36	22	35	93
	5. Klasse	48	12	30	90
NSLS	4. Klasse	16	214	358	588
	5. Klasse	8	148	333	489
Total		108	396	756	1260

Die Kontrolle der Variablen "Muttersprache" und "Alter", die Anwendung unserer operationalisierten Definition des schulleistungsschwachen und nicht-schulleistungsschwachen Schülers sowie das Weglassen der Schulform "Gemischte Kleinklasse" hatte zur Folge, daß die Ausgangsstichprobe um 26.6% (496 Schüler) schwand.

Bei der Anwendung statistischer Verfahren zur Überprüfung von Hypothesen, welche beide Meßzeitpunkte berücksichtigen, fallen je nach Auswertung durchschnittlich weitere 5% der Ausgangsstichprobe weg. Einerseits sind dies Schüler, welche beim Schuljahreswechsel zwischen den Meßzeitpunkten t1 und t2 von der Klasse weggezogen sind oder andererseits zum zweiten Meßzeitpunkt aufgrund von Abwesenheit (z.B. Krankheit) fehlende Daten aufweisen, so daß keine Längsschnittvergleiche gezogen werden können. Diese Zahlen zeigen, daß für eine Längsschnittstudie, welche sich über einen Zeitraum von ungefähr eineinhalb Jahren erstreckt, der Anteil des Schwundes der Ausgangsstichprobe, welcher nicht auf die Kontrolle von Variablen zurückzuführen ist, mit 5% sehr klein ist.

9.2.2 Untersuchungsplan

Die Idealform zur Überprüfung unserer Hypothesen wäre ein experimenteller Untersuchungsplan. Experimentelle Versuchsanordnungen sind in der Schulbegleitforschung der vorliegenden Art nicht möglich. Dies bedeutet für die empirische Überprüfung unserer Hypothesen, daß zum einen das erwünschte Zufallsprinzip nicht eingehalten werden kann, was die innere und äußere Gültigkeit des Versuches belastet; in diesem Fall sprechen wir von einer quasi-experimentellen Untersuchung. Zum anderen hat der Forscher nicht die Möglichkeit, die unabhängige Variable willkürlich zu manipulieren; wir sprechen dann auch von einem Ex-post-Facto-Versuchsplan (*Bortz* 1984, 30-32).

Untersuchte Gruppen		t1: 1987		t2: 1988	
					→ Zeit
EG1:	X1	OB1	X1	OB 8	
EG2:	X2	OB2	X2	OB 9	
KG1:		OB3		OB10	
KG2:		OB4		OB11	
KG3:		OB5		OB12	
KG4:		OB6		OB13	
KG5:		OB7		OB14	

Zeichenerklärung:

EG1	=	Experimentalgruppe 1: Schulleistungsschwache Schüler in Regelklassen mit Heilpädagogischer Schülerhilfe, die den Förderunterricht besuchen
EG2	=	Experimentalgruppe 2: Schulleistungsschwache Schüler in Regelklassen mit Heilpädagogischer Schülerhilfe, die keinen Förderunterricht besuchen
KG1	=	Kontrollgruppe 1: Schulleistungsschwache Schüler in Regelklassen ohne Heilpädagogische Schülerhilfe
KG2	=	Kontrollgruppe 2: Schulleistungsschwache Schüler in Hilfsklassen
KG3	=	Kontrollgruppe 3: Nicht-schulleistungsschwache Schüler in Regelklassen mit Heilpädagogischer Schülerhilfe
KG4	=	Kontrollgruppe 4: Nicht-schulleistungsschwache Schüler in Regelklassen ohne Heilpädagogische Schülerhilfe
KG5	=	Kontrollgruppe 5: Nicht-schulleistungsschwache Schüler in Hilfsklassen
OB	=	Messung der abhängigen Variablen
X1	=	Besuch der Regelklasse mit Heilpädagogischer Schülerhilfe und Besuch des Förderunterrichts
X2	=	Besuch der Regelklasse mit Heilpädagogischer Schülerhilfe ohne Besuch des Förderunterrichts
t1	=	Meßzeitpunkte t1 und t2: Zeitdauer zwischen t1 und t2 = 1 1/2 Jahre

Abbildung 25: Ex-post-Facto-Versuchsanordnung

An Stelle des in der pädagogischen Feldforschung kaum anwendbaren Experimentes wird unsere Untersuchung mittels quasi-experimenteller Ex-post-Facto-

Versuchsanordnung durchgeführt. Trotz der skizzierten Einschränkungen handelt es sich um eine Versuchsanordnung mit Experimental- und Kontrollgruppen. Damit alle Hypothesen vollumfänglich geprüft werden können, sind wir neben zwei Experimentalgruppen auf fünf Kontrollgruppen angewiesen. Einzelne Hypothesen können allerdings auch nur mit einer Experimentalgruppe und mit weniger Kontrollgruppen geprüft werden. Die differenzierteste Versuchsanordnung ist in Abbildung 25 dargestellt.

Die Überprüfung der Hypothesen wurde mittels vierfacher oder dreifacher Varianzanalyse vorgenommen, wobei Schulmodell, Schulklasse, Schulleistungsschwäche und Zeit die unabhängigen Variablen (UV) bilden; die abhängigen Variablen (AV) sind die Werte der Schulleistungstests, die Werte des Fragebogens zur Erfassung von Dimensionen der Integration und die soziometrischen Integrationsmaße.

9.3 Sammlung und Auswertung der Daten

9.3.1 Datensammlung und -aufbereitung

Für die Erhebung des Intelligenzquotienten wurden fortgeschrittene Studenten der Heilpädagogik eingesetzt. Sie hatten alle bereits an Primarschulen unterrichtet und eine Einführung in Testdiagnostik besucht. In speziellen Seminaren wurden sie als Testleiter für den CFT 20 ausgebildet. Bei allen übrigen Tests war der Klassenlehrer Testleiter. Die Durchführung der Tests und das Ausfüllen der Fragebogen sind sehr einfach und unterscheiden sich kaum von einer anderen, alltäglichen Klassenarbeit. Neben den soziometrischen Fragen, den Schulleistungstests und dem Fragebogen zur Erfassung von Dimensionen der Integration von Schülern waren auf einem Blatt folgende Angaben zur Person jedes Schülers zu machen: Name, Vorname, Geburtsdatum, Geschlecht, Wohnort, Muttersprache, Beruf von Vater und Mutter, Klassenlehrer, Klasse, Schulort.

Die Materialien wurden den Lehrern per Post zugesandt. Über die Durchführung wurden die Lehrpersonen einerseits schriftlich informiert; andererseits wurden zusätzlich zu beachtende Punkte telefonisch mit ihnen besprochen. Die Rohdaten wurden von studentischen Hilfskräften in den Computer eingegeben. Die anschliessende Aufarbeitung der Daten geschah mit dem Statistik-Programm SPSS (Statistik-Programm-System für die Sozialwissenschaft, vgl. *Schuboe* und *Ülinger* 1984).

9.3.2 Verwendete statistische Methoden

9.3.2.1 Varianzanalyse

Die Methode der Varianzanalyse erscheint uns für die Ausnutzung des in Kap. 9.2.2 dargestellten Designs am brauchbarsten. Sie erlaubt eine adäquate Überprüfung und Beschreibung der Wirkung der unabhängigen auf die abhängigen Variablen. Allerdings ist dieses Verfahren bekanntlich an bestimmte Voraussetzungen bezüglich der Daten gebunden (vgl. *Bortz* 1984). Genannt seien hier vor allem die Voraussetzungen der Normalverteilung der Daten und Varianzhomogenität, die in unserem Fall teilweise, jedoch nicht kraß, verletzt sind. Die Varianzanalyse, als robustes Verfahren, kann hier durchaus noch eingesetzt werden, ohne daß der normale F-Test eine völlige Überschätzung der Wirkung der unabhängigen Variable mit sich bringen würde. In einem Design mit Meßwiederholungen kommt allerdings die Forderung nach der Homogenität der Varianz-Kovarianz-Matrix hinzu. Ist diese, wie in unserem Fall, verletzt, so führt dies genau zu der genannten Überschätzung. Lösungen dieses Problems finden sich bei *Box* (1954) sowie bei *Geisser* und *Greenhouse* (1958), wobei letztere einen sehr konservativen F-Test (starke Freiheitsgradkorrektur) vorschlagen. Wir werden bei der Ergebnisdarstellung dann nur mehr jene Effekte interpretieren, die sich nach diesem F-Test als signifikant erwiesen haben; eine Überschätzung der Wirkung der unabhängigen Variablen und ihrer Interaktion soll damit vermieden werden.

Ein weiteres Problem stellt die ungleiche Zellenbesetzung dar. Wir versuchen, dies mit einer zweiten Varianzanalyse mit gleicher Zellenbesetzung zu lösen, welche durch eine Zufallsauswahl der einzelnen Zellenstichproben erreicht wird. Wenn die Ergebnisse dieser zweiten Varianzanalyse mit gleicher Zellenbesetzung, jedoch stark reduziertem N, den Ergebnissen der Varianzanalyse mit ungleicher Zellenbesetzung entsprechen, besteht nur noch wenig Grund, den Ergebnissen wegen ungleicher Zellenbesetzung nicht zu trauen.

Bei der Beantwortung der Frage nach der Entwicklung der Schulleistungen von verschiedenen Schülergruppen ergibt sich außerdem das Problem der unterschiedlichen Zusammensetzung dieser Gruppen, insbesondere das Problem unterschiedlicher IQs, unterschiedlicher Sozialschicht und unterschiedlicher Ausgangsleistung zum Meßzeitpunkt t1. Trotz der Operationalisierung von Schulleistungsschwäche nach Anfangsleistung und IQ konnte nämlich nicht völlig vermieden werden, daß sich die Gruppen nicht dennoch schon bei den Anfangsleistungen leicht unterscheiden. Auf den ersten Blick erscheint hier eine Lösung einfach, indem zumindest die Variablen IQ und Anfangsleistung als Kovariable in die Varianzanalyse eingebracht werden. Bedenkt man aber, daß die Kovarianzanalyse Parallelität der Regressionen, d.h. gleiche Korrelationen der abhängigen Variablen mit den Kovariablen in den Zellen des Designs erfordert (bei uns nicht gegeben), und daß bestimmte Voraussetzungen der Varianzanalyse nicht klar erfüllt sind, so erscheint dieser Weg als sehr problematisch; denn es ist unklar, was dann noch adjustierte Mittelwerte, Signifikanzen und Effektstärken bedeuten.

9.3.2.2 Parallelisierte Stichproben

Eine methodisch saubere Lösung des genannten Problems liegt im Vergleich von parallelisierten Stichproben; dabei sind wir wie folgt vorgegangen: Aus den drei Schulmodellen HS, RG- und RG+ wurde je ein Schüler genommen, sodaß Schülertriplets zusammengestellt werden konnten, die, innerhalb eines Triplets, hinsichtlich Geschlecht, Sozialschicht, Klassenstufe, IQ und Schulleistung zum Meßzeitpunkt t1 vergleichbar sind. Bezüglich der beiden letztgenannten Variablen bedeutet dies, daß innerhalb eines Triplets die kritische Testwertdifferenz (vgl. *Lienert* 1969) nicht überschritten wurde. Ein Vergleich der Ergebnisse der Varianzanalyse der Daten dieser parallelisierten Stichprobe mit den Ergebnissen der anderen Varianzanalysen ermöglicht eine weitere Absicherung der Verallgemeinerbarkeit der Ergebnisse.

Die Sozialschicht der Schüler wurde von uns (keine Selbsteinstufung) entsprechend den Ergebnissen von *Kleining und Moore* (1968) über den Beruf des Vaters beziehungsweise der Mutter bestimmt.

10. Ergebnisse zur Situation integrierter und separierter schulleistungsschwacher Schüler

10.1 Soziometrische Stellung

In Tabelle 69 sind die wichtigsten deskriptiven statistischen Angaben über die Verteilung des Integrationsmaßes in der Ausgangsstichprobe aufgeführt. Die Angabe der Prozentränge wird für eine in Kapitel 12 dargestellte differenzierende Analyse benötigt werden.

Tabelle 69: Statistische Angaben zur Verteilung des Integrationsmaßes in der Ausgangsstichprobe

Anzahl Schüler N:	1850	Prozentrang 100	(höchster Wert):	100
Mittelwert $\bar{x}$:	53.11	Prozentrang 75	(3. Quartil):	71
Standardabweichung s:	22.49	Prozentrang 50	(Median):	53
Varianz s^2:	505.89	Prozentrang 25	(1. Quartil):	36
Schiefe:	-0.09	Prozentrang 0	(tiefster Wert):	4
Exzeß:	-0.89	Modus:		63

Die drei Werte der zentralen Tendenz (Mittelwert und Median decken sich, der Modus ist nicht weit entfernt) sowie die Graphik (Abbildung 26) deuten auf die Normalverteilung des Merkmals “Integrationsmaß” hin. Die Hypothese der Normalverteilung des Integrationsmaßes wurde durch den *Kolmogoroff-Smirnov*-Test bestätigt.

Von der varianzanalytischen Auswertung ist eine Beantwortung der Frage zu erwarten, welchen soziometrischen Status schulleistungsschwache Schüler in integrierenden Schulformen im Vergleich zu ihren Mitschülern einnehmen. Ein Vergleich zwischen der soziometrischen Stellung von schulleistungsschwachen Schülern in Sonderklassen und in Regelklassen ist deshalb nicht angebracht, weil Sonderklassen definitionsgemäß eine mehr oder weniger homogene Gruppe von schulleistungsschwachen Schülern darstellen, und somit in diesen Klassen die Varianz der soziometrischen Stellung auf andere Variablen als die Schulleistungsschwäche zurückgeführt werden müßte. Es ist deshalb angebracht, die Untersuchung der soziometrischen Stellung auf die schulleistungsschwachen Schüler in Regelklassen mit und in Regelklassen ohne Heilpädagogische Schülerhilfe zu be-

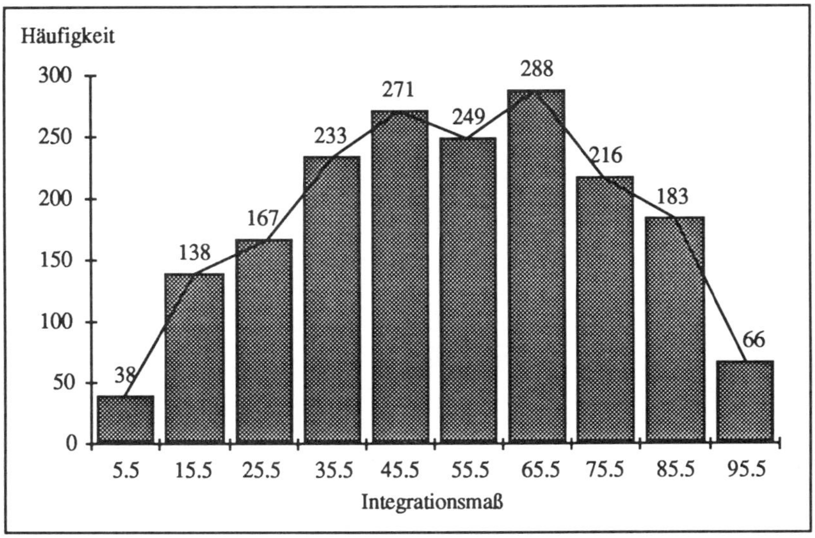

Abbildung 26: Verteilung des Integrationsmaßes in der Ausgangsstichprobe

schränken. Die zu prüfende Hypothese lautet: Werden schulleistungsschwache Schüler zusammen mit Regelschülern in derselben Klasse beschult, so besitzen sie, unabhängig von der Organisationsform des Schulmodells (Regelklassen mit oder ohne Heilpädagogische Schülerhilfe) und unabhängig vom Zeitpunkt der Untersuchung (t1 und t2), im Durchschnitt einen tieferen soziometrischen Status als ihre Mitschüler.

10.1.1 Varianzanalytische Hypothesenprüfung mit den Daten der Gesamtstichprobe bei ungleicher Zellenbesetzung

In Tabelle 70 wird ersichtlich, daß die Mittelwerte des Integrationsmaßes von schulleistungsschwachen Schülern SLS (zwischen 43,2 und 48,2) unter allen Bedingungen deutlich unter den Mittelwerten des Integrationsmaßes von nicht-schulleistungsschwachen Schülern NSLS (zwischen 53,6 und 55,5) liegen. Zur Überprüfung der Signifikanzen wurde eine dreifaktorielle Varianzanalyse mit den Faktoren "Schulleistungsschwäche" (SLS und NSLS), "Schulmodell" (RG+ und RG-) sowie "Meßzeitpunkt" (t1 und t2) durchgeführt. Tabelle 71 liefert eine Übersicht über die Ergebnisse der Varianzanalyse. Der Haupteffekt des Faktors "Schulleistungsschwäche" erweist sich als signifikant ($F = 17.01$, $p < .001$). Andere signifikante Haupteffekte oder Wechselwirkungen sind nicht festzustellen. Damit kann die Hypothese als bestätigt gelten, daß schulleistungsschwache Schüler in leistungsheterogenen Regelschulen, unabhängig von der Schulform und vom Meßzeitpunkt, eine tiefere soziometrische Stellung aufweisen als Regelschüler.

Tabelle 70: Mittelwerte und Standardabweichungen des Integrationsmaßes von schulleistungsschwachen und nicht-schulleistungsschwachen Schülern in Regelklassen mit und ohne Heilpädagogische Schülerhilfe zu den Zeitpunkten t1 und t2

AV: Soziometrischer Status		t1			t2		
		$\bar{X}$	s	n	$\bar{X}$	s	n
SLS	RG-	48.2	23.8	70	45.2	23.6	70
	RG–	43.2	24.1	38	46.5	22.4	38
NSLS	RG-	53.6	23.1	667	53.9	22.2	667
	RG+	55.1	21.5	307	55.5	22.6	307

Abkürzungen:
AV Abhängige Variable
SLS Schulleistungsschwacher Schüler
NSLS Nicht-schulleistungsschwacher Schüler
RG- Regelklasse ohne Heilpädagogische Schülerhilfe
RG+ Regelklasse mit Heilpädagogischer Schülerhilfe
t1 Meßzeitpunkt 1
t2 Meßzeitpunkt 2

Tabelle 71: Ergebnisse der Varianzanalyse zur Überprüfung des Zusammenhangs zwischen dem Integrationsmaß und den Faktoren Schulleistungsschwäche, Schulform und Meßzeitpunkt

Faktor	F-Wert	DF	p-Wert
A Schulleistungsschwäche (SLS / NSLS)	17.01	1	.000
B Schulform (RG- / RG+)	.01	1	.941
C Meßzeitpunkt (t1 / t2)	.05	1	.819
A x B	.64	1	.423
A x C	.01	1	.927
B x C	2.09	1	.149
A x B x C	1.82	1	.178

Aus Abbildung 27 wird ersichtlich, daß schulleistungsschwache Schüler (SLS) in Regelschulen im Vergleich zu ihren nicht-schulleistungsschwachen Mitschülern (NSLS) unter beiden schulorganisatorischen Bedingungen (RG+, RG-) und zu beiden Meßzeitpunkten (t1, t2) einen tieferen soziometrischen Status aufweisen. Die abfallende Tendenz der soziometrischen Stellung von SLS in RG- gegenüber der entsprechenden steigenden Tendenz von SLS in RG+ ist keine im statistischen

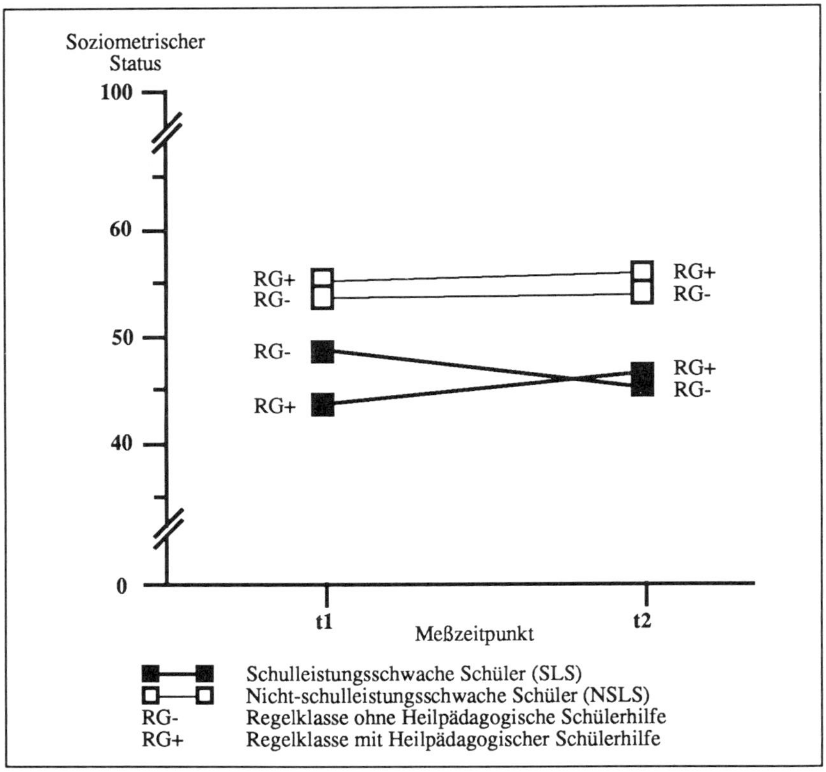

Abbildung 27: Soziometrischer Status von schulleistungsschwachen und nicht-schulleistungsschwachen Schülern in Regelklassen mit und in Regelklassen ohne Heilpädagogische Schülerhilfe zu den Zeitpunkten t1 und t2

Sinne signifikante Erscheinung. Die Varianzanalyse und die graphische Darstellung bestätigen somit eindeutig die Ergebnisse zahlreicher amerikanischer Untersuchungen, wonach schulleistungsschwache Schüler in leistungsheterogenen Klassen signifikant häufiger zu den unbeliebten Schülern gehören als ihre Mitschüler; daran vermögen die derzeitigen Maßnahmen der Heilpädagogischen Schülerhilfe in deutschschweizerischen Schulmodellen offenbar nichts zu ändern.

10.1.2 Varianzanalytische Hypothesenprüfung mit den Daten der auf gleiche Zellenbesetzung reduzierten Stichprobe

Wie in Kapitel 9.3.2.1 erläutert, handelt es sich hierbei um ein methodisches Vorgehen, welches die Zuverlässigkeit der Ergebnisse der Varianzanalysen mit ungleichen Zellenbesetzungen testen soll. Durch die Reduktion der Stichproben in den einzelnen Zellen nach dem Zufallsprinzip ergeben sich selbstverständlich einige Veränderungen bei den Mittelwerten in Tabelle 72 gegenüber Tabelle 70. Die in Tabelle 73 zusammengefaßten Ergebnisse der Varianzanalyse zeigen jedoch dieselbe Signifikanz bezüglich des Faktors Schulleistungsschwäche wie Tabelle 71 ($F = 11.27$, $p < .001$). Damit ist die Hypothese auch mit der auf gleiche Zellenbesetzung reduzierten Stichprobe bestätigt, was in Abbildung 28 graphisch deutlich wird.

Tabelle 72: Mittelwerte und Standardabweichungen des Integrationsmaßes von schulleistungsschwachen und nicht-schulleistungsschwachen Schülern bei gleich großen Stichproben

AV: Soziometrischer Status (Zufallsstichprobe)		t1			t2		
		$\overline{X}$	s	n	$\overline{X}$	s	n
SLS	RG-	45.9	25.3	38	42.6	23.4	38
	RG+	41.8	24.8	38	47.0	23.9	38
NSLS	RG-	47.1	18.9	38	53.7	21.9	38
	RG+	58.8	23.1	38	62.6	21.5	38

Abkürzungen:		
	AV	Abhängige Variable
	SLS	Schulleistungsschwacher Schüler
	NSLS	Nicht-schulleistungsschwacher Schüler
	RG-	Regelklasse ohne Heilpädagogische Schülerhilfe
	RG+	Regelklasse mit Heilpädagogischer Schülerhilfe
	t1	Meßzeitpunkt 1
	t2	Meßzeitpunkt 2

Tabelle 73: Ergebnisse der Varianzanalyse bei gleicher Zellenbesetzung zur Überprüfung des Zusammenhangs zwischen dem Integrationsmaß und den Faktoren Schulleistungsschwäche, Schulform und Meßzeitpunkt

Faktor	F-Wert	DF	p-Wert
A Schulleistungsschwäche (SLS / NSLS)	11.27	1	.001
B Schulform (RG- / RG+)	2.44	1	.120
C Meßzeitpunkt (t1 / t2)	.53	1	.062
A x B	2.28	1	.133
A x C	1.66	1	.199
B x C	.73	1	.394
A x B x C	3.01	1	.085

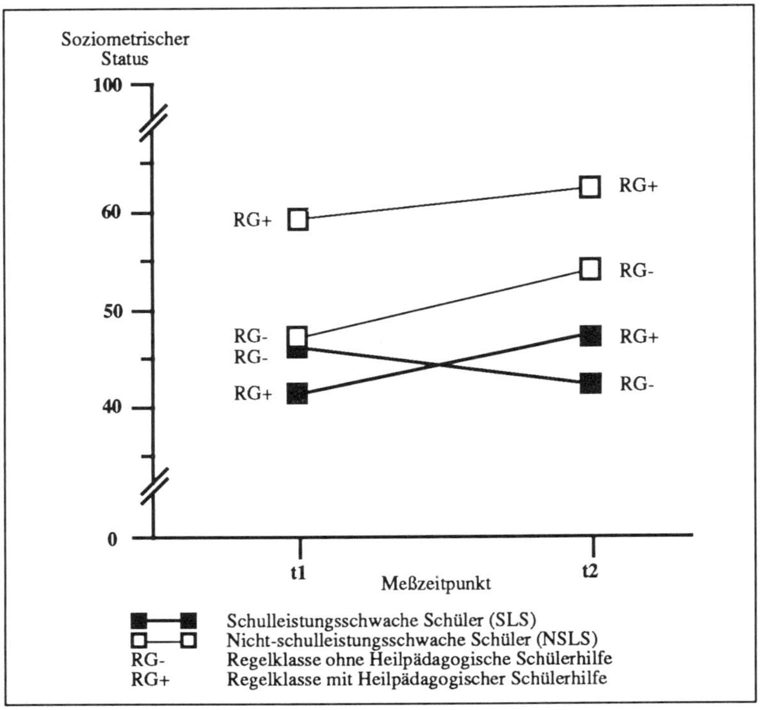

Abbildung 28: Soziometrischer Status von schulleistungsschwachen und nicht-schulleistungsschwachen Schülern bei gleich großen Stichproben

10.1.3 Methode der Parallelisierung

In Kapitel 9.3.2.2 wurde erläutert, warum eine Kovarianzanalyse keine methodisch saubere Lösung wäre, um den Einfluß von möglicherweise unterschiedlicher Intelligenz, Anfangsleistung und anderer Variablen zu kontrollieren. Es wurde deshalb, als methodisch saubere Lösung, ein Vergleich von nach Geschlecht, Sozialschicht, Klassenstufe, Intelligenz und Anfangsschulleistung parallelisierten Stichproben gemacht. Soweit sich die Ergebnisse des Vergleichs der parallelisierten Stichproben mit den an der Gesamtstichprobe gewonnenen Ergebnissen decken, kann davon ausgegangen werden, daß die an der Gesamtstichprobe gewonnenen Ergebnisse nicht durch Merkmale wie Intelligenz, Anfangsleistung, Geschlecht oder Sozialschichtzugehörigkeit systematisch verfälscht sind.

Auch bei Anwendung dieser Methode erweist sich (vgl. Tabellen 74 und 75) der Faktor "Schulleistungsschwäche" als signifikant (F = 5.29, p < .05). In Abbildung 29 wird der tiefere soziometrische Status von schulleistungsschwachen Schülern im Vergleich zu nicht-schulleistungsschwachen Schülern wiederum optisch ersichtlich. Es kann somit mit ziemlich hoher Wahrscheinlichkeit angenommen werden, daß der Zusammenhang zwischen Schulleistungsschwäche und soziometrischer Stellung nachgewiesen und nicht durch unkontrollierte Variablen bedingt ist.

Tabelle 74: Mittelwerte und Standardabweichungen des Integrationsmaßes von schulleistungsschwachen und nicht-schulleistungsschwachen Schülern bei parallelisierten Stichproben

AV: Soziometrischer Status (Parallelisierte Stichprobe)		t1			t2		
		$\overline{X}$	s	n	$\overline{X}$	s	n
SLS	RG-	46.1	23.1	29	42.2	19.6	29
	RG+	50.0	21.4	29	47.4	24.5	29
NSLS	RG-	51.2	23.2	117	51.7	22.2	117
	RG+	52.9	22.8	117	56.5	23.3	117

Abkürzungen:		
	AV	Abhängige Variable
	SLS	Schulleistungsschwacher Schüler
	NSLS	Nicht-schulleistungsschwacher Schüler
	RG-	Regelklasse ohne Heilpädagogische Schülerhilfe
	RG+	Regelklasse mit Heilpädagogischer Schülerhilfe
	t1	Meßzeitpunkt 1
	t2	Meßzeitpunkt 2

Tabelle 75: Ergebnisse der Varianzanalyse bei parallelisierten Stichproben zur Überprüfung des Zusammenhangs zwischen dem Integrationsmaß und den Faktoren Schulleistungsschwäche, Schulform und Meßzeitpunkt

Faktor	F-Wert	DF	p-Wert
A Schulleistungsschwäche (SLS / NSLS)	5.29	1	.023
B Schulform (RG- / RG+)	1.68	1	.197
C Meßzeitpunkt (t1 / t2)	.17	1	.680
A x B	.04	1	.842
A x C	3.40	1	.067
B x C	.43	1	.513
A x B x C	.07	1	.785

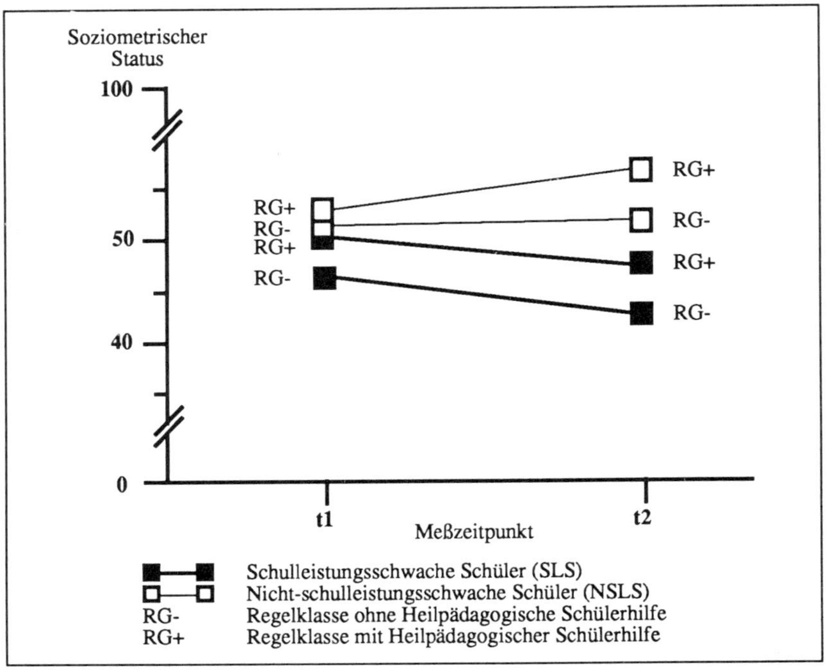

Abbildung 29: Soziometrischer Status von schulleistungsschwachen und nicht-schulleistungsschwachen Schülern bei parallelisierten Stichproben

10.2 Einschätzung der eigenen Fähigkeiten

Von diesen Ergebnissen ist eine Beantwortung der Frage zu erwarten, wie schulleistungsschwache Schüler unter verschiedenen schulorganisatorischen Bedingungen die eigenen schulischen Fähigkeiten einschätzen. Die zu prüfende Hypothese lautet: Werden schulleistungsschwache Schüler zusammen mit Regelschülern in derselben Klasse beschult, so besitzen sie, unabhängig von der Organisationsform des Schulmodells (Regelklassen mit oder ohne Heilpädagogische Schülerhilfe) und unabhängig vom Zeitpunkt der Untersuchung (t1 und t2), im Durchschnitt ein tieferes Begabungskonzept als ihre Mitschüler und als schulleistungsschwache Schüler in leistungshomogenen Sonderklassen.

10.2.1 Varianzanalytische Hypothesenprüfung mit den Daten der Gesamtstichprobe bei ungleicher Zellenbesetzung

In Tabelle 76 wird ersichtlich, daß die Mittelwerte des mit dem FDI erhobenen Begabungskonzepts von schulleistungsschwachen Schülern (SLS) in integrierenden Schulformen (RG- und RG+) zwischen 36,5 und 38,0 liegen, während die entsprechenden Mittelwerte von schulleistungsschwachen Schülern (SLS) in Hilfsschulklassen (HS) beim Zeitpunkt t1 42,7 und beim Zeitpunkt t2 43,9 betragen, was etwa den Mittelwerten der nicht-schulleistungsschwachen Schüler (NSLS) unter allen schulorganisatorischen Bedingungen (43,2 bis 45,4) entspricht. Zur Überprüfung der Signifikanzen wurde eine dreifaktorielle Varianzanalyse mit den Faktoren "Schulleistungsschwäche" (SLS und NSLS), "Schulmodell" (HS, RG+ und RG-) sowie "Meßzeitpunkt" (t1 und t2) durchgeführt. Tabelle 77 liefert eine Übersicht über die Ergebnisse der Varianzanalyse.

Tabelle 76: Mittelwerte und Standardabweichungen des Begabungskonzepts von schulleistungsschwachen und nicht-schulleistungsschwachen Schülern unter verschiedenen schulorganisatorischen Bedingungen zu den Zeitpunkten t1 und t2

AV: Begabungskonzept		t1			t2		
		$\bar{X}$	s	n	$\bar{X}$	s	n
SLS	HS	42.7	6.9	89	43.9	7.3	89
	RG-	38.0	6.7	70	36.5	6.9	70
	RG+	36.6	7.0	42	37.7	8.5	42
NSLS	HS	44.2	7.2	21	45.4	6.1	21
	RG-	44.7	7.6	691	44.4	7.8	691
	RG+	43.5	8.1	364	43.2	8.1	364

Abkürzungen:		
	AV	Abhängige Variable
	SLS	Schulleistungsschwacher Schüler
	NSLS	Nicht-schulleistungsschwacher Schüler
	HS	Hilfsschule (Sonderschule für Lernbehinderte)
	RG-	Regelklasse ohne Heilpädagogische Schülerhilfe
	RG+	Regelklasse mit Heilpädagogischer Schülerhilfe
	t1	Meßzeitpunkt 1
	t2	Meßzeitpunkt 2

Die Haupteffekte der Faktoren "Schulleistungsschwäche" ($F = 44.50$, $p < .001$) und "Schulform" ($F = 7.29$, $p < .001$) erweisen sich als signifikant. Außerdem sind die Wechselwirkungen von "Schulleistungsschwäche" und "Schulform" ($F = 4.19$, $p < .05$) sowie von "Schulform" und "Meßzeitpunkt" ($F = 4.99$, $p < .01$) signifikant. Mit Ausnahme der signifikanten Wechselwirkung von "Schulform" und "Meßzeitpunkt" sind die gefundenen Signifikanzen aufgrund der Hypothese erwartet. Die von der Hypothese her nicht vorausgesagte signifikante Wechselwirkung von "Schulform" und "Meßzeitpunkt" stellt sich in Abbildung 30 insbesondere bei den SLS in RG+ und RG- dar.

Tabelle 77: Ergebnisse der Varianzanalyse zur Überprüfung des Zusammenhangs zwischen dem Begabungskonzept und den Faktoren Schulleistungsschwäche, Schulform und Meßzeitpunkt

Faktor	F-Wert	DF	p-Wert
A Schulleistungsschwäche (SLS / NSLS)	44.50	1	.000
B Schulform (HS / RG- / RG+)	7.29	2	.001
C Meßzeitpunkt (t1 / t2)	.79	1	.375
A x B	4.19	2	.015
A x C	.00	1	.978
B x C	4.99	2	.007
A x B x C	2.19	2	.112

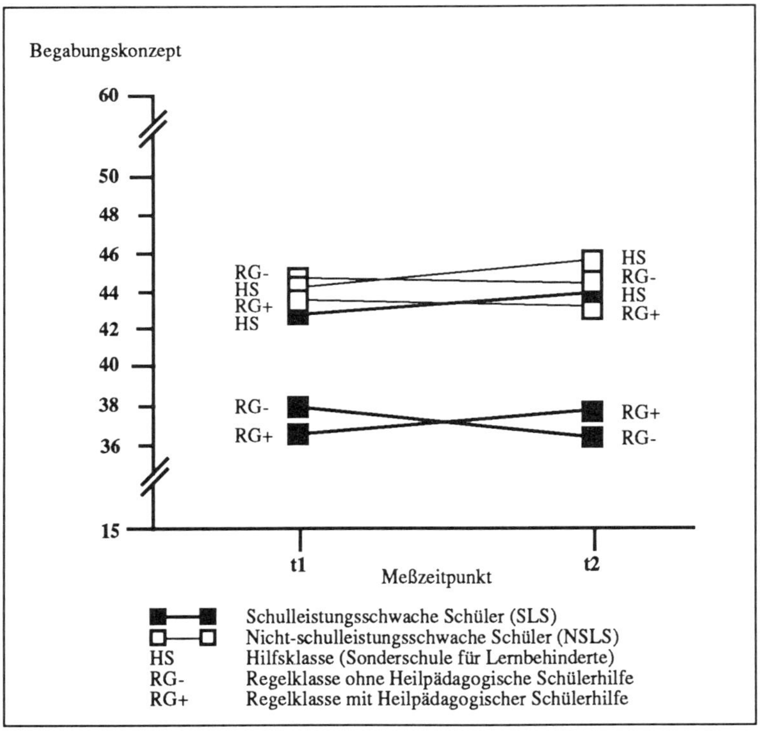

Abbildung 30: Begabungskonzept von schulleistungsschwachen und nicht-schulleistungsschwachen Schülern unter verschiedenen schulorganisatorischen Bedingungen zu den Zeitpunkten t1 und t2

Abbildung 30 verdeutlicht die Bestätigung der Hypothese graphisch: Schulleistungsschwache Schüler (SLS) in Hilfsschulklassen (HS) schätzen ihre Fähigkeiten ähnlich ein wie nicht-schulleistungsschwache Schüler (NSLS) in allen Schulmodellen. Hingegen liegt die Einschätzung der eigenen Fähigkeiten bei schulleistungsschwachen Schülern (SLS) in Regelschulen mit oder ohne Heilpädagogische Schülerhilfe (RG+, RG-) tiefer als bei schulleistungsschwachen Schülern (SLS) in Sonderklassen und bei allen nicht-schulleistungsschwachen Schülern (NSLS). Die ansteigende Tendenz beim Begabungskonzept von schulleistungsschwachen Schülern (SLS) in RG+ gegenüber der entsprechenden sinkenden Tendenz in RG- dürfte durch die Signifikanz der Wechselwirkung zwischen "Schulform" und "Meßzeitpunkt" als überzufällig interpretiert werden, so daß eine gewisse positive Wirkung der Regelschulen mit Heilpädagogischer Schülerhilfe angenommen werden kann.

10.2.2 Varianzanalytische Hypothesenprüfung mit den Daten der auf gleiche Zellenbesetzung reduzierten Stichprobe

Entsprechend den Erläuterungen in Kapitel 9.3.2.1 handelt es sich um ein methodisches Vorgehen, welches die Zuverlässigkeit der Ergebnisse der Varianzanalysen mit ungleichen Zellenbesetzungen testen soll. Es geht um die Frage, ob sich die an der Gesamtstichprobe gewonnenen Ergebnisse der Varianzanalysen tendenziell bei dieser künstlich verkleinerten Stichprobe wiederholen.

Tabelle 78: Mittelwerte und Standardabweichungen des Begabungskonzepts von schulleistungsschwachen und nicht-schulleistungsschwachen Schülern bei gleich großen Stichproben

AV: Begabungskonzept (Zufallsstichprobe)		t1			t2		
		$\bar{X}$	s	n	$\bar{X}$	s	n
SLS	HS	43.2	8.8	21	44.7	8.5	21
	RG-	37.8	6.3	21	37.1	6.7	21
	RG+	36.1	6.5	21	36.3	6.4	21
NSLS	HS	44.2	7.2	21	45.7	6.0	21
	RG-	45.7	9.0	21	44.8	8.2	21
	RG+	43.9	8.2	21	43.1	8.1	21

Abkürzungen:		
	AV	Abhängige Variable
	SLS	Schulleistungsschwacher Schüler
	NSLS	Nicht-schulleistungsschwacher Schüler
	HS	Hilfsschule (Sonderschule für Lernbehinderte)
	RG-	Regelklasse ohne Heilpädagogische Schülerhilfe
	RG+	Regelklasse mit Heilpädagogischer Schülerhilfe
	t1	Meßzeitpunkt 1
	t2	Meßzeitpunkt 2

Mit Ausnahme der ohnehin nicht erwarteten Signifikanz der Wechselwirkung von "Schulform" und "Meßzeitpunkt" entsprechen die in den Tabellen 78 und 79 zusammengefaßten Ergebnisse der Varianzanalyse bei gleicher Zellenbesetzung den vorherigen Ergebnissen. Auch die graphische Darstellung in Abbildung 31 zeigt dasselbe deutliche Bild wie Abbildung 30. Es gibt somit keinen Grund, das Ergebnis der Hypothesenprüfung wegen der stark ungleich besetzten Zellen in der Gesamtstichprobe in Frage zu stellen.

Tabelle 79: Ergebnisse der Varianzanalyse bei gleicher Zellenbesetzung zur Überprüfung des Zusammenhangs zwischen dem Begabungskonzept und den Faktoren Schulleistungsschwäche, Schulform und Meßzeitpunkt

Faktor	F-Wert	DF	p-Wert
A Schulleistungsschwäche (SLS / NSLS)	19.16	1	.000
B Schulform (HS / RG- / RG+)	4.93	2	.009
C Meßzeitpunkt (t1 / t2)	.06	1	.809
A x B	3.18	2	.045
A x C	.13	1	.723
B x C	1.51	2	.225
A x B x C	.07	2	.936

10.2.3 Hypothesenprüfung mit der Methode der Parallelisierung

Bei einer Parallelisierung nach Intelligenz und Anfangsleistung wird die übrigbleibende Stichprobe der *nicht*-schulleistungsschwachen Schüler (NSLS) im Vergleich zur Gesamtstichprobe der NSLS verzerrt; denn zu den sechs NSLS in Hilfsschulklassen konnten selbstverständlich in RG- und RG+ nur je sechs Schüler parallelisiert werden, welche im Vergleich zur Gesamtstichprobe der NSLS eine relativ tiefe Anfangsleistung und Intelligenz aufweisen. Das Bild des Begabungskonzepts der je sechs parallelisierten NSLS entspricht mit einiger Wahrscheinlichkeit nicht dem Bild, welches an allen NSLS, also auch den guten und sehr guten Schülern, gefunden worden ist. Es ist somit angezeigt, den Vergleich der Ergebnisse der Parallelisierungsmethode auf die SLS zu konzentrieren. Bezüglich der Stichprobe der SLS bestätigt sich die Hypothese tendenziell, aber nicht eindeutig interpretierbar (vgl. Tabellen 80 und 81). In Abbildung 32 wird ersichtlich, daß das Begabungskonzept der schulleistungssschwachen Hilfsschüler zum zweiten Zeitpunkt deutlich höher ist als dasjenige der schulleistungsschwachen Schüler in Regelklassen mit oder ohne Heilpädagogische Schülerhilfe. Auf keinen Fall ist die Hypothese mit dieser Methode widerlegt worden.

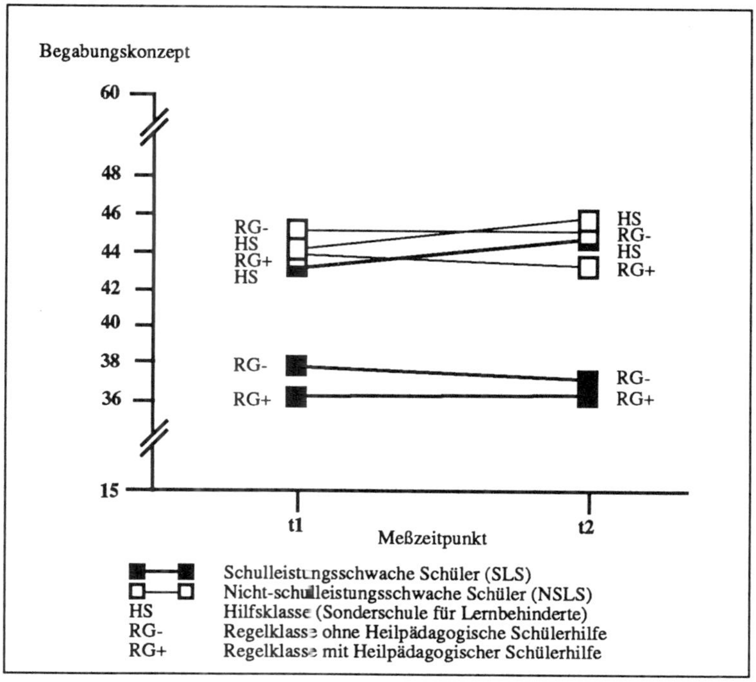

Abbildung 31: Begabungskonzept von schulleistungsschwachen und nicht-schulleistungsschwachen Schülern bei gleich großen Stichproben

Tabelle 80: Mittelwerte und Standardabweichungen des Begabungskonzepts von schulleistungsschwachen und nicht-schulleistungsschwachen Schülern bei parallelisierten Stichproben

AV: Begabungskonzept (parallelisierte Stichprobe)		t1			t2		
		$\bar{X}$	s	n	$\bar{X}$	s	n
SLS	HS	41.9	8.7	9	43.8	10.1	9
	RG-	41.2	6.2	9	38.9	6.5	9
	RG+	40.4	9.3	9	36.2	7.1	9
NSLS	HS	42.0	5.1	6	45.5	1.8	6
	RG-	45.5	6.8	6	45.7	3.2	6
	RG+	40.2	9.2	6	39.0	9.6	6

Abkürzungen:
- AV: Abhängige Variable
- SLS: Schulleistungsschwacher Schüler
- NSLS: Nicht-schulleistungsschwacher Schüler
- HS: Hilfsschule (Sonderschule für Lernbehinderte)
- RG-: Regelklasse ohne Heilpädagogische Schülerhilfe
- RG+: Regelklasse mit Heilpädagogischer Schülerhilfe
- t1: Meßzeitpunkt 1
- t2: Meßzeitpunkt 2

Tabelle 81: Ergebnisse der Varianzanalyse bei parallelisierten Stichproben zur Überprüfung des Zusammenhangs zwischen dem Begabungskonzept und den Faktoren Schulleistungsschwäche, Schulform und Meßzeitpunkt

Faktor	F-Wert	DF	p-Wert
A Schulleistungsschwäche (SLS / NSLS)	1.96	1	.185
B Schulform (HS / RG- / RG+)	1.49	2	.244
C Meßzeitpunkt (t1 / t2)	.10	1	.753
A x B	.44	2	.652
A x C	1.13	1	.307
B x C	4.35	2	.024
A x B x C	.08	2	.928

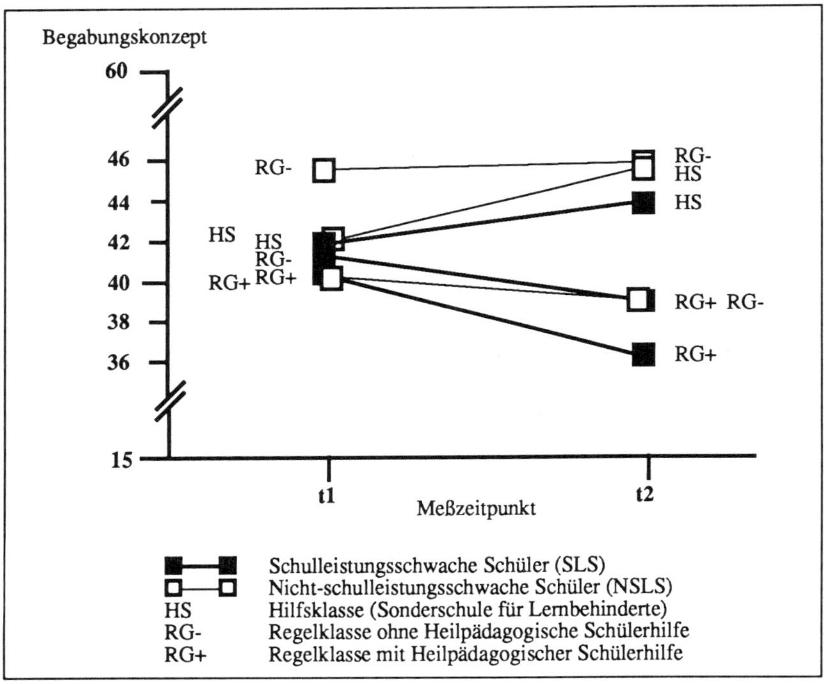

Abbildung 32: Begabungskonzept von schulleistungsschwachen und nicht-schulleistungsschwachen Schülern bei parallelisierten Stichproben

10.3 Schulleistungen

10.3.1 Varianzanalytische Hypothesenprüfung mit den Daten der Gesamtstichprobe

10.3.1.1 Schulische Gesamtleistung

Die Ergebnisse der Faktorenanalyse der Schulleistungstests, dargestellt in Kapitel 9.1.3.2, berechtigen uns zu Aussagen über die schulische Gesamtleistung der Schüler, welche auf dem rechnerischen Zusammenzug der Werte der einzelnen Schulleistungstests basiert. Von den Ergebnissen ist eine Beantwortung der Frage zu erwarten, ob sich die schulische Gesamtleistung von schulleistungsschwachen Schülern unter verschiedenen schulorganisatorischen Bedingungen gleich oder unterschiedlich verändert. Wir gehen von der Hypothese aus, daß sich die Schulleistungen von schulleistungsschwachen Schülern in der leistungsheterogenen Bezugsgruppe einer Regelklasse besser entwickeln als in Hilfsschulen.

Tabelle 82: Mittelwerte und Standardabweichungen des Gesamtergebnisses der Schulleistungstests von schulleistungsschwachen und nicht-schulleistungsschwachen Schülern unter verschiedenen schulorganisatorischen Bedingungen zu den Zeitpunkten t1 und t2

AV: Gesamtleistung			t1			t2		
			$\bar{X}$	s	n	$\bar{X}$	s	n
SLS	HS	4. Klasse	28.9	7.2	38	43.4	12.8	38
		5. Klasse	32.2	10.8	49	45.6	14.2	49
	RG-	4. Klasse	34.9	4.0	40	61.9	8.3	40
		5. Klasse	45.5	5.7	31	64.6	8.4	31
	RG+	4. Klasse	34.5	4.0	26	59.4	9.7	26
		5. Klasse	44.5	6.2	13	66.6	9.5	13
NSLS	HS	4. Klasse	40.4	6.5	14	55.8	11.0	14
		5. Klasse	48.2	7.6	7	58.9	15.6	7
	RG-	4. Klasse	55.4	10.1	353	75.8	9.2	353
		5. Klasse	70.8	9.7	332	83.3	7.3	332
	RG+	4. Klasse	55.0	10.3	210	76.2	9.6	210
		5. Klasse	69.6	10.3	147	85.0	7.8	147

Abkürzungen:

AV	Abhängige Variable
SLS	Schulleistungsschwacher Schüler
NSLS	Nicht-schulleistungsschwacher Schüler
HS	Hilfsschule (Sonderschule für Lernbehinderte)
RG-	Regelklasse ohne Heilpädagogische Schülerhilfe
RG+	Regelklasse mit Heilpädagogischer Schülerhilfe
t1	Meßzeitpunkt 1
t2	Meßzeitpunkt 2

In Tabelle 82 wird ersichtlich, daß die Mittelwerte der schulischen Gesamtleistung von schulleistungsschwachen Schülern (SLS) von einem Schuljahr zum nächsten in der Hilfsschule (HS) von 28,9 auf 43,4 bzw. von 32,2 auf 45,6, in der Regelschule hingegen von 34,9 auf 61,9 bzw. von 45,5 auf 64,6 (RG-) und von 34,6 auf 59,4 bzw. von 44,5 auf 66,6 (RG+) steigen. Die Leistungssteigerung ist somit bei den schulleistungsschwachen Schülern (SLS) in Hilfsschulen (HS) geringer als bei denjenigen in Regelschulen. Zur Überprüfung der Signifikanzen wurde eine vierfaktorielle Varianzanalyse mit den Faktoren "Klassenstufe" (4. und 5.), "Schulleistungsschwäche" (SLS und NSLS), "Schulform" (HS, RG+ und RG-) sowie "Meßzeitpunkt" (t1 und t2) durchgeführt. Tabelle 83 liefert eine Übersicht über die Ergebnisse der Varianzanalyse. Die signifikanten Haupteffekte der Faktoren "Klassenstufe", "Schulleistungsschwäche", "Schulform" und "Meßzeitpunkt" sind trivial. Die für die Bestätigung unserer Hypothese erforderliche signifikante Wechselwirkung liegt vor: "Schulform" x "Meßzeitpunkt" ($F = 23.25$, $p < .001$).

Tabelle 83: Ergebnisse der Varianzanalyse zur Überprüfung des Zusammenhangs zwischen dem Gesamtergebnis der Schulleistungsstests und den Faktoren Schulleistungsschwäche, Schulklasse, Schulform und Meßzeitpunkt

Faktor	F-Wert	DF	p-Wert
A Klassenstufe (4. / 5.)	64.07	1	.000
B Schulleistungsschwäche (SLS / NSLS)	333.82	1	.000
C Schulform (HS / RG- / RG+)	105.83	2	.000
D Meßzeitpunkt (t1 / t2)	1993.78	1	.000
A x B	3.35	1	.067
A x C	2.71	2	.067
A x D	38.33	1	.000
B x C	3.76	2	.024
B x D	26.93	1	.000
C x D	23.25	2	.000
A x B x C	.15	2	.865
A x B x D	1.97	1	.160
A x C x D	4.39	2	.013
B x C x D	3.75	2	.024
A x B x C x D	.70	2	.499

In Abbildung 33 sind die Ergebnisse dadurch graphisch vereinfacht worden, daß die Mittelwerte der Schüler der 4. Klasse und der 5. Klasse zu einem gewichteten Mittelwert vereint sind. Der gewichtete Mittelwert $\bar{x}$ aus 2 Stichproben mit den Mittelwerten $\bar{x}_1$ und $\bar{x}_2$ und den Stichprobengrößen n_1 und n_2 wurde nach der folgenden Formel berechnet:

$$\bar{x} = \frac{\bar{x}_1 \cdot n_1 + \bar{x}_2 \cdot n_2}{n_1 + n_2}$$

Schulleistungsschwache Schüler (SLS) in Hilfsschulklassen (HS) zeigen einen geringeren Anstieg der schulischen Gesamtleistung als schulleistungsschwache Schüler (SLS) in Regelschulen mit (RG+) oder ohne Heilpädagogische Schülerhilfe (RG-). Besonders gering ist der Anstieg der schulischen Gesamtleistung von nicht-schulleistungsschwachen Schülern (NSLS) in Hilfsschulen (HS); sie werden nach dem Untersuchungsjahr von den Schulleistungsschwachen (SLS) in Regelschulen sogar überholt.

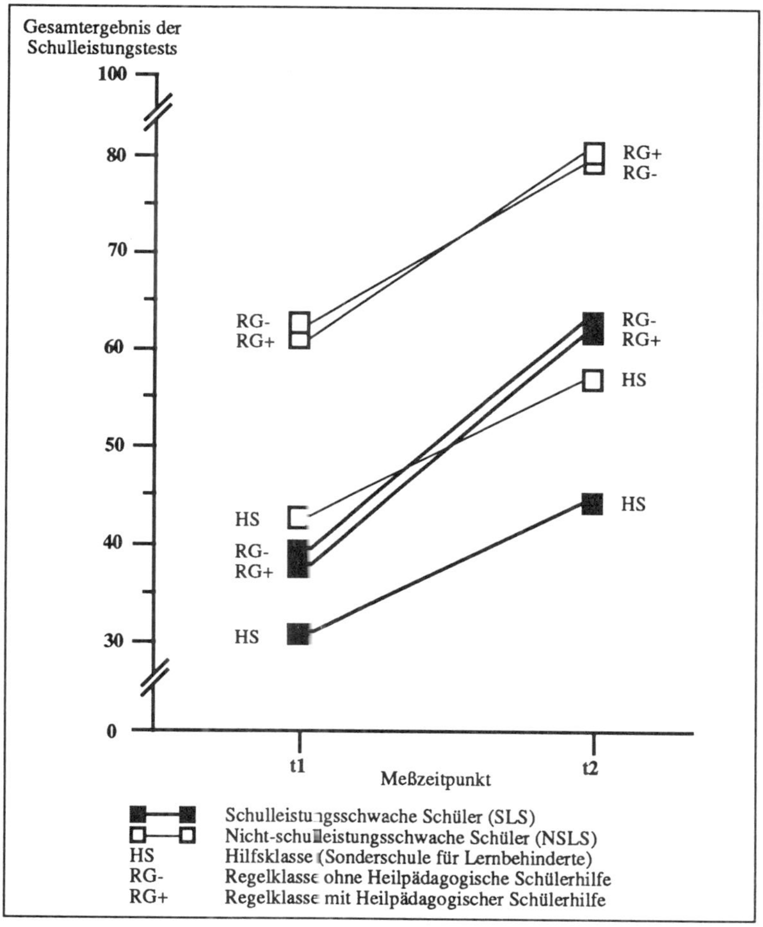

Abbildung 33: Gesamtergebnis der Schulleistungstests aller schulleistungsschwachen und nicht-schulleistungsschwachen Schüler der 4. und 5. Klasse mit gewichteten Mittelwerten unter verschiedenen schulorganisatorischen Bedingungen zu den Zeitpunkten t1 und t2

10.3.1.2 Mathematik

10.3.1.2.1 Gesamtergebnis der Mathematiktests

Die vierfache Varianzanalyse wurde ebenfalls mit der Gesamtleistung der beiden Mathematiktests durchgeführt. In Tabelle 84 sind die Mittelwerte für die verschiedenen Gruppen zusammengestellt und Tabelle 85 enthält die Ergebnisse der Varianzanalyse.

Tabelle 84: Mittelwerte und Standardabweichungen des Gesamtergebnisses der Mathematiktests von schulleistungsschwachen und nicht-schulleistungsschwachen Schülern unter verschiedenen schulorganisatorischen Bedingungen zu den Zeitpunkten t1 und t2

AV: Mathematik			t1			t2		
			$\bar{X}$	s	n	$\bar{X}$	s	n
SLS	HS	4. Klasse	17.0	9.2	38	34.1	16.6	38
		5. Klasse	23.6	13.2	49	38.3	19.2	49
	RG-	4. Klasse	27.1	7.3	40	62.2	12.9	40
		5. Klasse	41.8	8.8	31	66.5	13.9	31
	RG+	4. Klasse	24.9	6.5	26	59.5	13.3	26
		5. Klasse	35.3	10.4	13	64.8	18.3	13
NSLS	HS	4. Klasse	28.6	10.7	14	47.4	19.1	14
		5. Klasse	44.5	11.1	7	60.9	17.4	7
	RG-	4. Klasse	50.3	14.3	353	77.7	12.4	353
		5. Klasse	71.9	13.0	332	86.7	9.5	332
	RG+	4. Klasse	48.7	14.4	210	77.2	13.4	210
		5. Klasse	69.0	14.5	147	87.6	9.5	147

Abkürzungen:		
	AV	Abhängige Variable
	SLS	Schulleistungsschwacher Schüler
	NSLS	Nicht-schulleistungsschwacher Schüler
	HS	Hilfsschule (Sonderschule für Lernbehinderte)
	RG-	Regelklasse ohne Heilpädagogische Schülerhilfe
	RG+	Regelklasse mit Heilpädagogischer Schülerhilfe
	t1	Meßzeitpunkt 1
	t2	Meßzeitpunkt 2

Die Ergebnisse der mathematischen Gesamtleistung decken sich weitgehend mit den Ergebnissen zur schulischen Gesamtleistung. Die für die Bestätigung der Hypothese erforderliche signifikante Wechselwirkung von "Schulform" x "Meßzeitpunkt" liegt ebenfalls vor ($F = 18.43, p < .001$). In Abbildung 34 wird wiederum das scherenartige Auseinandergehen des Leistungszuwachses von schulleistungsschwachen Schülern in Hilfsschulen und in Regelschulen deutlich.

Faktor	F-Wert	DF	p-Wert
A Klassenstufe (4. / 5.)	78.68	1	.000
B Schulleistungsschwäche (SLS / NSLS)	277.53	1	.000
C Schulform (HS / RG- / RG+)	108.57	2	.000
D Meßzeitpunkt (t1 / t2)	1240.53	1	.000
A x B	8.68	1	.003
A x C	.26	2	.771
A x D	28.82	1	.000
B x C	2.15	2	.117
B x D	15.52	1	.000
C x D	18.43	2	.000
A x B x C	.17	2	.847
A x B x D	.80	1	.370
A x C x D	4.04	2	.018
B x C x D	5.06	2	.006
A x B x C x D	.23	2	.795

Tabelle 85: Ergebnisse der Varianzanalyse zur Überprüfung des Zusammenhangs zwischen dem Gesamtergebnis der Mathematiktests und den Faktoren Schulleistungsschwäche, Schulklasse, Schulform und Meßzeitpunkt

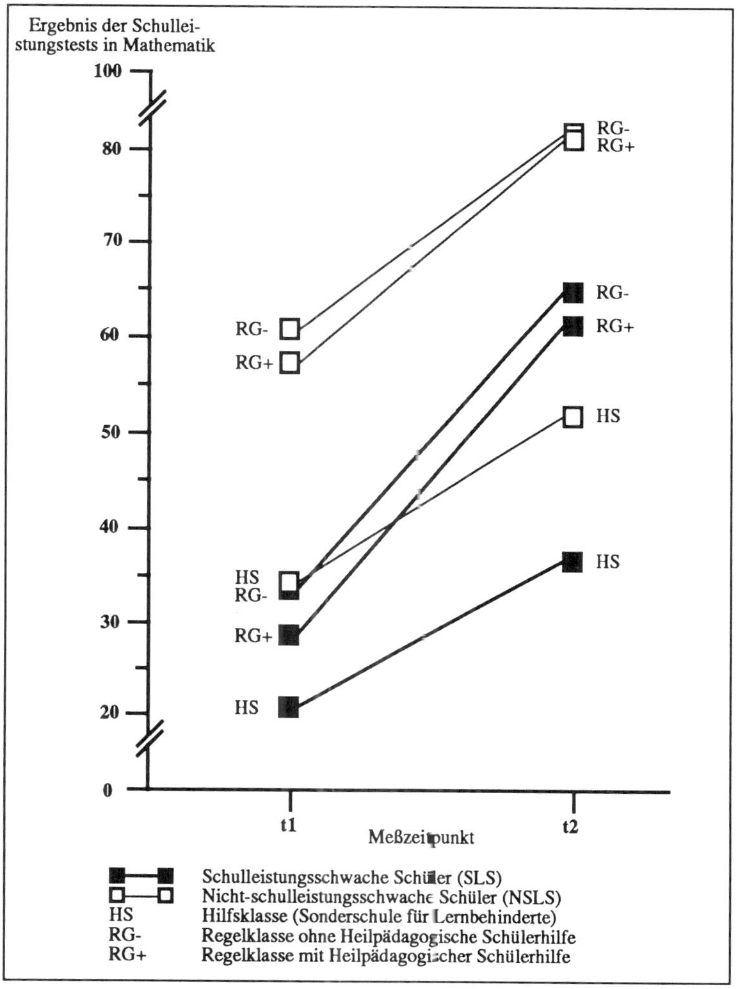

Abbildung 34: Gesamtergebnis der Mathematiktests aller schulleistungsschwachen und nicht-schulleistungsschwachen Schüler der 4. und 5. Klasse mit gewichteten Mittelwerten unter verschiedenen Bedingungen zu den Zeitpunkten t1 und t2

10.3.1.2.2 Ergebnis im Untertest Grundoperationen

Die Zusammenstellung der Mittelwerte in Tabelle 86 und die Ergebnisse der Varianzanalyse in Tabelle 87 zeigen eine hohe Übereinstimmung mit den vorherigen Ergebnissen. Wiederum erweist sich die Wechselwirkung "Schulform" x "Meßzeitpunkt" als signifikant (F = 8.43, p < .001). Die Abbildung 35 stellt in den wichtigsten Tendenzen die gleichen Erscheinungen dar wie die Abbildungen der Ergebnisse der mathematischen Gesamtleistung.

AV: Grundoperationen			t1			t2		
			$\bar{X}$	s	n	$\bar{X}$	s	n
SLS	HS	4. Klasse	18.6	11.0	38	34.9	16.6	38
		5. Klasse	24.8	14.0	49	38.7	18.8	49
	RG-	4. Klasse	29.5	8.4	40	60.7	14.6	40
		5. Klasse	43.9	9.0	31	66.2	13.3	31
	RG+	4. Klasse	29.9	8.0	26	57.3	11.9	26
		5. Klasse	37.0	10.0	13	60.9	20.2	13
NSLS	HS	4. Klasse	29.9	10.4	14	44.4	18.2	14
		5. Klasse	40.2	11.9	7	62.9	19.2	7
	RG-	4. Klasse	49.8	13.5	353	75.8	13.5	353
		5. Klasse	70.9	13.3	332	87.4	9.9	332
	RG+	4. Klasse	49.3	14.0	210	75.2	15.0	210
		5. Klasse	67.7	14.2	147	85.0	10.7	147

Abkürzungen:		
	AV	Abhängige Variable
	SLS	Schulleistungsschwacher Schüler
	NSLS	Nicht-schulleistungsschwacher Schüler
	HS	Hilfsschule (Sonderschule für Lernbehinderte)
	RG-	Regelklasse ohne Heilpädagogische Schülerhilfe
	RG+	Regelklasse mit Heilpädagogischer Schülerhilfe
	t1	Meßzeitpunkt 1
	t2	Meßzeitpunkt 2

Tabelle 86: Mittelwerte und Standardabweichungen des Ergebnisses im Untertest Grundoperationen von schulleistungsschwachen und nicht-schulleistungsschwachen Schülern unter verschiedenen schulorganisatorischen Bedingungen zu den Zeitpunkten t1 und t2

Faktor	F-Wert	DF	p-Wert
A Klassenstufe (4. / 5.)	69.01	1	.000
B Schulleistungsschwäche (SLS / NSLS)	230.52	1	.000
C Schulform (HS / RG- / RG+)	103.94	2	.000
D Meßzeitpunkt (t1 / t2)	950.26	1	.000
A x B	10.10	1	.002
A x C	1.26	2	.283
A x D	9.25	1	.002
B x C	2.49	2	.083
B x D	1.85	1	.174
C x D	8.43	2	.000
A x B x C	.18	2	.834
A x B x D	.42	1	.516
A x C x D	5.96	2	.003
B x C x D	3.27	2	.038
A x B x C x D	1.99	2	.137

Tabelle 87: Ergebnisse der Varianzanalyse zur Überprüfung des Zusammenhangs zwischen dem Ergebnis im Untertest Grundoperationen und den Faktoren Schulleistungsschwäche, Schulklasse, Schulform und Meßzeitpunkt

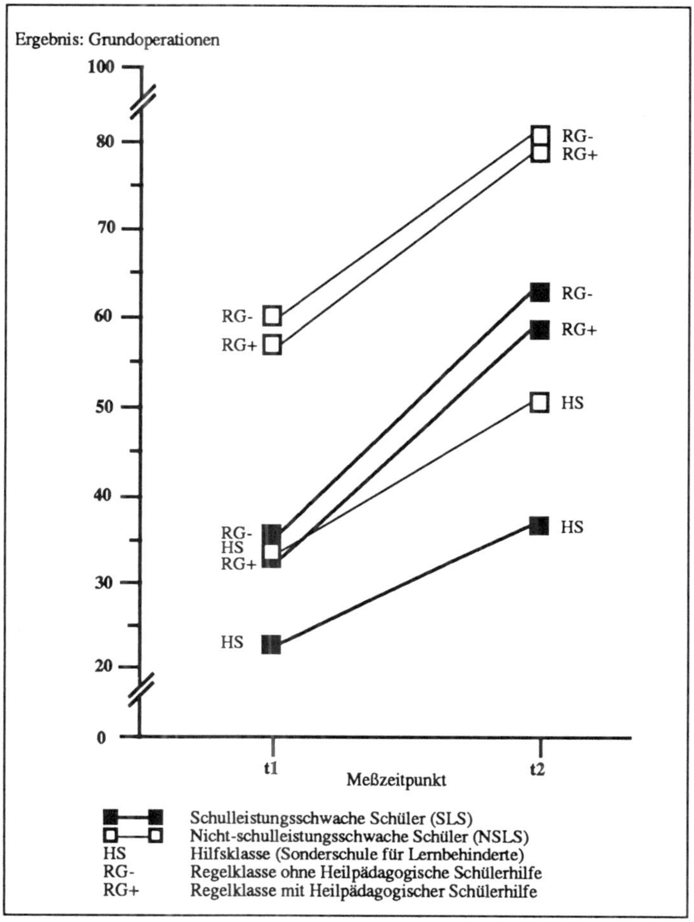

Abbildung 35: Ergebnis im Untertest Grundoperationen aller schulleistungsschwachen und nicht-schulleistungsschwachen Schüler der 4. und 5. Klasse mit gewichteten Mittelwerten unter verschiedenen schulorganisatorischen Bedingungen zu den Zeitpunkten t1 und t2

10.3.1.2.3 Ergebnis im Untertest Textrechnen

Die Zusammenstellung der Mittelwerte in Tabelle 88 und die Ergebnisse der Varianzanalyse in Tabelle 89 zeigen ebenfalls eine hohe Übereinstimmung mit den Ergebnissen der schulischen Gesamtleistung und der mathematischen Gesamtleistung. Wiederum erweist sich die Wechselwirkung "Schulform" x "Meßzeitpunkt" als signifikant ($F = 17.71$, $p < .001$). Die Abbildung 36 stellt in den wichtigsten Tendenzen die gleichen Erscheinungen dar wie die vorherigen Abbildungen.

Tabelle 88: Mittelwerte und Standardabweichungen des Ergebnisses im Untertest Textrechnen von schulleistungsschwachen und nicht-schulleistungsschwachen Schülern unter verschiedenen schulorganisatorischen Bedingungen zu den Zeitpunkten t1 und t2

AV: Textrechnen			t1			t2		
			$\overline{X}$	s	n	$\overline{X}$	s	n
SLS	HS	4. Klasse	15.4	10.5	38	33.3	19.6	38
		5. Klasse	22.3	15.0	49	38.0	21.5	49
	RG-	4. Klasse	24.8	12.5	40	63.7	14.1	40
		5. Klasse	39.7	12.8	31	66.7	16.8	31
	RG+	4. Klasse	19.9	7.8	26	61.6	17.1	26
		5. Klasse	33.6	13.1	13	69.2	18.2	13
NSLS	HS	4. Klasse	27.3	14.2	14	50.4	21.6	14
		5. Klasse	48.9	12.3	7	58.9	18.8	7
	RG-	4. Klasse	50.9	17.9	353	79.6	14.5	353
		5. Klasse	72.9	16.3	332	85.9	12.2	332
	RG+	4. Klasse	48.1	17.6	210	79.1	14.7	210
		5. Klasse	70.2	17.5	147	90.1	10.3	147

Abkürzungen:		
	AV	Abhängige Variable
	SLS	Schulleistungsschwacher Schüler
	NSLS	Nicht-schulleistungsschwacher Schüler
	HS	Hilfsschule (Sonderschule für Lernbehinderte)
	RG-	Regelklasse ohne Heilpädagogische Schülerhilfe
	RG+	Regelklasse mit Heilpädagogischer Schülerhilfe
	t1	Meßzeitpunkt 1
	t2	Meßzeitpunkt 2

Tabelle 89: Ergebnisse der Varianzanalyse zur Überprüfung des Zusammenhangs zwischen dem Ergebnis im Untertest Textrechnen und den Faktoren Schulleistungsschwäche, Schulklasse, Schulform und Meßzeitpunkt

Faktor	F-Wert	DF	p-Wert
A Klassenstufe (4. / 5.)	65.82	1	.000
B Schulleistungsschwäche (SLS / NSLS)	243.64	1	.000
C Schulform (HS / RG- / RG+)	83.76	2	.000
D Meßzeitpunkt (t1 / t2)	736.96	1	.000
A x B	5.39	1	.020
A x C	.38	2	.683
A x D	28.92	1	.000
B x C	1.35	2	.260
B x D	21.14	1	.000
C x D	17.71	2	.000
A x B x C	.15	2	.862
A x B x D	3.11	1	.078
A x C x D	1.45	2	.236
B x C x D	3.63	2	.027
A x B x C x D	.30	2	.743

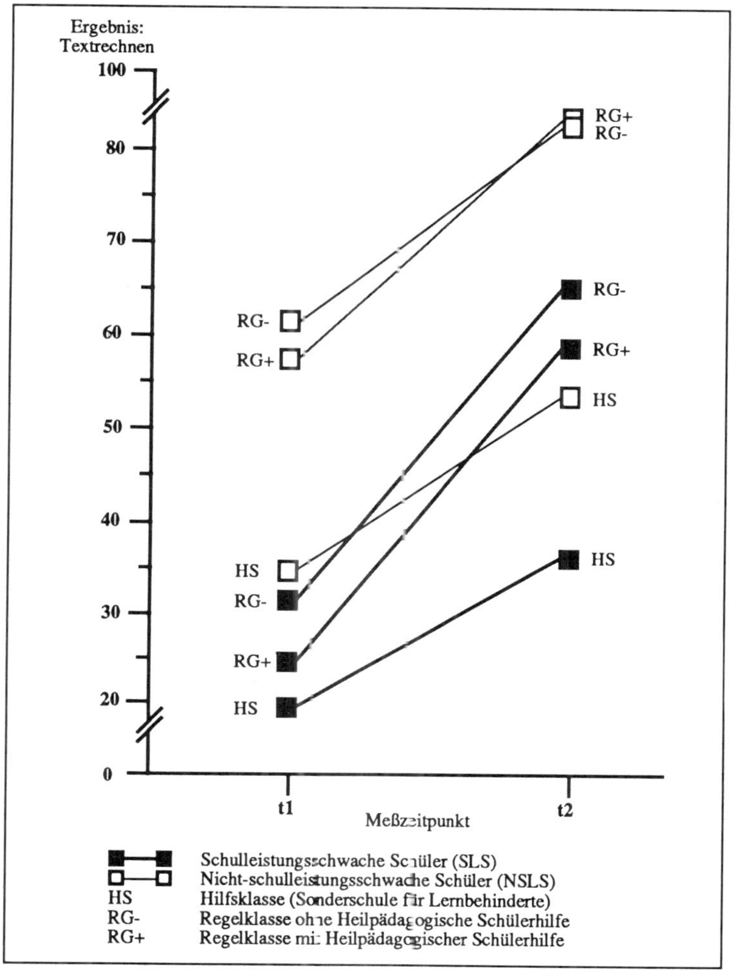

Abbildung 36: Ergebnis im Untertest Textrechnen aller schulleistungsschwachen und nicht-schulleistungsschwachen Schüler der 4. und 5. Klasse mit gewichteten Mittelwerten unter verschiedenen schulorganisatorischen Bedingungen zu den Zeitpunkten t1 und t2

10.3.1.3 Deutsch

10.3.1.3.1 Gesamtergebnis der Deutschtests

Die Varianzanalyse wurde auch mit der Gesamtleistung der Sprachtests durchgeführt. In Tabelle 90 wird ersichtlich, daß die Mittelwerte der Deutschleistungen von schulleistungsschwachen Schülern SLS von einem Schuljahr zum nächsten in der Hilfsschule von 40,9 auf 52,8 bzw. von 40,7 auf 52,9 und in der Regelschule von 42,7 auf 61,6 bzw. von 49,3 auf 62,8 (RG-) und von 44,3 auf 59,4 bzw. von 53,7 auf 68,5 (RG+) steigen.

Tabelle 90: Mittelwerte und Standardabweichungen des Gesamtergebnisses der Deutschtests von schulleistungsschwachen und nicht-schulleistungsschwachen Schülern unter verschiedenen schulorganisatorischen Bedingungen zu den Zeitpunkten t1 und t2

AV: Deutsch			t1			t2		
			$\bar{X}$	s	n	$\bar{X}$	s	n
SLS	HS	4. Klasse	40.9	10.3	38	52.8	12.6	38
		5. Klasse	40.7	11.7	49	52.9	13.3	49
	RG-	4. Klasse	42.7	6.8	40	61.6	8.2	40
		5. Klasse	49.3	9.8	31	62.8	10.9	31
	RG+	4. Klasse	44.3	6.6	26	59.4	9.8	26
		5. Klasse	53.7	8.0	13	68.5	6.5	13
NSLS	HS	4. Klasse	52.2	8.7	14	64.3	5.4	14
		5. Klasse	51.8	13.6	7	56.8	17.8	7
	RG-	4. Klasse	60.4	9.5	353	74.0	9.1	353
		5. Klasse	69.7	10.5	332	80.0	8.7	332
	RG+	4. Klasse	61.2	9.5	210	75.3	9.0	210
		5. Klasse	70.2	9.7	147	82.5	8.4	147

Abkürzungen:	AV	Abhängige Variable
	SLS	Schulleistungsschwacher Schüler
	NSLS	Nicht-schulleistungsschwacher Schüler
	HS	Hilfsschule (Sonderschule für Lernbehinderte)
	RG-	Regelklasse ohne Heilpädagogische Schülerhilfe
	RG+	Regelklasse mit Heilpädagogischer Schülerhilfe
	t1	Meßzeitpunkt 1
	t2	Meßzeitpunkt 2

Tabelle 91: Ergebnisse der Varianzanalyse zur Überprüfung des Zusammenhangs zwischen dem Gesamtergebnis der Deutschtests und den Faktoren Schulleistungsschwäche, Schulklasse, Schulform und Meßzeitpunkt

Faktor	F-Wert	DF	p-Wert
A Klassenstufe (4. / 5.)	17.99	1	.000
B Schulleistungsschwäche (SLS / NSLS)	206.37	1	.000
C Schulform (HS / RG- / RG+)	48.40	2	.000
D Meßzeitpunkt (t1 / t2)	903.44	1	.000
A x B	.05	1	.819
A x C	7.70	2	.000
A x D	11.66	1	.001
B x C	4.50	2	.011
B x D	13.93	1	.000
C x D	6.54	2	.001
A x B x C	1.62	2	.199
A x B x D	1.62	1	.203
A x C x D	1.81	2	.165
B x C x D	1.14	2	.322
A x B x C x D	2.47	2	.085

Die geringere Leistungssteigerung bei den schulleistungsschwachen Schülern in Hilfsschulen gegenüber denjenigen in Regelschulen ist somit bei den Deutschleistungen etwas weniger deutlich. Die Übersicht über die Ergebnisse der Varianzanalyse in Tabelle 91 zeigt, daß die Wechselwirkung "Schulform" x "Meßzeitpunkt" bezüglich der Sprachleistung immer noch signifikant ist ($F = 6.54$, $p < .001$).

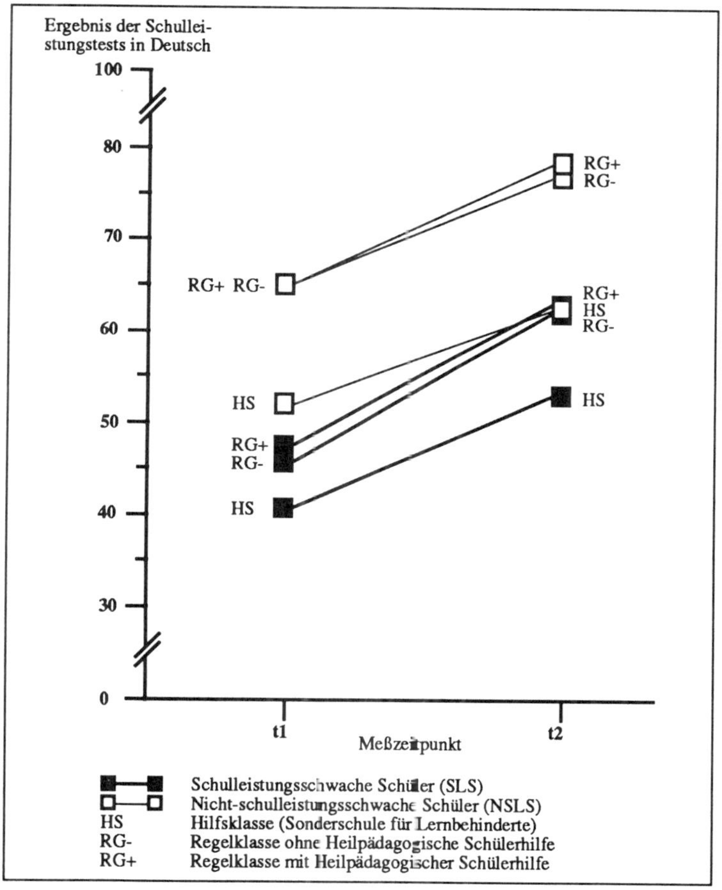

Abbildung 60: Gesamtergebnis der Deutschtests aller schulleistungsschwachen und nicht-schulleistungsschwachen Schüler der 4. und 5. Klasse mit gewichteten Mittelwerten unter verschiedenen schulorganisatorischen Bedingungen zu den Zeitpunkten t1 und t2

10.3.1.3.2 Ergebnis im Untertest Wortschatz

In diesem sprachlichen Untertest ist die Wechselwirkung "Schulform" x "Meßzeitpunkt" signifikant ($F = 6.74$, $p < .01$). Die Tabellen 92 und 93 zeigen die Tendenzen, welche sich bei den Ergebnissen der schulischen Gesamtleistungen gezeigt haben.

Tabelle 92: Mittelwerte und Standardabweichungen der Ergebnisse im Untertest Wortschatz von schulleistungsschwachen und nicht-schulleistungsschwachen Schülern unter verschiedenen schulorganisatorischen Bedingungen zu den Zeitpunkten t1 und t2

AV: Wortschatz			t1			t2		
			$\bar{X}$	s	n	$\bar{X}$	s	n
SLS	HS	4. Klasse	31.3	12.6	38	43.4	17.1	38
		5. Klasse	37.4	13.7	49	49.3	19.1	49
	RG-	4. Klasse	32.6	13.8	40	52.7	17.6	40
		5. Klasse	42.2	13.2	31	61.0	21.5	31
	RG+	4. Klasse	40.2	17.5	26	55.9	18.7	26
		5. Klasse	43.9	19.9	13	61.9	17.7	13
NSLS	HS	4. Klasse	38.5	16.3	14	47.1	19.0	14
		5. Klasse	48.7	27.8	7	46.1	27.5	7
	RG-	4. Klasse	42.7	12.7	353	60.6	18.5	353
		5. Klasse	59.0	20.1	332	71.6	18.2	332
	RG+	4. Klasse	49.0	16.3	210	68.7	20.0	210
		5. Klasse	58.4	19.8	147	80.1	18.8	147

Abkürzungen:		
	AV	Abhängige Variable
	SLS	Schulleistungsschwacher Schüler
	NSLS	Nicht-schulleistungsschwacher Schüler
	HS	Hilfsschule (Sonderschule für Lernbehinderte)
	RG-	Regelklasse ohne Heilpädagogische Schülerhilfe
	RG+	Regelklasse mit Heilpädagogischer Schülerhilfe
	t1	Meßzeitpunkt 1
	t2	Meßzeitpunkt 2

Tabelle 93: Ergebnisse der Varianzanalyse zur Überprüfung des Zusammenhangs zwischen den Ergebnissen im Untertest Wortschatz und den Faktoren Schulleistungsschwäche, Schulklasse, Schulform und Meßzeitpunkt

Faktor	F-Wert	DF	p-Wert
A Klassenstufe (4. / 5.)	24.70	1	.000
B Schulleistungsschwäche (SLS / NSLS)	37.02	1	.000
C Schulform (HS / RG- / RG+)	20.65	2	.000
D Meßzeitpunkt (t1 / t2)	157.25	1	.000
A x B	.81	1	.368
A x C	1.39	2	.251
A x D	1.00	1	.318
B x C	1.94	2	.144
B x D	1.78	1	.182
C x D	6.74	2	.001
A x B x C	.32	2	.724
A x B x D	1.24	1	.265
A x C x D	1.01	2	.365
B x C x D	2.48	2	.084
A x B x C x D	.33	2	.719

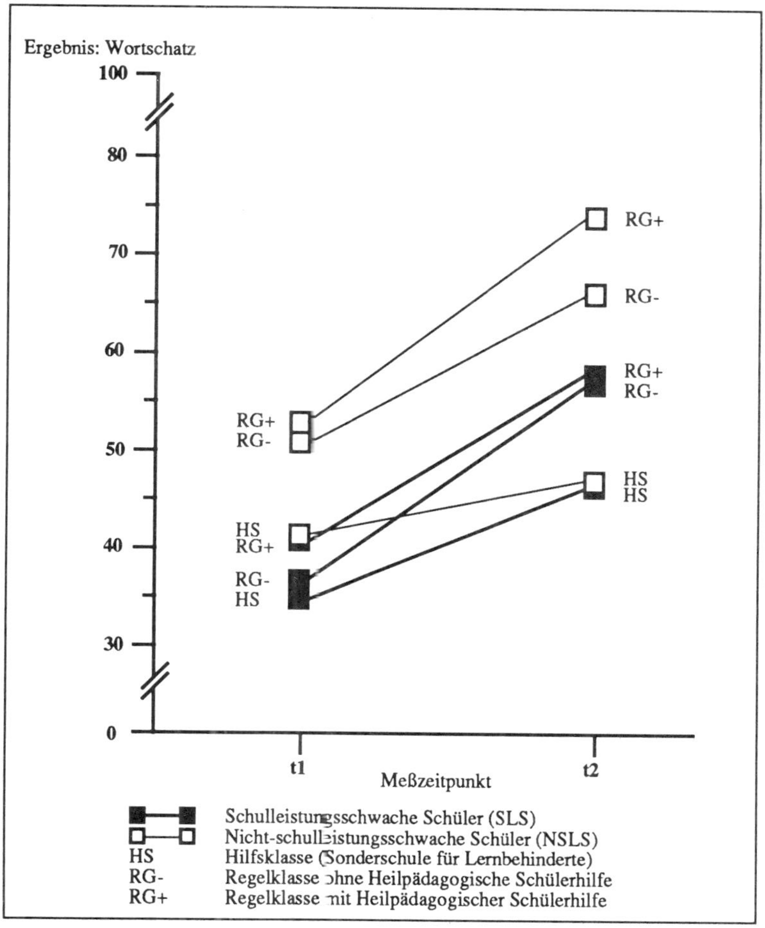

Abbildung 62: Gesamtergebnis des Untertests Wortschatz aller schulleistungsschwachen und nicht-schulleistungsschwachen Schüler der 4. und 5. Klasse mit gewichteten Mittelwerten unter verschiedenen schulorganisatorischen Bedingungen zu den Zeitpunkten t1 und t2

10.3.1.3.3 Ergebnis im Untertest Leseverständnis

In diesem sprachlichen Untertest wurden die für unsere Hypothese entscheidenden Signifikanzen auch nicht tendenziell erreicht. Auf eine Wiedergabe von Tabellen und Abbildungen wurde verzichtet.

10.3.1.3.4 Ergebnis im Untertest Wortverständnis

Das Fehlen der für die Bestätigung unserer Hypothese entscheidenden Signifikanzen rechtfertigt auch bei diesem sprachlichen Untertest das Weglassen der Tabellen und Abbildungen.

10.3.1.3.5 Ergebnis im Untertest Rechtschreiben

Auch in diesem Schulleistungsbereich kommen die Tendenzen bezüglich unserer Hypothese in den Tabellen 94 und 95 und in der Abbildung 39 nicht sehr deutlich zum Ausdruck. Immerhin ist die Wechselwirkung "Schulform" x "Meßzeitpunkt" annähernd signifikant ($F = 3.26$, $p < .05$).

Tabelle 94: Mittelwerte und Standardabweichungen der Ergebnisse im Untertest Rechtschreiben von schulleistungsschwachen und nicht-schulleistungsschwachen Schülern unter verschiedenen schulorganisatorischen Bedingungen zu den Zeitpunkten t1 und t2

AV: Rechtschreiben			t1			t2		
			$\overline{X}$	s	n	$\overline{X}$	s	n
SLS	HS	4. Klasse	47.0	13.6	38	54.7	11.6	38
		5. Klasse	44.1	17.1	49	52.3	12.5	49
	RG-	4. Klasse	49.9	11.3	40	65.1	13.0	40
		5. Klasse	54.8	12.8	31	62.4	13.5	31
	RG+	4. Klasse	50.3	10.8	26	58.2	14.4	26
		5. Klasse	57.3	8.7	13	68.6	11.8	13
NSLS	HS	4. Klasse	51.3	10.0	14	59.1	9.6	14
		5. Klasse	54.6	8.3	7	59.3	11.4	7
	RG-	4. Klasse	65.1	14.2	353	77.5	12.8	353
		5. Klasse	74.1	13.2	332	83.9	10.8	332
	RG+	4. Klasse	64.8	13.5	210	76.6	13.1	210
		5. Klasse	76.2	13.5	147	84.9	11.0	147

Abkürzungen:
- AV — Abhängige Variable
- SLS — Schulleistungsschwacher Schüler
- NSLS — Nicht-schulleistungsschwacher Schüler
- HS — Hilfsschule (Sonderschule für Lernbehinderte)
- RG- — Regelklasse ohne Heilpädagogische Schülerhilfe
- RG+ — Regelklasse mit Heilpädagogischer Schülerhilfe
- t1 — Meßzeitpunkt 1
- t2 — Meßzeitpunkt 2

Faktor	F-Wert	DF	p-Wert
A Klassenstufe (4. / 5.)	11.98	1	.001
B Schulleistungsschwäche (SLS / NSLS)	111.67	1	.000
C Schulform (HS / RG- / RG+)	39.30	2	.000
D Meßzeitpunkt (t1 / t2)	208.34	1	.000
A x B	2.48	1	.116
A x C	4.01	2	.018
A x D	2.62	1	.106
B x C	5.57	2	.004
B x D	.14	1	.711
C x D	3.26	2	.039
A x B x C	.61	2	.542
A x B x D	.49	1	.486
A x C x D	2.37	2	.094
B x C x D	.21	2	.814
A x B x C x D	2.83	2	.059

Tabelle 95: Ergebnisse der Varianzanalyse zur Überprüfung des Zusammenhangs zwischen den Ergebnissen im Untertest Rechtschreiben und den Faktoren Schulleistungsschwäche, Schulklasse, Schulform und Meßzeitpunkt

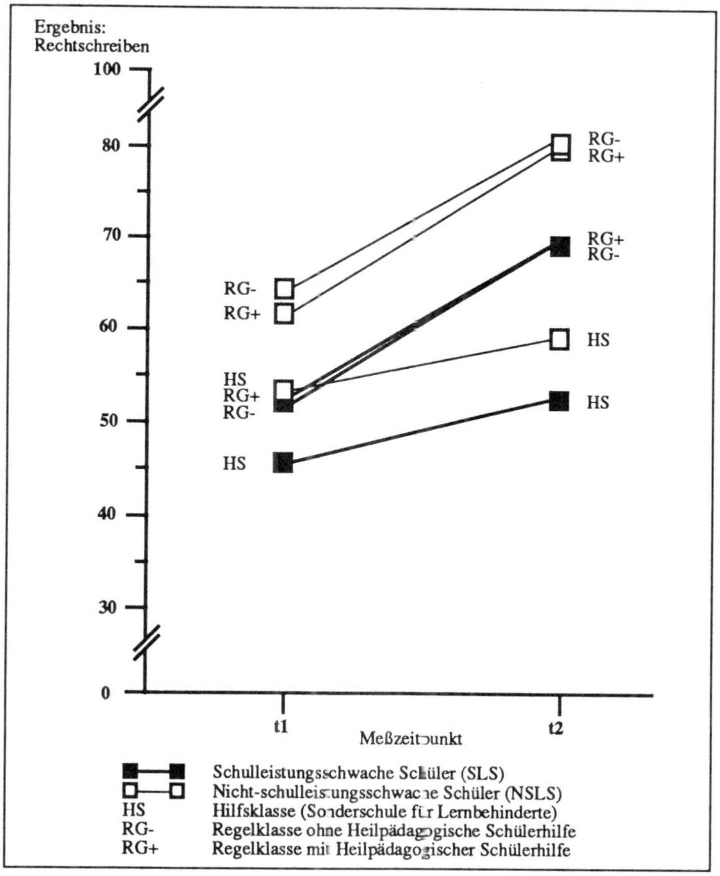

Abbildung 39: Gesamtergebnis des Untertests Rechtschreiben aller schulleistungsschwachen und nicht-schulleistungsschwachen Schüler der 4. und 5. Klasse mit gewichteten Mittelwerten unter verschiedenen schulorganisatorischen Bedingungen zu den Zeitpunkten t1 und t2

10.3.2 Varianzanalytische Hypothesenprüfung mit den Daten der auf gleiche Zellenbesetzung reduzierten Stichprobe

10.3.2.1 Schulische Gesamtleistung

Die Ergebnisse der Varianzanalyse mit den Daten der reduzierten Stichprobe stimmen mit den Ergebnissen der Varianzanalyse mit den Daten der Gesamtstichprobe relativ deutlich überein. Dies wird beim Vergleich der Abbildung 40 mit der Abbildung 33 in Kapitel 10.3.1.1 deutlich. Bei den Signifikanzberechnungen (Tabelle 97) ergibt sich eine signifikante Wechselwirkung von "Schulform" x "Meßzeitpunkt" ($F = 10.22$, $p < .01$). Besonders deutlich zeigt Abbildung 40 die Wiederholung der für die Bestätigung unserer Hypothese entscheidenden Sachverhalte: Schulleistungsschwache Schüler in Hilfsschulen zeigen von Zeitpunkt t1 zu Zeitpunkt t2 einen deutlich geringeren Zuwachs in der schulischen Gesamtleistung als schulleistungsschwache Schüler in Regelklassen mit oder ohne Heilpädagogische Schülerhilfe. Nicht-schulleistungsschwache Schüler in Hilfsschulen zeigen im Vergleich zu schulleistungsschwachen Schülern in Regelschulen einen auffällig geringen Leistungszuwachs. Es gibt somit kaum einen Grund, den Ergebnissen der Varianzanalyse mit den Daten der Gesamtstichprobe wegen des methodischen Problems der ungleichen Zellenbesetzung nicht zu trauen.

AV: Gesamtleistung (Zufallsstichprobe)			t1			t2		
			$\bar{X}$	s	n	$\bar{X}$	s	n
SLS	HS	4. Klasse	33.1	4.0	7	49.3	6.0	7
		5. Klasse	36.0	11.2	7	46.1	14.6	7
	RG-	4. Klasse	35.2	3.7	7	60.4	7.5	7
		5. Klasse	44.2	6.8	7	61.3	12.2	7
	RG+	4. Klasse	31.7	3.8	7	59.5	10.5	7
		5. Klasse	44.0	5.6	7	67.3	7.7	7
NSLS	HS	4. Klasse	37.8	4.2	7	54.9	13.0	7
		5. Klasse	48.2	7.6	7	58.9	15.6	7
	RG-	4. Klasse	53.6	13.2	7	73.9	14.0	7
		5. Klasse	74.2	7.7	7	85.7	4.8	7
	RG+	4. Klasse	57.3	9.4	7	77.3	4.8	7
		5. Klasse	64.7	11.6	7	85.2	6.8	7

Abkürzungen:		
	AV	Abhängige Variable
	SLS	Schulleistungsschwacher Schüler
	NSLS	Nicht-schulleistungsschwacher Schüler
	HS	Hilfsschule (Sonderschule für Lernbehinderte)
	RG-	Regelklasse ohne Heilpädagogische Schülerhilfe
	RG+	Regelklasse mit Heilpädagogischer Schülerhilfe
	t1	Meßzeitpunkt 1
	t2	Meßzeitpunkt 2

Tabelle 96: Mittelwerte und Standardabweichungen des Gesamtergebnisses der Schulleistungstests in der nach Zufall auf gleiche Zellenbesetzung reduzierten Stichprobe

Faktor	F-Wert	DF	p-Wert
A Klassenstufe (4. / 5.)	16.87	1	.000
B Schulleistungsschwäche (SLS / NSLS)	83.09	1	.000
C Schulform (HS / RG- / RG+)	30.73	2	.000
D Meßzeitpunkt (t1 / t2)	468.50	1	.000
A x B	2.11	1	.150
A x C	1.31	2	.275
A x D	10.75	1	.002
B x C	4.81	2	.011
B x D	3.79	1	.055
C x D	10.22	2	.000
A x B x C	1.19	2	.311
A x B x D	.17	1	.683
A x C x D	1.26	2	.290
B x C x D	1.41	2	.252
A x B x C x D	.28	2	.758

Tabelle 97: Ergebnisse der Varianzanalyse mit den Daten der nach Zufall auf gleiche Zellenbesetzung reduzierten Stichprobe: AV = Gesamtergebnis der Schulleistungstests

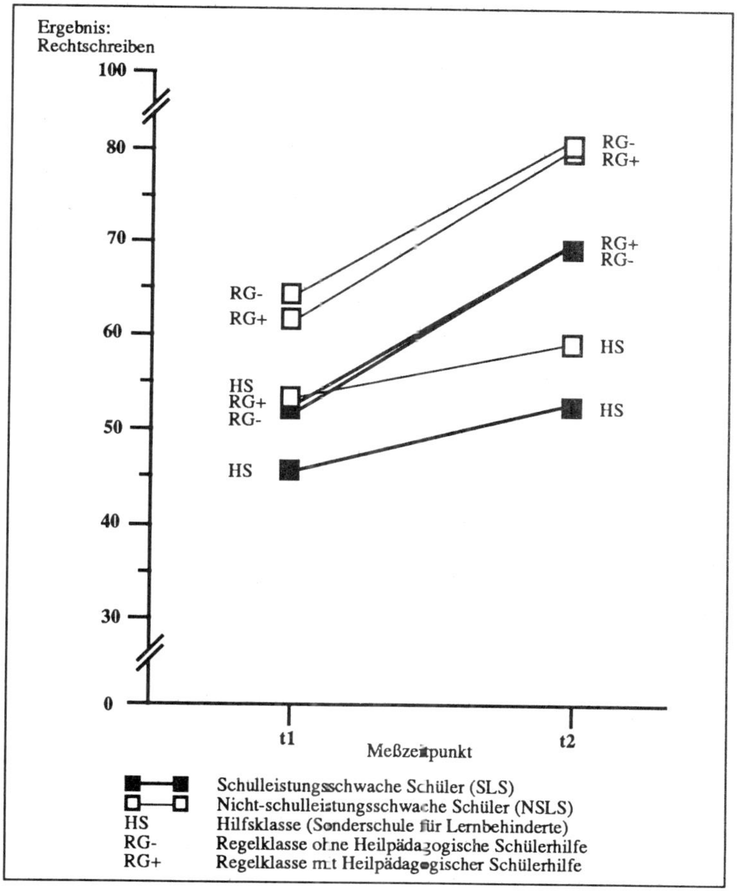

Abbildung 40: Gesamtergebnis der Schulleistungstests der Schüler aller Klassen mit gewichteten Mittelwerten in der nach Zufall auf gleiche Zellenbesetzung reduzierten Stichprobe

10.3.2.2 Mathematik

Die Entsprechung zwischen Abbildung 41 und Abbildung 34 (Kapitel 10.3.1.2) ist ebenfalls auffallend gut. Die Wechselwirkung "Schulform" x "Meßzeitpunkt" ist ebenfalls signifikant ($F = 7.38$, $p < .001$). Es kann somit bezüglich der Mathematikleistungen davon ausgegangen werden, daß die an der Gesamtstichprobe gewonnenen Ergebnisse trotz der ungleichen Zellenbesetzung zuverlässig sind.

AV: Mathematik (Zufallsstichprobe)			t1			t2		
			$\overline{X}$	s	n	$\overline{X}$	s	n
SLS	HS	4. Klasse	25.6	9.2	7	42.2	13.0	7
		5. Klasse	25.1	14.2	7	39.1	16.7	7
	RG-	4. Klasse	27.9	9.8	7	60.8	11.1	7
		5. Klasse	44.8	9.9	7	66.5	17.1	7
	RG+	4. Klasse	22.0	5.3	7	60.6	13.9	7
		5. Klasse	38.7	9.7	7	67.1	16.3	7
NSLS	HS	4. Klasse	21.6	8.5	7	44.8	22.0	7
		5. Klasse	44.5	11.1	7	60.9	17.4	7
	RG-	4. Klasse	49.9	17.4	7	73.7	16.0	7
		5. Klasse	74.3	11.6	7	89.2	9.9	7
	RG+	4. Klasse	50.1	14.8	7	81.8	5.8	7
		5. Klasse	62.9	17.5	7	84.5	10.5	7

Abkürzungen:		
	AV	Abhängige Variable
	SLS	Schulleistungsschwacher Schüler
	NSLS	Nicht-schulleistungsschwacher Schüler
	HS	Hilfsschule (Sonderschule für Lernbehinderte)
	RG-	Regelklasse ohne Heilpädagogische Schülerhilfe
	RG+	Regelklasse mit Heilpädagogischer Schülerhilfe
	t1	Meßzeitpunkt 1
	t2	Meßzeitpunkt 2

Tabelle 98: Mittelwerte und Standardabweichungen des Gesamtergebnisses der Mathematiktests in der nach Zufall auf gleiche Zellenbesetzung reduzierten Stichprobe

Faktor	F-Wert	DF	p-Wert
A Klassenstufe (4. / 5.)	18.93	1	.000
B Schulleistungsschwäche (SLS / NSLS)	47.98	1	.000
C Schulform (HS / RG- / RG+)	30.70	2	.000
D Meßzeitpunkt (t1 / t2)	313.31	1	.000
A x B	2.76	1	.101
A x C	.67	2	.514
A x D	9.60	1	.003
B x C	2.48	2	.091
B x D	1.67	1	.200
C x D	7.38	2	.001
A x B x C	1.93	2	.152
A x B x D	.01	1	.912
A x C x D	.46	2	.635
B x C x D	2.19	2	.119
A x B x C x D	.13	2	.880

Tabelle 99: Ergebnisse der Varianzanalyse mit den Daten der nach Zufall auf gleiche Zellenbesetzung reduzierten Stichprobe: AV = Gesamtergebnis der Mathematiktests

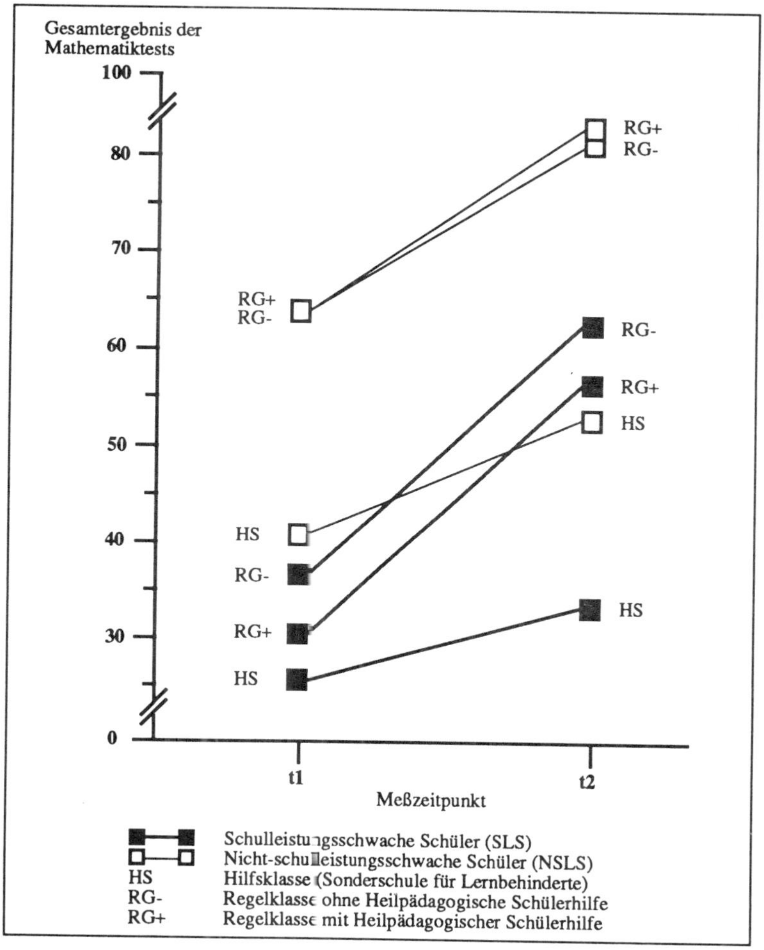

Abbildung 41: Gesamtergebnis der Mathematiktests der Schüler aller Klassen mit gewichteten Mittelwerten in der nach Zufall auf gleiche Zellenbesetzung reduzierten Stichprobe

10.3.2.3 Deutsch

Ein Vergleich der Tabellen 100 und 101 sowie der Abbildung 42 mit den entsprechenden Tabellen und Abbildungen in Kapitel 10.3.1.3 (Tabellen 90 und 91, Abbildung 37) zeigt keine klar interpretierbaren Unterschiede; er bestätigt hingegen, daß die bei der gesamten Schulleistung gefundenen systematischen Leistungsunterschiede weniger auf den sprachlichen als auf den mathematischen Bereich zurückzuführen sind. Die Wechselwirkung "Schulform" x "Meßzeitpunkt" ist tendenziell signifikant ($F = 3.66$, $p < .05$).

AV: Sprache (Zufallsstichprobe)			t1			t2		
			$\overline{X}$	s	n	$\overline{X}$	s	n
SLS	HS	4. Klasse	40.5	10.3	7	56.5	7.6	7
		5. Klasse	46.8	10.9	7	53.0	15.4	7
	RG-	4. Klasse	42.6	9.6	7	60.1	6.8	7
		5. Klasse	43.7	10.4	7	56.2	13.8	7
	RG+	4. Klasse	41.5	8.2	7	58.5	9.7	7
		5. Klasse	49.3	6.1	7	67.6	7.4	7
NSLS	HS	4. Klasse	54.0	7.6	7	65.0	6.1	7
		5. Klasse	51.8	13.6	7	56.8	17.8	7
	RG-	4. Klasse	57.4	12.5	7	74.1	13.4	7
		5. Klasse	74.1	8.8	7	82.3	5.3	7
	RG+	4. Klasse	64.5	6.5	7	72.7	5.0	7
		5. Klasse	66.5	8.2	7	85.8	4.6	7

Abkürzungen:

AV	Abhängige Variable
SLS	Schulleistungsschwacher Schüler
NSLS	Nicht-schulleistungsschwacher Schüler
HS	Hilfsschule (Sonderschule für Lernbehinderte)
RG-	Regelklasse ohne Heilpädagogische Schülerhilfe
RG+	Regelklasse mit Heilpädagogischer Schülerhilfe
t1	Meßzeitpunkt 1
t2	Meßzeitpunkt 2

Tabelle 100: Mittelwerte und Standardabweichungen des Gesamtergebnisses der Deutschtests in der nach Zufall auf gleiche Zellenbesetzung reduzierten Stichprobe

Faktor	F-Wert	DF	p-Wert
A Klassenstufe (4. / 5.)	3.88	1	.053
B Schulleistungsschwäche (SLS / NSLS)	64.05	1	.000
C Schulform (HS / RG- / RG+)	10.15	2	.000
D Meßzeitpunkt (t1 / t2)	186.77	1	.000
A x B	.29	1	.593
A x C	2.26	2	.112
A x D	2.21	1	.142
B x C	4.38	2	.016
B x D	2.72	1	.103
C x D	3.66	2	.031
A x B x C	2.40	2	.098
A x B x D	.79	1	.378
A x C x D	5.63	2	.005
B x C x D	.04	2	.963
A x B x C x D	38.38	2	.370

Tabelle 101: Ergebnisse der Varianzanalyse mit den Daten der nach Zufall auf gleiche Zellenbesetzung reduzierten Stichprobe: AV = Gesamtergebnis der Deutschtests

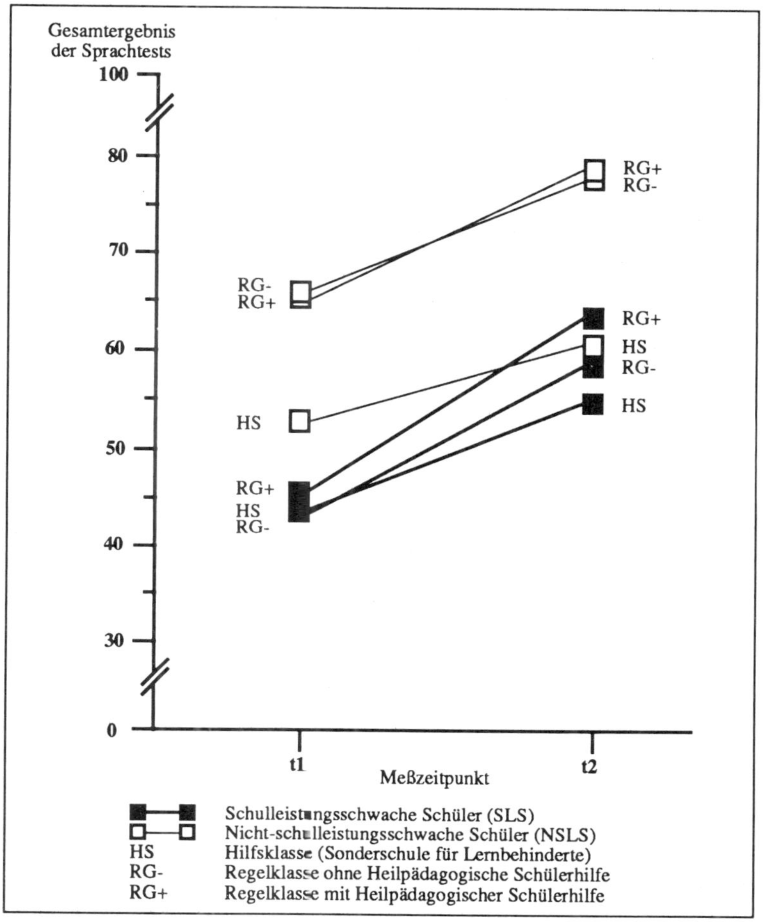

Abbildung 42: Gesamtergebnis der Deutschtests der Schüler aller Klassen mit gewichteten Mittelwerten in der nach Zufall auf gleiche Zellenbesetzung reduzierten Stichprobe

10.3.3 Hypothesenprüfung mit der Methode der Parallelisierung

10.3.3.1 Schulische Gesamtleistung

In Tabelle 103 wird eine tendenziell signifikante Wechselwirkung von "Schulform" x "Meßzeitpunkt" ($F = 4.06$, $p < .05$) ersichtlich. Diese geht auf die in Abbildung 43 sichtbare auseinandergehende Schere von schulleistungsschwachen Hilfsschülern und schulleistungsschwachen Regelschülern zurück. Die Hypothese kann somit auch mit dieser Methode gestützt werden. Der Einwand, daß die geringeren Leistungsfortschritte von schwachen Schülern in Sonderklassen gegenüber denjenigen in Regelklassen lediglich auf Intelligenzunterschiede, auf Geschlecht oder soziale Herkunft zurückgeführt werden könnten, ist entkräftet.

Tabelle 102: Mittelwerte und Standardabweichungen des Gesamtergebnisses der Schulleistungstests in der parallelisierten Stichprobe

AV: Gesamtleistung (parallelisierte Stichprobe)		t1			t2		
		$\overline{X}$	s	n	$\overline{X}$	s	n
SLS	HS	30.4	2.1	9	46.0	10.7	9
	RG-	31.1	3.9	9	56.7	8.7	9
	RG+	37.8	3.9	9	63.9	9.8	9
NSLS	HS	43.7	6.1	6	61.6	6.9	6
	RG-	48.8	4.6	6	72.3	4.3	6
	RG+	47.1	3.7	6	65.5	11.5	6

Abkürzungen:	AV	Abhängige Variable
	SLS	Schulleistungsschwacher Schüler
	NSLS	Nicht-schulleistungsschwacher Schüler
	HS	Hilfsschule (Sonderschule für Lernbehinderte)
	RG-	Regelklasse ohne Heilpädagogische Schülerhilfe
	RG+	Regelklasse mit Heilpädagogischer Schülerhilfe
	t1	Meßzeitpunkt 1
	t2	Meßzeitpunkt 2

Tabelle 103: Ergebnisse der Varianzanalyse zur Überprüfung des Zusammenhangs zwischen den Schulleistungsgesamtwerten und den Faktoren Schulform und Meßzeitpunkt mit den Daten der parallelisierten Stichprobe

Faktor	F-Wert	DF	p-Wert
A Schulleistungsschwäche (SLS / NSLS)	27.17	1	.000
B Schulform (HS / RG- / RG+)	12.35	2	.000
C Meßzeitpunkt (t1 / t2)	263.56	1	.000
A x B	5.76	2	.008
A x C	.97	1	.343
B x C	4.06	2	.029
A x B x C	1.61	2	.219

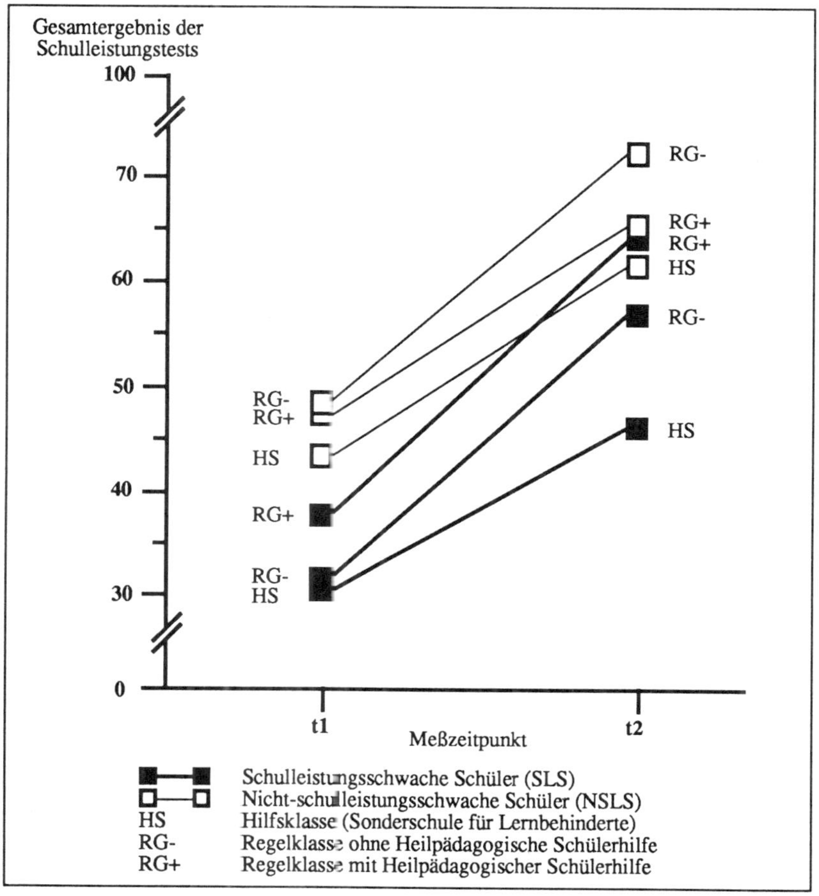

Abbildung 43: Gesamtergebnis der Schulleistungstests der Schüler aller Klassen mit gewichteten Mittelwerten der parallelisierten Stichprobe zu den Zeitpunkten t1 und t2

10.3.3.2 Mathematik

Die Varianzanalyse (Tabelle 105) ergibt wiederum eine tendenziell signifikante Wechselwirkung von “Schulform” x “Meßzeitpunkt” ($F = 4.49$, $p < .05$). In Abbildung 44 wird die auseinandergehende Schere von schulleistungsschwachen Hilfsschülern und schulleistungsschwachen Regelschülern deutlich sichtbar. Somit ist auch mit diesem Ergebnis widerlegt, daß unsere an der Gesamtstichprobe gewonnenen Ergebnisse durch Variablen wie Intelligenz u.a. zustande gekommen sein könnten.

Tabelle 104: Mittelwerte und Standardabweichungen des Gesamtergebnisses der Mathematiktests in der parallelisierten Stichprobe

AV: Mathematik (parallelisierte Stichproben)		t1			t2		
		$\overline{X}$	s	n	$\overline{X}$	s	n
SLS	HS	19.6	8.1	9	33.9	12.3	9
	RG-	23.3	9.2	9	57.6	11.4	9
	RG+	29.2	8.5	9	63.8	13.0	9
NSLS	HS	33.0	12.0	6	60.0	14.6	6
	RG-	43.5	6.4	6	75.6	7.1	6
	RG+	37.0	6.8	6	64.6	19.4	6

Abkürzungen:
- AV Abhängige Variable
- SLS Schulleistungsschwacher Schüler
- NSLS Nicht-schulleistungsschwacher Schüler
- HS Hilfsschule (Sonderschule für Lernbehinderte)
- RG- Regelklasse ohne Heilpädagogische Schülerhilfe
- RG+ Regelklasse mit Heilpädagogischer Schülerhilfe
- t1 Meßzeitpunkt 1
- t2 Meßzeitpunkt 2

Tabelle 105: Ergebnisse der Varianzanalyse zur Überprüfung des Zusammenhangs zwischen den Mathematiktestgesamtwerten und den Faktoren Schulform und Meßzeitpunkt mit den Daten der parallelisierten Stichprobe

Faktor	F-Wert	DF	p-Wert
A Schulleistungsschwäche (SLS / NSLS)	21.82	1	.000
B Schulform (HS / RG- / RG+)	9.63	2	.001
C Meßzeitpunkt (t1 / t2)	235.28	1	.000
A x B	3.37	2	.050
A x C	.10	1	.763
B x C	4.49	2	.021
A x B x C	2.55	2	.097

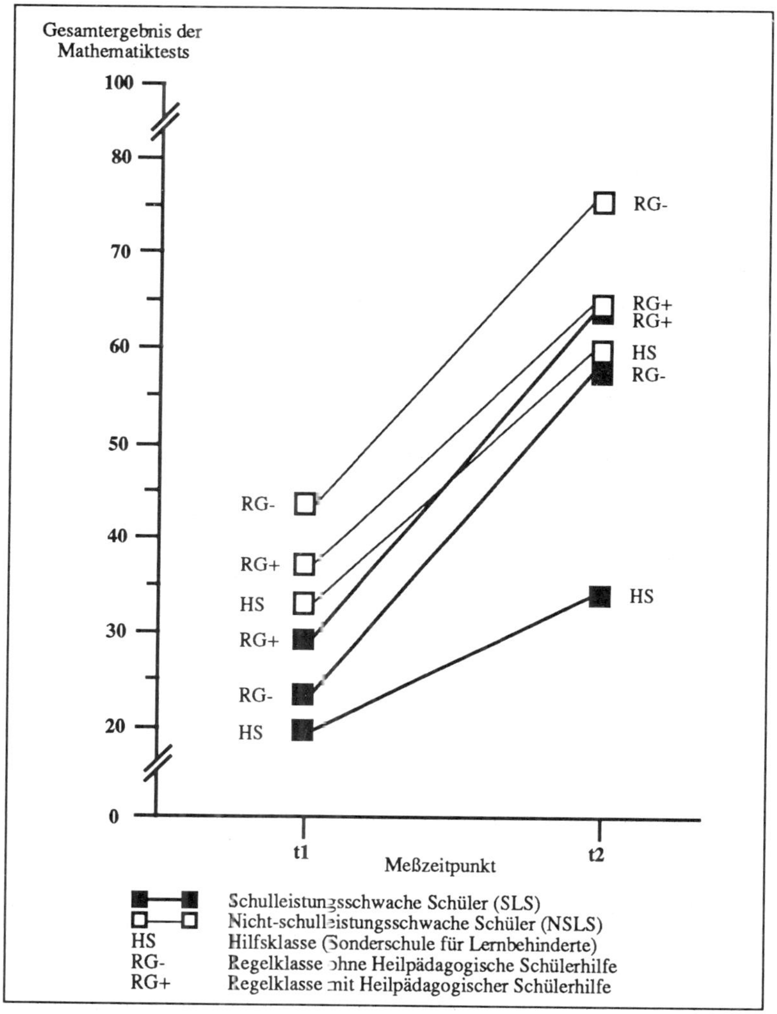

Abbildung 44: Gesamtergebnis der Mathematiktests der Schüler aller Klassen mit gewichteten Mittelwerten der parallelisierten Stichprobe zu den Zeitpunkten t1 und t2

10.3.3.3 Deutsch

Die für die Bestätigung unserer Hypothese erforderlichen Signifikanzen konnten bei der kleinen Zellenbesetzung der Parallellisierung nicht erreicht werden. Dies ist ein Beleg dafür, daß sich im sprachlichen Bereich die Überlegenheit der Regelschule gegenüber der Hilfsschule weniger sicher nachweisen läßt als in Mathematik (auf die Wiedergabe der Tabellen und Abbildungen wurde verzichtet).

10.3.4 Hypothesenprüfung nach dem *Rasch*-Modell

In Kapitel 9.1.3.3 sind die Ergebnisse einer Analyse der Mathematiktests nach dem probabilistischen Modell von *Rasch* dargestellt worden. Wir haben dort auch erläutert, daß das probabilistische Modell sehr restriktive Voraussetzungen an die Daten stellt, welche Tests nur in seltenen Fällen erfüllen. Wir hielten die beiden mathematischen Tests zu den Grundoperationen und zum Textrechnen für geeignet; die Analyse nach *Rasch* führte denn auch bezüglich dieser Tests zu hervorragenden Testmerkmalen. Im Unterschied zur klassischen Testkonstruktion können beim *Rasch*-Modell die Itemschwierigkeiten (Itemparameter) unabhängig von der Verteilung der Personenwerte (Personparameter) und umgekehrt geschätzt werden. Das probabilistische Modell kann zeigen, daß die Items in verschiedenen Stichproben gleich schwierig sind. Item- und Personparameter haben eindeutig Rationalskaleneigenschaft. Unter dieser Voraussetzung kann man nicht nur Aussagen über signifikante Mittelwerte machen, sondern es ist auch möglich abzuschätzen, um wieviel besser der Leistungszuwachs der einen gegenüber der anderen Schülergruppe ist. Zur Beantwortung der Frage nach der Entwicklung der Leistungen in den Bereichen "Grundoperationen" und "Textrechnen" fungieren in der folgenden Auswertung die Personparameter als Meßwerte.

10.3.4.1 Grundoperationen

Ein Vergleich der Ergebnisse der Varianzanalyse in Tabelle 107 mit den entsprechenden Ergebnissen in Tabelle 87 in Kapitel 10.3.1.2.2 sowie der Abbildung 45 mit Abbildung 35 im selben Kapitel zeigt eine weitgehende Übereinstimmung; die Signifikanz der Wechselwirkung "Schulform" x "Meßzeitpunkt" tritt wiederum auf ($F = 8.05$, $p < .001$). In den Abbildungen 45 und 35 stimmt insbesondere derChereneffekt zwischen den SLS in Regelklassen und in Hilfsschulklassen überein. Wegen der genannten Skaleneigenschaften des nach Rasch konstruiertenTests können die Unterschiede zwischen den Mittelwerten in Tabelle 106 quantitativ miteinander verglichen werden. Beispielsweise haben sich die schulleistungsschwachen Schüler in den 4. Klassen der Hilfsschule von -2.6 bei t1 auf -1.1 bei t2 verbessert, was einer Differenz von 1.5 entspricht; demgegenüber haben sich die schulleistungsschwachen Schüler in den 4. Regelklassen ohne Heilpädagogische Schülerhilfe von -1.6 bei t1 auf +0.8 bei t2 verbessert, was einer Differenz von 2.4 entspricht. Der Vergleich der Differenzen von 1.5 für HS und 2.4 für RG- erlaubt die Aussage, daß der Leistungszuwachs der SLS in RG- um mehr als die Hälfte besser ist als derjenige der SLS in HS. Ohne derartige Aussagen überschätzen zu wollen, kann man jedenfalls davon ausgehen, daß die Hypothese des scherenartigen Auseinandergehens der Schulleistungen in Hilfsschulklassen und Regelklassen als bestätigt betrachtet werden kann.

Tabelle 106: Mittelwerte und Standardabweichungen der Personparameter nach *Rasch* im Untertest Grundoperationen, getrennt nach Schulleistungsschwäche, Schulform und Meßzeitpunkt

AV: Grundoperationen (Personparameter nach *Rasch*)			t1			t2		
			$\bar{X}$	s	n	$\bar{X}$	s	n
SLS	HS	4. Klasse	-2.6	1.1	36	-1.1	1.3	36
		5. Klasse	-2.0	1.2	47	-0.9	1.5	47
	RG-	4. Klasse	-1.6	0.7	40	0.8	1.2	40
		5 Klasse	-0.5	0.7	31	1.3	1.2	31
	RG+	4. Klasse	-1.6	0.7	26	0.5	0.9	26
		5. Klasse	-1.0	0.8	13	0.7	1.7	13
NSLS	HS	4. Klasse	-1.6	0.9	14	-0.5	1.4	14
		5. Klasse	-0.8	0.9	7	0.9	1.5	7
	RG-	4. Klasse	-0.1	1.0	350	2.1	1.4	350
		5. Klasse	1.5	1.2	298	3.3	1.3	298
	RG+	4. Klasse	-0.1	1.0	205	2.1	1.4	205
		5. Klasse	1.2	1.1	135	3.0	1.4	135

Abkürzungen:		
	AV	Abhängige Variable
	SLS	Schulleistungsschwacher Schüler
	NSLS	Nicht-schulleistungsschwacher Schüler
	HS	Hilfsschule (Sonderschule für Lernbehinderte)
	RG-	Regelklasse ohne Heilpädagogische Schülerhilfe
	RG+	Regelklasse mit Heilpädagogischer Schülerhilfe
	t1	Meßzeitpunkt 1
	t2	Meßzeitpunkt 2

Tabelle 107: Ergebnisse der Varianzanalyse mit den Personparametern nach *Rasch* zur Überprüfung des Zusammenhangs zwischen dem Ergebnis im Untertest Grundoperationen und den Faktoren Schulleistungsschwäche, Schulklasse, Schulform und Meßzeitpunkt

Faktor	F-Wert	DF	p-Wert
A Klassenstufe (4. / 5.)	53.78	1	.000
B Schulleistungsschwäche (SLS / NSLS)	178.03	1	.000
C Schulform (HS / RG- / RG+)	79.08	2	.000
D Meßzeitpunkt (t1 / t2)	715.98	1	.000
A x B	8.03	1	.005
A x C	1.24	2	.291
A x D	3.35	1	.068
B x C	2.45	2	.087
B x D	.14	1	.713
C x D	8.05	2	.000
A x B x C	.08	2	.924
A x B x D	2.12	1	.146
A x C x D	1.76	2	.173
B x C x D	.19	2	.828
A x B x C x D	.89	2	.412

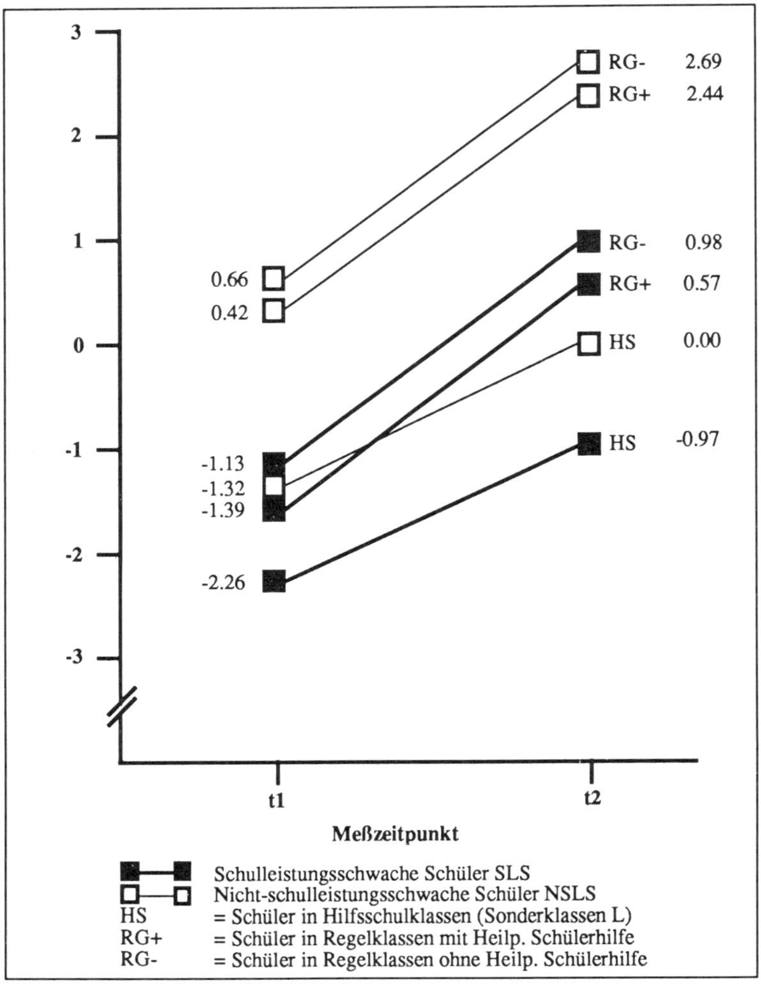

Abbildung 45: Ergebnis im Untertest Grundoperationen aller schulleistungsschwachen und nicht-schulleistungsschwachen Schüler der 4. und 5. Klasse mit gewichteten Mittelwerten unter verschiedenen schulorganisatorischen Bedingungen zu den Zeitpunkten t1 und t2, dargestellt aufgrund der Personparameter nach *Rasch*

10.3.4.2 Textrechnen

Ein Vergleich der Ergebnisse der Varianzanalyse in Tabelle 109 mit den entsprechenden Ergebnissen in Tabelle 89 in Kapitel 10.3.1.2.3 sowie der Abbildung 46 mit Abbildung 36 im selben Kapitel zeigt auch bei diesem Test eine weitgehende Übereinstimmung; die Wechselwirkung

"Schulform" x "Meßzeitpunkt" ist wiederum signifikant ($F = 13.87, p < .001$). In den Abbildungen 46 und 36 stimmt der Schereneffekt zwischen den SLS in Regelklassen und in Hilfsschulklassen wiederum eindrücklich überein. Selbstverständlich könnten auch bei diesen Testergebnissen die Unterschiede zwischen den Mittelwerten in Tabelle 108 quantitativ miteinander verglichen werden, wie es im vorigen Kapitel an einem Beispiel demonstriert worden ist. Dies wird dem interessierten Leser überlassen. Es wird hier lediglich festgehalten, daß die Hypothese des scherenartigen Auseinandergehens der Schulleistungen in Hilfsschulklassen und Regelklassen auch bezüglich des Textrechnens als bestätigt betrachtet werden kann.

AV: Textrechnen (Personparameter nach *Rasch*)			t1			t2		
			$\overline{X}$	s	n	$\overline{X}$	s	n
SLS	HS	4. Klasse	-2.3	1.1	37	-1.0	1.2	37
		5. Klasse	-1.8	1.3	47	-0.7	1.4	47
	RG-	4. Klasse	-1.5	0.9	40	0.8	0.8	40
		5. Klasse	-0.6	0.7	31	1.0	1.0	31
	RG+	4. Klasse	-1.8	0.6	26	0.6	1.1	26
		5. Klasse	-1.0	0.8	13	1.2	1.2	13
NSLS	HS	4. Klasse	-1.4	1.1	14	-0.5	1.4	14
		5. Klasse	-0.1	0.6	7	0.9	1.5	7
	RG-	4. Klasse	0.0	1.0	339	2.1	1.4	339
		5. Klasse	1.4	1.1	308	3.3	1.3	308
	RG+	4. Klasse	-0.1	1.0	204	2.1	1.4	204
		5. Klasse	1.1	1.1	119	3.0	1.4	119

Abkürzungen:

AV	Abhängige Variable
SLS	Schulleistungsschwacher Schüler
NSLS	Nicht-schulleistungsschwacher Schüler
HS	Hilfsschule (Sonderschule für Lernbehinderte)
RG-	Regelklasse ohne Heilpädagogische Schülerhilfe
RG+	Regelklasse mit Heilpädagogischer Schülerhilfe
t1	Meßzeitpunkt 1
t2	Meßzeitpunkt 2

Tabelle 108: Mittelwerte und Standardabweichungen der Personparameter nach *Rasch* im Untertest Textrechnen, getrennt nach Schulleistungsschwäche, Schulform und Meßzeitpunkt

Faktor	F-Wert	DF	p-Wert
A Klassenstufe (4. / 5.)	54.54	1	.000
B Schulleistungsschwäche (SLS / NSLS)	197.23	1	.000
C Schulform (HS / RG- / RG+)	68.47	2	.000
D Meßzeitpunkt (t1 / t2)	628.57	1	.000
A x B	3.93	1	.048
A x C	.25	2	.776
A x D	17.91	1	.000
B x C	.96	2	.382
B x D	7.48	1	.006
C x D	13.87	2	.000
A x B x C	.09	2	.918
A x B x D	.66	1	.417
A x C x D	1.40	2	.247
B x C x D	.38	2	.687
A x B x C x D	.33	2	.718

Tabelle 109: Ergebnisse der Varianzanalyse mit den Personparametern nach *Rasch* zur Überprüfung des Zusammenhangs zwischen dem Ergebnis im Untertest Textrechnen und den Faktoren Schulleistungsschwäche, Schulklasse, Schulform und Meßzeitpunkt

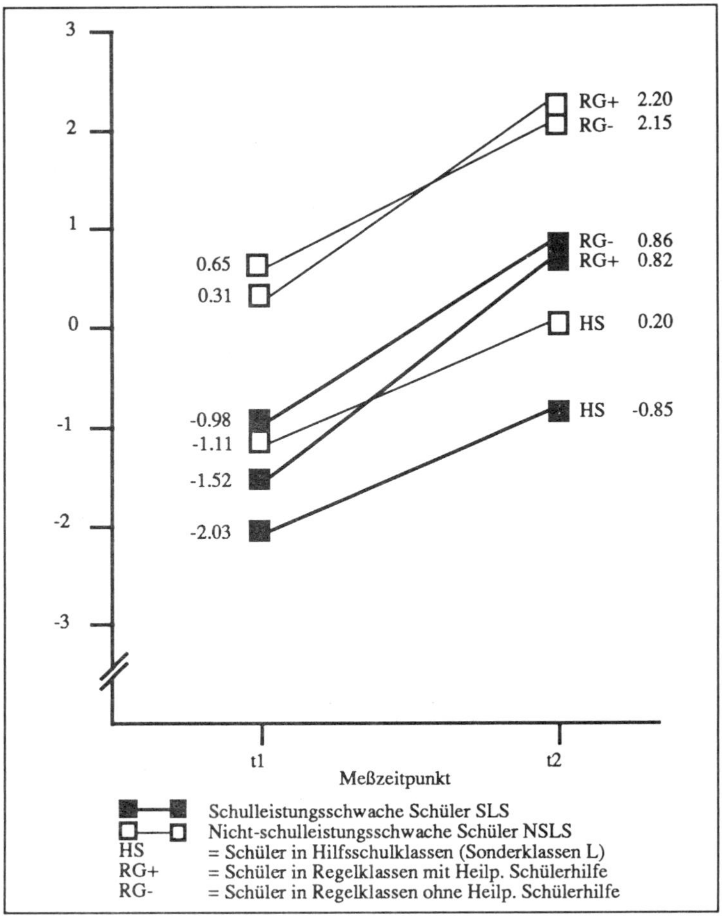

Abbildung 46: Ergebnis im Untertest Textrechnen aller schulleistungsschwachen und nicht-schulleistungsschwachen Schüler der 4. und 5. Klasse mit gewichteten Mittelwerten unter verschiedenen schulorganisatorischen Bedingungen zu den Zeitpunkten t1 und t2, dargestellt aufgrund der Personparameter nach *Rasch*

10.3.5 Übereinstimmung der Ergebnisse zu den Schulleistungen

Alle dargestellten Prüfmethoden führen zum Ergebnis, daß schulleistungsschwache Schüler in Sonderklassen für Lernbehinderte bzw. Hilfsschulklassen einen geringeren Anstieg der schulischen Gesamtleistung zeigen als schulleistungsschwache Schüler in Regelklassen, unabhängig davon, ob diese Heilpädagogische Schülerhilfe anbieten oder nicht. Ebenso deutlich zeigen alle Prüfmethoden, daß sich das scherenartige Auseinandergehen der Schulleistungen von schulleistungsschwachen Schülern in Sonder- und Regelklassen vor allem im Bereich der Mathematikleistungen vollzieht, während bezüglich des Sprachunterrichts zwar ähnliche Tendenzen, jedoch nicht vergleichbar starke, systematische Effekte zu beobachten sind.

Die gewählten Methoden sichern dieses Ergebnis gegen verschiedene, zu erwartende Einwände ab: Die Varianzanalyse hat, trotz einiger Voraussetzungsprobleme, wie etwa stark ungleiche Zellenbesetzung, zu zuverlässigen Ergebnissen geführt; dies kann aufgrund der in Kapitel 9.3.2 beschriebenen Vorkehrungen und der nun gefundenen übereinstimmenden Ergebnisse verschiedener Methoden mit hoher Wahrscheinlichkeit angenommen werden. Die an ähnlichen Untersuchungen anderer Forscher geübte Kritik, daß die Intelligenz von untersuchten integrierten Lernbehinderten nicht mit derjenigen von untersuchten Lernbehinderten in Sonderschulen übereinstimme (z.B. *Bleidick* 1988, 121), ist durch die Methode der Parallelisierung entkräftet. Der bessere Leistungsfortschritt von integrierten Lernbehinderten gegenüber Lernbehinderten in Sonderschulen ist auch dann festzustellen, wenn die Intelligenzverteilung in den beiden Gruppen von Lernbehinderten gleich ist. Entsprechendes gilt bezüglich der Kritik der nicht vergleichbaren sozialen Herkunft von Schülern in Regel- und in Sonderklassen; auch bei Parallelisierung nach sozialer Schicht (und Intelligenz, Geschlecht und Anfangsleistung) tritt der Schereneffekt zwischen Lernbehinderten in Sonder- und in Regelklassen auf. Aus Gründen der Voraussetzungen ausschließlich auf die Daten der beiden Mathematiktests angewendet, erbrachte auch die Varianzanalyse mit den Personparametern nach *Rasch* den Schereneffekt der Schulformen auf die Mathematikleistungen von schulleistungsschwachen Schülern. Dies ist deshalb von Bedeutung, weil aufgrund dieses Verfahrens sogar gesagt werden kann, daß schulleistungsschwache Schüler in Regelklassen in Mathematik gelegentlich fast doppelt so gute Leistungsfortschritte machen wie in Hilfsschulklassen.

Angesichts unserer methodischen Vorkehrungen und vor dem Hintergrund der bisherigen, vorwiegend amerikanischen Forschung dürfte der bessere Leistungsfortschritt von integrierten Lernbehinderten, begrenzt auf den IQ-Bereich zwischen 70 und 100, gegenüber vergleichbaren Lernbehinderten in Sonderschulen zum weitgehend gesicherten Wissen gehören.

Außerdem haben die verschiedenen Methoden auch eine gewisse Übereinstimmung darin gebracht, daß der Anstieg der Schulleistungen von nicht-schulleistungsschwachen Schülern in Sonderklassen für Lernbehinderte besonders gering ist. Sie sind nach dem Untersuchungsjahr von den Schulleistungsschwachen in Regelschulen sogar überholt worden. Da die Stichprobe dieser Schüler klein ist und uns die Gründe ihrer Einweisung in die Sonderschule unbekannt sind, ist das Ergebnis zwar als Problem im Auge zu behalten, aber im Zusammenhang mit unserer Fragestellung nicht überzubewerten.

10.4 Soziale und emotionale Integration im Selbsturteil des Schülers

10.4.1 Selbsteinschätzung der Beziehungen zu den Mitschülern

10.4.1.1 Varianzanalyse mit den Daten der Gesamtstichprobe

Während das soziometrische Integrationsmaß die Stellung eines Schülers aus der Sicht aller Mitschüler ausdrückt, handelt es sich bei der mit dem FDI erhobenen Selbsteinschätzung der Beziehungen zu den Mitschülern um ein Maß für die soziale Integration in der Klasse aus der eigenen Sicht des jeweiligen Schülers. Die selbsteingeschätzte soziale Integration kann, braucht aber nicht mit der soziometrischen Stellung übereinzustimmen. Aus Tabelle 111 kann abgelesen werden, daß nur der Haupteffekt "Schulleistungsschwäche" tendenziell signifikant ist ($F = 5.23$, $p < .05$). Dies entspricht den Ergebnissen der Varianzanalyse mit den soziometrischen Integrationsmaßen, welche in Tabelle 71 in Kapitel 10.1.1 dargestellt sind. Dies bedeutet: Schulleistungsschwache Schüler gehören nicht nur soziometrisch gemessen signifikant häufiger zu den unbeliebten und abgelehnten Schülern in einer Klasse, sondern sie schätzen sich selbst auch sozial weniger gut integriert ein, als sich nicht-schulleistungsschwache Schüler einschätzen. Ein Vergleich der Mittelwerte in Tabelle 110 macht deutlich, daß innerhalb jeder Schulform zu beiden Zeit-

Tabelle 110: Mittelwerte und Standardabweichungen der Selbsteinschätzung der Beziehungen zu den Mitschülern (Skala SI des FDI 4-6) von schulleistungsschwachen und nicht-schulleistungsschwachen Schülern unter verschiedenen schulorganisatorischen Bedingungen zu den Zeitpunkten t1 und t2

AV: Einschätzung der Beziehungen zu den Mitschülern		t1			t2		
		$\overline{X}$	s	n	$\overline{X}$	s	n
SLS	HS	44.5	8.5	89	44.3	9.0	89
	RG-	46.6	6.6	70	46.6	7.7	70
	RG+	45.3	7.2	42	45.4	8.4	42
NSLS	HS	46.3	6.9	21	45.8	8.0	21
	RG-	47.1	7.0	691	47.2	7.0	691
	RG+	48.0	7.3	364	47.4	7.3	364

Abkürzungen:
AV Abhängige Variable
SLS Schulleistungsschwacher Schüler
NSLS Nicht-schulleistungsschwacher Schüler
HS Hilfsschule (Sonderschule für Lernbehinderte)
RG- Regelklasse ohne Heilpädagogische Schülerhilfe
RG+ Regelklasse mit Heilpädagogischer Schülerhilfe
t1 Meßzeitpunkt 1
t2 Meßzeitpunkt 2

punkten die Mittelwerte der SLS tiefer sind als jene der NSLS. Nicht nur in den Regelklassen mit und ohne Heilpädagogische Schülerhilfe, in welchen wir bereits das entsprechende Ergebnis soziometrisch gefunden haben, sondern auch in Hilfsschulklassen schätzen sich nicht-schulleistungsschwache Schüler besser sozial integriert ein als schulleistungsschwache Schüler.

Tabelle 111: Ergebnisse der Varianzanalyse zur Überprüfung des Zusammenhangs zwischen der Selbsteinschätzung der Beziehungen zu den Mitschülern und den Faktoren Schulleistungsschwäche, Schulform und Meßzeitpunkt

Faktor	F-Wert	DF	p-Wert
A Schulleistungsschwäche (SLS / NSLS)	5.23	1	.022
B Schulform (HS / RG- / RG+)	1.79	2	.168
C Meßzeitpunkt (t1 / t2)	.31	1	.575
A x B	1.02	2	.361
A x C	.15	1	.696
B x C	.16	2	.851
A x B x C	.18	2	.833

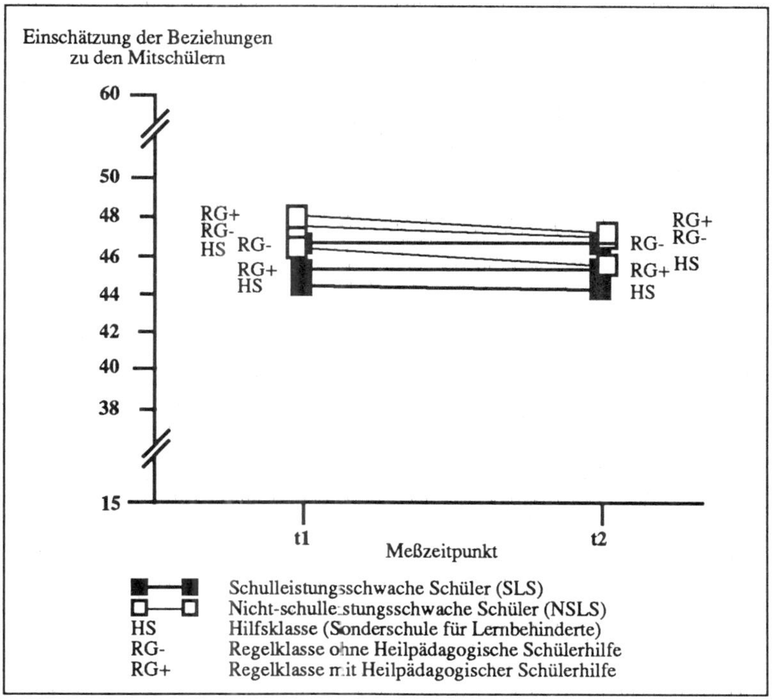

Abbildung 47: Selbsteinschätzung der Beziehungen zu den Mitschülern von schulleistungsschwachen und nicht-schulleistungsschwachen Schülern unter verschiedenen schulorganisatorischen Bedingungen zu den Zeitpunkten t1 und t2

10.4.1.2 Varianzanalyse mit den Daten der auf gleiche Zellenbesetzung reduzierten Stichprobe

Wenn wir diese Prüfmethode anwenden, wiederholt sich das dargestellte Ergebnis. In Tabelle 113 erweist sich ebenfalls nur der Haupteffekt "Schulleistungsschwäche" als signifikant (F = 8.66, p < .01).

Tabelle 112: Mittelwerte und Standardabweichungen der Selbsteinschätzung der Beziehungen zu den Mitschülern (Skala SI des FDI 4-6) von schulleistungsschwachen und nicht-schulleistungsschwachen Schülern in der nach Zufall auf gleiche Zellenbesetzung reduzierten Stichprobe

AV: Einschätzung der Beziehungen zu den Mitschülern (Zufallsstichprobe)		t1			t2		
		$\overline{X}$	s	n	$\overline{X}$	s	n
SLS	HS	45.3	7.9	21	43.1	10.3	21
	RG-	46.5	6.9	21	46.3	8.3	21
	RG+	44.6	5.7	21	45.7	6.8	21
NSLS	HS	46.3	6.9	21	45.8	8.0	21
	RG-	48.4	6.6	21	50.2	6.5	21
	RG+	50.7	4.6	21	49.0	4.0	21

Abkürzungen:
- AV Abhängige Variable
- SLS Schulleistungsschwacher Schüler
- NSLS Nicht-schulleistungsschwacher Schüler
- HS Hilfsschule (Sonderschule für Lernbehinderte)
- RG- Regelklasse ohne Heilpädagogische Schülerhilfe
- RG+ Regelklasse mit Heilpädagogischer Schülerhilfe
- t1 Meßzeitpunkt 1
- t2 Meßzeitpunkt 2

Tabelle 113: Ergebnisse der Varianzanalyse zur Überprüfung des Zusammenhangs zwischen der Selbsteinschätzung der Beziehungen zu den Mitschülern und den Faktoren Schulleistungsschwäche, Schulform und Meßzeitpunkt in der nach Zufall auf gleiche Zellenbesetzung reduzierten Stichprobe

Faktor	F-Wert	DF	p-Wert
A Schulleistungsschwäche (SLS / NSLS)	8.66	1	.004
B Schulform (HS / RG- / RG+)	2.52	2	.085
C Meßzeitpunkt (t1 / t2)	.16	1	.691
A x B	.60	2	.551
A x C	.05	1	.819
B x C	.87	2	.423
A x B x C	1.37	2	.259

Ein Blick auf die Mittelwerte in Tabelle 112 macht ebenfalls deutlich, daß innerhalb jeder Schulform, also nicht nur in Regelklassen, sondern auch in Hilfsschulklassen, zu beiden Zeitpunkten die Mittelwerte der SLS tiefer sind als jene der NSLS. Der Sachverhalt geht aus Abbildung 48 etwas deutlicher hervor als aus Abbildung 47.

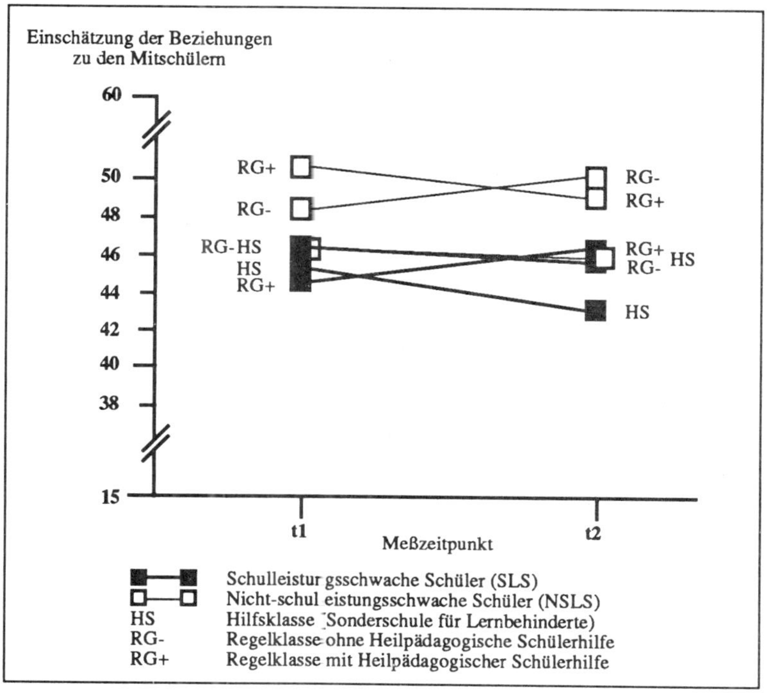

Abbildung 48: Selbsteinschätzung der Beziehungen zu den Mitschülern von schulleistungsschwachen und nicht-schulleistungsschwachen Schülern in der nach Zufall auf gleiche Zellenbesetzung reduzierten Stichprobe

10.4.1.3 Methode der Parallelisierung

Aus Tabelle 115 ist ersichtlich, daß mit dieser Stichprobenmethode keine signifikanten Effekte feststellbar sind. Dies dürfte allerdings durch den Vorgang der Parallelisierung künstlich erzeugt sein. Bei den 6 Tripels nicht-schulleistungsschwacher Schüler handelt es sich bei den Schülern aus den Regelklassen notwendigerweise um Schüler, die im Vergleich zur Gesamtstichprobe der NSLS leistungsmäßig eher unterdurchschnittlich sind; sie mußten ja entsprechend der Leistungshöhe und der

Intelligenz der besseren Hilfsschüler ausgesucht werden. Bezogen auf die Leistungsnorm der Regelklassen als Ganzes handelt es sich somit bei den NSLS der RG- und RG+ um schwache Schüler, die natürlich bezogen auf die Leistungsnorm der Hilfsschulklassen als nicht-schulleistungsschwach gelten können. Als schwache Schüler in Regelklassen unterliegen aber die je 6 NSLS aus RG- und RG+ der sowohl in der Literatur als auch in unserer Untersuchung gefundenen Gesetzmäßigkeit, nach welcher schwache Schüler in einer Klasse eher weniger gut integriert sind als gute Schüler. Aus diesem Grund handelt es sich bei den Ergebnissen der Varianzanalyse mit den Daten der parallelisierten Stichprobe mit höchster Wahrscheinlich-

Tabelle 114: Mittelwerte und Standardabweichungen der Selbsteinschätzung der Beziehungen zu den Mitschülern (Skala SI des FDI 4-6) von schulleistungsschwachen und nicht-schulleistungsschwachen Schülern in der parallelisierten Stichprobe

AV: Einschätzung der Beziehungen zu den Mitschülern (parallelisierte Stichprobe)		t1			t2		
		$\overline{X}$	s	n	$\overline{X}$	s	n
SLS	HS	49.9	6.3	9	44.6	8.6	9
	RG-	48.8	3.9	9	48.3	9.4	9
	RG+	51.0	6.1	9	48.4	4.6	9
NSLS	HS	43.5	6.0	6	46.7	8.1	6
	RG-	49.3	12.1	6	47.2	13.4	6
	RG+	51.5	5.0	6	50.7	4.5	6

Abkürzungen:
- AV: Abhängige Variable
- SLS: Schulleistungsschwache Schüler
- NSLS: Nicht-schulleistungsschwache Schüler
- HS: Hilfsschule (Sonderschule für Lernbehinderte)
- RG-: Regelklasse ohne Heilpädagogische Schülerhilfe
- RG+: Regelklasse mit Heilpädagogischer Schülerhilfe
- t1: Meßzeitpunkt 1
- t2: Meßzeitpunkt 2

Tabelle 115: Ergebnisse der Varianzanalyse zur Überprüfung des Zusammenhangs zwischen der Selbsteinschätzung der Beziehungen zu den Mitschülern und den Faktoren Schulleistungsschwäche, Schulform und Meßzeitpunkt in der parallelisierten Stichprobe

Faktor	F-Wert	DF	p-Wert
A Schulleistungsschwäche (SLS / NSLS)	.03	1	.870
B Schulform (HS / RG- / RG+)	1.47	2	.248
C Meßzeitpunkt (t1 / t2)	3.11	1	.101
A x B	.25	2	.781
A x C	3.37	1	.089
B x C	.02	2	.977
A x B x C	1.63	2	.216

keit um einen künstlich erzeugten Stichprobeneffekt; da aus den SLS der Hilfsschulklassen zwecks Parallelisierung eher die besseren ausgewählt worden sind, besteht zwischen den NSLS und SLS nicht mehr jener große Leistungs- und Intelligenzunterschied, der auch in einem signifikanten Unterschied der Mittelwerte zur sozialen Integration zum Ausdruck kommen könnte. Die durch die anderen Methoden gestützte Hypothese der weniger guten sozialen Integration von schulleistungsschwachen Schülern im Vergleich zu nicht-schulleistungsschwachen Schülern innerhalb jeder Schulform ist durch die Parallelisierungsmethode nicht in Frage gestellt.

10.4.2 Selbsteinschätzung des subjektiven Befindens

10.4.2.1 Varianzanalyse mit den Daten der Gesamtstichprobe

Zwar ergibt die Varianzanalyse keine signifikanten Effekte (vgl. Tabelle 117). Da aber die beiden Haupteffekte "Schulleistungsschwäche" und "Schulform" nur ganz knapp nicht auf dem 5%-Niveau signifikant sind, weisen wir dennoch auf die Tendenzen hin, die das Bild des schulleistungsschwachen Schülers abrunden. Die knapp verfehlte Signifkanz des Haupteffekts "Schulleistungsschwäche" äußert sich in Tabelle 116 darin, daß innerhalb jeder Schulform sämtliche Mittelwerte der schulleistungsschwachen Schüler tiefer sind als jene der nicht-schulleistungsschwachen Schüler.

Tabelle 116: Mittelwerte und Standardabweichungen der Selbsteinschätzung des subjektiven Befindens (Skala EI des FDI 4-6) von schulleistungsschwachen und nicht-schulleistungsschwachen Schülern unter verschiedenen schulorganisatorischen Bedingungen zu den Zeitpunkten t1 und t2

AV: Einschätzung des subjektiven Befindens		t1			t2		
		$\overline{X}$	s	n	$\overline{X}$	s	n
SLS	HS	37.7	11.3	89	37.9	10.6	89
	RG-	36.3	9.7	70	33.5	9.5	70
	RG+	35.4	9.4	42	34.2	10.3	42
NSLS	HS	38.9	11.7	21	39.6	10.8	21
	RG-	38.2	10.1	691	36.8	9.2	691
	RG+	37.3	10.4	364	35.1	9.6	364

Abkürzungen:		
	AV	Abhängige Variable
	SLS	Schulleistungsschwacher Schüler
	NSLS	Nicht-schulleistungsschwacher Schüler
	HS	Hilfsschule (Sonderschule für Lernbehinderte)
	RG-	Regelklasse ohne Heilpädagogische Schülerhilfe
	RG+	Regelklasse mit Heilpädagogischer Schülerhilfe
	t1	Meßzeitpunkt 1
	t2	Meßzeitpunkt 2

Tabelle 117: Ergebnisse der Varianzanalyse zur Überprüfung des Zusammenhangs zwischen der Selbsteinschätzung des subjektiven Befindens und den Faktoren Schulleistungsschwäche, Schulform und Meßzeitpunkt

Faktor	F-Wert	DF	p-Wert
A Schulleistungsschwäche (SLS / NSLS)	3.68	1	.055
B Schulform (HS / RG- / RG+)	2.84	2	.059
C Meßzeitpunkt (t1 / t2)	5.59	1	.018
A x B	.25	2	.778
A x C	.07	1	.796
B x C	2.29	2	.101
A x B x C	.83	2	.435

Tendenziell scheinen sich innerhalb jeder Schulform schwache Schüler weniger gut emotional in die Schule integriert einzuschätzen als gute Schüler. Die ebenfalls knapp verfehlte Signifikanz des Haupteffekts "Schulform" äußert sich in Tabelle 116 darin, daß sowohl bei den SLS als auch bei den NSLS die Mittelwerte der Hilfsschüler durchgehend höher liegen als jene der Regelschüler. Tendenziell kommt hierin zum Ausdruck, daß die bei Sonderschullehrern verbreitete Meinung zutreffen könnte, daß Schüler in der Hilfsschulklasse ein etwas besseres subjektives Befinden haben als in der Regelklasse.

10.4.2.2 Varianzanalyse mit den Daten der auf gleiche Zellenbesetzung reduzierten Stichprobe

Bei dieser Zufallsstichprobe finden sich die angedeuteten Tendenzen nicht mehr bestätigt. Auf die Wiedergabe von Tabellen und Abbildungen wurde verzichtet. Wenn nicht die Ergebnisse der Parallelisierungsmethode im nächsten Kapitel relativ deutlich wären, wäre es deshalb ratsam, die Tendenzen nicht in die Gesamtinterpretation der Befunde unserer Untersuchung eingehen zu lassen.

10.4.2.3 Methode der Parallelisierung

Trotz der kleinen Stichproben in den einzelnen Zellen erbringt diese Varianzanalyse eine tendenzielle Signifikanz für den Haupteffekt "Schulform" ($F = 3.70$, $p < .05$) und eine knapp verfehlte Signifikanz für den Haupteffekt "Meßzeitpunkt". Die beiden Haupteffekte kommen in Abbildung 50 deutlich zum Ausdruck. Die Schul-

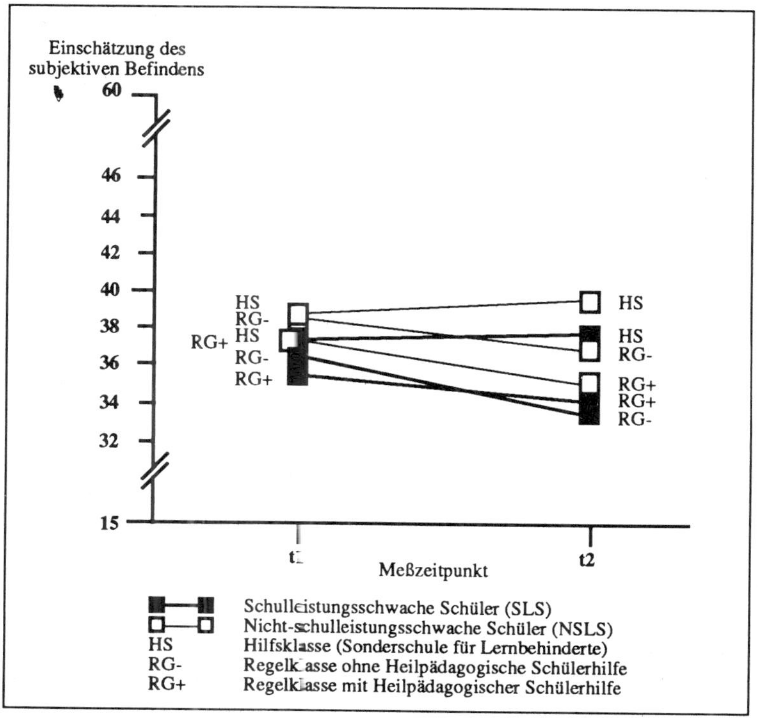

Abbildung 49: Selbsteinschätzung des subjektiven Befindens von schulleistungsschwachen und nicht-schulleistungsschwachen Schülern unter verschiedenen schulorganisatorischen Bedingungen zu den Zeitpunkten t1 und t2

form "Hilfsschule" liegt deutlich höher als die verschiedenen Regelklassen. Bei allen Schülern deutet sich ein Absinken des subjektiven Befindens vom ersten zum zweiten Meßzeitpunkt an, was ein Anzeichen dafür sein könnte, daß mit zunehmendem Schulalter die Freude an der Schule kleiner zu werden scheint. Das deutlichere Bild der Varianzanalyse an der parallelisierten Stichprobe kann vermutlich auf folgenden durch die Parallelisierung erzeugten Sachverhalt zurückgeführt werden: Wie bereits im vorherigen Kapitel erläutert, sind die NSLS der RG- und RG+ im Vergleich zur Gesamtstichprobe der Regelschüler relativ schwache Schüler, während bei den SLS der Hilfsschule die sehr schwachen Hilfsschüler durch die Parallelisierung ausgeschieden worden sind. Wenn man somit die leistungsstarken Regelschüler und die sehr schwachen Hilfsschüler aus der Stichprobe ausscheidet, ergibt sich bezüglich des subjektiven Befindens in der Schule ein deutlicher Vorteil für die Hilfsschule. Ein Blick auf die Mittelwerte in Tabelle 118 und auf Abbildung 50 zeigt die Überlegenheit der Hilfsschule für das subjektive Befinden mittelschwacher Schüler eindrücklich.

Tabelle 118: Mittelwerte und Standardabweichungen der Selbsteinschätzung des subjektiven Befindens (Skala EI des FDI 4-6) von schulleistungsschwachen und nicht-schulleistungsschwachen Schülern in der parallelisierten Stichprobe

AV: Einschätzung des subjektiven Befindens (parallelisierte Stichprobe)		t1			t2		
		$\overline{X}$	s	n	$\overline{X}$	s	n
SLS	HS	44.3	12.8	9	41.3	12.9	9
	RG-	35.7	10.3	9	30.4	7.4	9
	RG+	40.1	11.9	9	34.3	11.3	9
NSLS	HS	45.0	8.0	6	43.8	9.7	6
	RG-	38.3	16.2	6	35.7	11.1	6
	RG+	33.5	13.0	6	31.3	12.9	6

Abkürzungen:
AV Abhängige Variable
SLS Schulleistungsschwacher Schüler
NSLS Nicht-schulleistungsschwacher Schüler
HS Hilfsschule (Sonderschule für Lernbehinderte)
RG- Regelklasse ohne Heilpädagogische Schülerhilfe
RG+ Regelklasse mit Heilpädagogischer Schülerhilfe
t1 Meßzeitpunkt 1
t2 Meßzeitpunkt 2

Es scheint einen bestimmten Schülertyp zu geben, dem unter den heutigen Bedingungen der Schule die emotionale Integration in die Schule innerhalb einer Hilfsschulklasse besser zu gelingen scheint als in einer Regelklasse. Die subjektive Theorie vieler Sonderpädagogen von der besseren emotionalen Atmosphäre in einer Hilfsschulklasse hat hier eine gewisse wissenschaftliche Bestätigung gefunden.

Tabelle 119: Ergebnisse der Varianzanalyse zur Überprüfung des Zusammenhangs zwischen der Selbsteinschätzung des subjektiven Befindens und den Faktoren Schulleistungsschwäche, Schulform und Meßzeitpunkt in der parallelisierten Stichprobe

Faktor	F-Wert	DF	p-Wert
A Schulleistungsschwäche (SLS / NSLS)	.01	1	.943
B Schulform (HS / RG- / RG+)	3.70	2	.039
C Meßzeitpunkt (t1 / t2)	4.33	1	.058
A x B	.75	2	.482
A x C	.69	1	.420
B x C	.14	2	.874
A x B x C	.02	2	.977

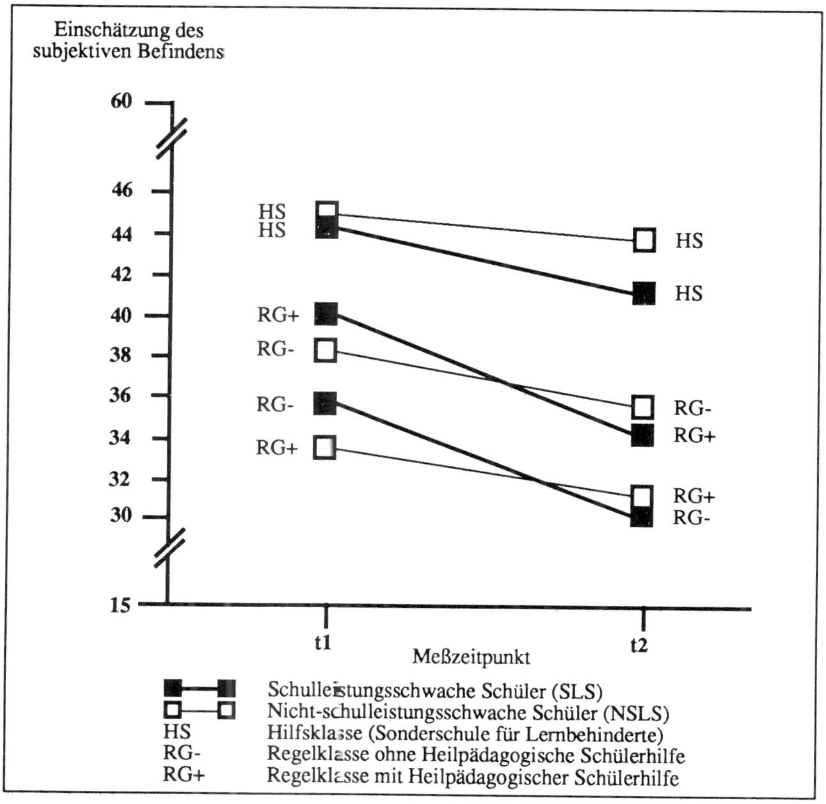

Einschätzung des subjektiven Befindens
60
46
44
42
40
38
36
34
32
30
15
HS
HS
RG+
RG-
RG-
RG+
HS
HS
RG-
RG+
RG+
RG-
t1
t2
Meßzeitpunkt
Schulleistungsschwache Schüler (SLS)
Nicht-schulleistungsschwache Schüler (NSLS)
HS Hilfsklasse (Sonderschule für Lernbehinderte)
RG- Regelklasse ohne Heilpädagogische Schülerhilfe
RG+ Regelklasse mit Heilpädagogischer Schülerhilfe

11. Ergebnisse zu den Wirkungen der Heilpädagogischen Schülerhilfe

11.1 Schulleistungsschwache Schüler mit und ohne Heilpädagogische Schülerhilfe

In den von unserer Untersuchung erfaßten Regelklassen mit Heilpädagogischer Schülerhilfe konnten neben den schulleistungsschwachen Schülern, welche im Rahmen der Heilpädagogischen Schülerhilfe vom Stützlehrer betreut wurden, auch schulleistungsschwache Schüler gefunden werden, welche zum Zeitpunkt der Erhebungen nicht der Heilpädagogischen Schülerhilfe zugeteilt waren. Die Gründe für diese teilweise Ungleichbehandlung der schwachen Schüler in den neuen Schulmodellen sind uns nicht bekannt. Diese Situation hat uns jedoch die Möglichkeit gegeben, innerhalb der Regelklassen mit Heilpädagogischer Schülerhilfe zwischen schulleistungsschwachen Schülern *mit* Heilpädagogischer Schülerhilfe (SLS in RG+ mit) und solchen *ohne* Heilpädagogische Schülerhilfe (SLS in RG+ ohne) zu unterscheiden. Damit ist eine quasi-experimentelle Versuchsanordnung entstanden, welche einen Vergleich der Wirkungen der Heilpädagogischen Schülerhilfe (RG+ mit) mit Wirkungen anderer Bedingungen (RG+ ohne, HS, RG-) zuläßt.

11.1.1 Soziometrische Stellung

Die in Tabelle 120 zusammengestellten Mittelwerte der Integrationsmaße könnten zwar auf gewisse Tendenzen zugunsten einer positiven Entwicklung der soziometrischen Stellung von schulleistungsschwachen Schülern mit Heilpädagogischer Schülerhilfe deuten. Aber in Tabelle 121 wird ersichtlich, daß die Varianzanalyse keinen signifikanten p-Wert für den Haupteffekt "Schulform" oder für Wechselwirkungen mit der "Schulform" ergibt. Es konnte somit bei dieser Auswertungsweise, wie schon aufgrund der Auswertungen in Kapitel 10 und aufgrund der Sekundäranalyse bisheriger Forschungsarbeiten vermutet werden kann, nicht nachgewiesen werden, daß sich die soziometrische Stellung von schulleistungsschwachen Schülern durch Heilpädagogische Schülerhilfe wesentlich verändert.

Tabelle 120: Mittelwerte und Standardabweichungen des Integrationsmaßes von schulleistungsschwachen Schülern unter verschiedenen schulorganisatorischen Bedingungen zu den Zeitpunkten t1 und t2

AV: Soziometrischer Status			t1			t2		
			$\overline{X}$	s	n	$\overline{X}$	s	n
SLS	HS	4. Klasse	49.9	20.2	29	55.7	24.3	29
		5. Klasse	53.8	20.2	44	54.7	23.1	44
	RG+ ohne	4. Klasse	47.7	25.0	11	45.8	24.1	11
		5. Klasse	53.2	28.2	5	48.6	23.3	5
	RG+ mit	4. Klasse	40.0	22.9	15	48.1	21.7	15
		5. Klasse	35.7	23.9	7	42.4	25.3	7
	RG-	4. Klasse	46.8	22.2	40	46.6	20.1	40
		5. Klasse	49.9	26.1	30	43.3	27.8	30

Abkürzungen:

AV	Abhängige Variable
SLS	Schulleistungsschwacher Schüler
HS	Hilfsschule (Sonderschule für Lernbehinderte)
RG-	Regelklasse ohne Heilpädagogische Schülerhilfe
RG+ ohne	Regelklasse mit Heilpädagogischer Schülerhilfe (ohne Förderunterricht)
RG+ mit	Regelklasse mit Heilpädagogischer Schülerhilfe (mit Förderunterricht)
t1	Meßzeitpunkt 1
t2	Meßzeitpunkt 2

Tabelle 121: Ergebnisse der Varianzanalyse zur Überprüfung des Zusammenhangs zwischen dem Integrationsmaß und den Faktoren Klassenstufe, Schulungsform und Meßzeitpunkt bei schulleistungsschwachen Schülern

Faktor	F-Wert	DF	p-Wert
A Klassenstufe (4. / 5.)	.00	1	.975
B Schulungsform (HS / RG+ ohne / RG+ mit / RG-)	2.30	3	.079
C Meßzeitpunkt (t1 / t2)	.23	1	.635
A x B	.17	3	.917
A x C	.78	1	.378
B x C	.191	3	.130
A x B x C	.08	3	.973

11.1.2 Einschätzung der eigenen Fähigkeiten

Schon ein Blick auf die Mittelwerte des Begabungskonzepts in Tabelle 122 zeigt, daß schulleistungsschwache Schüler, welche in einer Regelklasse der Heilpädagogischen Schülerhilfe zugeteilt sind (RG+ mit), das vergleichsweise tiefste Begabungskonzept (32,3 bis 36,1) aufweisen. Schulleistungsschwache Schüler in RG+, welche die Heilpädagogische Schülerhilfe nicht besuchen müssen, haben durchgehend höhere Mittelwerte (36,4 bis 42,3). In Hilfsschulen ist das Begabungskonzept der vergleichbaren schulleistungsschwachen Schüler erwartungsgemäß am höchsten (41,2 bis 44, 1).

Tabelle 122 : Mittelwerte und Standardabweichungen des Begabungskonzepts von schulleistungsschwachen Schülern unter verschiedenen schulorganisatorischen Bedingungen zu den Zeitpunkten t1 und t2

AV: Begabungskonzept			t1			t2		
			$\overline{X}$	s	n	$\overline{X}$	s	n
SLS	HS	4. Klasse	41.2	6.6	37	43.8	8.4	37
		5. Klasse	44.1	7.2	47	44.0	6.3	47
	RG+ ohne	4. Klasse	41.4	6.4	11	42.3	9.3	11
		5. Klasse	36.4	2.1	5	41.4	5.5	5
	RG+ mit	4. Klasse	35.5	6.9	15	36.1	6.9	15
		5. Klasse	31.8	6.5	8	32.3	8.7	8
	RG-	4. Klasse	39.4	7.0	40	38.6	6.6	40
		5. Klasse	36.1	5.8	30	33.7	6.5	30

Abkürzungen:

AV	Abhängige Variable
SLS	Schulleistungsschwacher Schüler
HS	Hilfsschule (Sonderschule für Lernbehinderte)
RG-	Regelklasse ohne Heilpädagogische Schülerhilfe
RG+ ohne	Regelklasse mit Heilpädagogischer Schülerhilfe (ohne Förderunterricht)
RG+ mit	Regelklasse mit Heilpädagogischer Schülerhilfe (mit Förderunterricht)
t1	Meßzeitpunkt 1
t2	Meßzeitpunkt 2

Der Haupteffekt "Schulungsform" erweist sich auch in Tabelle 123 als hochsignifikant ($F = 20.27$, $p < .001$). Wenn man die nur bei 5% signifikanten Effekte des Faktors "Klassenstufe" und der Wechselwirkungen "Klassenstufe x Schulungsform" sowie "Schulungsform x Meßzeitpunkt" für eine weitergehende Interpretation nicht hinzuzieht, so zeigt sich in Abbildung 51 bezüglich des Begabungskonzepts eine aufsteigende Rangreihe: RG+ mit, RG-, RG+ ohne, HS. Damit wird die bezugsgruppentheoretische Hypothese erneut deutlich bestätigt: Am tiefsten wird die eigene Begabung von jenen schulleistungsschwachen Schülern eingeschätzt, welche innerhalb einer Regelklasse durch die Zuteilung zur Heilpädagogischen Schülerhilfe sichtbar dokumentiert erfahren, daß sie leistungsmäßig die schwächsten sind. Am höchsten schätzt sich ein vergleichbar schwacher Schüler in der Hilfsschulklasse ein, in welcher sich eben vorwiegend Schüler mit ähnlichem oder sogar noch tieferem Leistungsniveau befinden. Heilpädagogische Schülerhilfe scheint somit auf die Selbsteinschätzung der eigenen Fähigkeiten eine eindeutig senkende Wirkung zu haben.

Tabelle 123: Ergebnisse der Varianzanalyse zur Überprüfung des Zusammenhangs zwischen dem Begabungskonzept und den Faktoren Klassenstufe, Schulungsform und Meßzeitpunkt bei schulleistungsschwachen Schülern

Faktor	F-Wert	DF	p-Wert
A Klassenstufe (4. / 5.)	3.93	1	.049
B Schulungsform (HS / RG+ ohne / RG+ mit / RG-)	20.27	3	.000
C Meßzeitpunkt (t1 / t2)	1.59	1	.209
A x B	3.05	3	.030
A x C	.01	1	.936
B x C	3.31	3	.021
A x B x C	1.17	3	.323

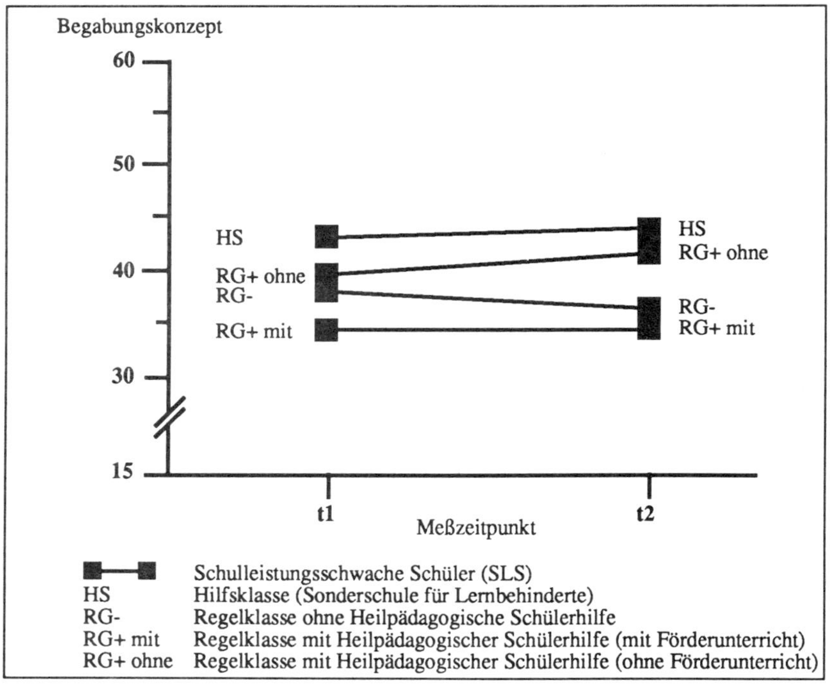

Abbildung 51: Begabungskonzept von schulleistungsschwachen Schülern mit gewichteten Mittelwerten zwischen 4.- und 5.-Klässlern unter verschiedenen schulorganisatorischen Bedingungen zu den Zeitpunkten t1 und t2

11.1.3 Schulleistungen

11.1.3.1 Schulische Gesamtleistung

Die signifikanten Haupteffekte in Tabelle 125 sind selbstverständlich trivial. Hingegen bedeutet die signifikante Wechselwirkung von "Schulungsform x Meßzeitpunkt" (F = 21.06, p < .001) eine Bestätigung der in Kapitel 10 dargestellten Ergebnisse. In Abbildung 52 wird deutlich, daß auch bei dieser Varianzanalyse die Wechselwirkung weitgehend durch das scherenartige Auseinandergehen der Schulleistungsfortschritte von schulleistungsschwachen Schülern in Hilfsschulen gegenüber vergleichbaren Schülern in Regelschulen zustande kommt. Unter den übrigen Bedingungen (RG-, RG+ mit und RG+ ohne) scheinen sich die Schulleistungen nicht unterschiedlich zu entwickeln. Dies bedeutet bezüglich der Fragestellung dieses Kapitels, daß keine positiven Wirkungen der Heilpädagogischen Schülerhilfe auf die schulische Gesamtleistung von schulleistungsschwachen Schülern nachgewiesen werden können, wenn man zum Vergleich die Schulleistungen von schulleistungsschwachen Schülern in gewöhnlichen Regelklassen oder in Regelklassen mit Heilpädagogischer Schülerhilfe, jedoch ohne Zuteilung dieser Maßnahme, nimmt.

Dieses Ergebnis kann bedeuten, daß die im Untersuchungszeitraum, möglicherweise mit unzulänglichen Mitteln und didaktischen Konzepten, durchgeführte Heil-

Tabelle 124: Mittelwerte und Standardabweichungen der schulischen Gesamtleistung von schulleistungsschwachen Schülern unter verschiedenen schulorganisatorischen Bedingungen zu den Zeitpunkten t1 und t2

AV: Gesamtleistung			t1			t2		
			$\overline{X}$	s	n	$\overline{X}$	s	n
SLS	HS	4. Klasse	28.9	7.2	38	43.4	12.8	38
		5. Klasse	32.2	10.8	49	45.6	14.2	49
	RG+ ohne	4. Klasse	35.5	3.5	11	59.9	7.3	11
		5. Klasse	47.1	4.1	5	71.8	5.1	5
	RG+ mit	4. Klasse	34.0	4.3	15	59.1	11.4	15
		5. Klasse	42.9	7.0	8	63.4	10.4	8
	RG-	4. Klasse	34.9	4.0	40	61.9	8.3	40
		5. Klasse	45.5	5.7	31	64.6	8.4	31

Abkürzungen:

AV	Abhängige Variable
SLS	Schulleistungsschwacher Schüler
HS	Hilfsschule (Sonderschule für Lernbehinderte)
RG-	Regelklasse ohne Heilpädagogische Schülerhilfe
RG+ ohne	Regelklasse mit Heilpädagogischer Schülerhilfe (ohne Förderunterricht)
RG+ mit	Regelklasse mit Heilpädagogischer Schülerhilfe (mit Förderunterricht)
t1	Meßzeitpunkt 1
t2	Meßzeitpunkt 2

pädagogische Schülerhilfe auf den Fortschritt der Schulleistungen keine zusätzlichen Wirkungen erzielt hat. Es muß jedoch nicht bedeuten, daß mit mehr Mitteln und angemessenen didaktischen Konzepten nicht doch eine effiziente Heilpädagogische Schülerhilfe gestaltet werden könnte.

Tabelle 125: Ergebnisse der Varianzanalyse zur Überprüfung des Zusammenhangs zwischen der schulischen Gesamtleistung und den Faktoren Klassenstufe, Schulungsform und Meßzeitpunkt bei schulleistungsschwachen Schülern

Faktor	F-Wert	DF	p-Wert
A Klassenstufe (4. / 5.)	17.90	1	.000
B Schulungsform (HS / RG+ ohne / RG+ mit / RG-)	42.92	3	.000
C Meßzeitpunkt (t1 / t2)	762.38	1	.000
A x B	1.50	3	.215
A x C	4.68	1	.032
B x C	21.06	3	.000
A x B x C	2.65	3	.050

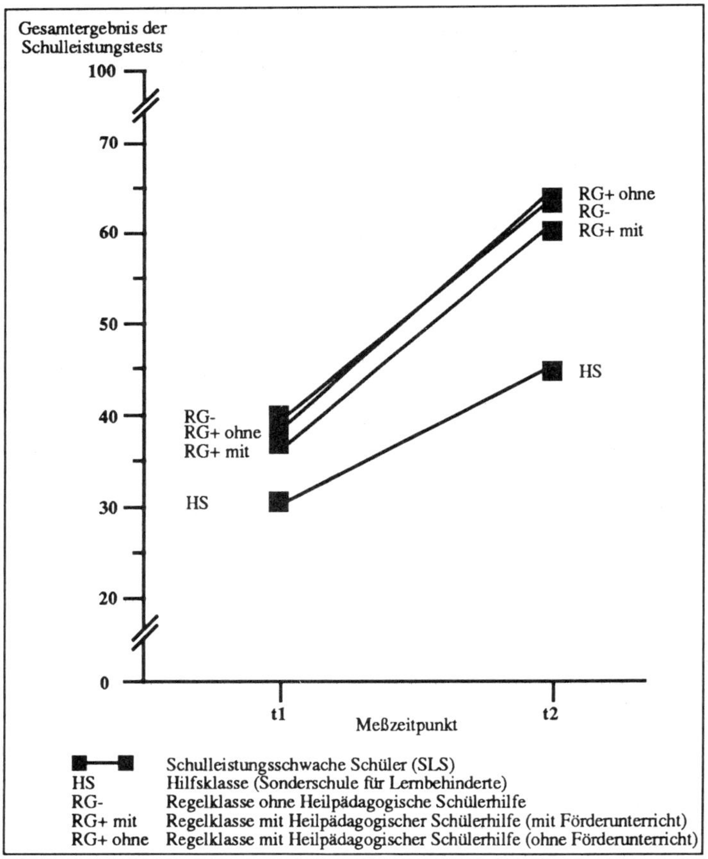

Abbildung 52: Gesamtergebnis der Schulleistungstests der schulleistungsschwachen Schüler der 4. und 5. Klasse mit gewichteten Mittelwerten unter verschiedenen schulorganisatorischen Bedingungen zu den Zeitpunkten t1 und t2

11.1.3.2 Mathematik

In den Tabellen 126 und 127 sowie in Abbildung 53 wiederholen sich die Ergebnisse zur schulischen Gesamtleistung. Dies entspricht dem Ergebnis in Kapitel 10, daß die gefundenen systematischen Leistungsunterschiede zwischen Hilfsschülern und integrierten schulleistungsschwachen Schülern deutlicher auf die Mathematikleistungen als auf die sprachliche Leistungen zurückgehen. Eine spezifische Wirkung der Heilpädagogischen Schülerhilfe auf den Schulleistungsfortschritt ist auch im Bereich Mathematik nicht nachweisbar.

Tabelle 126: Mittelwerte und Standardabweichungen der Mathematikleistung von schulleistungsschwachen Schülern unter verschiedenen schulorganisatorischen Bedingungen zu den Zeitpunkten t1 und t2

AV: Mathematik			t1			t2		
			$\bar{X}$	s	n	$\bar{X}$	s	n
SLS	HS	4. Klasse	17.0	9.2	38	34.1	16.6	38
		5. Klasse	23.6	13.2	49	38.3	19.2	49
	RG+ ohne	4. Klasse	26.0	8.2	11	61.6	10.0	11
		5. Klasse	42.7	7.7	5	77.5	8.4	5
	RG+ mit	4. Klasse	24.1	5.0	15	57.9	15.4	15
		5. Klasse	30.6	9.2	8	56.7	18.6	8
	RG-	4. Klasse	27.1	7.3	40	62.2	12.9	40
		5. Klasse	41.8	8.8	31	66.5	13.9	31

Abkürzungen:

AV	Abhängige Variable
SLS	Schulleistungsschwacher Schüler
HS	Hilfsschule (Sonderschule für Lernbehinderte)
RG-	Regelklasse ohne Heilpädagogische Schülerhilfe
RG+ ohne	Regelklasse mit Heilpädagogischer Schülerhilfe (ohne Förderunterricht)
RG+ mit	Regelklasse mit Heilpädagogischer Schülerhilfe (mit Förderunterricht)
t1	Meßzeitpunkt 1
t2	Meßzeitpunkt 2

Tabelle 127: Ergebnisse der Varianzanalyse zur Überprüfung des Zusammenhangs zwischen der Mathematikleistung und den Faktoren Klassenstufe, Schulungsform und Meßzeitpunkt bei schulleistungsschwachen Schülern

Faktor	F-Wert	DF	p-Wert
A Klassenstufe (4. / 5.)	14.54	1	.000
B Schulungsform (HS / RG+ ohne / RG+ mit / RG-)	49.38	3	.000
C Meßzeitpunkt (t1 / t2)	565.76	1	.000
A x B	1.36	3	.257
A x C	5.11	1	.025
B x C	23.43	3	.000
A x B x C	1.64	3	.182

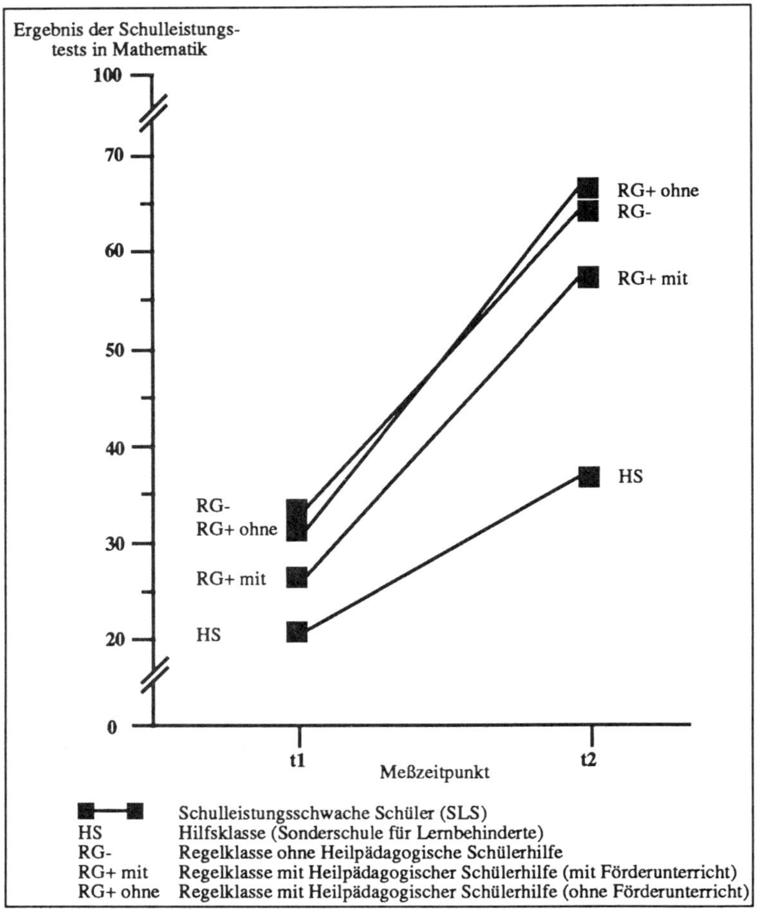

Abbildung 53: Ergebnis der Mathematiktests der schulleistungsschwachen Schüler der 4. und 5. Klasse mit gewichteten Mittelwerten unter verschiedenen schulorganisatorischen Bedingungen zu den Zeitpunkten t1 und t2

11.1.3.3 Deutsch

Erwartungsgemäß ist im sprachlichen Bereich das Ergebnis der Varianzanalyse weniger eindeutig als im mathematischen Bereich. Die Wechselwirkung "Schulungsform x Meßzeitpunkt" ist gemäß Tabelle 129 nur noch tendenziell signifikant ($F = 2.77$, $p < .05$). Es bleibt aber beim Ergebnis, daß auch im sprachlichen Bereich keine spezifische Wirkung der Heilpädagogischen Schülerhilfe auf den Leistungsfortschritt nachgewiesen werden kann.

Tabelle 128: Mittelwerte und Standardabweichungen der Deutschleistung von schulleistungsschwachen Schülern unter verschiedenen schulorganisatorischen Bedingungen zu den Zeitpunkten t1 und t2

AV: Deutsch			t1			t2		
			$\bar{X}$	s	n	$\bar{X}$	s	n
SLS	HS	4. Klasse	40.9	10.3	38	52.8	12.6	38
		5. Klasse	40.7	11.7	49	52.9	13.3	49
	RG+ ohne	4. Klasse	44.9	6.9	11	58.3	8.4	11
		5. Klasse	51.4	8.2	5	66.2	4.1	5
	RG+ mit	4. Klasse	43.8	6.6	15	60.2	11.1	15
		5. Klasse	55.2	8.1	8	70.0	7.6	8
	RG-	4. Klasse	42.7	6.8	40	61.6	8.2	40
		5. Klasse	49.3	9.8	31	62.8	10.9	31

Abkürzungen:

AV	Abhängige Variable
SLS	Schulleistungsschwacher Schüler
HS	Hilfsschule (Sonderschule für Lernbehinderte)
RG-	Regelklasse ohne Heilpädagogische Schülerhilfe
RG+ ohne	Regelklasse mit Heilpädagogischer Schülerhilfe (ohne Förderunterricht)
RG+ mit	Regelklasse mit Heilpädagogischer Schülerhilfe (mit Förderunterricht)
t1	Meßzeitpunkt 1
t2	Meßzeitpunkt 2

Tabelle 129: Ergebnisse der Varianzanalyse zur Überprüfung des Zusammenhangs zwischen der Deutschleistung und den Faktoren Klassenstufe, Schulungsform und Meßzeitpunkt bei schulleistungsschwachen Schülern

Faktor	F-Wert	DF	p-Wert
A Klassenstufe (4. / 5.)	9.31	1	.003
B Schulungsform (HS / RG+ ohne / RG+ mit / RG-)	12.63	3	.000
C Meßzeitpunkt (t1 / t2)	263.26	1	.000
A x B	2.22	3	.087
A x C	.57	1	.452
B x C	2.77	3	.043
A x B x C	1.28	3	.282

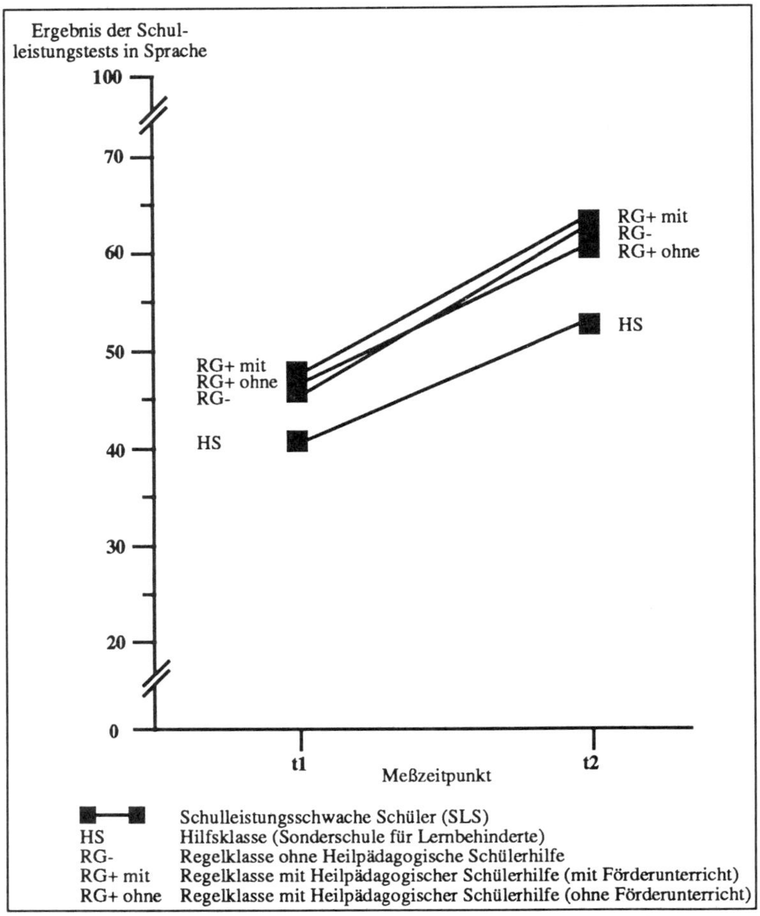

Abbildung 54: Ergebnis der Sprachtests der schulleistungsschwachen Schüler der 4. und 5. Klasse mit gewichteten Mittelwerten unter verschiedenen schulorganisatorischen Bedingungen zu den Zeitpunkten t1 und t2

11.1.4 Soziale und emotionale Integration im Selbsturteil des Schülers

Bezüglich der *Selbsteinschätzung der Beziehungen zu den Mitschülern* ergeben sich keine Signifikanzen. Auf die Wiedergabe von Tabellen und Abbildungen wurde deshalb verzichtet. Dieser Befund deckt sich mit den Ergebnissen zur soziometrischen Stellung der schulleistungsschwachen Schüler unter den verschiedenen Bedingungen. Weder mit der soziometrischen Methode noch mit der Methode der Selbsteinschätzung der Beziehungen zu den Mitschülern konnte somit eine spezifische Wirkung der Heilpädagogischen Schülerhilfe auf die soziale Integration von schulleistungsschwachen Schülern nachgewiesen werden.

Bei der *Selbsteinschätzung des subjektiven Befindens* ergibt sich zwar eine Signifikanz des Haupteffekts "Meßzeitpunkt" ($F = 6.83$, $p < .01$); aber wiederum gelingt kein Nachweis einer spezifischen Wirkung der Heilpädagogischen Schülerhilfe auf die emotionale Integration von schulleistungsschwachen Schülern. Tabellen und Abbildungen sind deshalb nicht wiedergegeben. Die genannte Signifikanz bedeutet, daß bei allen schulleistungsschwachen Schülern das subjektive Befinden vom 1. Meßzeitpunkt zum 2. Meßzeitpunkt positiver geworden ist, und zwar etwa im gleichen Ausmaß bei Schülern *mit* oder *ohne* Heilpädagogische Schülerhilfe.

11.2 Rahmenbedingungen für optimale Wirkungen der Heilpädagogischen Schülerhilfe

Die Tatsache, daß - mit Ausnahme der bezugsgruppentheoretisch voraussagbaren Wirkung auf das Begabungskonzept - keine spezifischen Wirkungen der Heilpädagogischen Schülerhilfe, wie sie während des Untersuchungszeitraums in den 4., 5. und 6. Klassenstufen der deutschschweizerischen integrierenden Schulformen durchgeführt worden ist, nachgewiesen werden kann, ist für die weitere Planung von Integrationsmaßnahmen unbefriedigend. Es wäre unseres Erachtens völlig falsch, aus den Ergebnissen abzuleiten, daß man auf heilpädagogische Betreuung in integrativen Regelklassen verzichten und zum alten System des Sitzenlassens von schwachen Schülern zurückkehren könne, da dies effizienter als der Hilfsschulunterricht und gleichzeitig am billigsten sei. Wenn wir das Ziel der integrationsfähigen Schule ernst nehmen, benötigen Integrationsklassen eine intensive Hilfe! Entscheidend sind aber Form und Intensität dieser Hilfe.

Die während des Untersuchungszeitraums in den meisten Regionen angebotene Schülerhilfe erfüllte unseres Erachtens weder das Kriterium der Intensität noch dasjenige einer integrationspädagogisch begründeten Form. Die Sonderschullehrer, welche die Heilpädagogische Schülerhilfe ausführen müssen, stehen teilweise in einem permanenten Konflikt zwischen ihren eigenen integrationspädagogischen Vorstellungen und den vorgegebenen äußeren Rahmenbedingungen und Erwartungen der Schulbehörden. Sie konnten im Untersuchungszeitraum durchschnittlich etwa zwei Stunden für die zusätzliche Förderung eines schwachen Schülers aufwenden. Sie mußten teilweise zwischen mehreren Gemeinden und Schulhäusern als sog. "Wanderlehrer" hin und her pendeln und ihre Rolle wurde größtenteils als diejenige eines Einzelförderers gesehen, der schwache Schüler möglichst dem Leistungsniveau der Klasse angleichen soll und kaum Gelegenheit hat, auf die ganze Klasse, den Lehrer und die Eltern integrationspädagogisch zu wirken. Diese Vorstellungen von Form und Bedingungen der Heilpädagogischen Schülerhilfe müssen unseres Erachtens grundsätzlich revidiert werden, wenn die integrationspädagogischen Bemühungen zum Erfolg führen und die beteiligten Sonder- und Regelschullehrer ihren zweifellos vorhandenen pädagogischen Enthusiasmus nicht verlieren sollen.

Es stellt sich die Frage, ob sich im Rahmen unserer Untersuchung äußere Rahmenbedingungen nachweisen lassen, welche für eine wirksame Heilpädagogische Schülerhilfe Bedeutung haben könnten. Um mögliche Hinweise auf diese Frage zu erhalten, haben wir mit den während der Untersuchung in den Regionen tätigen Heilpädagogen Gespräche geführt, in welchen unsere Ergebnisse und die Frage der Arbeitsbedingungen diskutiert wurden. Wir haben dabei die Fragen nach der Persönlichkeit und den pädagogischen Kompetenzen des Heilpädagogen ausgeklammert, obschon es sich wahrscheinlich um mitentscheidende Bedingungen für das Erreichen des integrationspädagogischen Ziels handelt.

Den Gesprächen haben wir entnommen, daß zur Zeit in einzelnen Regionen unter sehr ungleichen Bedingungen gearbeitet werden muß. In den untersuchten Integrationsversuchen schwankt die Größe des Einzugsgebiets pro Stelle eines Heilpädagogen zwischen 120 und 500 Schülern; im einen Extremfall hat somit der Heilpädagoge höchstens sechs Regelklassen, im anderen Extremfall jedoch 20 bis 25 Regelklassen zu betreuen. Dies bedeutet, daß es in einzelnen Regionen dem Heilpädagogen möglich ist, frühzeitig präventiv zu wirken und möglicherweise schon in der Unterstufe Schüler mit beginnenden Leistungsschwierigkeiten so intensiv zu fördern, daß es in der von uns untersuchten Mittelstufe kaum mehr mit anderen Regionen vergleichbare schulleistungsschwache Schüler gibt. In anderen Regionen können Heilpädagogen möglicherweise wegen offensichtlicher Arbeitsüberlastung in der Regel erst sehr spät schulleistungsschwache Schüler übernehmen, wenn nämlich die Schulleistungsschwäche so manifest und störend geworden ist, daß der Regelklassenlehrer auf die Hilfe unter keinen Umständen mehr verzichten kann. Die präventive Funktion der Heilpädagogischen Schülerhilfe scheint in derartigen Regionen zugunsten einer “Feuerwehrfunktion” in den Hintergrund treten zu müssen.

In einer bei der Projektplanung nicht vorgesehenen Nacherhebung haben wir bei den betroffenen Heilpädagogen quantitativ erfaßbare äußere Bedingungen ihrer Arbeit zu erheben versucht. Wir beschränkten uns dabei auf leicht quantifizierbare, für die weitere Planung von Heilpädagogischer Schülerhilfe jedoch wesentliche Merkmale wie Größe des Einzugsgebiets, Anzahl betreuter Schüler und im Durchschnitt aufgewendete Zeit pro Schüler. Bei dieser Befragung gingen wir von folgenden Vermutungen aus: Zwischen der Größe des Einzugsgebiets sowie der sich daraus ergebenden potentiellen Anzahl zu betreuender Schüler einerseits und der Wirksamkeit der Heilpädagogischen Schülerhilfe andererseits dürfte ein Zusammenhang bestehen. Die Intensität der Betreuungssituation könnte sich in den durchschnittlich aufgewendeten Wochenstunden pro Schüler widerspiegeln und ebenfalls in einem Zusammenhang mit der Wirksamkeit der Heilpädagogischen Schülerhilfe stehen.

Es zeigte sich jedoch beim Vorliegen der Daten, daß Stichprobengröße und -qualität eine verantwortbare statistische Auswertung nicht zulassen. Damit haben wir die methodischen Grenzen unseres ursprünglichen Forschungsdesigns erreicht. Im Hinblick auf die weitere Forschung und unter der Perspektive möglicher Praxisverbesserung halten wir es dennoch für sinnvoll, aufgrund einer qualitativen Beurteilung der Daten einigen Vermutungen etwas mehr Plausibilität zu geben. Selbstverständlich nimmt damit die Gefahr von nicht zutreffenden Spekulationen und von Verzerrungen der Wirklichkeit durch unser integrationspädagogisches Wunschdenken zu. Abklärungen in weiteren Forschungsprojekten halten wir für unabdinglich.

Trotz der bereits erwähnten extremen Streuung der in den verschiedenen Regionen für einen Heilpädagogen vorgesehenen Größe der Einzugsgebiete liegen die für einen Schüler aufgewendeten Wochenstunden bei allen Heilpädagogen zwischen eins, drei und sieben. Die Antworten auf eine Zusatzfrage lassen folgende Erklärung vermuten: Bei großen Einzugsgebieten unterrichtet der Heilpädagoge möglicherweise vermehrt größere Gruppen von schwachen Schülern, während die Einzelförderung eher in den Hintergrund treten muß. Mit dieser Vermutung könnte man auch plausibel die Streuung der angegebenen Zahlen der von einem Heilpädagogen betreuten Schüler erklären; sie reicht von 10 bis 35 Schüler. Die Einheitlichkeit der angegebenen Wochenstunden veranlaßt außerdem zur Vermutung, daß es zur Zeit möglicherweise einen ungeschriebenen Konsens gibt, der von einer Äquivalenz zwischen ca. zwei Stunden Zusatzförderung von integrierten Lernbehinderten und Hilfsschulunterricht ausgeht. Sollte eine derartige Vorstellung tatsächlich für die weitere Planung von integrativen Regelklassen mit Heilpädagogischer Schülerhilfe leitend sein, wäre sie unseres Erachtens grundsätzlich zu revidieren. Dahinter steht einseitig die Idee vom integrationsfähigen Schüler, der als "integrationsunfähig" erklärt werden muß, wenn er über längere Zeit wesentlich mehr an Zusatzförderung benötigt als die angenommene Durchschnittsnorm.

Aus integrationspädagogischer Sicht, wie sie in früheren Kapiteln erläutert ist, sind Vorstellungen von der für das einzelne Kind aufgewendeten Förderzeit zu vermeiden; sie sollen auf keinen Fall in das Pflichtenheft des Heilpädagogen aufgenommen werden. Stattdessen sind Vorstellungen von einer Durchschnittsnorm der zu betreuenden Regelklassen für integrationspädagogisches Denken etwas weniger hemmend. Allerdings ist auch bei der Festlegung solcher Normen zu bedenken, daß die für eine Regelklasse erforderliche Betreuungsintensität von der Klassenzusammensetzung, von der Zusammensetzung der Elternschaft, von der pädagogischen Kompetenz des Klassenlehrers und von den in dieser Klasse vorgefundenen Behinderungsformen abhängt. Sobald eine administrative Normierung Flexibilität verhindert, entsteht die Gefahr, daß Kinder als "integrationsunfähig" erklärt werden und damit die Leitidee der integrationsfähigen Schule aufgegeben wird.

Es stellt sich die Frage, ob unsere Zusatzerhebung irgendwelche Aussagen zur Anzahl von Klassen ermöglicht, die von einem Heilpädagogen noch wirksam betreut werden können. Da eine quantitativ-statistische Analyse methodisch nicht verantwortet werden kann, können wir lediglich einigen Vermutungen durch eine Gegenüberstellung der vorgefundenen Extreme etwas Plausibilität verschaffen. Auf der einen Seite hat ein Heilpädagoge sein Einzugsgebiet mit insgesamt 121 Schülern angegeben, was wahrscheinlich sechs Klassen entspricht; auf der anderen Seite steht die Angabe von 494 Schülern, was 20 bis 25 Klassen entspricht, die von dem befragten Heilpädagogen zu betreuen sind. Von den 121 Schülern kommen 17%, von den 494 nur 7% in den Genuß der Heilpädagogischen Schülerhilfe. Dieser Vergleich berechtigt zur Vermutung, daß im kleinen Einzugsgebiet die Prävention von Lernstörungen und -behinderungen vermehrt in die Tätigkeit einbezogen wird als im großen Einzugsgebiet.

Im Rahmen unserer Untersuchung wurden im kleinen Einzugsgebiet ein (!) schulleistungsschwacher und sechs nicht-schulleistungsschwache Schüler erfaßt, welche vom Heilpädagogen betreut wurden; die restlichen 14 vom Heilpädagogen betreuten Schüler waren somit in der von uns nicht untersuchten Unterstufe (1. - 3. Klasse). Im großen Einzugsgebiet hingegen wurden von unserer Untersuchung 20 schulleistungsschwache und drei nicht-schulleistungsschwache Schüler mit Heilpädagogischer Schülerhilfe erfaßt; die von uns nicht erfaßten restlichen zwölf Schüler mit Heilpädagogischer Schülerhilfe waren in der Unterstufe. Prozentuiert auf die vom jeweiligen Heilpädagogen betreute Anzahl Schüler ergibt der Vergleich der beiden Regionen folgendes Bild:

		Kleines Einzugsgebiet	Großes Einzugsgebiet
Mittelstufe	SLS	5 %	57 %
	NSLS	29 %	9 %
Unterstufe		66 %	34 %

Im kleinen Einzugsgebiet sind zwei Drittel der Schüler mit Heilpädagogischer Schülerhilfe in der Unterstufe (1. - 3. Klasse) und ein Drittel in der Mittelstufe (4. - 6. Klasse); im großen Einzugsgebiet ist das Verhältnis gerade umgekehrt. Im kleinen Einzugsgebiet sind innerhalb des relativ kleinen Anteils an betreuten Mittelstufenschülern die meisten - nach unseren Kriterien definiert - nicht-schulleistungsschwach; im großen Einzugsgebiet hingegen betreut der Heilpädagoge unter dem sehr großen Anteil Mittelstufenschüler überwiegend solche, die nach unseren Kriterien schulleistungsschwach sind.

Selbstverständlich hat ein derartiger Vergleich von extrem unterschiedlichen Einzelfällen keine wissenschaftliche Beweiskraft. Er veranlaßt aber doch zu plausiblen Vermutungen: Bei einem kleinen Einzugsgebiet kann sich der Heilpädagoge stärker auf die Arbeit in den unteren Klassen konzentrieren; dies macht die Betreuung für viele Schüler in der Mittelstufe bereits überflüssig; Schulleistungsschwäche tritt infolge der präventiven Arbeit in der Mittelstufe nur noch vereinzelt auf und kann dort in der Regel rechtzeitig aufgefangen werden. Demgegenüber ist zu vermuten, daß bei einem großen Einzugsgebiet Schüler in der Regel erst dann der Heilpädagogischen Schülerhilfe zugeführt werden können, wenn ihre Schulleistungsschwäche bereits manifest und eindeutiges Anzeichen für traditionelle Hilfsschulbedürftigkeit ist. Präventive Arbeit kann praktisch nicht geleistet werden, was sich im relativ kleinen Anteil an betreuten Schülern der Unterstufe und im sehr großen Anteil an manifest schulleistungsschwachen Schülern der Mittelstufe andeutet.

Der Vergleich zwischen den Extremfällen erscheint uns für Interpretation und praxisrelevante Beurteilung der Ergebnisse unserer Gesamtuntersuchung sehr wichtig. Aus den Regionen mit günstigen Rahmenbedingungen für die Heilpädagogische Schülerhilfe sind verhältnismäßig wenig Schüler in unsere Gesamtstichprobe eingegangen, welche nach unseren Kriterien zur Teilstichprobe der Schulleistungsschwachen gehören. Die Erklärung dürfte in der vermehrten Heilpädagogischen Betreuung in der Unterstufe und in der präventiven Tätigkeit liegen. In unserer Teilstichprobe von schulleistungsschwachen Schülern überwiegt der Anteil von Schülern aus Regionen mit ungünstigen Rahmenbedingungen. Die Ergebnisse unserer Untersuchung basieren somit auf einem unverhältnismäßig hohen Anteil von Daten aus Integrationsversuchen mit - nach unserer Meinung - extrem ungünstigen Rahmenbedingungen. Es ist leicht verständlich, daß unter diesen Bedingungen kaum mehr eine signifikant positivere Wirkung von Regelklassen mit Heilpädagogischer Schülerhilfe gegenüber gewöhnlichen Regelklassen auf schwache Schüler erwartet werden kann. Erfreulicherweise haben sich in einigen Regionen - möglicherweise unter dem Eindruck unserer Untersuchung - die Bedingungen inzwischen verbessert.

Unter Berücksichtigung aller bereits erwähnten methodischen Vorbehalte bezüglich der Richtigkeit veranlassen uns die Analysen dieses Kapitels zu folgendem Urteil über Rahmenbedingungen für optimale Wirkungen der Heilpädagogischen Schülerhilfe: In verschiedenen Regionen der Schweiz waren die Rahmenbedingungen für Regelklassen mit Heilpädagogischer Schülerhilfe während des Untersuchungszeitraums so ungünstig, daß eine Fortführung nur unter Voraussetzung einer Verbesserung der äußeren Bedingungen empfohlen werden kann. Nachweislich positive Wirkungen hat die Heilpädagogische Schülerhilfe in jener Region, in welcher der Heilpädagoge nicht mehr als sechs Klassen zu betreuen hat. Damit kann den anderen Regionen zumindest eine pädagogisch verantwortbare vorläufige Norm für die weitere Planung empfohlen werden. Selbstverständlich wissen wir nicht, ob es sich dabei bereits um das Optimum handelt. Außerdem ist zu bedenken, daß es bei all den von uns untersuchten Regelklassen mit Heilpädagogischer Schülerhilfe erst um die Integration von "Lernbehinderten" geht. Wenn man die Schule für alle Schüler - auch für Geistigbehinderte, für Autisten, für Mehrfachbehinderte usw. - integrationsfähig machen will, wird die Frage nach dem Betreuungsverhältnis noch ganz anders beantwortet werden müssen. In diesem Falle müßte sicher mindestens an das bereits in einigen Versuchen in der Bundesrepublik praktizierte Zwei-Lehrer-System (für eine Klasse ein Regel- und ein Sonderschullehrer) gedacht werden.

Wir möchten nicht verschweigen, daß wir bei den vielen persönlichen Gesprächen immer wieder den Eindruck bestätigt gefunden haben, daß die zahlenmäßig festlegbaren äußeren Rahmenbedingungen nur die eine Seite einer wirksamen Heilpädagogischen Schülerhilfe darstellen. Auf der anderen Seite verbergen sich viele nicht faßbare Faktoren wie das Engagement der Beteiligten, das pädagogisch-weltanschauliche "Klima" in der Region, die soziale Zusammensetzung der Elternschaft einer Klasse, die Flexibilität und Bereitschaft zu unkonventionellen Lösungen bei den Schulbehörden, Fortbildungs- und Supervisionsangebote und vieles andere mehr. So vermuten wir gerade in der Region mit den günstigsten quantitativen Rahmenbedingungen auch das Vorhandensein von vielen der angedeuteten positiven qualitativen Bedingungen.

12. Merkmale von unbeliebten und von beliebten schwachen Schülern in Regelklassen

Da wir auch eine geringe Zahl von beliebten schulleistungsschwachen Schülern fanden, erschien es sinnvoll, in einer Zusatzuntersuchung einen Extremgruppenvergleich zwischen beliebten und unbeliebten schulleistungsschwachen Schülern durchzuführen. Die Durchführung dieser Zusatzuntersuchung ist ausführlich bei *Bless* (1989) dargestellt; in der folgenden Zusammenfassung ist die Wiedergabe notgedrungen verkürzt. In den in Kapitel 5.1 vorgestellten empirischen Untersuchungen fanden wir Hinweise auf Variablen, welche einen gewissen Erklärungswert für den soziometrischen Status schulleistungsschwacher Schüler besitzen oder besitzen könnten und deshalb in der Zusatzuntersuchung zu berücksichtigen waren.

12.1 Hypothesen

Die allgemeine Fragestellung der Zusatzuntersuchung lautet: Unterscheiden sich schulleistungsschwache Schüler in integrierenden Schulformen, welche einen extremen soziometrischen Status besitzen, hinsichtlich bestimmter Eigenschaften oder Verhaltensweisen? Unter Berücksichtigung der Forschungslage und unserer theoretischen Überlegungen kann auf die Frage mit einer *allgemeinen Hypothese* geantwortet werden.

Extrem beliebte schulleistungsschwache Schüler in integrierenden Schulformen weisen im Vergleich zu extrem unbeliebten schulleistungsschwachen Schülern hinsichtlich zahlreicher Eigenschaften und Verhaltensweisen bedeutend positivere Ausprägungen auf.

Zwecks einer inhaltlichen Füllung und Operationalisierung dieser allgemeinen Hypothese überprüften wir eine größere Zahl von Arbeits-Hypothesen. Auf eine sprachlich vollständige Ausformulierung der Arbeits-Hypothesen wird der besseren Übersicht wegen zugunsten einer formalen und kurzen Form verzichtet. Folgende Abkürzungen sind dabei zu beachten:

SLS+	Extrem beliebte schulleistungsschwache Schüler
SLS-	Extrem unbeliebte schulleistungsschwache Schüler
<	kleiner als, tiefer als, weniger häufig als
>	größer als, höher als, häufiger als
≠	nicht gleich, nicht gleich häufig

Bereich "Schulleistungen und Begabung":

H1: Schulleistungen: SLS- < SLS+
H2: Intelligenz: SLS- < SLS+

Bereich "Sozialverhalten":

H3: Hilfsbereitschaft: SLS- < SLS+
H4: Nicht-Aggressivität: SLS- < SLS+
H5: Kooperatives Verhalten: SLS- < SLS+
H6: a) Prosoziales Verhalten auf dem Pausenplatz: SLS- < SLS+
b) Prosoziales Verhalten im Turnunterricht: SLS- < SLS+
H7: Konfliktlösungsverhalten: SLS- < SLS+
H8: Soziales Selbstbehauptungsverhalten: SLS- < SLS+

Bereich "Familie":

H9: Milieubelastungen: SLS- > SLS+
H10: Anzahl Geschwister: SLS- > SLS+
H11: Sozioökonomischer Status: SLS- < SLS+

Bereich "Merkmale zur Person":

H12: Geschlecht: SLS- ≠ SLS+
H13: Fremde Muttersprache: SLS- > SLS+
H14: Äußeres Erscheinungsbild: SLS- < SLS+
H15: Auffällige Merkmale oder Verhaltensweisen: SLS- > SLS+

Bereich "besondere Fähigkeiten":

H16: Praktisch-motorische Fähigkeiten: SLS- < SLS+
H17: Kreativität: SLS- < SLS+
H18: Arbeitsverhalten: SLS- < SLS+
H19: Besondere schulische Interessen oder Fähigkeiten: SLS- < SLS+
H20: Besondere außerschulische Interessen oder Fähigkeiten: SLS- < SLS+

Bereich "Selbst-Einschätzungen":

H21: Selbstkonzept der eigenen Begabung: SLS- < SLS+
H22: Einschätzung der Beziehungen zu Mitschülern: SLS- < SLS+
H23: Einstellung zur Schule: SLS- < SLS+

andere:

H24: Verlassen der Klasse für pädagogische Maßnahmen: SLS- > SLS+
H25: Langer Schulweg in ein anderes Dorf: SLS- > SLS+

Diese Arbeits-Hypothesen wurden nicht nur in der Stichprobe der extrem beliebten und unbeliebten schulleistungsschwachen Schüler in Regelklassen, sondern auch in zwei Kontrollgruppen überprüft. In der einen Kontrollgruppe wurden extrem beliebte und extrem unbeliebte schulleistungsschwache Schüler aus der separierenden Schulform "Hilfsklasse" bzw. "Sonderklasse für Lernbehinderte" (Kontrollgruppe 1) miteinander verglichen, in der anderen extrem beliebte und extrem unbeliebte nicht-schulleistungsschwache Schüler aus Regelklassen (Kontrollgruppe 2). Die Prognose war, daß die Arbeitshypothesen im allgemeinen nicht nur auf die Experimentalgruppe, sondern auch auf beide Kontrollgruppen zutreffen würden.

12.2 Forschungsmethodik

12.2.1 Operationalisierung der soziometrischen Extrempositionen

Die Zuordnungsregel zu den soziometrischen Extrempositionen beruht auf statistischen Unterteilungen einer Verteilung. Schüler mit einem Integrationsmaß (vgl. Kapitel 9.1.1.2) im obersten Quartil der Verteilung der Integrationsmaße der gesamten Stichprobe wurden der Schülergruppe mit einem extrem hohen soziometrischen Status zugewiesen. Schüler mit einem Integrationsmaß im untersten Quartil der Verteilung wurden der Schülergruppe mit einem extrem tiefen Beliebtheitsstatus zugeordnet. Die Schüler mit einem Integrationsmaß im 2. und 3. Quartil wurden nicht berücksichtigt.

12.2.2 Die Erhebung der unabhängigen Variablen mit dem Lehrerfragebogen zur Schülerbeurteilung

Mit einem Fragebogen wurden von den Lehrern Urteile zu den in den Arbeits-Hypothesen enthaltenen Variablen abverlangt. Mit Ausnahme der Merkmale "Anzahl Geschwister", "Fernbleiben von der Schulklasse", "besondere Auffälligkeiten" sowie "schulische und außerschulische Interessen und Fähigkeiten" wurden alle Lehrerurteile mit Hilfe konzeptorientierter, durch Situations- und Verhaltensbezug konkretisierter Ratings erhoben (vgl. *Fittkau* 1978, 734-737). Dem Urteiler wurden pro Rating zwischen sechs und acht Verhaltensindikatoren gegeben. Sie wurden als Grundlage für das Gesamtrating nach dem Muster einer Checkliste überprüft und eingeschätzt. In Abbildung 55 ist als Beispiel eine konkretisierte Ratingskala aufgeführt.

Abbildung 55: Beispiel einer konzeptorientierten, konkretisierten Ratingskala zum Merkmal Aggressivität

Aggressivität	trifft zu 1	teils/ teils 2	trifft nicht zu 3
- Der Schüler stört die Mitschüler durch Knuffen, Wegnehmen von Gegenständen, laute Bemerkungen oder Schwatzen.	☐	☐	☐
- Er reagiert auch bei kleineren Angriffen eher zu heftig.	☐	☐	☐
- Er ärgert und unterdrückt Mitschüler ohne sichtbaren Anlaß.	☐	☐	☐
- Er nimmt jede Gelegenheit wahr,sich an Streitigkeiten anderer zu beteiligen.	☐	☐	☐
- Er beschädigt oder zerstört Schulgegenstände oder Schulsachen seiner Mitschüler.	☐	☐	☐
- Er beschimpft und provoziert andere Mitschüler.	☐	☐	☐
- Er freut sich über Fehler seiner Klassenkameraden.	☐	☐	☐
- Er petzt und beschwert sich beim Lehrer über Mitschüler.	☐	☐	☐

	-1	0	+1
Gesamteinschätzung des Schülers:	stark aggressiv	im Mittel	wenig aggressiv
	8-13 Punkte	14-18 Punkte	19-24 Punkte

Neben den Fragen zu den bereits genannten Merkmalen umfaßt der Lehrerfragebogen Operationalisierungen der folgenden Ratings:

Praktisch-motorische Fähigkeiten

- Der Schüler gebraucht seine Hände sehr geschickt.
- Wenn praktische Probleme in der Klasse zu bewältigen sind, löst er sie gut.
- Er kennt sich in lebenspraktischen Dingen gut aus.
- Seine Bewegungen wirken gut koordiniert und gewandt.
- Bei kleineren technischen Problemen weiß er schnell einen Rat.
- Er ist sehr geschickt im Umgang mit Werkzeugen und Werkstoffen (z.B. Schere, Feile, Papier, Ton).
- Er zeigt Interesse an Tätigkeiten, die auch körperlich-praktische Fähigkeiten erfordern, wie Sport, Basteln, Technik, Kochen, Tanzen.
- Er zeigt Freude an körperlichen Betätigungen.

Äußeres Erscheinungsbild

- Das gesamte Erscheinungsbild des Schülers wirkt auf seine Mitschüler anziehend.
- Er trägt saubere und gepflegte Kleider.
- Seine Ausstrahlung ist sympathisch.
- Er pflegt sich regelmäßig, so daß keine unangenehmen Körpergerüche wahrnehmbar sind.
- Der Schüler ist hübsch.
- Durch sein Verhalten und sein Aussehen strahlt der Schüler Wohlgefallen, Charme aus.

Milieubelastungen

- Gestörte Familie (Vater-Mutterwaise, unharmonische Ehe, Stiefkind).
- Mutter berufstätig, Kind viel sich selbst überlassen.
- Geringer Bildungsstand der Eltern.
- Überbeanspruchung durch Betreuung von Geschwistern oder anderen Arbeiten.
- Erziehungsfehler der Eltern (gleichgültig, schulfeindlich, Überforderung, Verwöhnung, Mißhandlung o.ä.).
- Schlechter Pflegestand des Kindes (schmutzig, verwahrlost o.ä.).
- Vater kann sich wenig um das Kind kümmern (Schichtarbeit, nur selten zu Hause).
- Abnorme Wohnverhältnisse (zu enge Wohnung, Baracke o.ä.).

Positives Verhalten in Situationen des Schulalltags

a) auf dem Pausenplatz:

- Der Schüler beteiligt sich auf dem Pausenplatz meistens an Gruppenspielen.
- Er ist im Spiel ein geschätzter Mitspieler.
- Auf dem Pausenplatz ist er selten in Streitereien verwickelt.
- Ab und zu teilt er mit anderen sein "Pausenbrot".

b) im Turnen:

- Der Schüler fällt im Turnunterricht durch körperliches Geschick auf.
- Er ist in Staffetten und Sportspielen eine wertvolle Mannschaftsstütze.
- Er kann im Spiel Niederlagen gut akzeptieren.
- Er gilt als fairer Spieler.

Kreativität

- Der Schüler hat viele Einfälle, wenn ein Problem (z.B. Gestaltung eines Klassenfestes) zu lösen ist.
- Er macht Vorschläge für Veränderungen (z.B. wie man den Unterricht anregender gestalten kann).
- Bei entsprechenden Anlässen benutzt er bildhaft phantasievolle Ausdrucksformen.
- Er überträgt Prinzipien und Regeln auf neue Sachverhalte.
- Er äußert ausgefallene Ideen und originelle Beiträge.
- Er sucht bei Aufgaben, die das zulassen, nach mehreren Lösungen.
- Bildhafte Unterrichtsinhalte und Gegenstände lösen bei ihm eine erhöhte Beteiligung am Unterricht aus.
- Es macht ihm Spaß, eine bekannte Tatsache unter einer anderen Perspektive neu zu sehen.

Arbeits- und Leistungsverhalten

- Der Schüler arbeitet gleichmäßig im Unterricht mit.
- Er hält sich an vereinbarte Arbeitsaufträge.
- Er führt Arbeiten zuverlässig und genau aus.
- Er erledigt übernommene Aufgaben im Unterricht ohne "ständige "Ermahnung.
- Er arbeitet längere Zeit ohne Unterbrechungen.
- Er fertigt seine schriftlichen Arbeiten leserlich und übersichtlich an.
- Er bringt die benötigten Arbeitsmaterialien und Hausaufgaben zum Unterricht mit.
- Bei Arbeitsaufträgen beginnt er ohne große Umschweife.

Aggressivität

- Der Schüler stört die Mitschüler durch Knuffen, Wegnehmen von Gegenständen, laute Bemerkungen oder Schwatzen.
- Er reagiert auch bei kleineren Angriffen eher zu heftig.
- Er ärgert und unterdrückt Mitschüler ohne sichtbaren Anlaß.
- Er nimmt jede Gelegenheit wahr, sich an Streitigkeiten anderer zu beteiligen.
- Er beschädigt oder zerstört Schulgegenstände oder Schulsachen seiner Mitschüler.
- Er beschimpft und provoziert andere Mitschüler.
- Er freut sich über Fehler seiner Klassenkameraden.
- Er petzt und beschwert sich beim Lehrer über Mitschüler.

Hilfsbereitschaft

- Er hilft einem anderen, wenn dieser mit seiner Aufgabe nicht zurechtkommt.
- Er tröstet einen Schüler, der enttäuscht oder traurig ist.
- Er bietet einem schwächeren Schüler an, mit ihm zu üben.
- Er unterstützt einen verbal schwachen Schüler, indem er dessen Argumente verteidigt.
- Er wählt bei Wettkämpfen auch solche Schüler in seine Gruppe, die als nicht so gut eingeschätzt werden.
- Er verzichtet zugunsten anderer auf eigene Vorteile (z.B. die Benutzung attraktiver Arbeitsmaterialien).
- Er übernimmt freiwillig Aufgaben für die gesamte Klasse.
- Wenn ein schwächerer Schüler z.B. vom Lehrer übergangen oder ungerecht behandelt wurde, dann weist er darauf hin.

Soziales Selbstbehauptungsverhalten

- Der Schüler besteht darauf, von den Klassenkameraden angehört zu werden.
- Er verlangt eine Entschuldigung (z.B. wenn ein anderer ihn anrempelt).
- Er vertritt seine Meinung, auch wenn die Mehrzahl der Kameraden diese offen ablehnt.
- Er spricht frei und ungezwungen vor den anderen Schülern.
- Er läßt sich durch Kritik und Gegenargumente nicht so schnell verunsichern.
- Er sagt es dem Lehrer, wenn er sich von ihm ungerecht behandelt fühlt.
- Er übernimmt bereitwillig notwendige Führungsaufgaben in der Gruppe.
- Er versucht, seine Schwächen nicht zu überspielen und sagt z.B., wenn er etwas nicht verstanden hat.

Kooperatives Verhalten

- Der Schüler arbeitet gern in Gruppen.
- Bei entsprechenden Möglichkeiten plant er mit anderen ein Vorhaben und macht entsprechende Vorschläge.
- Er trägt dazu bei, daß sich die Gruppenpartner wohlfühlen (z.B. lobt andere für deren Tätigkeit, zeigt offen seine Sympathie).
- Er sorgt für Gerechtigkeit in der Gruppe (nicht immer derselbe Schüler soll die unangenehme oder angenehme Aufgabe, Rolle übernehmen).
- Er hält sich auch an vereinbarte Regeln, wenn niemand deren Einhaltung kontrolliert.
- Er bemüht sich darum, daß in der Gruppe alle Meinungen gehört werden.

- Er zeigt sich bereit, seine persönlichen Interessen zurückzustellen, wenn das dem Gruppenziel dient.
- Er betont die gemeinsamen Ziele der Gruppe und setzt sich für diese ein.

Konfliktlösungsverhalten
- Der Schüler äußert sich aktiv bei Konflikten (z.B. versucht er, die Standpunkte der Konfliktpartner zu klären).
- Er bringt auch verdeckte Konflikte ins Gespräch.
- Er fragt nach den Ursachen, wenn ihm ein Konflikt berichtet wird.
- Er trägt Konflikte verbal aus und wehrt sich gegen gewaltsame Lösungen.
- Auch wenn er selbst in einen Konflikt verwickelt ist, bemüht er sich, den anderen zu verstehen und ist bereit, ihm ein Stück entgegenzugehen.
- Er bietet sich an, bei Konflikten oder zwischen "verfeindeten" Parteien zu vermitteln.
- Er setzt sich bei Konflikten für Lösungen ein, bei denen keine Seite verliert.
- Er ist bereit, andersartige Standpunkte zu akzeptieren und versucht nicht, die anderen zu "bekehren".

Für die Auswertung des Fragebogens wurden die Schätzwerte der einzelnen Konkretisierungen für jedes Rating zu einer Gesamteinschätzung zusammengefaßt. Pro Schüler und Merkmal erhielt man so einen Wert von -1, 0 oder +1. Die Umpolung erfolgte so, daß bei allen Ratings +1 die positive Ausprägung des entsprechenden Merkmals darstellt.

Die Mehrheit der Ratingskalen wurde aus Fragebogen in der Forschungsliteratur übernommen. Mit Ausnahme der Skala "Prosoziales Verhalten in Situationen des Schulalltags", welche neu zusammengestellt wurde, stammen alle Ratingskalen des Bereichs "Sozialverhalten" aus dem Fragebogen "Beurteilungshilfen für Lehrer" von *Janowski, Fittkau* und *Rauer* (1981). Zur Erfragung der möglichen Milieubelastungen eines Schülers wurden Aspekte berücksichtigt, die von *Petillon* (1978, 116) in acht Items formuliert und in seiner Untersuchung zur Messung der Milieubelastungen der Schüler eingesetzt wurden. Zur Erfassung besonderer Fähigkeiten der Schüler wie Kreativität, praktisch-motorische Fähigkeiten und Arbeitsverhalten wurde ebenfalls auf den Fragebogen "Beurteilungshilfen für Lehrer" von *Janowski, Fittkau* und *Rauer* (1981) zurückgegriffen.

12.2.3 Stichprobe

Die Schüler der Stichprobe unserer Hauptuntersuchung waren zum Zeitpunkt der Zusatzuntersuchung in der 5. und 6. Klasse. Aus dieser Gesamtstichprobe wurden Stichproben für eine Versuchsgruppe und zwei Kontrollgruppen gebildet. In die Stichprobe der Versuchsgruppe wurden alle schulleistungsschwachen Schüler in soziometrischen Extrempositionen aus Regelklassen mit (RG+) und ohne Heilpädagogische Schülerhilfe (RG-) sowie aus Gemischten Kleinklassen (GKL), die wegen der kleinen Stichprobengröße bei den Auswertungen der Hauptuntersuchung unberücksichtigt sind, aufgenommen. In der Kontrollgruppe 1 waren alle schulleistungsschwachen Schüler in soziometrischen Extrempositionen aus Sonderklassen für Lernbehinderte bzw. Hilfsklassen (HS) zusammengenommen. Schließlich umfaßte die Kontrollgruppe 2 nicht-schulleistungsschwache Schüler aus Regelklassen in soziometrischen Extrempositionen; sie wurde, in Anbetracht der großen Anzahl Schüler, nach dem Zufallsprinzip gebildet (vgl. Tabelle 130).

Tabelle 130: Übersicht über die Stichproben der Versuchs- und Kontrollgruppen

	Schulform	extrem beliebte Schüler			extrem unbeliebte Schüler		
		N	♂	♀	N	♂	♀
Versuchsgruppe (SLS in integrierenden Schulformen)	RG-	10	7	3	35	16	19
	RG+	8	3	5	19	8	11
	GKL	1	0	1	1	1	0
	Total	**19**	10	9	**55**	25	30
Kontrollgruppe 1 (SLS in separierender Schulform)	HS	**32**	20	12	**29**	16	13
Kontrollgruppe 2 (Regelschüler ohne Schulleistungsschwäche)	RG-	23	8	15	22	11	11
	RG+	7	3	4	8	7	1
	GKL	0	0	0	0	0	0
	Total	**30**	11	19	**30**	18	12

12.3 Ergebnisse

Da mit der Gegenüberstellung von Extremgruppen jeweils nur Ausschnitte einer Verteilung miteinander verglichen werden, wurden für die statistische Auswertung größtenteils nichtparametrische Verfahren verwendet.

12.3.1 Signifikanzprüfungsergebnisse zu H1 bis H25

Die Bestätigung der Arbeits-Hypothesen H1 bis H25 erfordert signifikante Unterschiede zwischen den soziometrischen Extremgruppen zu Ungunsten der extrem unbeliebten Schüler. Sinnvollerweise wird die Hypothese H24 (Verlassen der

Klasse für Fördermaßnahmen) nur in integrierenden Schulformen, also für die Versuchsgruppe, überprüft. Die Tabellen 131, 132 und 133 beinhalten die Ergebnisse der Signifikanzprüfungen zu H1 bis H25 für die Versuchsgruppe und die Kontrollgruppen 1 und 2.

Erläuterungen zu den Tabellen 131, 132 und 133:

- Die Spalten der Tabellen geben Auskunft über Hypothese, abhängige Variable, unabhängige Variable, verwendeten statistischen Signifikanztest, durchschnittlichen Rangplatz bei U-Test oder beobachtete Häufigkeit pro Kategorie beim Chi²-Test, Z-Wert beziehungsweise Chi²-Wert, p-Wert und den Entscheid für die Null- (H0) oder die Alternativhypothese (H1 = Bestätigung der hier formulierten Arbeits-Hypothesen). Die Angabe des durchschnittlichen Rangplatzes oder der beobachteten Häufigkeiten ist insbesondere für die Interpretation eines signifikanten Unterschieds hilfreich.
- Liegt der p-Wert äußerst knapp über der Signifikanzgrenze von .05, so wird der Unterschied im Sinne einer Tendenz interpretiert.
- Die Extremgruppen der Versuchsgruppe umfassen (vgl. Tabelle 20) 55 extrem unbeliebte und 19 extrem beliebte Schüler, jene der Kontrollgruppe 1 29 und 32 Schüler und jene der Kontrollgruppe 2 je 30 Schüler.
- Die Werte für die Variable "Schulleistungen" werden für jeden Proband wie folgt berechnet: Die Rohwerte der einzelnen Schulleistungsprüfungen (Grundoperationen, Textrechnen, Wortschatz, Leseverständnis, Wortverständnis, Rechtschreiben) werden in Werte transformiert, welche dem prozentualen Anteil richtig gelöster Aufgaben entsprechen. Anschließend wird der Durchschnitt für das Rechnen und für die Sprache ermittelt. Der Mittelwert von Rechnen und Sprache ergibt den Wert für die Variable "Schulleistungen". Auf diese Weise können die Ergebnisse der einzelnen Schulleistungsprüfungen zu einem gewichteten Gesamtmittelwert zusammengefaßt werden, ohne einen einzelnen Test oder ein Fach zu begünstigen.
- Die beobachteten Häufigkeiten verschiedener Variablen werden wie folgt zu Kategorien zusammengefaßt:

  Anzahl Geschwister: Kategorie 1 = Einzelkind oder maximal ein Bruder oder eine Schwester, Kategorie 2 = zwei bis drei Geschwister, Kategorie 3 = vier und mehr Geschwister

  Sozioökonomischer Status: Kategorie 1 = Unterschicht, Kategorie 2 = Mittel- und Oberschicht

  Geschlecht: Kategorie 1 = männlich, Kategorie 2 = weiblich

  Muttersprache: Kategorie 1 = deutsche Muttersprache, Kategorie 2 = andere

  Auffälliges Merkmal oder Verhaltensweise: Kategorie 1 = keine Auffälligkeit, Kategorie 2 = negative Auffälligkeit

  Besondere schulische Interessen, Fähigkeiten: Kategorie 1 = keine schulischen Interessen, Kategorie 2 = schulische Interessen

  Besondere außerschulische Interessen, Fähigkeiten: Kategorie 1 = keine außerschulischen Interessen, Kategorie 2 = außerschulische Interessen

  Verlassen der Klasse für pädagogische Maßnahmen: Kategorie 1 = keine Fördermaßnahmen, Kategorie 2 = Fördermaßnahmen

  Schulweg: Kategorie 1 = Schulort gleich Wohnort, Kategorie 2 = Schulort nicht gleich Wohnort.

- Weisen beim Chi²-Test mehr als 20% der Kategorien nicht einen Mindestanteil der Erwartungshäufigkeiten von 5 auf, kann das Ergebnis des Chi²-Tests nicht interpretiert werden (vgl. *Bortz* 1985, 208). Da nicht fälschlicherweise ein Unterschied angenommen werden soll, wo keiner ist, wird in der vorliegenden Arbeit in einem solchen Falle vorsichtigerweise die Nullhypothese beibehalten.

Tabelle 131: Ergebnisse der Signifikanzprüfungen zu H1 bis H25 für die Versuchsgruppe

Hypothese	abhängige Variable	unabhäng. Variable	Statist. Test	mittlerer Rangplatz / beobacht. Häufigkeit	Z-Wert / Chi²-Wert	p-Wert	Entscheid
H1	Schulleistungen	unbeliebt beliebt	U-Test	35.27 40.19	0.86	.390	H0
H2	Intelligenz	unbeliebt beliebt	U-Test	34.05 47.50	2.34	.019	**H1**
H3	Hilfsbereitschaft	unbeliebt beliebt	U-Test	36.87 39.32	0.46	.648	H0
H4	Nicht-Aggressivität	unbeliebt beliebt	U-Test	35.16 44.26	2.01	.044	**H1**
H5	Kooperatives Verhalten	unbeliebt beliebt	U-Test	35.54 43.18	1.43	.152	H0
H6a	Prosoz. Verhalten in der Pause	unbeliebt beliebt	U-Test	33.31 49.63	3.21	.001	**H1**
H6b	Prosoz. Verhalten im Turnen	unbeliebt beliebt	U-Test	33.91 47.89	2.75	.006	**H1**
H7	Konfliktlösungsverhalten	unbeliebt beliebt	U-Test	36.55 40.26	0.71	.475	H0
H8	Soz. Selbstbehauptungsverhalten	unbeliebt beliebt	U-Test	37.75 36.76	-0.18	.854	H0
H9	Milieubelastungen	unbeliebt beliebt	U-Test	36.50 40.39	0.82	.412	H0
H10	Anzahl Geschwister	unbeliebt beliebt	Chi 2	1) 24 | 2) 24 | 3) 7 7 | 9 | 3	0.30	.862	H0
H11	Sozioökonomischer Status	unbeliebt beliebt	Chi 2	1) 19 | 2) 36 5 | 14	0.44	.509	H0
H12	Geschlecht	unbeliebt beliebt	Chi 2	1) 25 | 2) 30 10 | 9	0.29	.589	H0
H13	Muttersprache	unbeliebt beliebt	Chi 2	1) 45 | 2) 10 11 | 2	0.61	.435	H0
H14	Äußeres Erscheinungsbild	unbeliebt beliebt	U-Test	33.79 48.24	2.76	.005	**H1**
H15	Auffällige Merkmale / Verh.weisen	unbeliebt beliebt	Chi 2	1) 17 | 2) 38 11 | 8	4.37	.037	**H1**
H16	Praktisch-motorische Fähigkeiten	unbeliebt beliebt	U-Test	35.41 43.55	1.52	.127	H0
H17	Kreativität	unbeliebt beliebt	U-Test	38.49 34.63	-0.79	.429	H0
H18	Arbeitsverhalten	unbeliebt beliebt	U-Test	35.75 36.79	-0.18	.860	H0
H19	Besondere schul. Interessen	unbeliebt beliebt	Chi 2	1) 21 | 2) 34 8 | 11	0.09	.763	H0
H20	Besondere außerschul. Interessen	unbeliebt beliebt	Chi 2	1) 21 | 2) 34 6 | 13	0.27	.606	H0
H21	Begabungskonzept	unbeliebt beliebt	U-Test	34.83 45.24	1.81	.069	tend
H22	Beziehung zu Mitschülern	unbeliebt beliebt	U-Test	32.40 52.26	3.47	<.001	**H1**
H23	Einstellung zur Schule	unbeliebt beliebt	U-Test	35.35 43.71	1.45	.145	H0
H24	Verlassen der Klasse (Förderm.)	unbeliebt beliebt	Chi 2	1) 35 | 2) 20 13 | 6	0.14	.706	H0
H25	Schulweg	unbeliebt beliebt	Chi 2	1) 48 | 2) 7 18 | 1	0.82	.366	H0

Tabelle 132: Ergebnisse der Signifikanzprüfungen zu H1 bis H25 für die Kontrollgruppe 1

Hypothese	abhängige Variable	unabhäng. Variable	Statist. Test	mittlerer Rangplatz / beobacht. Häufigkeit	Z-Wert / Chi²-Wert	p-Wert	Entscheid
H1	Schulleistungen	unbeliebt beliebt	U-Test	28.46 30.47	-0.44	.657	H0
H2	Intelligenz	unbeliebt beliebt	U-Test	29.48 29.52	0.00	1.000	H0
H3	Hilfsbereitschaft	unbeliebt beliebt	U-Test	26.21 35.34	-2.13	.032	**H1**
H4	Nicht-Aggressivität	unbeliebt beliebt	U-Test	26.09 35.45	2.56	.010	**H1**
H5	Kooperatives Verhalten	unbeliebt beliebt	U-Test	23.52 37.78	-3.39	<.001	**H1**
H6a	Prosoz. Verhalten in der Pause	unbeliebt beliebt	U-Test	23.91 37.42	-3.27	.001	**H1**
H6b	Prosoz. Verhalten im Turnen	unbeliebt beliebt	U-Test	25.72 35.78	-2.42	.015	**H1**
H7	Konfliktlösungsverhalten	unbeliebt beliebt	U-Test	24.50 36.89	-2.93	.003	**H1**
H8	Soz. Selbstbehauptungsverhalten	unbeliebt beliebt	U-Test	29.14 32.69	-0.83	.407	H0
H9	Milieubelastungen	unbeliebt beliebt	U-Test	32.14 29.97	0.56	.572	H0
H10	Anzahl Geschwister	unbeliebt beliebt	Chi 2	1) 18 | 2) 8 | 3) 3 14 | 17 | 1	4.60	.100	H0
H11	Sozioökonomischer Status	unbeliebt beliebt	Chi 2	1) 14 | 2) 15 19 | 13	0.76	.385	H0
H12	Geschlecht	unbeliebt beliebt	Chi 2	1) 16 | 2) 13 20 | 12	0.34	.561	H0
H13	Muttersprache	unbeliebt beliebt	Chi 2	1) 20 | 2) 9 21 | 11	0.08	.781	H0
H14	Äußeres Erscheinungsbild	unbeliebt beliebt	U-Test	26.07 35.47	-2.51	.012	**H1**
H15	Auffällige Merkmale / Verh.weisen	unbeliebt beliebt	Chi 2	1) 8 | 2) 21 19 | 13	6.23	.013	**H1**
H16	Praktisch-motorische Fähigkeiten	unbeliebt beliebt	U-Test	25.62 35.88	-2.58	.009	**H1**
H17	Kreativität	unbeliebt beliebt	U-Test	27.41 34.25	-1.63	.103	H0
H18	Arbeitsverhalten	unbeliebt beliebt	U-Test	25.72 35.78	-2.62	.008	**H1**
H19	Besondere schul. Interessen	unbeliebt beliebt	Chi 2	1) 7 | 2) 22 8 | 24	0.01	.938	H0
H20	Besondere außerschul. Interessen	unbeliebt beliebt	Chi 2	1) 2 | 2) 27 8 | 24	3.64	.056	tend
H21	Begabungskonzept	unbeliebt beliebt	U-Test	27.28 34.38	-1.55	.120	H0
H22	Beziehung zu Mitschülern	unbeliebt beliebt	U-Test	21.33 39.77	-4.05	<.001	**H1**
H23	Einstellung zur Schule	unbeliebt beliebt	U-Test	29.24 32.59	-0.73	.465	H0
H25	Schulweg	unbeliebt beliebt	Chi 2	1) 19 | 2) 10 19 | 13	0.24	.621	H0

Tabelle 133: Ergebnisse der Signifikanzprüfungen zu H1 bis H25 für die Kontrollgruppe 2

Hypothese	abhängige Variable	unabhäng. Variable	Statist. Test	mittlerer Rangplatz / beobacht. Häufigkeit	Z-Wert / Chi^2-Wert	p-Wert	Entscheid
H1	Schulleistungen	unbeliebt beliebt	U-Test	25.21 33.79	-2.01	.044	**H1**
H2	Intelligenz	unbeliebt beliebt	U-Test	31.73 29.27	0.54	.588	H0
H3	Hilfsbereitschaft	unbeliebt beliebt	U-Test	26.38 34.62	-1.95	.051	tend
H4	Nicht-Aggressivität	unbeliebt beliebt	U-Test	26.98 34.02	-2.50	.012	**H1**
H5	Kooperatives Verhalten	unbeliebt beliebt	U-Test	25.80 35.20	-2.42	.015	**H1**
H6a	Prosoz. Verhalten in der Pause	unbeliebt beliebt	U-Test	23.50 37.50	-3.65	<.001	**H1**
H6b	Prosoz. Verhalten im Turnen	unbeliebt beliebt	U-Test	23.50 37.50	-3.65	<.001	**H1**
H7	Konfliktlösungsverhalten	unbeliebt beliebt	U-Test	24.02 36.98	-3.11	.001	**H1**
H8	Soz. Selbstbehauptungsverhalten	unbeliebt beliebt	U-Test	31.60 29.40	0.52	.602	H0
H9	Milieubelastungen	unbeliebt beliebt	U-Test	28.50 32.50	-1.49	.135	H0
H10	Anzahl Geschwister	unbeliebt beliebt	Chi 2	1) 13 | 2) 12 | 3) 5 12 | 14 | 4	0.31	.859	H0
H11	Sozioökonomischer Status	unbeliebt beliebt	Chi 2	1) 4 | 2) 26 3 | 27	0.16	.688	H0
H12	Geschlecht	unbeliebt beliebt	Chi 2	1) 18 | 2) 12 11 | 19	3.27	.071	H0
H13	Muttersprache	unbeliebt beliebt	Chi 2	1) 28 | 2) 2 29 | 1	0.35	.554	H0
H14	Äußeres Erscheinungsbild	unbeliebt beliebt	U-Test	24.00 37.00	-3.48	<.001	**H1**
H15	Auffällige Merkmale / Verh.weisen	unbeliebt beliebt	Chi 2	1) 12 | 2) 18 22 | 8	6.79	.009	**H1**
H16	Praktisch-motorische Fähigkeiten	unbeliebt beliebt	U-Test	25.95 35.05	-2.39	.016	**H1**
H17	Kreativität	unbeliebt beliebt	U-Test	27.22 33.78	-1.56	.119	H0
H18	Arbeitsverhalten	unbeliebt beliebt	U-Test	27.93 33.07	-1.68	.093	H0
H19	Besondere schul. Interessen	unbeliebt beliebt	Chi 2	1) 8 | 2) 22 4 | 26	1.67	.197	H0
H20	Besondere außerschul. Interessen	unbeliebt beliebt	Chi 2	1) 5 | 2) 25 4 | 26	0.13	.718	H0
H21	Begabungskonzept	unbeliebt beliebt	U-Test	28.70 32.30	-0.79	.427	H0
H22	Beziehung zu Mitschülern	unbeliebt beliebt	U-Test	22.97 38.03	-3.34	<.001	**H1**
H23	Einstellung zur Schule	unbeliebt beliebt	U-Test	27.60 33.40	-1.28	.200	H0
H25	Schulweg	unbeliebt beliebt	Chi 2	1) 28 | 2) 2 29 | 1	0.35	.554	H0

12.3.2 Ergebnis der Inhaltsanalyse zu H15

Im Lehrerfragebogen zur Schülerbeurteilung wurden zu den Variablen "besondere schulische Interessen und Fähigkeiten", "besondere außerschulische Interessen und Fähigkeiten" und "auffällige Merkmale oder Verhaltensweise" mit offenen Fragen weitere Informationen erhoben. Da H19 und H20 nicht bestätigt wurden, erübrigte sich die Analyse dieser Daten. Anders bei H15: Zwischen den Extremgruppen sowohl der Versuchsgruppe als auch der Kontrollgruppen ergeben sich signifikante Unterschiede. Unbeliebte Schüler weisen bedeutend häufiger negative Auffälligkeiten (Verhaltensweisen oder Merkmale von Schülern, die im Vergleich zu den übrigen Klassenmitgliedern auffällig abweichen und von den Mitschülern wahrgenommen werden können) auf als beliebte.

Vier verschiedene Fachleute der Heilpädagogik wurden mit der Bildung von Kategorien beauftragt, in welche die Antworten zusammengefaßt werden können. Von diesen Fachleuten wurden acht Kategorien erarbeitet. Im folgenden werden Erklärungen mit Antwortbeispielen (originaler Wortlaut) zu den einzelnen Kategorien angeführt:

Kategorie 1: Körperliche Entwicklung / Gesundheitszustand
Diese Kategorie beinhaltet Aussagen, die auf auffällige Merkmale in der körperlichen Entwicklung oder im Gesundheitszustand des betreffenden Schülers hinweisen (Übergewicht, körperlich frühentwickelt, Sprachfehler, Kleinste der Klasse, nervöse Krämpfe, Akne, chronische Krankheiten, extremes Schielen...).

Kategorie 2: Psychischer Bereich
Auffällige Merkmale oder Verhaltensweisen dieser Kategorie können unter dem Begriff "psychischer Bereich" zusammengefaßt werden (Ängstlichkeit, Schüchternheit, Unsicherheit, gehemmt, Angst vor Neuem, psychisch labil, Angepaßtheit, egozentrisch ...).

Kategorie 3: Aggressivität
In dieser Kategorie werden Merkmale und Verhaltensweisen zusammengefaßt, welche auf Aggressivität hinweisen (oft in Streitereien verwickelt, Frechheit [verbale Aggressivität], foppen, hänseln, jähzornig, aggressiv ...).

Kategorie 4: Sozialer Umgang
Aussagen dieser Kategorie deuten auf auffällige Merkmale oder Verhaltensweisen hin, die im sozialen Umgang, in der Interaktion mit anderen zum Tragen kommen (darf nie mitmachen, andere belehren wollen, mädchenfeindlich, Besserwisser, mischt sich ein, lügen, prahlen, wird gehänselt, untolerant, gibt sich älter, Abkapselung, sucht vor allem Kontakt zu Erwachsenen...).

Kategorie 5: Über die Sinneswahrnehmung empfundene Belastung
Diese Kategorie beinhaltet Merkmale oder Verhaltensweisen, die über Sinneswahrnehmungen anderer als Belastung empfunden werden. Die Reizschwelle der Wahrnehmungen von Interaktionspartnern wird überschritten (schreien, übler Körpergeruch, laute Stimme, stete Unruhe, stinkt nach Rauch, Bewegungsdrang ...).

Kategorie 6: Schulbereich
Die Auffälligkeiten treten hier im schulischen Bereich auf (schwache Leistungen, schlechter Leser, unzuverlässig, fehlt oft in der Schule, zu spätes Erscheinen, Ablehnung von allem Schulischen, gleichgültig gegenüber der Schule, Hausaufgaben sind selten in Ordnung, Konzentrationsschwäche ...).

Kategorie 7: Subkultur
Die Elemente dieser Kategorie weisen auf die Zugehörigkeit zu einer bestimmten gesellschaftlichen Untergruppe (Subkultur) hin (Gassensprache, Sekte, abweichende Lebensauffassung).

Kategorie 8: Nachlässiges Erscheinungsbild
Die Kategorie "Nachlässiges Erscheinungsbild" beinhaltet Aussagen, die auf ein nachlässiges Äußeres oder Erscheinungsbild hinweisen (unmoderne Kleidung, defekte Kleidung, schmutzig).

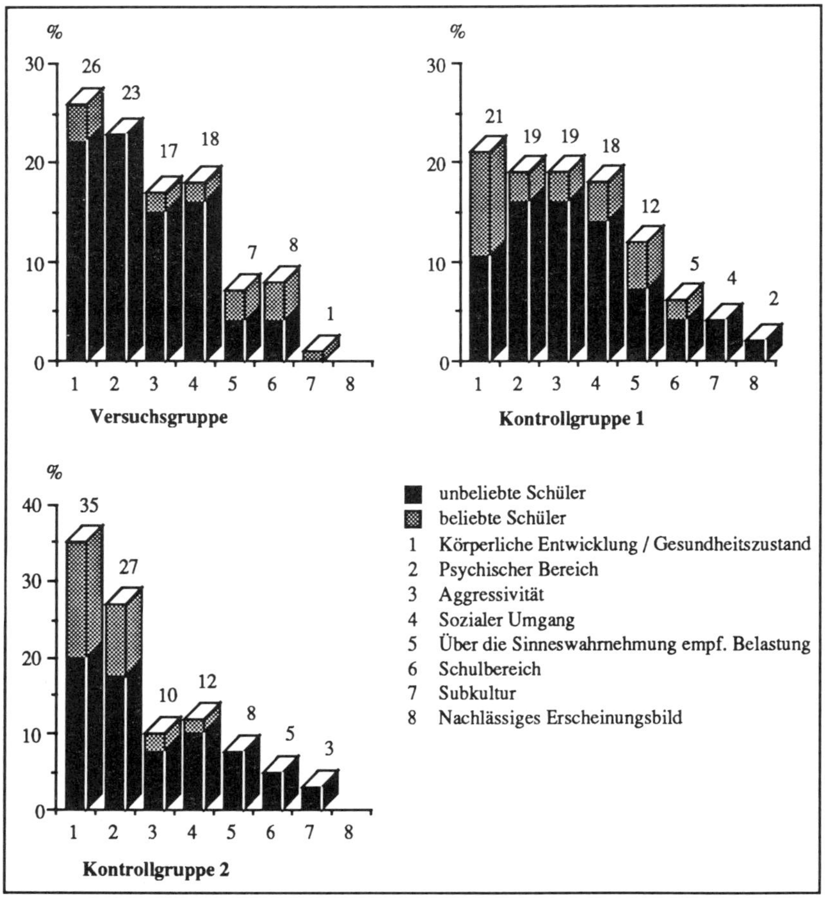

Abbildung 56: Prozentualer Anteil der genannten Auffälligkeiten unbeliebter und beliebter Schüler pro Kategorie am Total der Nennungen durch Lehrer

Abbildung 56 stellt den prozentualen Anteil jeder Kategorie am Total der Nennungen von Auffälligkeiten für jede Untersuchungsgruppe (Versuchgruppe Σ 74; Kontrollgruppe 1 Σ 53; Kontrollgruppe 2 Σ 40) graphisch dar. Mit zwei verschiedenen Farben innerhalb der Säulen soll das Verhältnis der genannten negativen Auffälligkeiten von extrem beliebten zu extrem unbeliebten Schülern verdeutlicht werden. Sowohl für die Versuchsgruppe als auch für die Kontrollgruppen betreffen nahezu 80% aller genannten negativen Auffälligkeiten die vier ersten Kategorien. Zwischen der Versuchsgruppe und der Kontrollgruppe 1 bestehen nur geringfügige qualitative Unterschiede in den Auffälligkeiten der Schüler. In der Kontrollgruppe 2 hingegen konzentrieren sich die Auffälligkeiten insbesondere auf die beiden ersten Kategorien.

12.3.3 Korrelationen zwischen dem soziometrischen Status und den Variablen von H1 bis H25

Bestätigte Arbeits-Hypothesen weisen auf einen Zusammenhang zwischen der Beliebtheit eines Schülers und dem betreffenden Merkmal hin. Die Ergebnisse von Korrelationsberechnungen (Tabelle 134) liefern uns ein Maß für die Stärke dieser Zusammenhänge. Felder, welche mit einem Punktmuster gefüllt sind, heben jene Variablen hervor, die aufgrund der Signifikanzprüfungsergebnisse für die vorliegende Fragestellung von Bedeutung sind.

12.4 Zusammenfassung und Diskussion der Ergebnisse der Zusatzuntersuchung

Folgende weiterführenden Arbeits-Hypothesen können aufgrund der vorliegenden Ergebnisse als vorläufig bestätigt beibehalten werden:

- Versuchsgruppe: H2, H4, H6a, H6b, H14, H15, H22
- Kontrollgruppe 1: H3, H4, H5, H6a, H6b, H7, H14, H15, H16, H18, H22
- Kontrollgruppe 2: H1, H4, H5, H6a, H6b, H7, H14, H15, H16, H22

Inhaltlich können diese Ergebnisse folgendermaßen interpretiert werden: Extrem unbeliebte schulleistungsschwache Schüler in integrierenden Schulformen unterscheiden sich zu ihren Ungunsten von extrem beliebten schulleistungsschwachen Schülern derselben Schulformen in bezug auf Intelligenz, Aggressivität, prosoziales Verhalten auf dem Pausenplatz, prosoziales Verhalten im Turnunterricht, äußeres Erscheinungsbild, auffällige Merkmale oder Verhaltensweisen und in der Selbsteinschätzung der Beziehungen zu den Mitschülern. Mit Ausnahme von H2 (Intelligenz) werden in der Versuchsgruppe bestätigte Hypothesen auch in beiden Kontrollgruppen bestätigt. In den Kontrollgruppen müssen weniger Hypothesen verworfen werden als in der Versuchsgruppe.

Tabelle 134: Korrelationen zwischen dem soziometrischer Status und den Variablen von H1 bis H25

Soziometrischer Status / Variable	Korrelations-koeffizient	Versuchs-gruppe	Kontroll-gruppe 1	Kontroll-gruppe 2
Schulleistungen	r_{bis}	.07	.07	.27
Intelligenz	r_{bis}	.27	-.01	-.07
Hilfsbereitschaft	Rho	.05	.27	.25
Nicht-Aggressivität	Rho	.23	.33	.32
Kooperatives Verhalten	Rho	.16	.43	.31
Prosoz. Verhalten in der Pause	Rho	.37	.42	.47
Prosoz. Verhalten im Turnen	Rho	.32	.31	.38
Konfliktlösungsverhalten	Rho	.08	.37	.40
Soz. Selbstbehauptungsverhalten	Rho	-.02	.10	-.06
Milieubelastungen	Rho	.09	-.07	.19
Anzahl Geschwister	C	.06	.26	.07
Sozioökonomischer Status	C	.07	.11	.05
Geschlecht	C	.06	.07	.01
Muttersprache	C	.09	.03	.07
Äußeres Erscheinungsbild	Rho	.32	.32	.45
Auffällige Merkmale / Verh.weisen	C	.23	.30	.31
Praktisch-motorische Fähigkeiten	Rho	.17	.33	.31
Kreativität	Rho	-.09	.21	.20
Arbeitsverhalten	Rho	-.02	.34	.22
Besondere schul. Interessen	C	.03	.01	.16
Besondere außerschul. Interessen	C	.06	.23	.04
Begabungskonzept	r_{bis}	.23	.21	.11
Beziehung zu Mitschülern	r_{bis}	.39	.54	.45
Einstellung zur Schule	r_{bis}	.17	.09	.17
Verlassen der Klasse (Förderm.)	C	.04		
Schulweg	C	.10	.06	.07

Rho = Rangkorrelation r_{bis} = biseriale Korrelation C = Kontingenzkoeffizient
▒ = signifikanter Unterschied zwischen den Extremgruppen (alpha = <. 05)

12.4.1 Versuchsgruppe: Schulleistungsschwache in leistungsheterogenen Klassen

In der Versuchsgruppe befinden sich schulleistungsschwache Schüler mit soziometrischen Extrempositionen aus Schulformen, welche die gemeinsame Schulung von schulleistungsschwachen und nicht-schulleistungsschwachen Schülern anstreben ("Regelklassen mit Heilpädagogischer Schülerhilfe", "Regelklassen ohne zusätzliche Maßnahmen" und "Gemischten Kleinklassen"). Die gefundenen Merkmale von unbeliebten und beliebten schulleistungsschwachen Schülern in leistungsheterogenen Bezugsklassen lassen sich bereichsspezifisch wie folgt zusammenfassen:

Bereich "Schulleistungen und Begabung"
Die Schüler beider Extremgruppen weisen praktisch keine Unterschiede in den Schulleistungen auf, da es sich um die Stichprobe der Schulleistungsschwachen handelt. Die Schulleistungsschwäche ist in der Hauptuntersuchung als wichtiges Merkmal von unbeliebten Schülern nachgewiesen worden. Die in der Zusatzuntersuchung festgestellten Merkmale können somit als Erklärung dafür interpretiert werden, warum dennoch einige Schulleistungsschwache sehr beliebt sind.

Obwohl beide Extremgruppen Schüler mit unterdurchschnittlicher Intelligenz (IQ < 100) umfassen, unterscheiden sie sich derart, daß jene Schüler mit einem Intelligenzquotienten, der nicht allzuweit unterhalb der Norm liegt, in ihren Klassen eher beliebt sind als jene mit niedrigeren Intelligenztestwerten. Dieser Befund deckt sich mit den Ergebnissen von *Johnson* (1950) und *Miller* (1956). Die intellektuelle Begabung scheint im derzeitigen Primarschulwesen einen bedeutenden Einfluß auf die Vergabe von sozialer Anerkennung zu haben. Es ist zu vermuten, daß in vielen Fällen unintelligentes Verhalten in Interaktionen zwischen den Schülern die soziale Attraktivität sinken läßt.

Bereich "Sozialverhalten"
Beliebte integrierte Schulleistungsschwache verhalten sich im Vergleich zu den unbeliebten im allgemeinen weniger aggressiv und zeigen sowohl auf dem Pausenplatz als auch im Turnunterricht positivere Verhaltensweisen. Man könnte sagen, daß sie den Schulalltag mit weniger unerwünschten Verhaltensweisen gestalten. Daß Schüler mit häufigem unerwünschtem Verhalten in der Kosten-Nutzen-Bilanzierung als ungeeignete Interaktionspartner eingestuft werden, ist entsprechend den theoretischen Ausführungen *Petillons* (1978) (vgl. Kapitel 6.2) einleuchtend. Etwas erstaunlich ist, daß sich extrem beliebte schulleistungsschwche Schüler gegenüber unbeliebten schulleistungsschwachen Schülern nicht durch signifikant höhere Hilfsbereitschaft (vgl.*Johnson* 1950, *Johnson*; *Kirk* 1950, *Baldwin* 1958, *Rick* 1961, *Studer* 1968), signifikant höheres kooperatives Verhalten, signifikant bessere

Fähigkeiten im Lösen von Konflikten und Fähigkeiten, sich in der Gruppe durchzusetzen, auszeichnen. Die Chancen, in integrierenden Klassen beliebt zu sein, scheinen insbesondere dann zu steigen, wenn schulleistungsschwache Schüler nicht durch unerwünschtes Verhalten auffallen. Diese Ergebnisse einerseits und jene der Inhaltsanalyse über die besonderen Auffälligkeiten andererseits decken sich mit jenen aus den Untersuchungen von *Johnson* (1950), *Johnson* und *Kirk* (1950), *Baldwin* (1958), *Rick* (1961), *Studer* (1968), *Bryan* und *Bryan* (1978), *Bruininks* (1978a), *Perlmutter; Crocker; Cordray* und *Garstecki* (1983), *Flicek* und *Landau* (1985).

Bereich "Familie"
In der vorliegenden Untersuchung konnten keine signifikanten Zusammenhänge zwischen den erhobenen Indikatoren für den Familienbereich und der Beliebtheit der Schüler nachgewiesen werden. Selbstverständlich ist nicht auszuschließen, daß aufgrund anderer Indikatoren die in der Lernbehindertenpädagogik immer wieder hervorgehobenen Einflüße der familialen Sozialisation auf die Schulsituation nachgewiesen werden könnten. Unser Ergebnis könnte vorsichtig in dem Sinne interpretiert werden, daß möglicherweise innerhalb der Sozialstruktur der untersuchten Schülerschaft der Zusammenhang zwischen familiärer Herkunft und soziometrischem Status nicht so bedeutungsvoll ist wie andere Zusammenhänge.

Bereich "Merkmale zur Person"
In Übereinstimmung mit den Ergebnissen von *Bryan* (1976), *Sheare* (1978) und *Scranton* und *Ryckman* (1979) ergab sich kein Zusammenhang zwischen Geschlecht und Beliebtheit. Allerdings sind von *Bryan* (1974) und *Gottlieb; Gottlieb; Berkell* und *Levy* (1986) solche Zusammenhänge nachgewiesen worden. Ebenfalls kein Zusammenhang zeigte sich zwischen Muttersprache und Beliebtheit schwacher Schüler. Nur wegen der Sprache scheinen somit schulleistungsschwache Ausländerkinder nicht stärker von Unbeliebtheit bedroht zu sein als schulleistungsschwache Schweizer Kinder. Beliebte schulleistungsschwache Schüler werden von ihren Klassenlehrern in ihrem äußeren Erscheinungsbild im allgemeinen als attraktiver eingeschätzt als unbeliebte Schüler. Da nicht anzunehmen ist, daß Primarschüler für attraktives Aussehen einen bedeutend anderen Maßstab besitzen als ihre Klassenlehrer, kann davon ausgegangen werden, daß das äußere Erscheinungsbild, nebst anderem, für die Beliebtheit von Bedeutung ist. Zu diesem Schluß kommen auch *Rick* (1961), *Siperstein; Bopp* und *Bak* (1978). Ferner scheint zwischen der Beliebtheit und auffälligen Merkmalen oder Verhaltensweisen, die deutlich von der Klassennorm abweichen und von den Mitschülern wahrgenommen werden können, ein Zusammenhang in dem Sinne zu bestehen, daß Schüler mit Auffälligkeiten eher unbeliebt sind als jene ohne. Ein deutliches Abweichen von der Gruppennorm, sei

es bezüglich Merkmalen oder Verhaltensweisen, kann vermutlich zu einer Senkung der sozialen Stellung beitragen. Unter diese Abweichungen fallen insbesondere Auffälligkeiten in der körperlichen Entwicklung oder im Gesundheitszustand, im psychischen Bereich, im sozialen Umgang und aggressives Verhalten. Zum Teil ähnliche Befunde wurden von *Johnson* (1950), *Johnson* und *Kirk* (1950), *Baldwin* (1958), *Rick* (1961), *Studer* (1968), *Taylor; Asher* und *Williams* (1987), *Bruininks* (1978a), *Perlmutter; Crocker; Cordray* und *Garstecki* (1983) und *Flicek* und *Landau* (1985) vorgelegt.

Bereich "besondere Fähigkeiten"
In den untersuchten Variablen dieses Bereichs haben sich für die Versuchsgruppe keine signifikanten Unterschiede zwischen den Extremgruppen ergeben. Praktisch-motorische Fähigkeiten, die Kreativität, das Arbeitsverhalten und besondere schulische oder außerschulische Interessen und Fähigkeiten scheinen die Beliebtheitsposition schulleistungsschwacher Schüler nicht signifikant zu determinieren. Das Ergebnis von *Siperstein; Bopp* und *Bak* (1978), daß zwischen der körperlichen Tüchtigkeit und der Beliebtheit ein positiver Zusammenhang besteht, konnte nicht repliziert werden.

Bereich "Selbsteinschätzungen"
Das Selbstwertgefühl bezüglich der eigenen schulischen Fähigkeiten hängt tendenziell (nur geringfügig) mit der Beliebtheitsposition zusammen; das Begabungskonzept kann als mögliche, geringfügig wirksame Determinante für die Beliebtheit betrachtet werden. Zwischen Einstellung zur Schule und soziometrischer Position hingegen ließ sich keine Tendenz eines Zusammenhangs erkennen. Hingegen zeigte sich ein signifikanter Zusammenhang zwischen soziometrischem Status und Selbsteinschätzung der Beziehungen zu den Mitschülern. Dieser Zusammenhang scheint trivial zu sein. Da sich extrem beliebte schulleistungsschwache Schüler bezüglich dieses Merkmals zu ihren Gunsten von den extrem unbeliebten Mitschülern unterscheiden, ist davon auszugehen, daß sowohl die unbeliebten als auch die beliebten Schüler ihre Situation richtig einschätzen. Schulleistungsschwache mit einem hohen Beliebtheitsstatus unterscheiden sich demnach nicht durch eine realistischere Einschätzung ihrer sozialen Stellung von jenen mit einem tiefen Beliebtheitsstatus, wie dies *Bruininks* (1978a und b) nahelegt. Das vorliegende Ergebnis deckt sich mit den Untersuchungsergebnissen von *Garrett* und *Crump* (1980) und *Horowitz* (1981).

Andere: Das Verlassen der Klasse für besondere pädagogische Maßnahmen, sei es im Rahmen der Heilpädagogischen Schülerhilfe oder anderer Stützmaßnahmen, scheint für die Vergabe der Sympathie keine Rolle zu spielen. Extrem beliebte schulleistungsschwache Schüler unterscheiden sich in der Häufigkeit des Verlassens der Klasse nicht von unbeliebten Schülern. Die Befürchtung, daß der Besuch besonderer pädagogischer Maßnahmen diskriminierend wirkt und betroffene Schüler in eine ungünstige soziometrische Position verdrängt, hat sich nicht bewahrheitet.

Ferner zeigte sich zwischen der Variable "Schulweg" und der Beliebtheit ebenfalls kein Zusammenhang. Ob ein schulleistungsschwacher Schüler in einem anderen Dorf wohnt, als er zur Schule geht, ist für seine Beliebtheitsposition in der Klasse unwichtig. Sein soziometrischer Status in der Schule scheint nicht vordergründig mit der Möglichkeit, außerhalb der Schulzeit ohne Umstände Kontakte mit Klassenkameraden pflegen zu können, verbunden zu sein.

Zusammenfassung: Unbeliebte schulleistungsschwache Schüler haben, allgemein betrachtet, einen niedrigeren Intelligenzquotienten, werden von ihren Lehrern als aggressiver eingeschätzt, verhalten sich in der Pause und im Turnunterricht negativer, besitzen ein weniger attraktives Aussehen, weisen häufiger auffällige Merkmale oder Verhaltensweisen auf und schätzen ihre Beziehungen zu den Mitschülern realistischerweise negativer ein als beliebte schulleistungsschwache Schüler. Der Tendenz nach besitzen sie ein tieferes Begabungskonzept.

Hingegen konnte kein Unterschied zwischen diesen beiden Schülergruppen bezüglich der Schulleistungen, der Hilfsbereitschaft, der Kooperationsbereitschaft, des Konfliktlösungsverhaltens und des sozialen Selbstbehauptungsverhaltens nachgewiesen werden. Ferner war auch kein Einfluß von Variablen aus dem familialen Bereich nachweisbar: Milieubelastungen, Anzahl Geschwister und sozioökonomischer Status. Das Geschlecht, die Muttersprache, praktisch-motorische Fähigkeiten, die Kreativität, das Arbeitsverhalten, besondere schulische und außerschulische Interessen sowie die Einstellung zur Schule weisen aufgrund der vorliegenden Ergebnisse keinen Zusammenhang mit der Beliebtheitsposition auf. Ob ein Schüler außerhalb des Schulortes wohnt und ob er während der Schulstunden seine Klasse für besondere oder zusätzliche pädagogische Maßnahmen verläßt, scheint für seinen soziometrischen Status nicht von Bedeutung zu sein.

12.4.2 Vergleich: Versuchsgruppe - Kontrollgruppen

Von 26 untersuchten Variablen ergeben sich in der Versuchsgruppe sieben Signifikanzen und ein tendenzieller Unterschied. Demgegenüber lassen sich in der Kontrollgruppe 1 elf Signifikanzen und eine Tendenz, in der Kontrollgruppe 2 zehn Signifikanzen und zwei Tendenzen erkennen.

Die Versuchsgruppe umfaßt schulleistungsschwache Schüler, die bezüglich der schulischen Fähigkeiten im Vergleich zur Hilfsschule in einer "uneingeschränkten" oder heterogenen Bezugsgruppe geschult werden. In der Kontrollgruppe 1 sind ebenfalls alle Schüler schulleistungsschwach; im Unterschied zur Versuchsgruppe befinden sie sich jedoch in einer "eingeschränkten" oder homogenen Bezugsgruppe (Hilfsklasse). Die Schulleistungsschwäche als mögliche Determinante fällt weg, da jedes Mitglied der Bezugsgruppe schulleistungsschwach ist. Im Vergleich zur Versuchsgruppe scheinen zusätzliche Variablen für die Vergabe von Sympathie und Antipathie von Bedeutung zu sein. Die Veränderung der Bezugsgruppe scheint die Kosten-Nutzen-Bilanzierung im Sinne von *Petillon* (1978) für Entscheide über Interaktionsaufnahmen zu verändern. In der Kontrollgruppe 2 streuen die Schulleistungen wesentlich mehr als bei schulleistungsschwachen Schülern. Zwischen den Extremgruppen ist dementsprechend ein signifikanter Unterschied feststellbar. Auch kommen mehr Variablen als mögliche Determinanten für die Beliebtheit in Frage als in der Versuchsgruppe. Wesentliche Unterschiede zwischen den Kontrollgruppen sind: In der Hilfsschule besitzt das Arbeitsverhalten im Gegensatz zur Regelschule potentiellen Erklärungswert für die Beliebtheit der Schüler. Zudem ist in der Hilfsschule die Schulleistung als mögliche Determinante auszuschließen. Die Aussage *Kniels* (1979, 106), die Verteilung der soziometrischen Rangpositionen in der Lernbehindertenschule folge ungefähr denselben Mechanismen wie in der Regelschule, ist zu wenig präzise und kann hier nur zum Teil bestätigt werden. Der Wertekontext der Hilfsschule stimmt bezüglich der meisten potentiellen Determinanten mit jenem der Regelschule überein, dennoch gibt es, wie eben erläutert, wesentliche Unterschiede, was *Kniels* Aussage relativiert.

Interessant ist ferner, daß mit Ausnahme der Intelligenz alle potentiellen Determinanten in der Versuchsgruppe auch in den Kontrollgruppen bedeutende Variablen darstellen. Einzelne Merkmale besitzen demnach, unabhängig von Schülertyp und Art der Bezugsgruppe, potentiellen Erklärungswert für die soziometrische Stellung der Schüler. Folgende Variablen stellen so etwas wie mögliche zentrale Determinanten dar: Schulleistung in uneingeschränkten Bezugsgruppen (vgl. Ergebnisse der Hauptuntersuchung), Aggressivität, prosoziales Verhalten in Situationen des Schulalltags, attraktives Äußeres, auffällige Merkmale oder Verhaltensweisen. Je nach Schülertyp und Bezugsgruppe kommen noch weitere Determinanten in Frage.

13. Kontrollergebnisse

13.1 Soziale Schichtzugehörigkeit und Geschlecht

Dem Einwand, daß unsere Ergebnisse zur Situation von integrierten und separierten schulleistungsschwachen Schülern möglicherweise gar nicht auf die Schulformen, sondern auf schulformspezifische Sozialschicht- oder Geschlechterzusammensetzungen zurückführbar sind, haben wir bereits durch die Parallelisierungsmethode Rechnung getragen. Die in Kapitel 10 wiedergegebenen Befunde haben gezeigt, daß der Einwand auf unsere Ergebnisse nicht zutrifft. Zwecks zusätzlicher Kontrolle haben wir die Daten der schulleistungsschwachen Schüler vierfachen Varianzanalysen mit den Faktoren Sozialschicht, Geschlecht, Schulform und Meßzeitpunkt unterzogen. Vorausgehend wurde mit einem Chi^2-Test geprüft, ob Sozialschicht oder Geschlecht in den 4. und 5. Schulklassen unterschiedlich verteilt sind. Da dies nicht der Fall war, konnte auch bezüglich der abhängigen Variable "Schulleistung" der Faktor Klassenstufe vernachlässigt und die erwähnte vierfache Varianzanalyse durchgeführt werden.

Bezüglich aller abhängigen Variablen haben sich die in Kapitel 10 gefundenen schulformspezifischen Ergebnisse bestätigt. Es haben sich keinerlei Hinweise dafür ergeben, daß unsere Aussagen über Wirkungen integrierender und separierender Schulformen durch sozialschichtspezifische oder geschlechtsspezifische Faktoren verfälscht sein könnten. Zusätzlich zu den schulformspezifischen Wirkungen konnten für einzelne abhängige Variablen auch Wirkungen des Geschlechts gefunden werden; diese sind jedoch nicht schulformspezifisch, sondern gehen durch alle Schulformen hindurch. Hingegen ergaben sich keine Hinweise auf Wirkungen der Sozialschicht auf die erhobenen abhängigen Variablen.

Wir geben im folgenden nur jene Ergebnisse wieder, bei welchen sich zusätzlich zum bereits in Kapitel 10 hinreichend nachgewiesenen Wirkungen der Schulform signifikante Wirkungen des Geschlechts andeuten. Wir berücksichtigen zur Interpretation nur signifikante Haupteffekte und zweifache Wechselwirkungen.

Einschätzung der eigenen Fähigkeiten: Die in Tabelle 136 ersichtliche hohe Signifikanz für den Haupteffekt "Schulform" ($F = 22.27$, $p < .01$) ist eine eindeutige Bestätigung des in Kapitel 10 gefundenen Ergebnisses, daß Hilfsschüler ein höheres Begabungskonzept haben als vergleichbar schwache Schüler in Regelklassen mit oder ohne Heilpädagogische Schülerhilfe. Die zusätzlichen, tendenziellen Signifikanzen des Haupteffekts "Geschlecht" ($F = 5.12$, $p < .05$) und der Wechselwirkung

AV: Begabungskonzept			t1			t2		
			$\overline{X}$	s	n	$\overline{X}$	s	n
Unterschicht	HS	♂	43.1	5.0	17	44.7	6.2	17
		♀	41.5	8.5	17	43.7	6.7	17
	RG-	♂	39.4	7.7	10	37.7	8.0	10
		♀	32.3	3.1	3	29.0	5.0	3
	RG+	♂	40.5	10.3	4	40.5	5.7	4
		♀	37.2	3.9	9	37.1	7.3	9
Mittel-Oberschicht	HS	♂	42.1	7.1	39	42.6	7.2	39
		♀	45.3	6.3	16	46.6	7.7	16
	RG-	♂	38.6	6.6	33	37.2	7.4	33
		♀	37.3	6.6	24	36.0	5.6	24
	RG+	♂	38.6	6.8	16	39.6	9.0	16
		♀	32.7	7.0	13	34.9	8.3	13

Abkürzungen:
- AV: Abhängige Variable
- ♂: männliche schulleistungsschwache Schüler
- ♀: weibliche schulleistungsschwache Schüler
- HS: Hilfsschule (Sonderschule für Lernbehinderte)
- RG-: Regelklasse ohne Heilpädagogische Schülerhilfe
- RG+: Regelklasse mit Heilpädagogischer Schülerhilfe
- t1: Meßzeitpunkt 1
- t2: Meßzeitpunkt 2

Tabelle 135: Mittelwerte und Standardabweichungen des Begabungskonzepts von schulleistungsschwachen Schülern unter verschiedenen schulorganisatorischen Bedingungen zu den Zeitpunkten t1 und t2, getrennt nach Geschlecht und Sozialschichtzugehörigkeit

Faktor	F-Wert	DF	p-Wert
A Soziale Schicht (US / M-OS)	.12	1	.732
B Geschlecht (männlich / weiblich)	5.12	1	.025
C Schulform (HS / RG- / RG+)	22.27	2	.000
D Meßzeitpunkt (t1 / t2)	.03	1	.865
A x B	1.98	1	.161
A x C	1.38	2	.253
A x D	.27	1	.605
B x C	3.56	2	.030
B x D	.02	1	.893
C x D	2.97	2	.054
A x B x C	1.15	2	.320
A x B x D	.21	1	.651
A x C x D	.61	2	.545
B x C x D	.15	2	.863
A x B x C x D	.04	2	.960

Tabelle 136: Ergebnisse der Varianzanalyse zur Überprüfung des Zusammenhangs zwischen dem Begabungskonzept und den Faktoren soziale Schicht, Geschlecht, Schulform und Meßzeitpunkt

"Geschlecht" x "Schulform" ($F = 3.56$, $p < .05$) deuten darauf hin, daß neben der hochsignifikanten Wirkung der Schulform auf das Begabungskonzept auch gewisse Wirkungen des Geschlechts vermutet werden können. Aus Tabelle 135 ist aber eindeutig zu entnehmen, daß die Mittelwerte des Begabungskonzepts von schulleistungsschwachen Schülern und Schülerinnen in Hilfsklassen in jedem Fall höher sind als diejenigen von vergleichbaren Schülern und Schülerinnen in Regelklassen mit oder ohne Heilpädagogische Schülerhilfe.

Soziale Integration: Die in Kapitel 10 dargestellten Ergebnisse zur soziometrischen Stellung und zur selbst eingeschätzten sozialen Integration von schwachen Schülern bestätigen sich dadurch, daß mit der vorliegenden Varianzanalyse anhand der Daten von ausschließlich schulleistungsschwachen Schülern keine schulformspezifischen Signifikanzen oder Tendenzen auftreten. Hingegen zeigt Tabelle 138 eine tendenzielle Signifikanz des Haupteffekts "Geschlecht" ($F = 5.17, p < .05$). Die Zusammenstellung der Mittelwerte in Tabelle 137 erweckt den Eindruck, als sei die Selbsteinschätzung der sozialen Integration vorwiegend innerhalb der Unterschichtschüler bei Jungen besser als bei Mädchen. Diese bei den Mittelwerten vermutbare schichtspezifische Tendenz bestätigt sich jedoch nicht durch eine Signifikanz der Wechselwirkung von Geschlecht und Sozialschicht.

Tabelle 137: Mittelwerte und Standardabweichungen der Selbsteinschätzung der Beziehungen zu den Mitschülern von schulleistungsschwachen Schülern unter verschiedenen schulorganisatorischen Bedingungen zu den Zeitpunkten t1 und t2, getrennt nach Geschlecht und Sozialschichtzugehörigkeit

AV: Einschätzung der Beziehungen zu den Mitschülern			t1			t2		
			$\bar{X}$	s	n	$\bar{X}$	s	n
Unterschicht	HS	♂	45.9	6.6	17	47.7	5.0	17
		♀	42.2	11.6	17	42.2	9.4	17
	RG-	♂	46.9	9.3	10	47.1	5.6	10
		♀	44.0	7.8	3	43.3	0.6	3
	RG+	♂	53.3	2.6	4	53.5	3.0	4
		♀	44.9	5.9	9	47.0	7.1	9
Mittel-Oberschicht	HS	♂	44.8	7.5	39	43.3	10.3	39
		♀	44.8	9.0	16	45.1	8.0	16
	RG-	♂	46.6	5.9	33	46.1	8.9	33
		♀	46.8	6.5	24	47.5	7.0	24
	RG+	♂	45.9	7.6	16	45.5	8.6	16
		♀	42.3	7.0	13	41.5	8.7	13

Abkürzungen:		
	AV	Abhängige Variable
	♂	männliche schulleistungsschwache Schüler
	♀	weibliche schulleistungsschwache Schüler
	HS	Hilfsschule (Sonderschule für Lernbehinderte)
	RG-	Regelklasse ohne Heilpädagogische Schülerhilfe
	RG+	Regelklasse mit Heilpädagogischer Schülerhilfe
	t1	Meßzeitpunkt 1
	t2	Meßzeitpunkt 2

Tabelle 138: Ergebnisse der Varianzanalyse zur Überprüfung des Zusammenhangs zwischen der Selbsteinschätzung der Beziehungen zu den Mitschülern und den Faktoren soziale Schicht, Geschlecht, Schulform und Meßzeitpunkt

Faktor	F-Wert	DF	p-Wert
A Soziale Schicht (US / M-OS)	1.34	1	.248
B Geschlecht (männlich / weiblich)	5.17	1	.024
C Schulform (HS / RG- / RG+)	1.36	2	.259
D Meßzeitpunkt (t1 / t2)	.03	1	.856
A x B	2.98	1	.086
A x C	2.58	2	.079
A x D	.47	1	.493
B x C	1.00	2	.371
B x D	.06	1	.809
C x D	.02	2	.980
A x B x C	.06	2	.940
A x B x D	.17	1	.683
A x C x D	.18	2	.836
B x C x D	.02	2	.977
A x B x C x D	.39	2	.681

Tabelle 139: Mittelwerte und Standardabweichungen der Selbsteinschätzung des subjektiven Befindens von schulleistungsschwachen Schülern unter verschiedenen schulorganisatorischen Bedingungen zu den Zeitpunkten t1 und t2, getrennt nach Geschlecht und Sozialschichtzugehörigkeit

AV: Einschätzung des subjektiven Befindens			t1			t2		
			$\overline{X}$	s	n	$\overline{X}$	s	n
Unterschicht	HS	♂	40.9	9.9	17	40.8	9.5	17
		♀	41.8	11.5	17	38.2	10.6	17
	RG-	♂	35.7	9.7	10	31.8	9.2	10
		♀	38.0	16.1	3	34.0	7.6	3
	RG+	♂	35.3	12.3	4	30.8	7.4	4
		♀	38.1	8.6	9	43.0	7.9	9
Mittel-Oberschicht	HS	♂	33.4	10.6	39	34.8	10.7	39
		♀	40.4	11.5	16	42.4	9.6	16
	RG-	♂	33.5	9.0	33	30.2	8.5	33
		♀	40.3	9.0	24	38.8	9.2	24
	RG+	♂	32.5	9.0	16	30.8	8.3	16
		♀	37.0	10.4	13	33.3	12.0	13

Abkürzungen:		
	AV	Abhängige Variable
	♂	männliche schulleistungsschwache Schüler
	♀	weibliche schulleistungsschwache Schüler
	HS	Hilfsschule (Sonderschule für Lernbehinderte)
	RG-	Regelklasse ohne Heilpädagogische Schülerhilfe
	RG+	Regelklasse mit Heilpädagogischer Schülerhilfe
	t1	Meßzeitpunkt 1
	t2	Meßzeitpunkt 2

Einschätzung des subjektiven Befindens: In Tabelle 140 zeigt sich ein signifikanter Haupteffekt der Variable "Geschlecht" ($F = 8.33$, $p < .01$) und ein tendenziell signifikanter Haupteffekt der Variable "Schulform" ($F = 3.56$, $p < .05$). Da keine signifikanten Wechselwirkungen vorliegen, können auch für diesen Bereich die in Kapitel 10 gefundenen schulformspezifischen Tendenzen als bestätigt betrachtet werden. Die Zusammenstellung der Mittelwerte in Tabelle 139 bestätigt, daß Hilfsschüler eine positivere Selbsteinschätzung des subjektiven Befindens zeigen als vergleichbar schwache Schüler in Regelklassen mit oder ohne Heilpädagogische Schülerhilfe. Zusätzlich zeigen die Mittelwerte, daß Mädchen durchgehend in allen Schulformen eine positivere Selbsteinschätzung des subjektiven Befindens haben als Jungen. Wir gehen davon aus, daß sich dieses Ergebnis mit einer Theorie der Geschlechtsrollensozialisation erklären lassen würde; wir verzichten in diesem Zusammenhang auf einen diesbezüglichen sozialisationstheoretischen Exkurs.

Tabelle 140: Ergebnisse der Varianzanalyse zur Überprüfung des Zusammenhangs zwischen der Selbsteinschätzung des subjektiven Befindens und den Faktoren soziale Schicht, Geschlecht, Schulform und Meßzeitpunkt

Faktor	F-Wert	DF	p-Wert
A Soziale Schicht (US / M-OS)	1.22	1	.270
B Geschlecht (männlich / weiblich)	8.33	1	.004
C Schulform (HS / RG- / RG+)	3.56	2	.030
D Meßzeitpunkt (t1 / t2)	3.04	1	.083
A x B	1.01	1	.316
A x C	.58	2	.560
A x D	.18	1	.675
B x C	.24	2	.784
B x D	.36	1	.552
C x D	1.27	2	.284
A x B x C	1.40	2	.248
A x B x D	.27	1	.604
A x C x D	1.35	2	.263
B x C x D	.87	2	.420
A x B x C x D	1.98	2	.141

Zusammenfassung: Durch die Kontrollauswertung wird bestätigt, daß die Ergebnisse unserer Untersuchung in keiner Hinsicht durch die Variablen Geschlecht oder Sozialschichtzugehörigkeit verfälscht sind. Unter Hinzuzug der Ergebnisse der Parallelisierungsmethode kann man diese Möglichkeit einer Ergebnisverzerrung mit Sicherheit ausschließen. Es können gewisse geschlechtsspezifische Unterschiede angenommen werden, die jedoch in allen Schulformen ähnlich auftreten. Sozialschichtspezifische Unterschiede konnten hingegen für keine der untersuchten, abhängigen Variablen nachgewiesen werden.

13.2 Intelligenz

Mit unserer Operationalisierung von Schulleistungsschwäche (IQ zwischen 70 und 100; Leistungsgesamtwert im letzten Sechstel der Stichprobe) sollten vergleichbare Stichproben schulleistungsschwacher Schüler aus den verschiedenen Schulformen gefunden werden. Geringfügige Unterschiede zwischen den IQ-Mittelwerten der schulformspezifischen Stichproben konnten durch unsere Operationalisierung nicht ganz vermieden werden. Mit Hilfe der Parallelisierungsmethode haben wir eine mögliche Verfälschung der schulformspezifischen Ergebnisse durch stichprobenspezifische Intelligenzunterschiede ausgeschlossen. Zu weiteren Kontrollzwecken wurden die Intelligenztestergebnisse der gesamten Stichprobe einer dreifachen Varianzanalyse mit den Faktoren Klassenstufe, Schulleistungsschwäche und Schulform unterzogen.

Der ungewöhnlich hohe F-Wert in Tabelle 142 (F = 170.36) ist trivial, weil die Signifikanz durch unsere operationale Definition von Schulleistungsschwäche verursacht ist. Der zweite annähernd auf dem 1%-Niveau signifikante, allerdings viel kleinere F-Wert in Tabelle 142 (F = 4.46) zeigt an, daß in unserer Stichprobe zwischen Schulform und Intelligenz ein gewisser systematischer Zusammenhang zu bestehen scheint; da sich keine signifikanten Wechselwirkungen zeigen, ist dieser Zusammenhang unabhängig von der Schulleistungsschwäche und der Klassenstufe. Aus Tabelle 141 ist ersichtlich, daß sowohl die schulleistungsschwachen als auch die nicht-schulleistungsschwachen Schüler in Hilfsklassen einen etwas niedrigeren mittleren Intelligenzquotienten als die jeweils entsprechenden Schüler in Regelklassen mit oder ohne Heilpädagogische Schülerhilfe aufweisen.

Obschon mit der Parallelisierungsmethode nachgewiesen werden konnte, daß die in Kapitel 10 dargestellten, schulformspezifischen Wirkungen unabhängig von Intelligenzunterschieden auftreten, stellt sich die Frage nach der Bedeutung des etwas geringeren Intelligenzquotienten der Hilfsschüler für unsere Ergebnisse zu den Leistungsfortschritten. Sowohl bei den SLS als auch bei den NSLS betragen die Differenzen zwischen den IQ-Mittelwerten der Hilfsschüler gegenüber denjenigen der Regelschüler ungefähr fünf Punkte; die Differenzen zwischen den IQ-Mittelwerten der SLS gegenüber denjenigen der NSLS betragen jedoch sowohl in den Hilfsklassen als auch in den Regelklassen mehr als 16 Punkte. Bei der Darstellung der Ergebnisse in Kapitel 10.3 konnte eindeutig festgestellt werden, daß der Leistungsfortschritt der SLS in Regelklassen mit oder ohne Heilpädagogische Schülerhilfe bedeutend höher ist als derjenige von NSLS in Hilfsklassen; d.h., die SLS mit einem IQ-Mittelwert von ungefähr 85 in Regelklassen zeigen unbestreitbar signifikant höhere Leistungsfortschritte als die NSLS mit einem IQ-Mittelwert von ungefähr 98 in Hilfsklassen. Diese Tatsache widerlegt eindeutig den zunächst

Tabelle 141: Mittelwerte und Standardabweichungen der Intelligenzquotienten von schulleistungsschwachen Schülern und nicht-schulleistungsschwachen Schülern unter verschiedenen schulorganisatorischen Bedingungen

AV: Intelligenzquotient		4. Klasse			5. Klasse		
		$\overline{X}$	s	n	$\overline{X}$	s	n
SLS	HS	81.0	7.6	38	81.8	6.9	49
	RG-	85.6	7.8	40	86.4	5.4	31
	RG+	85.5	8.7	26	84.7	7.0	13
NSLS	HS	97.9	7.6	14	97.9	15.8	7
	RG-	103.7	12.9	353	102.7	11.9	332
	RG+	102.9	12.3	210	103.4	13.0	147

Abkürzungen:		
	AV	Abhängige Variable
	SLS	Schulleistungsschwacher Schüler
	NSLS	Nicht-schulleistungsschwacher Schüler
	HS	Hilfsschule (Sonderschule für Lernbehinderte)
	RG-	Regelklasse ohne Heilpädagogische Schülerhilfe
	RG+	Regelklasse mit Heilpädagogischer Schülerhilfe

denkbaren Einwand, daß die besseren Schulleistungsfortschritte der integrierten schwachen Schüler gegenüber den separierten schwachen Schülern auf den Intelligenzunterschied von fünf Punkten zurückgeführt werden könnten. Der Einwand kann mit dem überzeugenden Argument abgewiesen werden, daß schwache Schüler in Regelklassen sogar gegenüber Schülern mit einem mehr als 16 Punkte höheren IQ in Hilfsklassen bessere Leistungsfortschritte zeigen. Der Einwand müßte nur dann weiter verfolgt werden, wenn in der vorliegenden Varianzanalyse eine signifikante Wechselwirkung "Schulform" x "Schulleistungsschwäche" vorliegen würde.

Eine Verfälschung unserer Ergebnisse zu den schulformspezifischen Wirkungen auf schulleistungsschwache Schüler durch die Variable Intelligenz kann mit Sicherheit ausgeschlossen werden; zumal die Ergebnisse auch mit der Parallelisierungsmethode nachgewiesen wurden und zumal auch noch weitgehende Übereinstimmung mit den meisten amerikanischen Untersuchungsergebnissen besteht.

Tabelle 142: Ergebnisse der Varianzanalyse zur Überprüfung des Zusammenhangs zwischen Intelligenz und den Faktoren Klassenstufe, Schulleistungsschwäche und Schulform

Faktor	F-Wert	DF	p-Wert
A Klassenstufe (4. / 5. Klasse)	.00	1	.984
B Schulleistungsschwäche (SLS / NSLS)	170.36	1	.000
C Schulform (HS / RG- / RG+)	4.46	2	.012
A x B	.03	1	.869
A x C	.01	2	.986
B x C	.11	2	.900
A x B x C	.18	2	.839

13.3 Korrelationen von Intelligenz und Schulleistung mit anderen Variablen

In einer Korrelationsstudie wurde der Frage nachgegangen, inwieweit ein schulformspezifischer Zusammenhang zwischen Intelligenz oder Schulleistung einerseits und sozialer, emotionaler und leistungsmotivationaler Integration andererseits bestehen könnte. Zu diesem Zweck wurden für jede einzelne Schulklasse (mit allen SLS und NSLS) Korrelationskoeffizienten und aus diesen die Mittelwerte der Korrelationen für jede Schulform berechnet.

Erwartungsgemäß zeigt Tabelle 143 relativ hohe Korrelationen zwischen Intelligenztestergebnissen und Schulleistungen innerhalb aller Schulformen (r zwischen .46 und .54). Ein gewisser systematischer Zusammenhang über die Schulformen hinweg deutet sich zwischen Schulleistung und soziometrischem Status an (r zwischen .11 und .26). Ein relativ starker Zusammenhang besteht zwischen der Schulleistung und dem Begabungskonzept; er ist jedoch in den Hilfsklassen (r = .28) bedeutend kleiner als in den Regelklassen (r zwischen .54 und .59). Daß auch zwischen Intelligenz und Begabungskonzept ein Zusammenhang besteht, ist aufgrund der Korrelation zwischen Intelligenz und Schulleistung zu erwarten. Auffällig sind außerdem die negativen Korrelationen zwischen Intelligenz und subjektivem Befinden innerhalb der Hilfsklassen (r = -.19 und -.20) sowie die negativen Korrelationen zwischen Schulleistung und subjektivem Befinden ebenfalls innerhalb der Hilfsklassen (r = -.26 und -.15). Keine Auffälligkeiten deuten die Korrelationen zwischen Intelligenz oder Schulleistung und Einschätzung der Beziehungen zu den Mitschülern an.

Aus diesen Befunden kann man folgende Schlüsse ziehen: Unser Nachweis der tiefen soziometrischen Stellung von schulleistungsschwachen Schülern bedeutet nicht, daß die gesamte soziometrische Hierarchie einer Schulklasse mehr oder weniger ein Abbild der Schulleistungshierarchie darstellt; sonst müßten die Korrelationen zwischen Schulleistung und soziometrischer Stellung höher sein. Es scheinen vorwiegend die extremen Abweichungen nach unten zu sein, welche Schulleistung zu einer Determinante der soziometrischen Position werden lassen. Die Vermutung, daß dies auch für extreme Abweichungen im Leistungsbereich nach oben gelten könnte, ist durch die Ergebnisse in Kapitel 13.4 widerlegt. Über das ganze Leistungsspektrum einer Schulklasse gesehen, scheinen für die soziometrische Struktur andere Faktoren als die Schulleistung ebenso wesentlich zu sein. Innerhalb der Hilfsklassen scheinen Schulleistung oder Intelligenz für den emotionalen und motivationalen Zustand der Schüler einen geringeren Stellenwert zu haben als innerhalb der Regelklassen mit oder ohne Heilpädagogische Schülerhilfe. Dies deutet sich in der geringeren Korrelation mit dem Begabungskonzept und in den negativen Korrelationen zwischen Intelligenz bzw. Schulleistung und subjektivem Befinden an. Die negativen Korrelationen könnten sogar bedeuten, daß in den Hilfsklassen bei tieferer Intelligenz und schlechteren Schulleistungen das subjektive Befinden eher zunimmt. Damit haben wir wiederum einen Hinweis darauf, daß Hilfsklassen gegenüber der leistungsorientierten Regelschule einen "Schonraum" darstellen, in welchem das unsere Gesellschaft und unsere Schulen determinierende Leistungsdenken abgeschwächt ist. Leistungsschwache Schüler können sich in diesem "Schonraum" etwas wohler fühlen. Eine Bewertung der Funktion dieses "Schonraums" ist deshalb schwierig, weil über Lebensschicksal und Lebensqualität ehemaliger Hilfsschüler im Vergleich zu ehemaligen Schulversagern in Regelschulen wenig bekannt ist. Langzeitforschungen zu diesem Fragenkomplex stehen auf unserem längerfristigen Forschungsprogramm.

Tabelle 143: Korrelationen von Intelligenz und Schulleistung mit anderen Variablen in den einzelnen Schulformen

	Meßzeitpunkt t1			Meßzeitpunkt t2		
	$\bar{r}$			$\bar{r}$		
korrelierte Variablen	HS	RG-	RG+	HS	RG-	RG+
IQ - Gesamtleistung (GL)	.51	.51	.54	.49	.47	.46
IQ - Soziometrischer Status	.10	.14	.06	.09	.12	.09
IQ - Subjektives Befinden	-.19	.10	.06	-.20	.10	.02
IQ - Beziehungen zu den Mitschülern	.14	.04	.01	.00	.05	.02
IQ - Begabungskonzept	.20	.32	.36	.25	.36	.33
GL - Soziometrischer Status	.18	.16	.23	.11	.17	.26
GL - Subjektives Befinden	-.26	.17	.09	-.15	.19	.10
GL - Beziehungen zu den Mitschülern	.07	.02	.16	.07	.13	.06
GL - Begabungskonzept	.28	.58	.54	.28	.59	.58

$\bar{r}$ = Mittelwert der Korrelationen (pro Klasse eine Korrelation)

13.4 Begabte Schüler in den Integrationsklassen

(Dieses Kapitel wurde für die zweite Auflage neu geschrieben und basiert auf einer verbesserten Datenauswertung)

Die meisten bisherigen Effizienzforschungen zur Integration bemühten sich um die Untersuchung und den Vergleich der Wirkungen von Sonder- und Integrationsklassen auf die Entwicklung schulleistungsschwacher und behinderter Kinder (vgl. Kapitel 5). Ergänzend dazu befassen wir uns im vorliegenden Abschnitt mit der Entwicklung "guter" Schüler in Integrationsklassen. Sowohl bei der Bewertung von integrierenden Schulformen als auch in öffentlichen Veranstaltungen zum Thema Integration wird immer wieder mit ängstlicher Besorgnis die Befürchtung geäussert, daß die Eingliederung schwacher oder behinderter Kinder in die Regelschule Nachteile für die "guten" Regelschüler haben könnte. Dieser Bersorgnis nachzugehen, blieb bisher der gegenüber Integrationsversuchen kritischen Öffentlichkeit weitgehend geschuldet und stellt das Ziel dieser Kontrollauswertung dar.

Im deutschsprachigen Raum wurde dieser Frage einzig in zwei Untersuchungen nachgegangen. *Wocken* (1987) verglich in Hamburg folgende Schulleistungen nichtbehinderter Schüler von Integrationsklassen mit Kontrollgruppen: Lesefertigkeit (DLF1-2) von 13 Integrationsklassen des ersten Schuljahres (N=176) mit der Eichstichprobe (N=320), Zahlenrechnen (AST2) von sieben Integrationsklassen des zweiten Schuljahres (N=92) mit den Leistungen von sieben Parallelklassen ohne Integration (N=142), Leseverständnis (AST2) von weiteren sieben Integrationsklassen des zweiten Schuljahres (N=95) mit den Leistungen von sieben Parallelklassen ohne Integration (N=201). Bei allen drei Prüfverfahren wurden signifikant höhere Mittelwerte und bedeutsam geringere Streuungen für die Integrationsklassen ermittelt, so daß vorerst angenommen werden muß, daß die nichtbehinderten Schüler in den Hamburger Integrationsklassen in ihren schulischen Leistungen besser dastehen als vergleichbare Schüler in Grundschulklassen. In Anbetracht der geringen Stichprobe, des vermutlich aufgrund zu leichter Testaufgaben eingetretenen Ceiling-Effektes (gute Schüler können ihre eigentlichen Fähigkeiten im betreffenden Test nicht ausdrücken, da Aufgaben mit einem höheren Schwierigkeitsgrad nicht oder unzureichend angeboten werden) und des Umstandes, daß die Unterschiede zwischen den Klassen einer Schulform größer sind als zwischen den Schulformen, interpretiert *Wocken* die gefundenen Ergebnisse vorsichtig und kommt zum Schluß: "Die vergleichenden Untersuchungen der Schulleistungen in Integrations- und Regelklassen ergeben damit insgesamt ein Patt der konkurrierenden Systeme: Zwischen Integrationsklassen und Regelklassen bestehen keine bedeutsamen Leistungsunterschiede." (*Wocken* 1987b, 304)

In der Studie von *Unterleitner* (1990) wurden unter anderem die Leistungen nichtbehinderter Kinder von Integrationsklassen der Volksschule Kalsdorf (Steiermark) in den Bereichen Konzentration, Rechnen und Rechtschreiben untersucht und mit jenen paralleler Regelklassen verglichen. Entgegen der Vermutung, daß in Integrationsklassen die Konzentration schlechter sei, weil hier durch die verschiedenen Arbeitsformen mehr Lärm entstehe, konnte mit steigender Schulstufe (1. bis

3. Schuljahr) festgestellt werden (signifikanter Unterschied), daß die Integrationsklassen genauer, das heißt mit weniger Fehlern, arbeiten als die Kontrollklassen. Sowohl in der Mathematik (Grundoperationen, Textrechnen) als auch in der Rechtschreibung ergaben sich signifikante Unterschiede zugunsten der Integrationsklassen, was die Autorin hauptsächlich auf die individuellere Leistungsförderung aller Kinder in Integrationsklassen zurückführt. *Unterleitner* kommt ebenfalls zum Schluß, "... daß durch die Integration von Behinderten den nichtbehinderten Kindern keine Nachteile erwachsen. Die Untersuchung zeigt in der Einschätzung der Eltern und in den Schulleistungen der Kinder vielfach sogar eine positivere Entwicklung der Kinder aus Integrationsklassen an." (*Unterleitner*, 1990, 16)

Die nachstehende Kontrollauswertung konzentriert sich auf die Entwicklung der Schulleistungen sowie sozialer und emotionaler Faktoren begabter Schüler in Regelklassen (RG-) und in "Regelklassen mit Heilpädagogischer Schülerhilfe" (RG+). Unter Berücksichtigung der Ergebnisse von *Wocken* (1987) und *Unterleitner* (1990), jedoch ausgedehnt auf die Entwicklung sozialer und emotionaler Faktoren, gehen wir von der folgenden allgemeinen Hypothese aus: *Die Integration von lernbehinderten Kindern in die "Regelklasse mit Heilpädagogischer Schülerhilfe" hat keinen negativen Einfluß auf die Entwicklung begabter Schüler.*

Die Schüler des fünften Schuljahres werden in der Auswertung nicht berücksichtigt, da über den Lernfortschritt der begabten Schüler dieses Alters aufgrund der für sie zu leichten Schulleistungstests (Ceiling-Effekt) keine Aussagen gemacht werden können. Somit umfaßt hier die Ausgangsstichprobe insgesamt 866 Schüler des vierten Schuljahres, wobei 578 Schüler eine Regelklasse und 288 Schüler eine "Regelklasse mit Heilpädagogischer Schülerhilfe" besuchen. Nach dem Ausscheiden der Schüler mit einer fremden Muttersprache und jener mit fehlenden Daten (Abwesenheit des Schülers bei der Datenerhebung, Wegzug oder Klassenwechsel zwischen beiden Meßzeitpunkten) verbleiben 391 Regelschüler und 205 Schüler aus Integrationsklassen.

Zur Beantwortung unserer Fragestellung bietet sich ein Design mit drei unabhängigen Variablen an: Begabung, Schulform und Zeit. Schüler mit einem IQ über 115 betrachten wir als überdurchschnittlich begabte Schüler, jene mit einem IQ kleiner oder gleich 115 als durchschnittlich und unterdurchschnittlich begabte Schüler. Mit Hilfe der dreifachen Varianzanalyse (Meßwiederholung) wird die Entwicklung in den genannten Bereichen von folgenden vier Schülergruppen miteinander verglichen: Schüler in Regelklassen mit einem IQ>115 beziehungsweise IQ≤115 und Schüler in "Regelklassen mit Heilpädagogischer Schülerhilfe" mit einem IQ>115 und IQ≤115. Um vergleichbare Schülergruppen zusammenzustellen, wurde die Stichprobe beider Schulformen nach dem genauen Gesamtergebnis der Schulleistungstests beim ersten Meßzeitpunkt parallelisiert.

Ergebnisse:

Soziale Stellung: Die Hypothese "Begabte Schüler werden durch die Integration von schulleistungsschwachen und lernbehinderten Kindern in Integrationsklassen bezüglich ihrer sozialen Stellung nicht benachteiligt" müßte verworfen werden, wenn die zweifache Wechselwirkung "Begabung" x "Schulform" und/oder die dreifache Wechselwirkung "Begabung" x "Schulform" x "Meßzeitpunkt" zuungunsten überdurchschnittlich begabter Schüler in "Regelklassen mit Heilpädagogischer Schülerhilfe" signifikant wäre. Zur Vermeidung einer fälschlichen Beibehaltung unserer als Nullhypothese formulierten Annahme (Vermeidung des ß-Fehlers) wird die Irrtumswahrscheinlichkeit α vergleichsweise hoch angesetzt. Wie aus den Tabellen 144 und 145 hervorgeht, sind die angesprochenen Wechselwirkungen mit p = .399 und p = .866 beziehungsweise p = .483 und p = .428 nicht signifikant. Weder bezüglich des soziometrischen Status (Fremdeinschätzung) noch bezüglich der Selbsteinschätzung der Beziehungen zu den Mitschülern ist ein systematischer Einfluß einer oder mehrerer unabhängiger Variablen festzustellen, so daß bezüglich der sozialen Stellung begabter Schüler unsere Hypothese beibehalten werden kann.

Tabelle 144: Ergebnisse zum soziometrischen Status bei unterschiedlicher Begabung und unter verschiedenen schulorganisatorischen Bedingungen zu den Zeitpunkten t1 und t2

Soziometrischer Status		t1			t2		
		$\overline{X}$	s	n	$\overline{X}$	s	n
IQ >115	RG-	60.4	22.4	12	64.8	30.9	12
	RG+	54.4	18.9	12	59.8	19.9	12
IQ ≤115	RG-	52.8	23.9	163	51.7	20.9	163
	RG+	53.2	22.5	163	54.6	23.5	163

Faktor	F-Wert	DF	p-Wert
A Begabung (IQ>115 / IQ≤115)	2.53	1	.113
B Schulform (RG- / RG+)	.19	1	.659
C Meßzeitpunkt (t1 / t2)	1.33	1	.250
A x B	.71	1	.399
A x C	1.18	1	.278
B x C	.16	1	.692
A x B x C	.03	1	.866

Selbsteinschätzung des subjektiven Befindens: Die Varianzanalyse ergibt einen signifikanten Haupteffekt des Faktors "Meßzeitpunkt" (p = .006), was entsprechend den Mittelwerten, unabhängig von der Begabung der Schüler und von der besuchten

Tabelle 145: Ergebnisse zur Selbsteinschätzung der Beziehungen zu den Mitschülern bei unterschiedlicher Begabung und unter verschiedenen schulorganisatorischen Bedingungen zu den Zeitpunkten t1 und t2

Beziehung zu Mitschülern		t1			t2		
		$\bar{X}$	s	n	$\bar{X}$	s	n
IQ >115	RG-	48.2	6.1	12	48.5	8.1	12
	RG+	49.8	4.4	12	47.7	3.9	12
IQ ≤115	RG-	46.5	6.6	163	46.6	7.0	163
	RG+	48.9	6.3	163	48.5	6.8	163

Faktor	F-Wert	DF	p-Wert
A Begabung (IQ>115 / IQ≤115)	.56	1	.455
B Schulform (RG- / RG+)	1.08	1	.300
C Meßzeitpunkt (t1 / t2)	.67	1	.413
A x B	.49	1	.483
A x C	.32	1	.570
B x C	1.21	1	.272
A x B x C	.63	1	.428

Tabelle 146: Ergebnisse zur Selbsteinschätzung des subjektiven Befindens bei unterschiedlicher Begabung und unter verschiedenen schulorganisatorischen Bedingungen zu den Zeitpunkten t1 und t2

Subjektives Befinden		t1			t2		
		$\bar{X}$	s	n	$\bar{X}$	s	n
IQ >115	RG-	38.4	7.9	12	33.9	7.2	12
	RG+	40.7	10.1	12	37.5	9.2	12
IQ ≤115	RG-	37.9	10.1	163	36.8	9.2	163
	RG+	39.2	10.2	163	37.2	9.7	163

Faktor	F-Wert	DF	p-Wert
A Begabung (IQ>115 / IQ≤115)	.01	1	.932
B Schulform (RG- / RG+)	1.10	1	.294
C Meßzeitpunkt (t1 / t2)	7.62	1	.006
A x B	.31	1	.577
A x C	1.36	1	.244
B x C	.01	1	.910
A x B x C	.32	1	.570

Schulform, auf ein allgemeines Absinken des subjektiven Befindens der Schüler mit zunehmender Schuldauer hindeutet (vgl. Tab. 146). Da auch hier weder die Interaktion "Begabung" x "Schulform" noch die Interaktion "Begabung" x "Schulform" x "Meßzeitpunkt" statistisch bedeutsam sind, besteht bezüglich des subjektiven Befindens durch die Integration von schulleistungsschwachen Kindern kein Nachteil für begabte Schüler in Integrationsklassen.

Selbsteinschätzung der eigenen schulischen Fähigkeiten (Begabungskonzept): Der erhaltene signifikante Haupteffekt (p = .019) des Faktors "Begabungskonzept" ist trivial und besagt, daß überdurchschnittlich begabte Schüler im allgemeinen ein höheres Begabungskonzept haben als durchschnittlich und unterdurchschnittlich begabte Schüler (vgl. Tab. 147). Die interessierenden Wechselwirkungen sind ebenfalls nicht signifikant, so daß unsere Hypothese auch hier beibehalten werden kann.

Tabelle 147: Ergebnisse zum Begabungskonzept bei unterschiedlicher Begabung und unter verschiedenen schulorganisatorischen Bedingungen zu den Zeitpunkten t1 und t2

Begabungskonzept		t1			t2		
		$\overline{X}$	s	n	$\overline{X}$	s	n
IQ >115	RG-	47.4	4.5	12	46.7	4.2	12
	RG+	47.1	9.4	12	44.6	10.7	12
IQ ≤115	RG-	43.3	7.3	163	42.7	7.5	163
	RG+	42.8	7.2	163	43.4	7.3	163

Faktor	F-Wert	DF	p-Wert
A Begabung (IQ>115 / IQ≤115)	5.54	1	.019
B Schulform (RG- / RG+)	.15	1	.702
C Meßzeitpunkt (t1 / t2)	1.67	1	.197
A x B	.21	1	.647
A x C	1.96	1	.162
B x C	.06	1	.803
A x B x C	1.44	1	.231

Schulleistungen: Die folgende Auswertung beinhaltet Aussagen über die schulische Gesamtleistung der Schüler, welche auf dem Zusammenzug der Werte der einzelnen Schulleistungstests basieren (vgl. S. 191-193). Die signifikanten Haupteffekte der Faktoren "Begabung" (p < .001) und "Meßzeitpunkt" (p < .001) sind trivial (vgl. Tabelle 148). Die signifikante Wechselwirkung zwischen "Begabung" und "Meßzeitpunkt" (p = .021) deutet auf einen über die Zeit stärkeren Leistungsanstieg (unabhängig von der besuchten Schulform) der durchschnittlich und unterdurchschnittlich begabten Schüler hin, was jedoch im Zusammenhang mit unserer

Fragestellung nicht relevant ist. Die Hypothese "Begabte Schüler werden durch die Integration von schulleistungsschwachen oder lernbehinderten Kindern in Integrationsklassen bezüglich ihrer Lernfortschritte nicht benachteiligt" müßte verworfen werden, wenn auch hier die zweifache Wechselwirkung "Begabung" x "Schulform" und/oder die dreifache Wechselwirkung "Begabung" x "Schulform" x "Meßzeitpunkt" zuungunsten überdurchschnittlich begabter Schüler in "Regelklassen mit Heilpädagogischer Schülerhilfe" signifikant wäre. Wie aus Tabelle 148 hervorgeht, sind die angesprochenen Wechselwirkungen mit p = .773 und p = .489 nicht signifikant, so daß unsere Hypothese beibehalten wird. Da die nach Mathematik und Sprache getrennt durchgeführte Auswertung zum gleichen Ergebnis wie jene für die schulische Gesamtleistung geführt hat, wird hier auf deren Darstellung verzichtet.

Tabelle 148: Ergebnisse zur Entwicklung der Schulleistung bei unterschiedlicher Begabung und unter verschiedenen schulorganisatorischen Bedingungen zu den Zeitpunkten t1 und t2

Gesamtergebnis der Schulleistungstests		t1			t2		
		$\overline{X}$	s	n	$\overline{X}$	s	n
IQ >115	RG-	65.6	4.3	12	82.8	4.5	12
	RG+	65.5	4.3	12	85.8	4.9	12
IQ ≤115	RG-	50.6	9.9	163	72.5	9.6	163
	RG+	50.6	9.9	163	73.3	10.4	163

Faktor	F-Wert	DF	p-Wert
A Begabung (IQ>115 / IQ≤115)	48.15	1	< .001
B Schulform (RG- / RG+)	0.25	1	.617
C Meßzeitpunkt (t1 / t2)	669.04	1	< .001
A x B	0.08	1	.773
A x C	5.42	1	.021
B x C	1.44	1	.231
A x B x C	0.48	1	.489

Bei der Interpretation der vorgelegten Ergebnisse ist folgende Einschränkung, die sich aus der Anlage der Untersuchung ergibt, zu beachten: Die "Regelklasse mit Heilpädagogischer Schülerhilfe" ist eine integrierende Schulform, die schulleistungsschwache oder lernbehinderte Kinder in die Regelklasse aufnimmt. Es handelt sich in diesen Integrationsklassen nicht um eine Integration, die auch Kinder mit anderen Behinderungen umfaßt. Unsere Ergebnisse können somit nicht ohne weiteres auf solche Klassen übertragen werden. Aufgrund praktischer Erfahrungen einerseits und in Anbetracht der Untersuchungsergebnisse von *Wocken* (1987) und

Unterleitner (1990) andererseits ist jedoch zu vermuten, daß in Klassen mit einer breiten Integration ähnliche Ergebnisse vorzufinden sind.

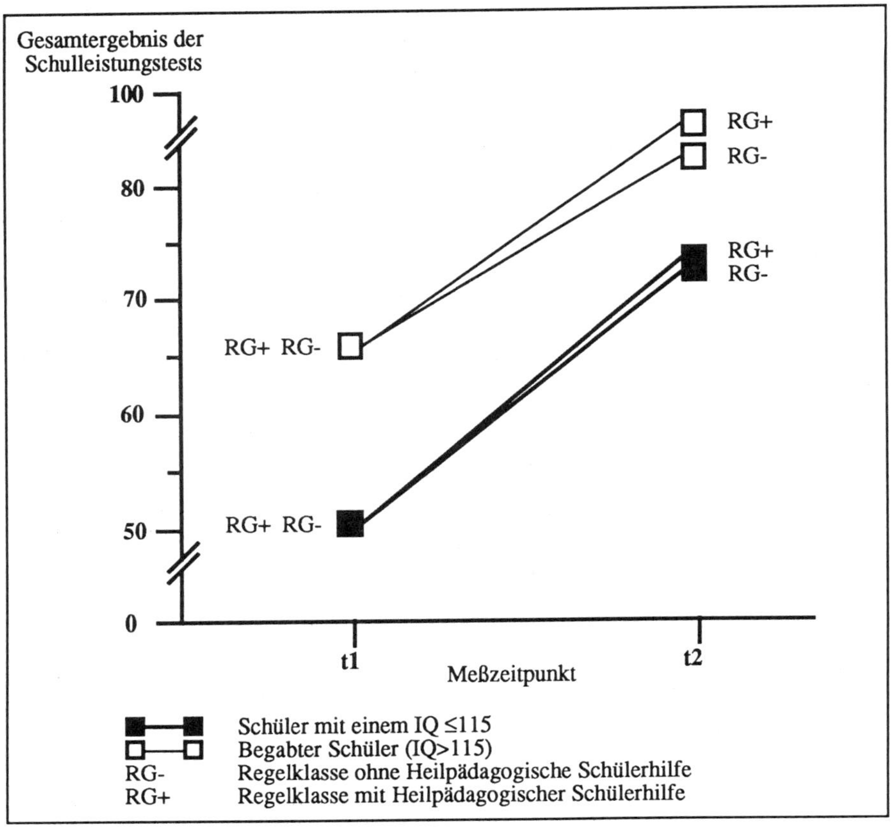

Abbildung 57: Lernfortschritte von Schüler mit einem IQ>115 und Schüler mit einem IQ≤115 in Regelklassen und in "Regelklassen mit Heilpädagogischer Schülerhilfe"

Zusammenfassung:
Unter Berücksichtigung dieser Einschränkung kommen wir zu folgender Schlußfolgerung: Ob begabte Schüler in einer gewöhnlichen Regelklasse oder in einer Integrationsklasse wie die "Regelklasse mit Heilpädagogischer Schülerhilfe" beschult werden, scheint weder einen Einfluß auf ihre Entwicklung bezüglich der hier gemessenen sozialen und emotionalen Faktoren noch auf ihre Lernfortschritte zu haben. Die vorgelegten Ergebnisse liefern hierzu keinerlei Anhaltspunkte. Die oft geäußerte Befürchtung, die Integration von Lernbehinderten in Regelklassen könn-

te Nachteile für die Entwicklung der begabten Schüler zur Folge haben, ist somit bezüglich der hier untersuchten Merkmale unbegründet. Die Vermittlung von Kulturtechniken, die soziale Stellung der Schüler in der Klasse, die Einstellung zur Schule (emotionale Befindlichkeit) und das Kompetenzbewußtsein der Schüler stellen unseres Erachtens wesentliche Kriterien zur Beurteilung von Schulformen dar. Verknüpft mit der Ausrichtung der Fragestellung auf die Entwicklung begabter Schüler kann gezeigt werden, daß diesbezüglich Integrationsklassen entsprechend der pädagogischen Auffassung integrierter Erziehung, nämlich dem "... Anspruch aller Kinder, in all ihren Fähigkeiten ihren jeweiligen Möglichkeiten entsprechend gefordert und gefördert zu werden" (*Wocken* 1987, S. 298), genügen.

14. Zusammenfassung und Diskussion

14.1 Zusammenfassung

In leistungsheterogenen Regelschulen weisen schulleistungsschwache Schüler, unabhängig von der Schulform und vom Meßzeitpunkt, eine signifikant tiefere soziometrische Stellung auf als Regelschüler. Dieser Befund ist sowohl durch eine große Zahl von amerikanischen Studien als auch durch die hier vorliegende Untersuchung im deutschsprachigen Raum gesichert. Unsere Sekundäranalyse der bisherigen empirischen Untersuchungen (vgl. Kapitel 5) hatte bereits eindeutig gezeigt, daß schulleistungsschwache Schüler, die in regulären Klassen ohne oder mit besonderen pädagogischen Maßnahmen unterrichtet werden, unbeliebter und mehr abgelehnt sind als ihre Mitschüler.

Unsere eigene Untersuchung hat ebenfalls mit ungewöhnlicher Eindeutigkeit gezeigt, daß schulleistungsschwache Schüler in leistungsheterogenen Regelklassen signifikant häufiger zu den unbeliebten Schülern gehören als ihre Mitschüler, und daß daran die derzeitigen Maßnahmen der Heilpädagogischen Schülerhilfe in deutschschweizerischen Schulmodellen nichts zu ändern vermögen. Der Befund ist durch verschiedene Vorkehrungen gegenüber methodischen Einwänden abgesichert. So tritt das Ergebnis in der gleichen Eindeutigkeit auf, wenn die Hypothese mit der auf gleiche Zellenbesetzung reduzierten Stichprobe varianzanalytisch überprüft wird. Durch die Methode der Parallelisierung und durch weitere Kontrollberechnungen konnte außerdem sichergestellt werden, daß das Ergebnis nicht etwa durch unkontrollierte Merkmale wie Intelligenz, Geschlecht oder Sozialschichtzugehörigkeit verfälscht ist.

Die bereits im Rahmen der Sekundäranalyse gefundene Annahme, daß die Unbeliebtheit von Lernbehinderten in Regelklassen häufig mit Merkmalen wie störendem Verhalten und unattraktivem Äußerem einhergeht, ist in unserer Zusatzuntersuchung (vgl. Kapitel 12) bestätigt worden. Der Extremgruppenvergleich hat ergeben, daß unbeliebte schulleistungsschwache Schüler einen niedrigeren Intelligenzquotienten haben, von ihren Lehrern als aggressiver eingeschätzt werden, sich in der Pause und im Turnunterricht negativer verhalten, ein weniger attraktives Aussehen besitzen, häufiger auffällige Merkmale oder Verhaltensweisen aufweisen und ihre Beziehungen zu den Mitschülern realistischerweise negativer einschätzen als beliebte schulleistungsschwache Schüler.

Die breit abgesicherten Befunde zur tiefen soziometrischen Stellung schulleistungsschwacher Schüler werden durch unser Ergebnis ergänzt, wonach diese Schüler nicht nur soziometrisch gemessen signifikant häufiger zu den unbeliebten und abgelehnten Schülern in einer Klasse gehören, sondern daß sie sich selbst ebenfalls weniger gut sozial in die Klasse integriert einschätzen als nicht-schulleistungsschwache Schüler. Sogar in Hilfsschulklassen schätzen sich die aus unbekannten Gründen eingewiesenen, nicht-schulleistungsschwachen Schüler besser sozial integriert ein als die schulleistungsschwachen Schüler. Auch diese Ergebnisse sind methodisch relativ gut abgesichert; sie bestätigen sich bei der Varianzanalyse mit den Daten der auf gleiche Zellenbesetzung reduzierten Stichprobe mit deutlicher Signifikanz. Die schulleistungsschwachen Schüler sind sich offenbar über ihre schlechte soziale Integration in die Regelklasse meistens durchaus im klaren und machen sich nichts vor.

Ebenfalls mit hoher Wahrscheinlichkeit bestätigt ist die Hypothese, daß schulleistungsschwache Schüler, welche zusammen mit Regelschülern in derselben Klasse beschult werden, die eigenen Fähigkeiten negativer einschätzen als ihre Mitschüler, aber auch als schulleistungsschwache Schüler in Sonderklassen. Wir hatten dies bezugsgruppentheoretisch so erklärt, daß schwache Schüler in der leistungsmäßig eingeschränkteren Bezugsgruppe einer Sonderklasse zu einer besseren Beurteilung der eigenen Fähigkeiten gelangen als in einer leistungsmäßig heterogenen Regelklasse. Wir hatten allerdings auch darauf hingewiesen, daß beim Herannahen des Schulaustritts oder bei einer Teilintegration in eine Regelklasse das Begabungskonzept der Sonderschüler wieder sinken dürfte. Die Ergebnisse der Sekundäranalyse bisheriger empirischer Untersuchungen decken sich weitgehend mit diesen Annahmen.

Da wir keine Langzeitstudie bis zum Schulaustritt durchführen konnten, zeigen die Ergebnisse unserer eigenen Untersuchung nur das tiefe Begabungskonzept von schulleistungsschwachen Schülern in Regelschulen mit oder ohne Heilpädagogische Schülerhilfe gegenüber Hilfsschülern und gegenüber nicht-schulleistungsschwachen Regelschülern. Auch dieses Ergebnis ist gegenüber verschiedenen methodischen Einwänden abgesichert, beispielsweise gegen den Einwand der Varianzanalyse bei extrem ungleich besetzten Zellen oder gegen den Einwand, Intelligenz, Geschlecht oder Sozialschicht seien nicht kontrolliert worden. Bezugsgruppentheoretisch interessant ist das Zusatzergebnis, daß jene schwachen Schüler das tiefste Begabungskonzept zeigen, welche in den sichtbaren Genuß der Heilpädagogischen Schülerhilfe gelangen.

Als weiteres, allerdings etwas weniger gut gesichertes Ergebnis kann festgehalten werden, daß sich in der Regel schulleistungsschwache Schüler emotional weniger gut in die Schule integriert einschätzen als gute Schüler. Vergleichbare schwache Schüler scheinen in einer Hilfsschulklasse ein etwas besseres subjektives Befinden zu haben als in Regelklassen mit oder ohne Heilpädagogische Schülerhilfe. Dem entsprechen auch die in der Sekundäranalyse gefundenen Ergebnisse, daß schwache Schüler nach einer Sonderschuleinweisung sehr schnell Schulängste abbauen. Es scheint einen bestimmten Schülertyp zu geben, dem unter den heutigen Bedingungen der Schule die emotionale Integration innerhalb einer Hilfsschulklasse besser gelingen kann als in einer Regelklasse.

Sehr gut abgesichert ist der Befund, daß der besseren leistungsmotivationalen und emotionalen Integration der schulleistungsschwachen Hilfsschüler kein besserer Schulleistungsfortschritt und der schlechteren leistungsmotivationalen und emotionalen Integration der schulleistungsschwachen Regelschüler kein schlechterer Schulleistungsfortschritt entspricht. Es trifft eindeutig das Gegenteil zu: Trotz tieferer Selbsteinschätzung der eigenen Fähigkeiten und des subjektiven Befindens sind die Schulleistungsfortschritte schulleistungsschwacher Schüler in Regelschulen mit oder ohne Heilpädagogische Schülerhilfe besser als in Sonderschulen.

Bereits die Sekundäranalyse bisheriger, vorwiegend amerikanischer Forschungen hat gezeigt, daß Lernbehinderte in Regelklassen im Vergleich zu Lernbehinderten in Sonderklassen allgemein bessere oder zumindest gleiche Leistungen zu erzielen scheinen. Mit unserer Untersuchung ist dies nun auch eindeutig für den deutschen Sprachraum nachgewiesen. Der Unterschied der Leistungsfortschritte von schwachen Schülern in Hilfs- und in Regelschulen zeigt sich besonders stark im mathematischen, tendenziell aber auch im sprachlichen Bereich.

Die Überlegenheit der Schulleistungsförderung von schwachen Schülern in Regelschulen mit oder ohne Heilpädagogische Schülerhilfe gegenüber Hilfsschulen ist methodisch sehr gut abgesichert. Die Signifikanzen treten auch bei den Varianzanalysen mit den Daten der nach Zufall auf gleiche Zellenbesetzung reduzierten Stichprobe, mit den Daten der parallelisierten Stichprobe und den nach dem *Rasch*-Modell gewonnenen Daten auf. Die nach dem *Rasch*-Modell gewonnenen Ergebnisse, die sich auf die Mathematikleistungen beschränken, erlauben sogar die begründete Aussage, daß schulleistungsschwache Schüler in Regelschulen mit oder ohne Heilpädagogische Schülerhilfe zwischen 50 und 100 Prozent bessere Leistungsfortschritte machen als vergleichbare Schüler in Hilfsschulklassen. Bei einem graphischen Vergleich der Veränderungen der Schulleistungen fällt stets das scherenartige Auseinandergehen von schwachen Schülern in Hilfsklassen und in Regelklassen auf, wobei sich kein sichtbarer Unterschied zwischen gewöhnlichen Regelklassen und Regelklassen mit Heilpädagogischer Schülerhilfe zeigt.

Die besseren Leistungfortschritte der schulleistungsschwachen Schüler in Regelschulen gegenüber Hilfsschülern zeigen sich im mathematischen Bereich sowohl im Untertest "Grundoperationen" als auch im Untertest "Textrechnen" sehr deutlich. Im sprachlichen Bereich tritt das Ergebnis vorwiegend in den Untertests "Wortschatz" und "Rechtschreiben", hingegen kaum in den Untertests "Leseverständnis" und "Wortverständnis" auf. Bei den letzten beiden Bereichen scheint es sich um Kompetenzen zu handeln, welche weniger in der Schule als in anderen sozialen Kontexten erworben werden.

Der bessere Leistungsfortschritt von integrierten leistungsschwachen Schülern, begrenzt auf den IQ-Bereich zwischen 70 und 100, dürfte gegenüber vergleichbaren Schülern in Sonderschulen zum weitgehend gesicherten Wissen gehören. Die Zweifel an diesem Sachverhalt aufgrund der möglicherweise nicht kontrollierten Merkmale Intelligenz, Geschlecht oder soziale Herkunft dürften mit unseren methodischen Vorkehrungen ausgeräumt sein. Man scheint auch davon ausgehen zu können, daß nicht-schulleistungsschwache Schüler in Sonderklassen für Lernbehinderte leistungsmäßig besonders wenig profitieren.

Zur Situation von schulleistungsschwachen Schülern in separierenden oder integrierenden Schulformen kann somit folgende zusammenfassende Trendaussage gemacht werden: *Schulleistungsschwache Schüler sind in jeder Schulform weniger sozial integriert als nicht-schulleistungsschwache Schüler; diese Gesetzmäßigkeit scheint auch in Sonderschulen zu gelten. Die Möglichkeit zur emotionalen und leistungsmotivationalen Integration in die Schulklasse scheint in den heutigen Sonderklassen etwas günstiger zu sein als in den Regelklassen, unabhängig davon, ob diese eine spezielle Heilpädagogische Schülerhilfe anbieten oder nicht. Die Möglichkeit zur Verbesserung der Schulleistungen scheint hingegen in den Regelklassen günstiger zu sein als in den Sonderklassen; dabei scheint es nicht einmal eine Rolle zu spielen, ob es sich um eine gewöhnliche Regelklasse oder um eine Regelklasse mit Heilpädagogischer Schülerhilfe handelt.*

14.2 Diskussion

Wir vermuten, daß unser Buch sowohl bei Gegnern als auch bei Befürwortern der schulischen Integration Unbehagen auslösen dürfte. Um die Ambivalenz unserer Ergebnisse deutlich zu machen und um die Diskussion herauszufordern, verdichten wir unseren Befund zur Situation von integrierten Lernbehinderten in folgende schlagwortartige Sätze:

1. Integrierte Lernbehinderte gehören häufiger zu den unbeliebten und abgelehnten Schülern als ihre Mitschüler.

2. Integrierte Lernbehinderte schätzen sich selbst weniger gut sozial in die Klasse integriert ein, als sich die Mitschüler einschätzen.

3. Integrierte Lernbehinderte schätzen die eigenen Fähigkeiten negativer ein als ihre Mitschüler und als Lernbehinderte in Sonderklassen.

4. Integrierte Lernbehinderte schätzen ihr Wohlbefinden in der Schule negativer ein als ihre Mitschüler und als Lernbehinderte in Sonderklassen.

5. Integrierte Lernbehinderte machen größere Schulleistungsfortschritte als Lernbehinderte in Sonderklassen.

6. Die Integration von Lernbehinderten hat keine negativen Auswirkungen auf die Regelschüler.

In eine einzige provokative Schlagzeile gebracht, lautet unser Befund zur derzeitigen Lage der untersuchten Integrationsmodelle: "Erfolg" bei der Leistungsförderung und "Mißerfolg" bei der Bemühung um sozial-emotionale Integration von schulleistungsschwachen Schülern.*

Eine naheliegende Erklärung dieses Befundes liegt im Bezugsgruppeneffekt unter leistungsideologisch geprägtem schulischn Wertklima, an dessen Veränderung sich offenbar bisher in den Integrationsversuchen niemand gewagt hat. Da dieses Klima vermutlich von vielen Schülern als mittelschichtspezifische Elternerwartung in die Schulen hineingetragen wird, ist es für einen Lehrer nicht einfach, gegen die einseitige, soziale Bewertung von Leistungspotentialen anzukämpfen. Die schwachen Schüler finden in der Regelklasse, ob mit oder ohne Heilpädagogische Schülerhilfe, Vergleichsmöglichkeiten mit guten und sehr guten Schülern; dies trifft in der Hilfsklasse nicht zu. Bei den Vergleichsmöglichkeiten in der Regelklasse schätzt sich ein schwacher Schüler folgerichtig negativer ein als die erfolgreichen Mitschüler. Kommt er sogar sichtbar in den Genuß von Fördermaßnahmen, so wird der Bezugsgruppeneffekt besonders deutlich, weil sein leistungsmäßiges Abfallen von der Klassennorm für jeden sichtbar dokumentiert ist. In der Hilfsklasse hat der Schüler diese Vergleichsmöglichkeiten nicht und schätzt folgerichtig seine Fähig-

* (Es scheint uns hier die Anmerkung wichtig, daß außerdem manchem Lernbehinderten durch die Integration der lange Schulweg in andere Gemeinden erspart wird.)

keiten im Vergleich zur Situation in der Regelklasse zu gut ein. In den oberen Hilfsschulklassen sinkt diese gute Selbsteinschätzung von Hilfsschülern nachweislich wieder ab, weil sich der Übergang vom nicht gesellschaftsadäquaten Schonraum in heterogene Bezugsgruppen ankündigt. So gesehen, kann die tiefere Einschätzung der eigenen Fähigkeiten durch schwache Schüler in der Regelklasse als deren Bereitschaft zu einer unserer leistungsideologisch geprägten Gesellschaft adäquaten Selbsteinschätzung interpretiert werden. Mit der Einweisung in die Hilfsklasse wird dem Schüler diese Bereitschaft in doppelter Hinsicht nicht abverlangt: *Erstens* wird ihm der Vergleich mit einer leistungsheterogenen Bezugsgruppe nicht ermöglicht; *zweitens* wird ihm vorgetäuscht, er werde optimal zu den seinen Fähigkeiten entsprechenden Leistungsverbesserungen geführt, was durch unsere Ergebnisse bezüglich Schulleistungen widerlegt worden ist. Dies bedeutet noch lange nicht, daß in einer Hilfsschulklasse keine hervorragende pädagogische Atmosphäre herrschen kann und daß sie kein pädagogisches Existenzrecht hat. Aber unsere Untersuchung macht auf Fragen aufmerksam, über die wir sonst gerne hinwegsehen.

Wenn der Bezugsgruppeneffekt unter dem leistungsideologisch geprägten schulischen Wertklima in leistungsheterogenen Regelklassen bei schwachen Schülern zu einer negativeren Selbsteinschätzung der eigenen Fähigkeiten führt, dann ist es plausibel, daß auch ihr subjektives Befinden sinkt. Denn in diesem schulischen Wertklima bringen am Individuum gemessen gute, aber am Klassendurchschnitt gemessen schwache Leistungen wenig positive Verstärkung und soziale Zuwendung durch Lehrer und Eltern ein, womit ein Sinken des Wohlbefindens in der Schule zu erwarten ist.

Als Grundproblem nicht nur der schulischen, sondern der gesamten gesellschaftlichen Separationsmechanismen interpretieren wir das Ergebnis zur soziometrischen Stellung und sozialen Integration der schwachen Schüler in Regelklassen mit oder ohne Heilpädagogische Schülerhilfe. Solange in unseren Schulen die Leistungsfähigkeit eine zentrale soziale Bewertungskategorie bleibt, können organisatorische Integrationsmaßnahmen die gruppeninterne Aussonderung von leistungsschwachen Schülern schwerlich verhindern. In unseren Forschungsergebnissen scheint sich der Grundwiderspruch zwischen Integrations- und Leistungsideologie zu dokumentieren. Eine Verschleierung dieses Grundwiderspruchs dürfte auf Dauer dem Erreichen des Integrationsziels nicht förderlich sein. Leistungsstärke scheint in den von uns untersuchten Integrationsklassen eine zentrale soziale Bewertungskategorie geblieben zu sein. Möglicherweise war es gar nicht das Anliegen aller regionalen Initianten, die Schule ein kleines Stück in Richtung auf die Utopie des gleichen Wertes jeder individuellen Leistung weiterzuentwickeln; vielleicht ging es in einigen Gemeinden eher um eine bürokratisch handhabbare und kostengünstige Lösung der gesetzlichen Pflicht zur Sonderbeschulung von schwachen Kindern. Möglicherweise war damit die nicht ausgesprochene Absicht verbunden, bei den Integrationsversuchen widersinnigerweise Schüler weiterhin selektionsdiagnostisch als Hilfsschüler zu diagnostizieren, um auf der Grundlage dieser Diagnose als Ersatz für den ausfallenden Hilfsschulunterricht einige "Nachhilfestunden" pro Woche zu gewähren.

So gesehen, bleibt die Selektions- und Zuweisungsapparatur "Schule" trotz der Integrationsversuche voll erhalten. Ohne Kritik an der negativen Bewertung von Leistungsschwäche und ohne bewußte Hinwendung zum pädagogischen und gesellschaftlichen Ideal der personalen Gleichheit aller Menschen werden vermutlich die Integrationsversuche zu nichts anderem werden als zu neuen Organisationsformen in unserem Schulwesen. Integration hat aber nur teilweise etwas mit Organisation zu tun.

Wer erwartet, daß unsere Untersuchung die Frage beantworte, ob Integration oder Separation für die Schulung schwacher Schüler "besser" sei, möge sich die Tragweite der integrationspädagogischen Grundidee vergegenwärtigen. Die unserem Forschungsprojekt zugrundegelegte ethisch-pädagogisch motivierte Vision einer integrationsfähigen Schule steht im Widerspruch zur Realität unserer bürokratisierten Leistungsschule. Anhand unserer Forschungsergebnisse können wir beurteilen, daß die untersuchten Integrationsversuche noch kaum Schritte auf die Vision *zu* bedeuten. In der wertgeleiteten Vision einer integrationsfähigen Schule würden Kinder unterschiedlichster Leistungsfähigkeit als gleichwertige Partner in das Beziehungsnetz der Regelklasse aufgenommen; es gäbe keine Geringschätzung wegen unterdurchschnittlicher Schulleistungsfähigkeit und Intelligenzmangel. Die in unserem Forschungsprojekt untersuchten Integrationsversuche sind weit von dieser Vision entfernt; in ihnen scheint sich weitgehend das integrationsfeindliche, leistungsideologische Denken zu reproduzieren.

Die schulpolitischen Gewichtungen unserer Befunde dürften in Abhängigkeit von den ideologischen Intentionen der Politiker unterschiedlich sein. Weil wir uns als Anwalt einer integrationsfähigen Schule sehen, haben wir vor jenen Schulpolitikern am meisten Angst, welche vorwiegend den nachgewiesenen "Erfolg" im Leistungsbereich als Entscheidungshilfe für die organisatorische Integrationsplanung verwenden werden. Wir befürchten nämlich folgendes: Die integrierende Schulform wird einseitig wegen ihrer Effizienz in der Leistungsförderung zur "besseren" Schulform erklärt. Zweck der von der Schulbürokratie befürworteten neuen "Integrationsformen" könnte dann in erster Linie die Angleichung der Schulleistungen von bisherigen Sonderschülern an das untere Leistungsniveau von Regelschülern werden. Damit wäre aber die mit der Trennung zwischen Regel- und Sonderschulwesen verbundene Vorstellung von "integrationsfähigen" und "integrationsunfähigen" Kindern nicht überwunden. Selektions- und Separationsideologien würden unter dem Deckmantel der Integration zu neuen Höhenflügen gelangen, und "Integrationsunfähigkeit" als Urteil über Menschen würde, in Verkehrung des Integrationsgedankens, öffentlich und mit bürokratischer und "wissenschaftlicher" Genauigkeit dokumentiert und legitimiert. Wir befinden uns schon dadurch auf dem Weg zu diesem Zustand, daß die öffentlichen Integrationsversuche in der Schweiz nur die Lernbehinderten erfassen und damit automatisch von der "Integrationsunfähigkeit" von Behinderten schwererer Art ausgehen.

So sehen wir denn die Bedeutung unserer Forschungsergebnisse auf keinen Fall in einer technologischen Entscheidungshilfe für die Schulbürokratie, sondern in der Herausforderung zur Auseinandersetzung mit der These, daß Dilettantismus und Gedankenlosigkeit den Integrationsversuchen im öffentlichen Schulwesen die Tendenz des separierenden Schulwesens zu belassen drohen, "Integrationsfähigkeit" einseitig auf das Kind zu beziehen und mit "Schulleistungsförderbarkeit" gleichzusetzen. Damit würde die negative Bewertung von niedrigen Leistungspotentialen beibehalten und Integration im Sinne einer integrationsfähigen Schule durch "Integrationsversuche" verhindert.

14.3 Ausblick

Aufgrund unserer Forschungsergebnisse und unseres Studiums aller bisherigen Untersuchungen vergleichbarer Art vermuten wir, daß folgende Faktoren die Entwicklung zur Vision einer integrationsfähigen Schule erschweren oder erleichtern können: Ein zentraler Faktor ist die Haltung der beteiligten Eltern, Regelschullehrer, Sonderschullehrer, Psychologen, Logopäden usw.. Integrationsfähig haben sich deshalb im gesellschaftlichen Widerspruch am ehesten Schulen erwiesen, welche auf der freiwilligen Teilnahme aller Beteiligten basieren (z.B. Hamburg); die Freiwilligkeit hält die Beteiligung von Personen mit einer integrationsfeindlichen Haltung eher fern. Lehrpersonen, Förderlehrer, Psychologen usw. müßten von ihrem mittelschicht- und bildungsschichtgeprägten Denken, Empfinden und Beurteilen absehen können. Die Merkmale der sozial nicht integrierten Schüler in Regelklassen sind häufig identisch mit Merkmalen von Kindern aus Arbeiter- und bildungsfernen Familien.

Förderunterricht in Klein- oder Kleinstgruppen ("resource room") verschlechtert in der Regel eher die soziale Integration der schwachen und behinderten Schüler.

Integrationsfähigkeit einer Schule wird eher durch ein "Förderkonzept" erleichtert, welches sich räumlich und zeitlich innerhalb des Regelklassenunterrichts als Hilfe für den Regelklassenlehrer und für die gesamte Klasse versteht (Förderung durch Kooperation und innere Differenzierung innerhalb des Klassenunterrichts). Unter dieser Perspektive müßte auch die Praxis der weiteren therapeutischen Versorgung von Behinderten integrationspädagogisch reflektiert werden. Falls an der Förderung außerhalb der Klasse festgehalten wird, müßte auf eine genügend große Gruppe, auf einen genügenden zeitlichen Anteil des Förderunterrichts, auf eine Durchmischung mit einflußreichen Regelschülern und auf eine intensive Kooperation zwischen dem Regelklassenlehrer, Förderlehrer, Schulpsychologen usw. geachtet werden.

Im Hinblick auf die pragmatische Einrichtung von weiteren integrativen Schulformen halten wir folgende Postulate für bedenkenswert:

Die Anwendung von administrativen Vorschriften, welche für das separierende Schulsystem gelten, muß vermieden werden. Beispielsweise verhindert das Denken in Lektionsdeputaten oder Therapiestundenzahlen neue Formen der Kooperation und Integration seitens der Lehrpersonen. Starre Vorschriften bürokratischer Art müßten durch neue Formen der Lehrerberatung ersetzt werden.

Die bestehenden stationären Einrichtungen (Sonderschulheime) müssen in die Integrationsentwicklung miteinbezogen werden. Es müssen praktikable Vorstellungen entwickelt werden, wie Räume, Einrichtungen und Personal von Sonderschulheimen bei einer integrierenden, ambulanten Versorgung eines Teils ihrer Schüler sinnvoll eingesetzt werden können. Kostengünstige Scheinlösungen müssen vermieden werden. Das System mit einem Stütz- und Förderlehrer, welcher mehrere Schulklassen in mehreren Gemeinden zu versorgen hat, ist kritisch zu überdenken. Bei der Kostenfrage müßten sehr viel mehr Gesichtspunkte miteinbezogen werden als nur gerade die Frage, ob neue Schulformen im Vergleich zu den Hilfs- und Sonderschulen kostenneutral eingeführt werden können.

Die Integrationsfähigkeit der Schule muß durch eine integrationsfähige Frühförderung und einen integrationsfähigen Kindergarten vorbereitet werden.

Die Vision einer integrationsfähigen Schule läßt keine diagnostische Typologisierung der Schüler in Lernbehinderte, Geistigbehinderte, Hilfsschüler, Verhaltensgestörte, Sprachbehinderte usw. zu. In einer integrativen Schule darf es nur Kinder geben, welche nicht selektionsdiagnostisch typologisiert, sondern als einzelne Kinder mit differenziert beschriebenem individuellen Bedarf an kleineren oder größeren Hilfestellungen für kürzere oder längere Dauer - stets revidierbar - erfaßt sind. Mit dieser Forderung wird die ganze derzeitige wissenschaftliche Sonderpädagogik in der Bundesrepublik, die sich nach Behinderungsarten differenziert, fragwürdig.

Ohne Umdenken aller vom separierenden Schulsystem geprägten Berufe wird die Schule nicht integrationsfähig werden. Mit der am Modell der marktwirtschaftlichen Leistungsgesellschaft orientierten Berufspolitik arbeiten heute alle beteiligten Berufsgruppen, auch viele Sonderpädagogen, aus partikularistischen Interessen heraus gegen die Vision einer integrationsfähigen Schule.

Die Grenzen der Integration müssen immer dort erkannt werden, wo infolge des Widerspruchs zwischen gesellschaftlicher Leistungsideologie und ideologisierter Integrationsvision Kinder geopfert werden. Wenn beispielsweise eine Mutter einen politischen Kampf für die Aufnahme ihres geistigbehinderten oder autistischen Kindes in die erste Klasse der Regelschule kämpft, darf dieser Kampf nicht zum Schaden des Kindes führen, weil dieses hin- und hergerissen wird und weil die Schule auf seine Integration gar nicht vorbereitet ist. Jede Humanisierung endet dort, wo Positionen dogmatisiert und ideologisiert werden.

14.4 Empfehlungen

Im Hinblick auf die Einrichtung weiterer Integrationsversuche möchten wir unseren Bericht mit folgenden Empfehlungen abschließen:

1. Der Heil(Sonder)pädagoge soll höchstens sechs Regelklassen betreuen müssen. Anzustreben ist für Integrationsklassen jedoch das Zwei-Lehrer-System.

2. Schon *vor* der Einrichtung von Integrationsklassen muß sichergestellt sein, daß gut ausgebildete Heil(Sonder)pädagogen und erfahrene Regelschullehrer, die Bereitschaft zur Kooperation zeigen, zur Verfügung stehen.

3. Die Eltern *aller* Schüler einer Integrationsklasse müssen im Rahmen von Elternabenden auf die Bejahung des Integrationsgedankens vorbereitet und während des Schuljahres regelmäßig zu Information und Aussprache eingeladen werden.

4. Für die in den Integrationsklassen tätigen Regelklassenlehrer und Heil-(Sonder)pädagogen sind regelmäßige Möglichkeiten zu Beratungstreffen und zum gemeinsamen Besuch von Fortbildungsveranstaltungen zu schaffen.

5. Den in Integrationsklassen tätigen Regelklassenlehrern und Heil-(Sonder)pädagogen muß ein bedeutend größerer Freiheitsspielraum bezüglich Stundenplänen und Arbeitsweise eingeräumt werden, als dies im separierenden Schulwesen der Fall ist.

6. Der Heil(Sonder)pädagoge soll während mehr als der Hälfte seiner Betreuungsarbeit regelklassenintegriert arbeiten dürfen. Äußere Differenzierungsformen müssen inhaltlich mit dem Regelklassenunterricht koordiniert werden.
7. Die Idee eines für alle Schüler einer Klassenstufe verbindlichen Lernzielkatalogs muß aufgegeben werden; in Integrationsklassen muß lernzieldifferenter Unterricht zugelassen sein.
8. Für Integrationsklassen müssen administrative Vorschriften außer Kraft gesetzt werden, welche eine typologisierende Abklärung verlangen. An ihrer Stelle sollen konkrete Fördervorschläge für ein bestimmtes Kind in einer bestimmten Klasse gemacht werden.
9. Die anderen Lehrer und Schüler eines Schulhauses sollen regelmäßig über die Tätigkeit in den Integrationsklassen informiert werden.
10. Als Ziel sollen großzügige Rahmenbedingungen für integrationsfähige Schulklassen und Schulhäuser angestrebt werden, in welchen grundsätzlich keine Behinderungsform einen Ausschlußgrund darstellt.
11. Die Integrationsfähigkeit der Schule muß durch eine integrationsfähige Frühförderung und einen integrationsfähigen Kindergarten vorbereitet werden.

Anhang:

Ergebnisse einer Vergleichsuntersuchung in Deutschland

Dirk Randoll

Wirkungen der integrativen Beschulung im Urteil Lernbehinderter und ihrer Lehrer

Entnommen aus VHN 60 (1991), Heft 1

1. Vorbemerkung

Die gemeinsame Beschulung Behinderter und Nichtbehinderter ist in der Bundesrepublik Deutschland trotz vereinzelt zu beobachtender Realisierungsbestrebungen und positiver Entwicklungstendenzen immer noch auf nur wenige Modellversuche, Schulen und Kinder mit Beeinträchtigungen begrenzt. Bevorzugtes Konzept der meisten Kultusministerien bleibt weiterhin die schulische Ausgrenzung Behinderter aus der Gemeinschaft Nichtbehinderter. Auch ist es nicht wahrscheinlich, daß sich an dieser Sachlage in absehbarer Zeit insgesamt etwas ändern wird (*Demmer-Dickmann* 1989). Ein wesentlicher Einwand seitens der Schulbehörden gegen die integrative Maßnahme basiert auf dem Argument, daß die bisherigen Erfahrungen aus Schulversuchen für eine geänderte Praxis nicht ausreichen würden (vgl. den *Beschluß der Kultusministerkonferenz von* 1983). Dem können viele Integrationsbefürworter jedoch nicht zustimmen; sie verweisen vielmehr auf eine Vielzahl wissenschaftlicher Untersuchungsbefunde, aufgrund derer sie schlußfolgern, daß Integration "machbar" und grundsätzlich auf das allgemeine Schulsystem übertragbar sei. "Integration ist mittlerweile wissenschaftlich genügend erforscht (...). Sie ist nur mehr, aber das ist wohl entscheidend, eine politische Frage." (*Gerspach* 1990, 287) Die Analyse der einschlägigen Literatur zeigt jedoch, daß es eine Vielzahl an Dokumentationsberichten und qualitativ-beschreibenden Einzelfallanalysen gibt, aus denen sich zwar äußerst nützliche und praxisrelevante Erkenntnisse, jedoch kaum generalisierbare Aussagen über die Wirkungen des integrativen Unterrichts ableiten lassen. Insgesamt muß mit *Haeberlin et al.* (1990) resümiert werden, daß unter den Wissenschaftlern, die sich mit Fragen der schulischen Integration Behinderter befassen, eine Empirieabstinenz vorherrscht und daß ein erhebliches Defizit an Studien besteht, die bestimmten forschungsmethodischen Standards genügen können.

Die Untersuchung, über die hier berichtet wird, versteht sich daher als Beitrag zur Überwindung der defizitären Forschungslage im Bereich der schulischen Integration Behinderter.

2. Untersuchungsplanung und Fragestellung

Auf der Basis der klassischen empirisch-analytischen Forschungsmethode sowie auf der Grundlage qualitativer Methoden zielte die Studie vor allem darauf ab, die Wirkungen der integrativen Maßnahme in verschiedenen Ländern der Bundesrepublik Deutschland im Hinblick auf ausgewählte Aspekte der Integration (soziale, leistungsmotivationale und emotionale Dimensionen der Integration) bei Kindern mit Lernbehinderungen zu untersuchen. In Anlehnung an das Untersuchungskonzept der Schweizer INTSEP-Gruppe um *Haeberlin* (*Haeberlin et al.* 1990) standen v.a. die Selbsteinschätzungen Lernbehinderter und Nichtlernbehinderter, ermittelt anhand des "Fragebogens zu Dimensionen der Integration" (FDI 4-6; *Haeberlin* 1989), im Vordergrund des Interesses. Die vorliegende Untersuchung geht jedoch über die von *Haeberlin et al.* (1990) bearbeiteten Fragestellungen insofern hinaus, als neben den Selbsteinschätzungen der Schüler auch die Fremdurteile der Lehrer im FDI 4-6 sowie die Aussagen Lernbehinderter und ihrer Lehrer in einem halbstrukturierten Interview ermittelt werden sollten. Auch der Vergleich Lernbehinderter mit verschiedenen Teilstichproben Nichtbehinderter sollte dazu beitragen, weitergehende und differenziertere Anhaltspunkte über die Wirkungen der integrativen Maßnahme zu erhalten.
Folgende Fragestellungen standen im Vordergrund des Untersuchungsinteresses:

1. Wie schätzen Lernbehinderte in integrativen Klassen ihre soziale, leistungsmotivationale und emotionale Integration ein im Vergleich
   - zu Lernbehinderten in Sonderschulen,
   - zu ihren nichtbehinderten Mitschülern,
   - zu nichtbehinderten Mitschülern, die nach Einschätzung der Lehrer Verhaltensprobleme oder Teilleistungsstörungen aufweisen und
   - zu dem Fremdurteil der Lehrer?

2. Wie werden integrierte lernbehinderte Schüler von ihren Lehrern im Hinblick auf soziale, leistungsmotivationale und emotionale Dimensionen der Integration eingeschätzt und wie unterscheiden sie sich im Lehrerurteil
   - von nichtbehinderten Mitschülern, die sich selbst im Vergleich zu ihren Klassenkameraden sozial sehr gut versus sehr schlecht in die Klasse integriert fühlen ("Extremgruppe" Nichtbehinderter)
   - sowie von nichtbehinderten Mitschülern mit Verhaltensproblemen und Teilleistungsstörungen?

3. Besteht ein Zusammenhang zwischen dem Ausmaß erlebter oder fremdeingeschätzter sozialer, leistungsmotivationaler und emotionaler Integration und vorgefundenen didaktisch-methodischen Rahmenbedingungen in den integrativen Klassen?

Ursprünglich war geplant, Fragebogenerhebungen (FDI 4-6) in integrativen Klassen, in Sonderschulklassen und in Regelschulklassen ohne Behinderte (4. Jahrgangsstufe) durchzuführen, um v.a. den Intersystemvergleich, d.h. den Vergleich des traditionellen mit dem neuen Schulsystem anzustreben. Wohl angesichts der schul- und gesellschaftspolitisch brisanten Thematik war es jedoch nicht möglich, die für diesen Untersuchungsaspekt erforderlichen behördlichen Genehmigungen zu erhalten. Aus diesem Grund mußte sich die Untersuchung auf den systemimmanenten Vergleich (Vergleich der Wirkungen der integrativen Maßnahme mit deren Absichten) und auf den Intrasystemvergleich (Vergleich der Wirkungen verschiedener Varianten der integrativen Maßnahme) beschränken. Dennoch eröffnete sich die Möglichkeit, die ermittelten Daten den Befunden aus der *Haeberlin*-Studie (*Haeberlin et al.* 1990) gegenüberzustellen, d.h. den Intersystemvergleich auf der Basis zweier unabhängig voneinander, jedoch mit demselben Erhebungsinstrumentarium durchgeführter Studien herzustellen. Allerdings ist unbedingt zu berücksichtigen, daß dieser Vergleich aufgrund jeweils kultureller, schulsystembedingter und stichprobenbezogener Besonderheiten nicht unproblematisch ist.

3. Rekrutierung und Beschreibung der Stichproben

Zwischen Juni und Oktober 1989 wurde die Durchführung der wissenschaftlichen Untersuchung in denjenigen Bundesländern beantragt, in denen die integrative Maßnahme so weit entwickelt war, daß Lernbehinderte in der 4. Jahrgangsstufe integrativ beschult wurden. Bis Mai 1990 lagen die behördlichen Genehmigungen aus folgenden Bundesländern vor: Saarland, Bayern, Nordrhein-Westfalen, Berlin, Bremen und Hamburg. Die Anzahl der für diese Studie grundsätzlich zur Verfügung stehenden integrativen Klassen betrug 32, wovon aufgrund unterschiedlich begründeter Widerstände seitens der Schulen, der Lehrer und der Eltern oder aufgrund falscher, den Behörden vorliegender Daten lediglich 17 Klassen (in 14 Schulen) in die Untersuchung eingehen konnten (6 Klassen im Saarland, 1 Klasse in Bayern, 1 Klasse in Bremen, 6 Klassen in Berlin, 3 in Nordrhein-Westfalen). Mit Ausnahme der Schule in Bayern (Privatschule) handelt es sich ausschließlich um Klassen in staatlichen Grund- bzw. in Grund- und Hauptschulen (zu den rechtlichen, organisatorischen, personellen und pädagogischen Rahmenbedingungen der integrativen Maßnahme in den jeweiligen Bundesländern siehe *Randoll* 1991, 209 ff.).

319 Schülern wurde der FDI 4-6 zur Beantwortung vorgelegt, 315 Fragebögen konnten in die statistische Analyse eingehen. Die Gesamtstichprobe der 315 befragten Schüler wurde in die Gruppe der Nichtbehinderten (N=283; 48.8% Jungen und 51.2% Mädchen im Durchschnittsalter von 9.9 Jahren; Median = 10 Jahre; Spannweite = 8-13 Jahre), die Gruppe der Lernbehinderten (N=28[1.]); 75% Jungen und 25% Mädchen im Durchschnittsalter von 10.75 Jahren; Median = 11 Jahre; Spannweite = 9-14 Jahre) und in die Gruppe mit anderen Beeinträchtigungen (Körperbehinderungen, Hörschäden; N=4; diese blieben bei der Ergebnisauswertung allerdings unberücksichtigt) unterteilt. Der Ausländeranteil in der Gruppe Nichtbehinderter liegt bei 14%, in der Gruppe Lernbehinderter beträgt er 21%. 42% der lernbehinderten Kinder kommen aus der sozialen Unterschicht, 45% stammen aus Mittelschichtverhältnissen und 12% aus der Oberschicht (ermittelt anhand des BRSS von *Bauer* 1972). Die Schichtzugehörigkeit der lernbehinderten Kinder in den untersuchten Klassen unterscheidet sich demnach erheblich von der Schichtzugehörigkeit Lernbehinderter in Sonderschulen (*Klein* 1973). Die Rekrutierung der lernbehinderten Kinder konnte im Rahmen dieser Untersuchung aufgrund behördlicher Einschränkungen nicht auf der Grundlage aktueller und objektiver Testdaten erfolgen, sie basiert vielmehr auf vorliegenden schulpsychologischen Gutachten und/oder auf Expertenratings durch die Lehrer und/oder auf behördlichen Daten. Dies kann unter forschungsmethodischen Gesichtspunkten zwar nicht befriedigen, doch ließen die Gegebenheiten andere Möglichkeiten der Klassifizierung Lernbehinderter nicht zu.

Aufgrund der Interviewaussagen der Lehrer konnten unter den nichtbehinderten Kindern 21 Schüler (17 Jungen und 4 Mädchen) mit sozial auffälligem Verhalten (z.B. Aggressivität gegenüber Mitschülern; mangelnde Lernbereitschaft; Sich-Zurückziehen von Mitschülern; individuelle Besonderheiten wie z.B. Kleinwuchs und damit einhergehender Infantilismus) und 14 Kinder mit Teilleistungs- bzw. Lernstörungen (11 Jungen und 3 Mädchen; z.B. "hat Block im Rechnen"; Lese-Rechtschreib-Schwäche) identifiziert und der Gruppe Lernbehinderter gegenübergestellt werden.

Die schriftlichen Befragungen der Schüler (Gruppenbefragungen in der Klasse) sowie die Einzelinterviews mit den lernbehinderten Kindern und ihren Lehrern (siehe den Interviewleitfaden in *Randoll* 1991) wurden ausnahmslos vom Autor durchgeführt und erfolgten im Zeitraum zwischen Februar und Juni 1990. Der FDI 4-6 wurde jedoch aufgrund erheblicher Probleme, die lernbehinderte Schüler im Rahmen einer Vorbefragung bei der Bearbeitung hatten (Verständnisschwierigkeiten und Probleme, die Antwortvorgaben den Antwortkästchen zuzuordnen), optisch und sprachlich geringfügig verändert (siehe *Randoll* 1991). Die aufgrund der ermittelten Fragebogendaten berechneten Gütekriterien entsprechen jedoch im wesentlichen denen der Testautoren (*Haeberlin* 1989), so daß davon ausgegangen werden kann, daß sich zumindest aufgrund des Fragebogens keine Verzerrungen beim Vergleich der Ergebnisse zwischen der Schweizer Studie und dieser Untersuchung ergeben haben (siehe *Randoll* 1991, Kap. 7.2).

Die Lehrer wurden gebeten, die Items des FDI 4-6 für insgesamt fünf namentlich benannte Schüler aus ihrer Klasse (vier "Extremgruppen-Schüler" Nichtbehinderter sowie das lernbehinderte Kind) so zu beantworten, wie sie meinten, daß dies für den entsprechenden Schüler zutreffend sei. Die Lehrer wurden dabei im unklaren darüber gelassen, um welche Schüler es sich bezüglich der FDI-Daten handelte. Ferner wurden sie gebeten, die ausgewählten Schüler anhand einer verkürzten Version des BFL (*Janowski et al.* 1981; siehe *Randoll* 1991) einzuschätzen. Weil nicht jeder Lehrer gleichermaßen zur Mitarbeit bereit war, liegen Fremdeinschätzungen der Lehrer von nur 13 Klassen bzw. über 52 nichtbehinderte und 19 lernbehinderte Schüler vor.

4. Ergebnisse

Aus Raumgründen und aus Gründen der besseren Lesbarkeit werden die wichtigsten Untersuchungsergebnisse deskriptiv mitgeteilt. Für den interessierten Leser sei daher auf die Daten, Tabellen und auf die Beschreibung der zur Anwendung gekommenen inferenzstatistischen Verfahren in *Randoll* (1991) verwiesen.

Im Rahmen des Intrasystemvergleichs wurden auf der Basis der Lehreraussagen im Interview drei Gruppen von Klassen nach den folgenden Kriterien unterschieden und einander gegenübergestellt:

1. Klassen, in denen die Leistungsförderung der lernbehinderten Kinder für wenige Stunden außerhalb des Klassenverbandes erfolgt und in der verbleibenden Unterrichtszeit Frontalunterricht praktiziert wird (N=3);

2. Klassen, in denen explizit binnendifferenzierter Unterricht durchgeführt wird und die individuelle Leistungsförderung Lernbehinderter im Klassenverband stattfindet (N=10);

3. Klassen, in denen binnendifferenzierter Unterricht erfolgt, die lernbehinderten Kinder jedoch für wenige Stunden außerhalb des Klassenverbandes gefördert werden (N=4).

Das Ausmaß erlebter sozialer Integration Lernbehinderter in den untersuchten integrativen Klassen ist dem der Lernbehinderten in Schweizer Hilfsschulklassen vergleichbar. Im Rahmen des *Intersystemvergleichs* kann daher (mit allen Vorbehalten gegenüber dieser Form des Vergleichs) geschlußfolgert werden, daß weder das neue noch das traditionelle (Schweizer) Schulmodell die soziale Integration Lernbehinderter in besonderer Weise fördert. Vielmehr deutet wenig darauf hin, daß Stigmatisierungseffekte bei Lernbehinderten in integrativen Klassen eingetreten sind.

Lernbehinderte schätzen ihre soziale Integration sehr signifikant ($p < .001$) schlechter ein als ihre nichtbehinderten Mitschüler. Unter Extraktion der FDI-Items, die nachmittägliche bzw. außerschulische Kontakte thematisieren (dies wurde vorgenommen, weil 10 lernbehinderte Schüler außerhalb des Einzugsgebietes ihrer Schule bzw. nicht in Wohnortnähe zu Mitschülern leben) ist der Mittelwertunterschied zwischen den Gruppen nur noch auf dem 5%-Niveau signifikant. Im Rahmen der Lehrerbeurteilungen konnten in der Dimension "soziale Integration" keine nennenswerten Mittelwertunterschiede festgestellt werden. Generell wird das Ausmaß der sozialen Integration von den Lehrern niedriger bzw. von den Schülern höher eingeschätzt, wobei die Differenz zwischen Selbst- und Fremdurteil bei Lernbehinderten geringer ist als bei Nichtbehinderten.

Lernbehinderte sind nicht die einzige Schülergruppe, die sich sozial weniger gut integriert fühlt, vielmehr schätzen sich auch "nichtbehinderte" Schüler mit Verhaltensproblemen gleichermaßen sozial weniger gut integriert ein (mit Einschränkungen trifft dies auch auf Schüler mit Teilleistungsstörungen zu). Im Fremdurteil der Lehrer sind es vor allem die "nichtbehinderten" Schüler mit Verhaltensproblemen, denen das geringste Ausmaß an sozialer Integration zugesprochen wird.

Unter Aufspaltung der von den Lehrern zu beurteilenden Extremgruppe Nichtbehinderter ergab sich, daß sowohl Lernbehinderte als auch Nichtbehinderte, die im Vergleich zu Mitschülern im Selbsturteil ein geringes Ausmaß an sozialer Integration aufweisen (NB^-), in der Dimension "soziale Integration" sehr signifikant ungünstiger abschneiden als Nichtbehinderte, die sich selbst vergleichsweise sehr gut sozial integriert einschätzen (NB^+).

Weder im Selbsturteil der Schüler noch im Fremdurteil der Lehrer konnte ein Zusammenhang zwischen ausgewählten Varianten der integrativen Maßnahme (didaktisch-methodische Aspekte und die Art der Förderung Lernbehinderter betreffend) und dem Ausmaß der sozialen Integration Lernbehinderter nachgewiesen werden.

Die Befunde aus dem BFL gehen nur zum Teil in die aufgrund der Ergebnisse aus der Lehrerbeurteilung im FDI zu erwartende Richtung. Im FDI unterschieden sich Lernbehinderte in der Beurteilung der Lehrer in der Dimension "soziale Integration" nicht von ihren nichtbehinderten Mitschülern, in ihrem Sozialverhalten werden sie von ihren Lehrern dagegen sehr signifikant ungünstiger eingeschätzt. Der Unterschied zwischen NB^+- und NB^--Schülern ist im FDI in der Beurteilung der Lehrer sehr signifikant, im BFL unterscheiden sich beide Schülergruppen nur tendenziell. Die Schüler mit Verhaltensproblemen werden im Vergleich zu den übrigen Teilstichproben von den Lehrern im FDI als am wenigsten gut sozial in ihre Klasse integriert beurteilt, im BFL schneiden sie im Merkmalsbereich "Sozialverhalten" vergleichbar zu Lernbehinderten und zu Lerngestörten wie auch zur um Lerngestörte und Kinder mit Verhaltensproblemen "bereinigten" Teilstichprobe Nichtbehinderter ab. Es ist jedoch unbedingt zu beachten, daß die Daten zum Fremdurteil der Lehrer über die vier Teilstichproben z.T. auf nur wenigen Probanden basieren (N=19 Lernbehinderte; N=41 Nichtbehinderte, bereinigt um N=3 Kinder mit Lernstörungen und N=8 Kinder mit Verhaltensproblemen) und daher nicht überinterpretiert werden dürfen.

Die Interviewergebnisse relativieren z.T. die Ergebnisse der schriftlichen Befragung der Schüler und geben darüber hinaus wichtige Hintergrundinformationen über das Zustandekommen der FDI- und BFL-Befunde. Nach Aussagen der Schüler - wie auch ihrer Lehrer - ist der überwiegende Teil der befragten lernbehinderten Kinder in ihre Klasse sozial integriert: Sie haben Freundschaftsbeziehungen zu Mitschülern, sie werden von Mitschülern zum Geburtstag eingeladen und sind mit Mitschülern in Schulpausen zusammen. Werden lernbehinderte Schüler von Mitschülern abgelehnt, dann gründet dies auf bestimmten Eigenarten der Kinder, die mit der Lernbehinderung nicht notwendigerweise in Zusammenhang stehen (z.B. Aggressivität; äußeres Erscheinungsbild). Die soziale Integration lernbehinderter Schüler hängt jedoch auch in hohem Maße von klassenspezifischen Bedingungen ab (z.B. generell kaum Freundschaftsbeziehungen in der Klasse; Anzahl der auffälligen und behinderten Kinder in der Klasse). Das Bedürfnis von 14 lernbehinderten Schülern nach mehr Freundschaftsbeziehungen in ihrer Klasse weist jedoch unter Umständen auch darauf hin, daß sie trotz ihrer positiven Schilderungen sozialer Beziehungen zu Mitschülern nicht notwendigerweise damit zufrieden sind. Im Hinblick auf die fünf sich signifikant voneinander unterscheidenden Items im FDI 4-6 kann aufgrund der Interviewergebnisse folgendes geschlußfolgert werden:

1. Aussagen zu nachmittäglichen Kontakten zu Mitschülern werden von den lernbehinderten Schülern (in der Tendenz auch von den Lehrern) vor allem deshalb verneint, weil Mitschüler nicht in ihrer Nähe wohnen, weil ihre Eltern dies verbieten

oder weil sich Eltern Nichtbehinderter diesbezüglich zu wenig engagieren. Nur in wenigen Fällen konnten Hinweise darauf gefunden werden, daß lernbehinderte Kinder wegen ihrer Lernbehinderung oder ihrer sozialen Herkunft von Mitschülern gemieden werden. 2. Lernbehinderte Kinder fühlen sich vor allem von solchen Mitschülern gestört, die in ihrem Verhalten auffällig sind. Nur in wenigen Fällen ist dies explizit auf negative Reaktionen der Mitschüler auf die Lernbehinderung zurückzuführen.

4.2 Befunde zur leistungsmotivationalen Integration

Das Begabungskonzept integrativ beschulter Lernbehinderter ist im Selbsturteil der Schüler sehr signifikant niedriger als das der Lernbehinderten in Schweizer Hilfsschulklassen. Im Rahmen des *Intersystemvergleichs* ist (mit allen Vorbehalten) daher der Schluß zu ziehen, daß Schüler in (Schweizer) Sonderschulen leistungsbezogen besser integriert sind als integrativ beschulte Lernbehinderte.

Sowohl im Selbst- als auch im Fremdurteil ist das Begabungskonzept Lernbehinderter sehr signifikant niedriger als das ihrer nichtbehinderten Mitschüler. Dies trifft jedoch gleichermaßen für die "nichtbehinderten" Schüler mit Verhaltensproblemen und Teilleistungsstörungen zu. Im Rahmen des *systemimmanenten Vergleichs* kann daher geschlußfolgert werden, daß die ausgebliebene positive Wirkung der integrativen Maßnahme auf die leistungsmotivationale Integration nicht nur für Lernbehinderte, sondern auch für "nichtbehinderte" Kinder mit Verhaltensproblemen und Teilleistungsstörungen zutrifft. Es kann jedoch auch vermutet werden, daß ein niedriges Begabungskonzept nicht notwendigerweise "lernbehinderungsspezifisch" ist.

Die Lehrer beurteilen das Begabungskonzept von Schülern weniger günstig als die Schüler selbst, wobei die Differenz zwischen dem Selbst- und Fremdurteil bei Lernbehinderten größer ist als bei Nichtbehinderten.

Zwischen den "Extremgruppen-Schülern" Nichtbehinderter ergeben sich in der Dimension "leistungsmotivationale Integration" im Urteil der Lehrer keine nennenswerten Mittelwertunterschiede. Ob sich Schüler sozial gut oder schlecht in die Klasse integriert fühlen, hat erwartungsgemäß keinen Einfluß auf die Höhe des von den Lehrern beurteilten Begabungskonzepts von Schülern.

Es konnte kein Zusammenhang zwischen den ausgewählten Varianten der integrativen Maßnahme und dem Ausmaß der selbst- wie auch fremdeingeschätzten leistungsmotivationalen Integration Lernbehinderter festgestellt werden.

Lernbehinderte und Schüler mit Verhaltensproblemen sind in der Beurteilung der Lehrer diejenigen Gruppen, denen im Vergleich zu anderen Schülern im BFL geringere kognitive Fähigkeiten und schlechteres Arbeitsverhalten zugeschrieben werden. In bezug auf den Merkmalsbereich "Arbeitsverhalten" werden sowohl Lernbehinderte, Verhaltensauffällige wie auch Lerngestörte im Vergleich zur "bereinigten" Teilstichprobe Nichtbehinderter von den Lehrern sehr signifikant negativer beurteilt. Mit Ausnahme einer günstigeren Beurteilung kognitiver Fähigkeiten Lerngestörter entsprechen die Befunde aus dem BFL im wesentlichen den Fremdeinschätzungen der Lehrer im FDI.

Die Interviewergebnisse weisen darauf hin, daß die lernbehinderten Schüler eine durchaus realistische Vorstellung ihrer eigenen Leistungsfähigkeiten und -grenzen haben, wenn man ihre Aussagen denen der Lehreraussagen gegenüberstellt. Dennoch scheint der überwiegende Teil der befragten Kinder keine Reaktionen auf ihre Lernbehinderung oder ihr Leistungsversagen - gemessen an ihren Selbstaussagen - zu zeigen, die auf Schul- oder Lernverdrossenheit hinweisen könnten. Vielmehr deuten die Schüleraussagen darauf hin, daß sie gegenüber Leistungsversagen gelassen sind und ihre Lernbehinderung - sofern sie sich darüber bewußt sind - als gegeben hinnehmen; in vielen Fällen machen sie dafür eigene Unzulänglichkeiten verantwortlich. Nach Meinung der Lehrer zeigen allerdings mehr als die Hälfte der in Frage kommenden Schüler Reaktionen auf Leistungsversagen, die entweder in Richtung 'Resignation' und 'Enttäuschung' oder in Richtung 'Wut' und 'Aggressivität' tendieren.

4.3 Befunde zur emotionalen Integration

Lernbehinderte in integrativen Klassen unterscheiden sich in der Dimension "emotionale Integration" in ihren Selbsteinschätzungen nicht signifikant von Lernbehinderten in Schweizer Hilfsschulklassen. Im Rahmen des *Intersystemvergleichs* kann daher m.E. geschlußfolgert werden, daß weder die eine noch die andere Form der schulischen Betreuung Lernbehinderter ihr subjektives Befinden in der Klasse und in der Schule in besonderer Weise fördert. Es kann auch vermutet werden, daß das subjektive Befinden integrativ beschulter Lernbehinderter durch Stigmatisierungseffekte nicht beeinträchtigt wird oder daß Stigmatisierungseffekte eventuell gar nicht erst eingetreten sind.

Die Einschätzung des subjektiven Befindens in der Schule und in der Klasse ist zwischen Lernbehinderten und Nichtbehinderten vergleichbar, im Urteil der Lehrer sind Lernbehinderte hingegen sehr signifikant weniger gut emotional integriert als ihre nichtbehinderten Mitschüler. Allerdings trifft dies im Fremdurteil der Lehrer gleichermaßen für NB$^-$-Schüler und für "Nichtbehinderte" mit Verhaltensproblemen zu.

Im Merkmalsbereich "emotionale Widerstände" des BFL sind zwischen Lernbehinderten und Nichtbehinderten sowie zwischen NB$^+$- und NB$^-$-Schülern keine nennenswerten Mittelwertunterschiede erkennbar. Lediglich der Unterschied zwischen NB$^+$-Schülern und Lernbehinderten ist auf dem 5%-Niveau signifikant. Lernbehinderte sind - verglichen mit der Gesamtstichprobe Nichtbehinderter - in der Beurteilung der Lehrer demnach nicht schul- oder prüfungsängstlicher noch sind sie schulverdrossener oder aggressiver. Kinder mit Teilleistungsstörungen zeigen nach Einschätzung der Lehrer die größten emotionalen Widerstände, während Schüler mit Verhaltensproblemen erstaunlicherweise vergleichbar zu Lernbehinderten und zur "bereinigten" Teilstichprobe Nichtbehinderter abschneiden.

Die Antworten der Kinder im Interview weisen auf ein positives emotionales Befinden in der Schule und in der Klasse hin. Nur wenige Schüler äußerten den Wunsch, in eine andere Klasse oder Schule gehen zu wollen. Vielmehr fühlt sich die Mehrzahl der befragten Schüler in der Schule und in der Klasse wohl, was auch von den Lehrern bestätigt wird. Obwohl einige Schüler - auch aufgrund ihrer Lernbehinderung - verschiedentlich von Mitschülern geärgert oder gehänselt werden und im Fragebogen vermehrt angeben, daß Mitschüler sie stören würden, wirkt sich dies in den Selbstaussagen der Kinder nicht negativ auf ihr subjektives Befinden in der Klasse und in der Schule aus. Auch die Antworten auf die Fragen nach dem Gefallen und Mißfallen an der Schule geben nur wenige Hinweise auf eine Beeinträchtigung des subjektiven Befindens Lernbehinderter in der Schule und in der Klasse.

5. Zusammenfassung und Diskussion

Die Interpretation der mitgeteilten Befunde und die daraus zu ziehenden Schlußfolgerungen müssen unbedingt unter Berücksichtigung der methodischen Probleme betrachtet werden, die bei der Rekrutierung der Stichprobe Lernbehinderter und der Teilstichproben Nichtbehinderter aufgetreten sind. Insgesamt gesehen tendieren die hier mitgeteilten Untersuchungsergebnisse in die Richtung der Befunde, die in *Haeberlin et al.* (1990) mitgeteilt werden. Sowohl die Fragebogen- als auch die Interviewergebnisse deuten darauf hin, daß - entsprechend der Annahme *Kobis* (1983) - vor allem die leistungsmotivationale Integration Lernbehinderter in der Regelschule bzw. in integrativen Klassen am schwierigsten zu erreichen ist. Obwohl verschiedentlich empirisch nachgewiesen werden konnte, daß Lernbehinderte in integrativen Klassen bessere bzw. zumindest vergleichbare schulische Leistungen erbringen wie Lernbehinderte in Sonderschulen (*Wocken* 1988; *Haeberlin et al.* 1990), weisen die in dieser Arbeit befragten integrativ beschulten lernbehinderten Kinder im Rahmen des Intersystemvergleichs wie auch im Rahmen des systemimmanenten Vergleichs ein niedriges Konzept der eigenen Begabung auf. Schüler in homogenen Leistungsgruppen (Schweizer Hilfsschulklassen) verfügen demnach über ein positiveres Konzept der eigenen Begabung als dies für Lernbehinderte in heterogenen Leistungsgruppen (Integrationsklassen) zutrifft; ein Ergebnis, das eindeutig für Bezugsgruppeneffekte spricht. Dennoch fühlen sich integrativ beschulte lernbehinderte Kinder im Vergleich zu Lernbehinderten in (Schweizer) Sonderschulen und zu ihren nichtbehinderten Mitschülern subjektiv in der Schule und in der Klasse wohl. Ein niedriges Konzept der eigenen Begabung scheint demzufolge die emotionale Integration von Schülern in der Klasse und in der Schule nicht notwendigerweise zu beeinträchtigen. Der Hauptvorteil der (Schweizer) Sonderbeschulung gegenüber der integrativen Beschulung in verschiedenen Ländern Deutschlands besteht im Rahmen des angestrebten Intersystemvergleichs (mit allen Vorbehalten) zusammengefaßt vor allem in einer besseren leistungsmotivationalen Integration lernbehinderter Sonderschüler. Dieser Befund kann grundsätzlich auf zweierlei Weise interpretiert werden:

1. Die integrative Maßnahme vermag *nicht*, die soziale und emotionale Integration Lernbehinderter wesentlich *besser* zu fördern als die Sonderbeschulung, vielmehr führt sie zur leistungsmotivationalen "Desintegration" integrativ beschulter Lernbehinderter;
2. die integrative Beschulung Lernbehinderter führt im Vergleich zur (Schweizer) Sonderbeschulung nicht notwendigerweise zu wesentlich *ungünstigeren* Resultaten im Hinblick auf die soziale und emotionale Integration Lernbehinderter (was unter stigmatheoretischen Annahmen unter Umständen hätte erwartet werden können), sie vermag jedoch nicht, Lernbehinderte leistungsbezogen zu integrieren.

Für welche der beiden Interpretationsmöglichkeiten man sich letztlich entscheidet und welche Schlußfolgerungen daraus für die Art der schulischen Betreuung Lernbehinderter (vor allem schul- bzw. bildungspolitisch) zu ziehen sind, hängt insbesondere davon ab, welchen Stellenwert der leistungsmotivationalen Integration Lernbehinderter beigemessen wird und ob die Befunde im Sinne eines "Ausbleibens" von Effekten des integrativen Unterrichts oder im Sinne eines "Nicht-Eintretens" von Stigmatisierungseffekten bewertet werden. Wird am einseitigen Leistungsdenken bzw. an der Idee einer leistungsorientierten Grundschule festgehalten, dann wäre aufgrund der ermittelten Befunde die Sonderbeschulung der integrativen Beschulung vorzuziehen. Werden hingegen soziale, vor allem jedoch emotionale Entwicklungsprozesse bei Kindern als schul- bzw. bildungspolitische Ziele präferiert, dann spricht aufgrund der vorgefundenen Untersuchungsergebnisse nur wenig gegen die integrative Maßnahme. Integration in der Schule bleibt demzufolge letztlich immer eine normative Entscheidung, die durch empirische Untersuchungsbefunde nur bedingt beeinflußt werden kann; denn die empirischen Ergebnisse müssen stets wertend miteinander verglichen werden, und es bleibt dem Betrachter vorbehalten, welchen Stellenwert er ihnen im einzelnen beimißt.

Insbesondere im Rahmen des systemimmanenten Vergleichs sind die mitgeteilten Befunde zu den Schüler- und Lehreraussagen aus den Fragebögen und aus den Interviews nur schwer aufeinander zu beziehen. Auch entsprechen die Interviewaussagen der Schüler zur sozialen Integration nicht notwendigerweise ihren Selbsteinschätzungen im Fragebogen. Wesentlich, und bislang in keiner empirischen Arbeit zu den Wirkungen der integrativen Maßnahme nachgewiesen, erscheint jedoch der Befund, daß ein seitens der integrativ beschulten lernbehinderten Kinder erlebtes geringeres Ausmaß sozialer, vor allem jedoch leistungsmotivationaler bzw. - in der Beurteilung der Lehrer - ein geringeres Ausmaß leistungsmotivationaler und emotionaler Integration Lernbehinderter nicht nur für die Gruppe Lernbehinderter, sondern auch für spezifische Teilstichproben "Nichtbehinderter" zutrifft (vor allem für "nichtbehinderte" Kinder mit Verhaltensproblemen und Teilleistungsstörungen). Aus den Ergebnissen zur Selbst- und Fremdbeurteilung der Wirkungen der integrativen Maßnahme kann demnach nicht der Schluß gezogen werden, daß das "Ausbleiben" spezifischer Effekte ausschließlich für Lernbehinderte zutrifft. Vielmehr sind auch spezifische Schülergruppen, die offiziell als "Nichtbehinderte" gelten, sozial, leistungsbezogen und emotional weniger gut bzw. zumindest vergleichbar zu Lernbehinderten integriert. Die selbsteingeschätzte geringere soziale und leistungsmotivationale Integration sowie die fremdeingeschätzte geringere leistungsmotivationale und emotionale Integration Lernbehinderter in integrativen Klassen darf demzufolge nicht als "behinderungsspezifisch" interpretiert werden. Würde man aufgrund der Ergebnisse mit Bezug auf die pessimistischeren Befunde aus den Selbst- und Fremdbeurteilungen die schul- bzw. bildungspolitische Konsequenz ziehen, daß Lernbehinderte besser in der Sonderschule beschult werden sollten, dann müßte dies entsprechend der mitgeteilten Untersuchungsergebnisse auch für "Nichtbehinderte" mit Verhaltensproblemen und Teilleistungsstörungen zu fordern sein.

Der Vergleich der Selbst- mit den Fremdbeurteilungen zeigt, daß Lehrer die integrativ beschulten lernbehinderten Kinder (z.B. im Sinne einer Erwünschtheit, daß die eigene pädagogische Arbeit bei Behinderten zu positiven Resultaten führen sollte) über alle Dimensionen der Integration zusammengefaßt nicht positiver oder günstiger eingeschätzt haben als die von ihnen zu beurteilenden nichtbehinderten Schüler. Vielmehr weisen die Befunde darauf hin, daß sich sowohl Nichtbehinderte als auch Lernbehinderte in der Tendenz gleichermaßen günstiger einschätzen, als dies die Lehrer in ihren Fremdbeurteilungen zum Ausdruck gebracht haben, und daß lernbehinderte Schüler (vor allem in den Dimensionen "leistungsmotivationale" und "emotionale" Integration) im Vergleich zu ihren nichtbehinderten Mitschülern und im Vergleich zum Fremdurteil der Lehrer häufiger zu Überschätzungen tendieren. Von daher erscheint Vorsicht geboten, die Selbsteinschätzungen Lernbehinderter - vor allem im Rahmen des systemimmanenten und des Intrasystemvergleichs - als ausschließlichen Indikator und Beurteilungsmaßstab für die Wirkungen der integrativen Maßnahme heranzuziehen (vgl. auch *Haeberlin et al.* 1990).

Keine der definitiven Varianten der integrativen Maßnahme hat in besonderer Weise auf die Entwicklung sozialer, leistungsmotivationaler und emotionaler Integrationsprozesse bei Lernbehinderten gewirkt. Vielmehr muß im Rahmen des Intrasystemvergleichs geschlußfolgert werden, daß jede integrative Klasse zu jeweils spezifischen Effekten auf die ausgewählten Dimensionen der Integration bei Lernbehinderten geführt hat. Fraglich ist, ob dies auf die Kriterien, die bei der Auswahl der Klassengruppen zugrunde gelegt wurden, oder auf die geringe Anzahl an für diesen Vergleich zur Verfügung stehenden Klassen zurückzuführen ist, oder ob bestimmte curriculare bzw. didaktisch-methodische Besonderheiten nur wenig Einfluß auf die Entwicklung integrativer Prozesse haben.

Zusammengefaßt geben die Untersuchungsergebnisse Anlaß zum Optimismus, die gemeinsame Beschulung Lernbehinderter und Nichtbehinderter weiter voranzutreiben, auch wenn es noch weiterer Studien zur Klärung der Frage bedarf, wo und mit welcher Intensität es möglich und sinnvoll erscheint, Integrationsprozesse gezielt zu steuern und pädagogisch zu beeinflussen. Der erziehungstechnologischen Forschung sollte daher in Zukunft mehr Beachtung geschenkt werden als der Effizienzkontrolle, denn die integrative Beschulung Lernbehinderter hat sich, wie auch aufgrund dieser Studie geschlußfolgert werden kann, in verschiedenster Hinsicht bewährt.

Anmerkung

1.) Weil ein lernbehindertes Kind intellektuell nicht in der Lage war, den FDI 4-6 auszufüllen und die Interviewfragen zu verstehen, basiert die Analyse der Fragebögen auf N=27 Lernbehinderten; mit 20 Kindern konnten die Einzelinterviews durchgeführt werden.

Literatur

Bauer, A.: Ein Verfahren zur Messung des für Bildungsverhalten relevanten sozialen Status - BRSS -. Deutsches Institut für Internationale Pädagogische Forschung, Frankfurt/Main 1972.

Demmer-Dieckmann, Irene: Zum Stand der Realisierung "schulischer Integration" im Schuljahr 1987/88 in der Bundesrepublik Deutschland und West-Berlin. In: Behindertenpädagogik 28 (1989) 1, 49-97.

Gerspach, M.: Sammelrezension - Integration. In: Behindertenpädagogik 29 (1990) 3, 287-298.

Haeberlin, U. et al.: Integration in die Schulklasse. Fragebogen zur Erfassung von Dimensionen der Integration von Schülern. FDI 4-6. Bern, Stuttgart 1989 (siehe auch in: Zeitschrift für Psychologie in Erziehung und Unterricht 36 (1989) 19-26.

Haeberlin, U. et al.: Die Integration von Lernbehinderten. Versuche, Theorien, Forschungen, Enttäuschungen, Hoffnungen. Bern, Stuttgart 1990.

Janowski, A.; Fittkau, B.; Rauer, W.: Beurteilungshilfen für Lehrer. Braunschweig 1981.

Klein, G.: Die soziale Benachteiligung von Lernbehinderten im Vergleich zu den Hauptschülern. In: *Heese, G.; Reinartz, G.* (Hrsg.): Aktuelle Probleme der Lernbehindertenpädagogik. Berlin 1973.

Kobi, E. E.: Praktizierte Integration: eine Zwischenbilanz. In: Vierteljahresschrift für Heilpädagogik und ihre Nachbargebiete 52 (1983) 196-216.

Konferenz der Kultusminister: Bericht über die Bedingungen und Grenzen des gemeinsamen Unterrichts von lernbehinderten und nichtbehinderten Schülern in allgemeinbildenden Schulen. Bonn 1983.

Randoll, D.: Lernbehinderte in der Regelschule. Empirische Untersuchungen zu den Wirkungen der integrativen Beschulung Lernbehinderter auf ausgewählte Aspekte der Integration (erscheint Anfang 1991 im Böhlau Verlag).

Wocken, H.: Schulleistungen in heterogenen Lerngruppen. In: *Eberwein, H.* (Hrsg.): Handbuch der Integrationspädagogik. Weinheim, Basel 1988, 255-265.

Literatur

- A -

Affleck, J.Q.; Madge, S.; Adams, A.; Lowenbraun, S.: Integrated Classroom Versus Resource Model: Academic Viability and Effectiveness. In: Exceptional Children 54 (1988) 339-348.

Agard, J.A.; Veldman, D.J.; Kaufman, M.J.; Semmel, M.I.: How I feel toward others: An instrument of the PRIME instrument battery. Baltimore (University Park Press) 1978.

Ammons, R.B.; Ammons, H.S.: Full-range picture vocabulary test. Montana (Misscula) 1948.

Antor, G.: Gleichheit und Verschiedenheit in der pädagogischen Förderung Behinderter. In: Zeitschrift für Heilpädagogik 39 (1988) 11-20.

Armstrong, B.; Johnson, D.W.; Balow, B.: Effects of cooperative vs individualistic learning experiences on interpersonal attraction between learning-disabled and normal-progress elementary school students. In: Contemporary Educational Psychology 6 (1981) 102-109.

Arnold, J.: Sonderschulbedürftige Kinder an den Primarschulen des Kantons Uri. Arbeit aus dem Heilpädagogischen Institut der Universität Freiburg/Schweiz zur Erlangung des Diploms in Heilpädagogik, 1966.

Asher, S.R.; Taylor, A.R.: Social outcomes of mainstreaming: Sociometric assessment and beyond. In: Exceptional Education Quarterly 4 (1981) 13-30.

Atkinson, J.W.: An introduction to motivation. Princeton, N.J. (Van Nostrand) 1964.

- B -

Babad, E.Y.; Budoff, M.: Sensitivity and validity of learning potential measurement in three levels of ability. In: Journal of Educational Psychology 66 (1974) 439-447.

Bacher, J.H.: The effect of special class placement on the self-concept, social adjustement and reading growth of slow learners. (Doctoral Dissertation, New York University), Ann Arbor, Mich.: University Microfilms 1965, Nr. 65-6570.

Bächtold, A.: Schulversuch im Sonderklassenwesen des Kantons Zürich - Evaluation des Schulversuchs im Schuljahr 1986/87. In: Vierteljahresschrift für Heilpädagogik und ihre Nachbargebiete VHN 56 (1987) 600-618.

Baier, H.: Einführung in die Lernbehindertenpädagogik. Stuttgart, Berlin, Köln, Mainz 1980.

Baldwin, W.K.: The social position of educable mentally retarded children in the regular grades in the public schools. In: Exceptional Children 25 (1958) 106-108.

Bartz, C.; Winter, U.: Vergleich der Rechenleistungen von Schülern der Oberstufen der Hauptschule und der Schule für Lernbehinderte. In: Zeitschrift für Heilpädagogik 33 (1982) 621-629.

Basler, F.: Führt der Besuch einer Sonderschule für Lernbehinderte zu einer Erhöhung der Intelligenz? In: Zeitschrift für Heilpädagogik 23 (1972) 451-460.

Basler, F.; Basler, H.D.: Führt der Besuch einer Sonderschule für Lernbehinderte zu einer Erhöhung der Intelligenz? Ergebnisse einer Kontrolluntersuchung. In: Zeitschrift für Heilpädagogik 24 (1973) 12-15.

Battle, S.; Blowers, T.: A Longitudinal Comparative Study of the Self-esteem of Students in Regular and Special Education Classes. In: Journal of Learning Disabilities 15 (1982) 100-102.

Begemann, E.: Die Erziehung der sozio-kulturell benachteiligten Schüler. Hannover 1970.

Belser, E.: Testentwicklung. Weinheim, Basel 1975.

Bernart, E.: Zur Frage der Effektivität des Unterrichtes einer Sonderschule für Lernbehinderte. In: Schule und Psychologie 16 (1969) 235-243.

Blau, P. M.: Exchange and power in social life. New York (Wiley & Sons) 1964.

Bleidick, U.: Rechenleistungen für Hilfsschulen und das Problem der Rechendidaktik. In: Zeitschrift für Heilpädagogik 17 (1966) 409-426.

Bleidick, U.: Lernbehindertenpädagogik. In: *Bleidick, U. et al.:* Einführung in die Behindertenpädagogik. Band 2. Stuttgart 1977, 93-114.

Bleidick, U.: Bericht über den 1. Internationalen Kongreß der Mittelmeerländer "Eingliederung Behinderter in die Arbeitswelt" vom 2. bis 4.11.1979 in Barcelona. In: Zeitschrift für Heilpädagogik 31 (1980) 633-637.

Bleidick, U.: Diskussion: Integration. Eine Auswahl aus der sonderpädagogischen Literatur. In: Zeitschrift für Heilpädagogik 32 (1981) 715-721.

Bleidick, U.: Literatur zur gemeinsamen Unterrichtung behinderter und nichtbehinderter Schüler. In: Zeitschrift für Heilpädagogik 33 (1982) 890-902.

Bleidick, U.: 10 Jahre Bildungsratempfehlung und die Geschichte der "Integration". In: Zeitschrift für Heilpädagogik 34 (1983a) 541-552.

Bleidick, U.: Zu einer wissenschaftlichen Untersuchung über die pädagogische Leistungsfähigkeit der Schule für Lernbehinderte. *K. Merz:* "Kinder mit Schulschwierigkeiten". In: Zeitschrift für Heilpädagogik 34 (1983b) 538-540.

Bleidick, U.: Historische Theorien: Heilpädagogik, Sonderpädagogik, Pädagogik der Behinderten. In: *Bleidick, U.* (Hrsg): Handbuch der Sonderpädagogik, Bd. 1, Theorie der Behindertenpädagogik. Berlin 1985, 253-272.

Bleidick, U.: Betrifft Integration: Behinderte Schüler in allgemeinen Schulen. Konzepte der Integration: Darstellung und Ideologiekritik. Berlin 1988.

Bless, G.: Der soziometrische Status des integrierten Hilfsschülers - Untersuchung in Regelklassen mit Heilpädagogischer Schülerhilfe. Unveröffentlichte Lizentiatsarbeit der Philosophischen Fakultät der Universität Freiburg/Schweiz, 1985.

Bless, G.: Der soziometrische Status des integrierten Hilfsschülers - Untersuchung in Regelklassen mit Heilpädagogischer Schülerhilfe. In: Vierteljahresschrift für Heilpädagogik und ihre Nachbargebiete VHN 55 (1986) 49-58.

Bless, G.: Merkmale schulleistungsschwacher Schüler in soziometrischen Extrempositionen. Untersuchung in Schulklassen mit unterschiedlichen schulorganisatorischen Bedingungen. Dissertation an der Universität Freiburg/Schweiz. Zürich 1989.

Bless, G.; Haeberlin, U.; Moser, U.: Schulleistungsschwache Schüler in Hilfsschulen oder Regelschulen unterrichten? In: Vierteljahresschrift für Heilpädagogik und ihre Nachbargebiete 56 (1987) 580-599.

Bless, G.; Haeberlin, U.; Moser, U.: Lernbehinderte in der Regelschule behalten? In: Schweizerische Lehrerzeitung 133 (1988) 17, 4-9.

Bogun, M.: Einführung in die Statistik. Weinheim, Basel 1983.

Böhm, O.: Rechtschreibleistungen an Sonderschulen für Lernbehinderte. In: Zeitschrift für Heilpädagogik 18 (1967) 601-620.

Bonerer, E.: Integration - Allgemeine Tendenzen und Hintergründe der Integrationsdiskussion. In: Vierteljahresschrift für Heilpädagogik und ihre Nachbargebiete VHN 48 (1979) 367-380.

Bonderer, E.: Integrationsbegriffe in der Behindertenpädagogik. In: Vierteljahresschrift für Heilpädagogik und ihre Nachbargebiete VHN 49 (1980) 57-66 und 179-190.

Bonderer, E.: Integration aus der Sicht der Behindertenpädagogik. In: *Bächtold, A.; Bonderer, E.* (Hrsg.): Integration. Luzern 1981, 9-29.

Borchert, J.: Affektive Persönlichkeitsmerkmale im Vergleich von Haupt und lernbehinderten Sonderschülern. In: Zeitschrift für Heilpädagogik 31 (1980) 174-178.

Bortz, J.: Lehrbuch der empirischen Forschung für Sozialwissenschaftler. Berlin, Heidelberg, New York 1984.

Bortz, J.: Lehrbuch der Statistik. Berlin, Heidelberg, New York ²1985.

Box, G.E.P.: Effects of inequality of variance and of correlation between errors in the two-way classification. In: Annals of Mathematical Statistics 25 (1954) 484-498.

Bracken, v.H: Vorurteile gegen behinderte Kinder, ihre Familien und Schulen. Berlin 1981.

Bradfield, R.H.; Brown, J.; Kaplan, P.; Rickert, E.; Stannarol, R.: The special child in the regular classroom. In: Exceptional Children 39 (1973) 384-390.

Brickenkamp, R.: Handbuch psychologischer und pädagogischer Tests. Göttingen 1975.

Brown, L.F.: A comparison of educational attainment between mentally retarded children in a school district operating adequate special classes and mentally retarded children in a school district with insufficient special classes. Dissertation Abstracts International, 22 (1962) 2680.

Bruininks, R.H.; Rynders, J.E.; Gross, J.C.: Social acceptance of mildly retarded pupils in resource rooms and regular classes. In: American Journal of Mental Deficiency 78 (1974) 377-383.

Bruininks, V. L.: Peer status and personality characteristics of learning disabled and nondisabled students. In: Journal of Learning Disabilities 11 (1978a) 484-489.

Bruininks, V. L.: Actual and perceived peer status of learning-disabled students in mainstream programs. In: The Journal of Special Education 12 (1978b) 51-58.

Brutschin, A. et al.: Primarschultests Rechnen. Lehrerhandbuch. Basel 1980.

Bryan, T.H.: Peer popularity of learning disabled children. In: Journal of Learning Disabilities 7 (1974) 621-625.

Bryan, T.H.: Peer popularity of learning disabled children: A replication. In: Journal of Learning Disabilities 9 (1976) 307-311.

Bryan, T.H.; Bryan, J.H.: Social interactions of learning disabled children. In: Learning Disability Quarterly 1 (1978) 33-37.

Buber, M.: Das dialogische Prinzip. Heidelberg ⁴1979, 268-298.

Budoff, M.; Gottlieb, J.: Special class EMR children mainstreamed: a study of an aptitude (learning potential) x treatment interaction. In: American Journal of Mental Deficiency 81 (1976) 1-11.

Budoff, M.; Meskin, J.; Harrison, R.H.: Educational test of the learning potential hypothesis. In: American Journal of Mental Deficiency 76 (1971) 159-169.

Bundesamt für Statistik, Schweiz: Schülerstatistik 1985/86. Bern 1986.

Bürli, A.: Zur Integration behinderter Kinder in der Schweiz. Aspekte 18. Luzern (Schweizerische Zentralstelle für Heilpädagogik) 1986.

Bursuck, W.D.: Sociometric status, behavior ratings and social knowledge of learning disabled and low-achieving students. In: Learning Disability Quarterly 6 (1983) 329-338.

- C -

Calhoun, G.; Elliott, R.: Self-concept and academic achievement of educable retarded and emotionally disturbed pupils. In: Exceptional Children 44 (1977) 379-380.

Calpini, J.-C.: Appui pédagogique. Enseignement itinérant d'appui en zone rurale. Centre Vaudois de recherche pédagogique, Lausanne 1983.

Carroll, A.W.: The effects of segregated and partially integrated school programs on self concept and academic achievement of educable mental retarded. In: Exceptional Children 34 (1967) 93-99.

Casparis, C.: Persönlichkeitsmerkmale unter Einfluß von Etikettierungs- und Bezugsgruppeneffekten: Eine Reinterpretation. In: Zeitschrift für Entwicklungspsychologie und Pädagogische Psychologie 10 (1978) 265-268.

Cattell, R.B.: Culture Fair Intelligence Test, Scale 2 (Handbuch). Champaigne, Illinois 1963.

Cattell, R.B.; Jaspars, J.: A general plasmode for factor analytic exercises and research. In: Multivariate Behavioral Research Monographs 1967 (67-3) 1-212.

Chappot, A.; Huser, M.: Gemischte Kleinklassen und Stützunterricht im Wallis. In: Vierteljahresschrift für Heilpädagogik und ihre Nachbargebiete VHN 52 (1983) 149-150.

Chassin, L.; Stager, S.F.; Young, R.D.: Self-Labeling by Educably Mentally Retarded High School Students in Their Mainstream and Special Education Classes. In: American Journal of Community Psychology 13 (1985) 449-465.

Coben, S.S.; Zigmond, N.: The social integration of learning disabled students from self-contained to mainstream elementary school settings. In: Journal of Learning Disabilities 19 (1986) 614-618.

Coleman, M. J.: Self-Concept and the Mildly Handicapped: The Role of Social Comparisons. In: Journal of Special Education 17 (1983) 37-45.

Cooley, E.J.; Ayers, R.R.: Self-Concept and Success-Failure Attributions of Nonhandicapped Students and Students with Learning Disabilities. In: Journal of Learning Disabilities 21 (1988) 174-178.

Coopersmith, S.A.: Method for determining types of self-esteem. In: Journal of Abnormal and Social Psychology 59 (1959) 87-94.

Cronbach, L. J.: Coefficient Alpha and the internal structure of tests. In: Psychometrica 16 (1951) 297-334.

Cronbach, L. J.: Evaluation zur Verbesserung von Curricula. In: *Wulf, Ch.* (Hrsg.): Evaluation. München 1972.

- D -

Davis, E.E.: A comparison of the first year academic achievement of educable mentally retarded children enrolled in middle school resource and self-contained classrooms. (Doctoral Dissertation, University of Alabama) Ann Arbor, Michigan, University Microfilms 1972, Nr. 73-7994.

Dönhoff, K.: Der Schüler der Sonderschule für Lernbehinderte in der Sicht der Bevölkerung. In: Zeitschrift für Heilpädagogik 33 (1982) 551-560.
Dreesmann, H.: Ein Fragebogen zum Unterrichtsklima - FUK. (unveröffentlicht) 1982a.
Drunkemühle, L.: Förderunterricht in der Grundschule. Frankfurt am Main 1985.
Dubs, R.: Individualisieren im Unterricht. In: Schweizer Schule 66 (1979) 16-31.
Dudley-Marling, C.C.; Edmiaston, R.: Social status of learning disabled children and adolescents: a review. In: Learning Disability Quarterly 8 (1985) 189-204.
Dumke, D.: Förderung lernschwacher Schüler. München 1980.
Dunn, L.M.; Markwardt, F.C Jr.: Peabody Individual Achievement Test. Circle Pines, Minnesota 1970.
Durost, N. et al.: Metropolitan Achievement Tests (revised edition). New York 1971.

- E -

Eberwein, H.: Zum Stand der Integrationsentwicklung und -forschung in der Bundesrepublik Deutschland. In: Zeitschrift für Heilpädagogik 35 (1984) 677.
Eberwein, H. (Hrsg.): Behinderte und Nichtbehinderte lernen gemeinsam. Handbuch der Integrationspädagogik. Weinheim 1988a.
Eberwein, H.: Integrationspädagogik als Weiterentwicklung (sonder-)pädagogischen Denkens und Handelns. In: *Eberwein, H.* (Hrsg): Behinderte und Nichtbehinderte lernen gemeinsam. Handbuch der Integrationspädagogik. Weinheim 1988b, 45-53.
Eberwein, H.: Zur Bedeutung qualitativ-ethnographischer Methoden für die integrationspädagogische Forschung. In: *Eberwein, H.* (Hrsg.): Behinderte und Nichtbehinderte lernen gemeinsam. Weinheim 1988c, 291-298.
Echterhoff, W.: Lern- und Veränderungsmessung. In: *Klauer, K.J.* (Hrsg.): Handbuch der Pädagogischen Diagnostik, Bd. 1. Düsseldorf 1978, 157-175.
Eisert, H.G.: "Der Resource Room" - eine Alternative zur Sonderschule. In: *Sander, A.* (Hrsg.): Sonderpädagogik in der Regelschule. Berlin 1976, 253-267.
Elenbogen, M.L.: A comparative study of some aspects of academic and social adjustment of two groups of mentally retarded children in special classes and regular classes. In: Dissertation Abstracts International 17 (1957) 2496.
Engemann, C.; Engemann, A.: Zusammenhang zwischen sozialen Einstellungen, soziometrischem Status und Rollendivergenz bei Zehnjährigen und Lehrereinstellung. In: Zeitschrift für Erziehungswissenschaftliche Forschung 18 (1984) 187-192.
Epstein, S.: Entwurf einer integrativen Persönlichkeitstheorie. In: *Filipp, S.H.* (Hrsg.): Selbstkonzeptforschung. Stuttgart 1979, 15-45.

- F -

Feffer, M.: Role taking behavior of the mentally retarded. Department of Health, Education and Welfare, U.S. Office of Education, 1970.
Fend, H.: Theorie der Schule. München, Wien, Baltimore 1981.
Fend, H. et al.: Soziale Einflußprozesse in der Schule. Weinheim, Basel 1977.

Ferdinand, W.; Uhr, T.: Entlassung aus der 6. Klasse - oder Sonderschulabschluß? In: Schule und Psychologie 16 (1968) 332-336.

Festinger, L.: A Theory of Social Comparison Processes. In: Human Relations 7 (1954) 117-140.

Feuser, G.: Aspekte einer integrativen Didaktik unter Berücksichtigung tätigkeitstheoretischer und entwicklungspsychologischer Erkenntnisse. In: *Eberwein, H.* (Hrsg.): Behinderte und Nichtbehinderte lernen gemeinsam. Handbuch der Integrationspädagogik. Weinheim 1988, 170-179.

Fippinger, F.: Allgemeiner Schulleistungstest für 4. Klassen AST4. Weinheim 1978.

Fischer, H.G.: Kritik der klassischen Testtheorie. In: *Fischer, G.H.* (Hrsg.): Psychologische Testtheorie. Bern 1968.

Fischer, H.G.: Einführung in die Theorie psychologischer Tests. Bern 1974.

Fittkau, B.: Ratingskalen in der pädagogischen Beurteilung. In: *Klauer, K.J.* (Hrsg.): Handbuch der pädagogischen Diagnostik, Band 3. Düsseldorf 1978, 727-747.

Flicek, M.; Landau, S.: Social status problems of learning disabled and hyperactive/learning disabled boys. In: Journal of Clinical Child Psychology 14 (1985) 340344.

Forman, A.: Programme zur Schätzung der Item- und Personenparameter des dichotomen logistischen Modells. In: *Fischer, H.G.*: Einführung in die Theorie psychologischer Tests. Bern 1974.

Furbee, J.D.: Social rejection and the mentally handicapped. In: Dissertation Abstracts International 35 (1975) 5967A-5968A.

- G -

Gagné, R.M.: Die Bedingungen menschlichen Handelns. Hannover 1976.

Garrett, M.K.; Crump, W.D.: Peer acceptance, teacher preference and self-appraisal of social status among learning disabled students. In: Learning Disability Quarterly 3 (1980) 42-48.

Geiger, B.: Die allgemeine Sonderschule. Versuch einer pädagogischen Standortbestimmung und Legitimation. In: Erziehung und Unterricht 10 (1983) 130-142.

Geisser, S.; Greenhouse, S.W.: An extension of Box's results on the use of the F-distribution in multivariate analysis. In: Annals of Mathematical statistics 29 (1958) 885-891.

George, J.D.: The effects of three types of special class placement on the reading and arithmetic achievement of educable mentally retarded pupils attending public schools in Ohio. (Doctoral Dissertation, University of Akron) Ann Arbor, Michigan, University Microfilms 1974, Nr. 74-19, 457.

Geppert, K.; Preuß, E.: Zur Theorie und Praxis des Förderunterrichts im Primarbereich. In: Ehrenwirth Grundschulmagazin 3 (1979) 9-12.

Glass, G.V.: Die Entwicklung einer Methodologie der Evaluation. In: *Wulf, Ch.* (Hrsg.): Evaluation. München 1972.

Glavin, J.; Quai, H.; Annesley, F.; Werry, J.: An experimental resource room for behavior problem children. In: Exceptional children 38 (1971) 131-138.

Goldstein, H.; Moss, J.; Jordan, L.: The efficacy of special class training on the development of mentally retarded children. (Cooperative Research Project No 619) Washington D.C. (U.S. Office of Education) 1965.

Goodenough, F.L.: Goodenough Intelligence Test (Draw a Man Test). New York (Yonkers) 1926.

Goodman, H.; Gottlieb, J.; Harrison, R.H.: Social acceptance of EMR's integrated into a non-graded elementary school. In: American Journal of Mental Deficiency 76 (1972) 412-417.

Gottlieb, B.W.; Gottlieb, J.; Berkell, D.; Levy, L.: Sociometric status and solitary play of LD boys and girls. In: Journal of Learning Disabilities 19 (1986) 619-622.

Gottlieb, J.; Budoff, M.: Social acceptability of retarded children in nongraded schools differing in architecture. In: American Journal of Mental Deficiency 78 (1973) 15-19.

Gottlieb, J.; Cohen, L.; Goldstein, L.: Social contact and personal adjustment as variables relating to attitudes to EMR children. In: Studies in Learning Potential 3 (1973) 1-13.

Gottlieb, J.; Davis, J.E.: Social acceptance of EMR children during overt behavioral interactions. In: American Journal of Mental Deficiency 78 (1973) 141-143.

Gray, B.B.: A behavioral strategy for reading training. In: *Bradfield, R.* (Ed.): Behavior modification of learning disabilities. San Rafael, Cal. 1971.

Grissemann, H.: Die pädagogisch-therapeutische Schülerhilfe - eine sonderpädagogische Ergänzung unseres Schulsystems. In: Schweizer Schule 68 (1981) 536-551.

Guskin, S.; Spicker, H.: Educational research in mental retardation. In: *Ellis, N.O.* (Ed.): International Review of Mental Retardation (Vol. 3). New York (Academic Press) 1968, 217-278.

- H -

Haag, F; Krüger, H.; Schwärzel, N.; Wildt, J.: Aktionsforschung - Forschungsstrategien, Forschungsfelder und Forschungspläne. München 1972.

Haeberlin, U.: Schulreform - zwischen Praxis, Politik und Wissenschaft. Weinheim, Basel 1971a.

Haeberlin, U.: Die funktionalisierte Schule. In: Schulreform - zwischen Praxis, Politik und Wissenschaft. Weinheim, Basel 1971b, 101-108.

Haeberlin, U.: Die Gesamtschulidee in der Schweiz - eine Zwischenbilanz. In: Bernischer Lehrerverein (Hrsg.): Gesamtschule - Praktische Aspekte der inneren Schulreform. UTB 140. Bern ²1973, 207-215.

Haeberlin, U.: Empirische Analyse und pädagogische Handlungsforschung. In: Zeitschrift für Pädagogik 21 (1975) 653-676.

Haeberlin, U.: Aktionsforschung. In: Wörterbuch der Pädagogik. 1. Band. Freiburg 1977, 14-15.

Haeberlin, U.: Das Menschenbild für die Heilpädagogik. Bern, Stuttgart 1985.

Haeberlin, U.: Allgemeine Heilpädagogik. Bern, Stuttgart ²1988a.

Haeberlin, U.: Thesen zur Integration von Lernbehinderten in Regelklassen mit heilpädagogischer Begleitung. In: Vierteljahresschrift für Heilpädagogik und ihre Nachbargebiete VHN 57 (1988b) 183-184.

Haeberlin, U.: Das Dialogische bei Heinrich Hanselmann. In: *Iben, G.* (Hrsg): Das Dialogische in der Heilpädagogik. Mainz 1988c, 298-308.

Haeberlin, U.: Heilpädagogische Haltung. In: *Blickensdorfer, J.; Dohrenbusch, H.; Klein, F.* (Hrsg.): Ethik in der Sonderpädagogik. 1988d, 117-135.

Haeberlin, U.: Heilpädagogik zwischen Realität und Utopie. In: Zeitschrift für Heilpädagogik 40 (1989) 75-82.

Haeberlin, U.; Bless, G.; Moser, U.: Wirkungen separierender und integrierender Schulformen auf schulleistungsschwache Schüler. 1. Zwischenbericht zu Handen des Schweizerischen Nationalfonds, Heilpädagogisches Institut der Universität Freiburg/Schweiz, 1987.

Haeberlin, U.; Bless, G.; Moser, U.: Wirkungen separierender und integrierender Schulformen auf schulleistungsschwache Schüler. Nationalfondsprojekt Nr. 1.276.-0.85. 2. Zwischenbericht zu Handen des Schweizerischen Nationalfonds, Heilpädagogisches Institut der Universität Freiburg/Schweiz, 1988a.

Haeberlin, U.; Bless, G.; Moser, U.: Schulleistungsschwache Schüler und Schulorganisation. In: Vierteljahresschrift für Heilpädagogik und ihre Nachbargebiete VHN 57 (1988b) 361-369.

Haeberlin, U.; Moser, U.; Bless, G.: Die unbekannten Wirkungen der Integration auf lernbehinderte Schüler. In: Zeitschrift für Heilpädagogik 39 (1988) 38-47.

Haeberlin, U.; Moser, U.; Bless, G.; Klaghofer, R.: Integration in die Schulklasse. Fragebogen zur Erfassung von Dimensionen der Integration von Schülern. Bern, Stuttgart 1989.

Haeberlin, U.; Niklaus, E.: Identitätskrisen. Bern, Stuttgart 1978.

Hagelgans, R.; Selbmann, F.: Ein Beitrag zur Integration von "Grenzfällen" zwischen Sonderschule und Gesamtschule. In: Zeitschrift für Heilpädagogik 27 (1976) 61-71.

Hallahan, D.P.; Keller, D.C.; Mc Kinney, J.D.; Lloyd, J.W.; Bryan, T.: Examining the Research Base of the Regular Education Initiative: Efficacy Studies and the Adaptive Learning Environment Model. In: Journal of Learning Disabilities 21 (1988) 29-35.

Hanselmann, H.: Sorgenkinder - daheim, in der Schule, in der Anstalt, in der menschlichen Gesellschaft. Zürich 1954.

Haußer, K.: Die Einteilung von Schülern. Weinheim, Basel 1980.

Heckhausen, H.: Motivation und Handeln. Berlin, Heidelberg, New York 1980.

Heidenreich, K.: Grundbegriffe der Meß- und Testtheorie. In: *Roth, E.* (Hrsg.): Sozialwissenschaftliche Methoden. München, Wien 1984, 351-384.

Heinze, Th.: Methodologische und pragmatische Aspekte einer basisorientierten, schulfeldbezogenen Untersuchungs- und Entwicklungsarbeit. In: Beiträge zur Bildungstechnologie, H. 3, 1972, 4-11.

Hell, P.: Differenzierung oder Integration. Frankfurt am Main, Bern, New York 1984.

Heller, M.: Soziotest. Grundsätzliches und Praktisches zur Erfassung der sozialen Beziehungen bei Schulkindern. Arbeiten zur Psychologie, Pädagogik und Heilpädagogik. Band 21, Freiburg/Schweiz (Universitätsverlag) 1964.

Hoeltke, G.M.: Effectiveness of special class placement for educable mentally retarded children (Doctoral Dissertation, University of Nebraska), Ann Arbor, Mich. (University Microfilms) 1965, Nr 67-3432.

Höhn, E.: Der schlechte Schüler. München 1976.

Holm, K.: Die Befragung 1. Der Fragebogen - Die Stichprobe. München 1975.

Homans, G.C.: Theorie der sozialen Gruppe. Köln [3]1968.

Horowitz, E.C.: Popularity, decentering ability and role-taking skills in learning disabled and normal children. In: Learning Disability Quarterly 4 (1981) 23-30.

Hutton, J.B.; Polo, L.: A sociometric study of learning disability children and type of teaching strategy. In: Journal of Group Psychotherapy, Psychodrama and Sociometry 29 (1976) 113-120.

- I -

Iano, R.P.; Ayers, D.; Heller, H.B.; McGettigan, J.F.; Walker, V.S.: Sociometric status of retarded children in an integrative program. In: Exceptional Children 40 (1974) 267-271.

IEDK-Kommission "Hilfsschule/Werkschule": Wie weiter? Handweiser zur Entwicklung des Hilfsschulwesens in der Zentralschweiz. Luzern (Zentralschweizerischer Beratungsdienst für Schulfragen) 1982.

Ingenkamp, K.-H.; Petillon, H.; Weiß, M.: Klassengröße: je kleiner desto besser? Weinheim, Basel 1985.

- J -

Janowski, A.; Fittkau, B; Rauer, W.: Beurteilungshilfen für Lehrer. Braunschweig 1981.

Jastak, J.F.: Wide Range Achievement Test. Wilminton Del. 1946.

Jerusalem, M.: Selbstbezogene Kognitionen in schulischen Bezugsgruppen. Dissertation. Aachen 1983.

Jobt, U.-J.: Warum manche Schüler faul sind: Die attributionstheoretische Vernünftigkeit des schulischen Anstrengungsverzichts. In: Zeitschrift für Entwicklungspsychologie und Pädagogische Psychologie 10 (1978) 315-327.

Johnson, G.O.: A study of the social position of mentally handicapped children in the regular grades. In: American Journal of Mental Deficiency 55 (1950) 60-89.

Johnson, G.O.: A comparative study of the personal and social adjustement of mentally handicapped children placed in special classes with mentally handicapped children who remain in regular classes. New York (Syracuse) 1961.

Johnson, G.O.; Kirk, S.A.: Are mentally handicapped children segregated in the regular grades? In: Exceptional Children 71 (1950) 65-68 und 87-88.

Jordan, A.M.: Personal-social traits of mentally handicapped children. In: *Thurstone, T.H.:* An evaluation of educating mentally handicapped children in special classes and regular classes. University of North Carolina (Chapel Hill) 1959.

- K -

Kahl, N. et al.: Ein Fragebogen zur Schülerwahrnehmung unterrichtlicher Lernsituationen. In: Zeitschrift für Entwicklungspsychologie und Pädagogische Psychologie 9 (1977) 277-285.

Kanter, G.O.: Lernbehinderungen, Lernbehinderte - deren Erziehung und Rehabilitation. In: *Deutscher Bildungsrat* (Hrsg.): Sonderpädagogik 3. Stuttgart 1974, 117-234.

Kanter, G.O.: Die Erziehung in der Sonderschule für Lernbehinderte. In: *Kanter, G.O.; Speck, O.* (Hrsg.): Handbuch der Sonderpädagogik, Bd. 5, Pädagogik der Lernbehinderten. Berlin 1980, 165-183.

Kasztantowicz, U. (Hrsg.): Wege aus der Isolation. Konzepte und Analysen der Integration Behinderter in Dänemark, Norwegen, Italien und Frankreich. Heidelberg 1982.

Kelley, H.H.: Two Functions of Reference Groups. In: *Hyman, H.H.; Singer, E.:* Readings in Reference Group Theory and Research. New York (Free Press) 1968, 77-83.

Kelley, T.L. et al.: Stanford Achievement Test (1953 Revision). New York (Yonkers) 1956.

Kleining, G.; Moore, H.: Soziale Selbsteinstufung, ein Instrument zur Messung sozialer Schichten. In: Kölner Zeitschrift für Soziologie und Sozialpsychologie 1968, 3.

Klafki, W.: Handlungsforschung im Schulfeld. In: Z.f.Päd. 19 (1973) 487-516.

Klafki, W.; Stöcker, H.: Innere Differenzierung des Unterrichts. In: *Klafki, W.*: Neue Studien zur Bildungstheorie und Didaktik. Weinheim, Basel 1985, 119-154.

Klauer, K. J.: Das Experiment in der pädagogischen Forschung. Düsseldorf 1977.

Klauer, K. J.: Notengebung unter individueller Bezugsnorm. In: Zeitschrift für Entwicklungspsychologie und Pädagogische Psychologie 19 (1987) 158-169.

Kluge, K. J.; Sasserath, M.; Schlegel, H. J.: Schlechte Schüler sind unbeliebt, sind gute Schüler beliebter? - Soziale Teilerfahrungen von Haupt- und Sonderschülern, gemessen an praktizierter Zensurengebung. In: Vierteljahresschrift für Heilpädagogik und ihre Nachbargebiete VHN 46 (1977) 124-135.

Kniel, A.: Die Schule für Lernbehinderte und ihre Alternativen. Eine Analyse empirischer Untersuchungen. Rheinstetten 1979.

Kobi, E.E.: Die Rehabilitation der Lernbehinderten. München, Basel 1977a.

Kobi, E.E.: Praktizierte Integration: Eine Zwischenbilanz. In: Vierteljahresschrift für Heilpädagogik und ihre Nachbargebiete VHN 52 (1983) 196-216.

Krampen, G.: Entwicklung eines Fragebogens zur Erfassung des Selbstkonzeptes eigener Fähigkeiten in Deutsch bei Hauptschülern. In: Psychologie in Erziehung und Unterricht 27 (1980) 212-218.

Krampen, G.: Kausalattribuierung guter Noten und Selbstkonzepte eigener Fähigkeiten in vier Kohorten lernbehinderter Sonderschüler. In: Heilpädagogische Forschung 9 (1983) 133-143.

Krampen, G.; Zinsser, A.: Effekte der Sonderschulzuweisung auf das Selbstkonzept und Attribuierungsverhalten von Schülern. In: Zeitschrift für Empirische Pädagogik 5 (1981) 125-135.

Krug, S.; Peters, J.: Persönlichkeitsänderung nach Sonderschuleinweisung. In: Zeitschrift für Entwicklungspsychologie und Pädagogische Psychologie 3 (1977) 181-184.

Krug, S.; Rheinberg, F.; Peters, J.: Einflüsse der Sonderbeschulung und eines zusätzlichen Motivänderungsprogrammes auf die Persönlichkeitsentwicklung von Sonderschülern. In Zeitschrift für Heilpädagogik 28 (1977) 431-439.

Krüger, H.P.: Soziometrie in der Schule. Verfahren und Ergebnisse zu sozialen Determinanten der Schülerpersönlichkeit. Weinheim, Basel 1976.

Kubinger, K.D.: Testtheorie: Probabilistische Modelle. In: *Jäger, R.S.* (Hrsg.): Psychologische Diagnostik, München und Weinheim 1988.

- L -

Lapp, E.A.: A study of the social adjustement of slow learning children who were assigned parttime to regular classes. In: American Journal of Mental Deficiency 62 (1957) 254-262.

Latuszek, P.; Borchert, J.: Persönlichkeitsdimension von Haupt- und Sonderschülern. In: Psychologie in Erziehung und Unterricht 26 (1979) 65-71.

Lauth, G.; Wilms, W.: Ursachenerklärung von Erfolg und Mißerfolg lernbehinderter Sonderschüler im Verlaufe des Sonderschulbesuches. In: Heilpädagogische Forschung 8 (1982) 229-241.

Lazarus-Mainka, G.; Brinkmann, R.: Prüfungsängstlichkeit, Schulleistung und soziale Beliebtheit. In: Zeitschrift für Entwicklungspsychologie und Pädagogische Psychologie 13 (1981) 227-235.

Leinhardt, G.: Transition rooms; promoting maturation or reducing education? In: Journal of Educational Psychology 72 (1980) 55-61.

Leinhardt, G.; Pallay, A.: Restrictive Educational Settings: Exile or Haven? In: Review of Educational Research 52 (1982) 4, 557-578.

Lienert, G.A.: Testaufbau und Testanalyse. Weinheim, Berlin 1969.

Luhmann, N.: Zweckbegriff und Systemrationalität. Über die Funktion von Zwecken in sozialen Systemen. Neuwied 1973.

- M -

Madden, N.A.; Slavin, R.E.: Mainstreaming students with mild handicaps: Academic and social outcomes. In: Review of Educational Research 53 (1983) 519-569.

McMillan, D.L.; Morrison, G.M.: Correlates of social status among mildly handicapped learners in self-contained special classes. In: Journal of Educational Psychology 72 (1980) 437-444.

Mercer, C.D. et al.: Definitions of learning disabilities used in the United States. In: Journal of Learning Disabilities 9 (1976) 376-386.

Merz, K.: Kinder mit Schulschwierigkeiten. Empirische Untersuchungen an Grund- und Sonderschulen. Weinheim, Basel 1982.

Merz, K.: Lernschwierigkeiten - Zur Effizienz von Fördermaßnahmen an Grund- und Lernbehindertenschulen. In: Heilpädagogische Forschung 11 (1984) 53-69.

Meyer, W.-U.: Überlegungen zur Konstruktion eines Fragebogens zur Erfassung von Selbstkonzepten der Begabung (unveröffentlicht). Ruhr Universität, Bochum, 1972.

Meyer, W.-U.: Das Konzept von der eigenen Begabung: Auswirkungen, Stabilität und vorauslaufende Bedingungen. In: Psychologische Rundschau 35 (1984a) 136-150.

Meyer, W.-U.: Das Konzept von der eigenen Begabung. Bern, Stuttgart, Toronto 1984b.

Meyer, W.-U.; Schmalt H.-D. (Hrsg): Leistungsmotivation und Verhalten. Stuttgart 1976.

Meyer-Willner, G.: Differenzieren und Individualisieren. Bad Heilbrunn 1979.

Mietzel, G.: Kombinierter Schultest. 4. Schuljahr. Braunschweig 1973.

Miller, R.V.: Social status and socioemphatic differences among mentally superior, mentally typical and mentally retarded children. In: Exceptional Children 23 (1956) 114-119.

Monroe, J.D.; Howe, C.E.: The effects of integration and social class on the acceptance of retarded adolescents. In: Education and Training of the Mentally Retarded 6 (1971) 104-108.

Moreno, J.L.: Who shall survive: A new approach to the problem of human interrelations. Washington D.C. (Nervous and Mental Disease Publishing) 1934.

Moser, U.: Das Selbstkonzept des lernbehinderten Schülers - Untersuchungen in Hilfsklassen, Regelklassen und Regelklassen mit Heilpädagogischer Schülerhilfe. In: Vierteljahresschrift für Heilpädagogik und ihre Nachbargebiete VHN 55 (1986) 151-160.

Moser, U.: Die Integration des schulleistungsschwachen Schülers in seine Klasse. Dissertation an der Universität Freiburg/Schweiz. Freiburg 1989.

Moser, U.; Bless, G.: Wirkungen separierender und integrierender Schulformen auf lernbehinderte Schüler. In: Vierteljahresschrift für Heilpädagogik und ihre Nachbargebiete VHN 55 (1986) 323-325.

Moser, U.; Bless, G.; Haeberlin, U.: Fragebogen zur Erfassung von Dimensionen der Integration von Schülern (FDI 4-6). In: Psychologie in Erziehung und Unterricht 36 (1988) 19-26.

Muggenthaler, E.: Die soziologische Stellung hilfsschulbedürftiger Kinder in einer Volksschulklasse. In: Praxis der Kinderpsychologie und Kinderpsychiatrie 8/9 (1955) 226-230.

Mullen, F.A.; Itkin, W.: Achievement and adjustement of educable mentally handicapped children in special classes and in regular classes. Chicago 1961.

Muth, J.: Zur bildungspolitischen Dimension der Integration. In: *Eberwein, H.* (Hrsg.): Behinderte und Nichtbehinderte lernen gemeinsam. Handbuch der Integrationspädagogik. Weinheim 1988, 11-18.

Myers, J.K.: The special day school placement for high IQ and low IQ EMR pupils. Paper presented at the annual convention of the Council for Exceptional Children, Chicago 1976 (ERIC Document Reproduction Service No ED 125 197).

Myschker, N.: Lernbehindertenpädagogik. In: *Solarova, S.* (Hrsg.): Geschichte der Sonderpädagogik. Stuttgart 1983, 120-166.

- N -

Nauck, J.; Otte, R.: Diagnostischer Test Deutsch DTD. Braunschweig 1980.

Niedermann, A.: Formative Evaluation. Weinheim 1977.

- O -

O'Leary, S.; Schneider, M.: Special class placement for conduct problem children. Exceptional Children 44 (1977) 24-30.

Odreitz, H.: Niveauspezifische Didaktik für sprachauffällige Kinder. Frankfurt am Main, Bern, New York 1986.

Opp, G.: Mainstreaming. Dissertation. München (Ludwig-Maximilians-Universität) 1984.

- P -

Perlmutter, B.F.; Crocker, J.; Cordray, D.; Garstecki, D.: Sociometric status and related personality characteristics of mainstreamed learning disabled adolescents. In: Learning Disability Quarterly 6 (1983) 20-30.

Perrez, M. et al.: Erziehungspsychologische Beratung und Intervention. Bern 1985.

Petillon, H.: Der unbeliebte Schüler. Braunschweig 1978.

Piaget, J.: The child's conception of space. New York (Norton) 1956.

Piers, E.V.; Harris, D.B.: Manual for the Piers-Harris Children's Selfconcept Scales. Nashville 1969.

Pohl, R.: Stellungnahme zum Artikel "Gemeinsames Lernen von behinderten und nichtbehinderten Schülern in Grundschulen". In: Zeitschrift für Heilpädagogik 38 (1987) 730-740.

Prell, S.: Handlungsorientierte Schulbegleitforschung. Frankfurt 1984.

Preuss-Lausitz, U.: Zum Stand der Integrationsforschung. In: *Eberwein, H.* (Hrsg.): Behinderte und Nichtbehinderte lernen gemeinsam. Weinheim 1988, 241-247.

Prillaman, D.: Acceptance of learning disabled students in the mainstream environment: A failure to replicate. In: Journal of Learning Disabilities 14 (1981) 344-346, 368.

- R -

Raven, J.C.: Standard Progressive Matrices (SPM). London 1971/13.

Reinartz, A.; Sander, A.: Schulschwache Kinder in der Grundschule. Pädagogische Maßnahmen zur Vorbeugung und Verminderung von Schulschwäche in der Primarstufe. Weinheim, Basel 1982.

Rheinberg, F.: Soziale und individuelle Bezugsnorm. Dissertation. Bochum (Ruhr-Universität) 1977.

Rheinberg, F.; Enstrup, B.: Selbstkonzept der Begabung bei Normal- und Sonderschülern gleicher Intelligenz: Ein Bezugsgruppeneffekt. In: Zeitschrift für Entwicklungspsychologie und Pädagogische Psychologie 9 (1977) 171-180.

Rick, G.: Die soziale Stellung entwicklungsgehemmter Kinder in Volksschulklassen und ihre soziale Stellung nach der Überweisung in die Hilfsschule. In: Zeitschrift für Heilpädagogik (1961) 10, 557-564 und (1961) 11, 609-621.

Rosenberg, M.: Society and the adolescent self-image. Princeton (University Press) 1965.

Rucker, C.N.; Howe, C.E.; Snider, B.: The participation of retarded children in junior high academic and nonacademic regular classes. In: Exceptional Children 35 (1969) 617-623.

Runciman, W.G.: Problems of Research on Relative Deprivation. In: *Hyman, H.H.; Singer, E.*: Readings in Reference Group Theory and Research. New York (Free Press) 1968.

- S -

Sabatino, D.: An evaluation of resource rooms for children with learning disabilities. In: Journal of Learning Disabilities 4/2 (1971) 84-93.

Sainato, D.M.; Zigmond, N.; Strain, P.S.: Social status and initiations of interaction by learning disabled students in a regular education setting. In: Analysis and Intervention in Developmental Disabilities 3 (1983) 71-87.

Salomon, G.: Heuristische Modelle für die Gewinnung von Interaktionshypothesen. In: *Schwarzer, R.; Steinhagen, K.* (Hrsg.): Adaptiver Unterricht. München 1975, 127-145.

Schindele, R. (Hrsg.): Unterricht und Erziehung Behinderter in Regelschulen. Schulische und soziale Integration Behinderter. Rheinstetten (Schindele) ²1980.

Schindler, A.: Geschichte und heutiger Stand der Schulischen Heilpädagogik in der deutschsprachigen Schweiz. Unter besonderer Berücksichtigung der Ausbildung von Hilfsschullehrern. Luzern 1979.

Schittko, K.: Differenzierung in Schule und Unterricht. München 1984.

Schmahlohr, E.: Soziometrie. In: Wörterbuch der Pädagogik. Band 3, Freiburg, Basel, Wien 1977.

Schmalt, H.: Messung des Leistungsmotivs. Kritischer Überblick und ein neues Verfahren. Göttingen 1976.

Schmeichel, M.: Regelschule oder Sonderschule - zur pädagogischen Förderung körperbehinderter Kinder. In: *Haupt, U.; Jansen, G.W.* (Hrsg.): Pädagogik der Körperbehinderten. Handbuch der Sonderpädagogik, Bd. 8. Berlin 1983.

Schmidt, G.: "Integration" - ein pädagogisches Schlagwort. In: *Reiser, H.R.* (Hrsg.): Sonderschulen - Schulen für Ausländerkinder? Berlin 1981, 49-69.
Schuboe, W.; Ühlinger, H.M.: SPSSX. Stuttgart, New York 1984.
Schunk, M.; Selg, H.: Soziometrischer Status und die Dimensionen "Schönheit", "Tüchtigkeit" und "Aggressivität" in Schulklassen (Korrelationen und Gruppenentropien). In: Psychologie in Erziehung und Unterricht 26 (1979) 267-275.
Schutz, W.C.: The FIRO Scales Manual. Palo Alto, Cal. (Consulting Psychologist Press) 1967.
Schwarzer, R.: Bezugsgruppeneffekte in schulischen Umwelten. In: Zeitschrift für Empirische Pädagogik 3 (1979a) 153-166.
Schwarzer, R.: Schüler ohne Selbstvertrauen. In: Zeitschrift für Pädagogik 25 (1979b) 181-189.
Schwarzer, R.: Selbstkonzeptentwicklung nach einem Bezugsgruppenwechsel. In: Zeitschrift für Entwicklungspsychologie und Pädagogische Psychologie 14 (1982) 125-140.
Scranton, T.R.; Ryckman, D.B.: Sociometric status of learning disabled children in an integrative program. In: Journal of Learning Disabilities 12 (1979) 402-407.
Seitz, W.; Rausche, W.: Persönlichkeitsfragebogen für Kinder zwischen 9 und 14 (PFK 9-14). Braunschweig 1976.
Sheare, J.B.: Social acceptance of EMR adolescents in integrated programs. In: American Journal of Mental Deficiency 82 (1978a) 678-682.
Sheare, J.B.: The impact of resource programs upon the self-concept and peer acceptance of learning disabled children. In: Psychology in the Schools 15 (1978b) 406-412.
SHG (Schweizerische Heilpädagogische Gesellschaft) : Rechnen 4. Lehrmittel. Lenzburg (SHG) 1979.
Siperstein, G.N.; Bopp, M. J.; Bak, J. J.: Social status of learning disabled children. In: Journal of Learning Disabilities 11 (1978) 98-102.
SIPRI: Leitideen für die Primarschulen. Genf 1983.
Smith, H.W.; Kennedy, W.: Effects of three educational programs on mentally retarded children. In: Perceptual and Motor Skills 24 (1967) 174-179.
Spada, H.: Modelle des Denkens und Lernens. Bern, 1976.
Stangvik, G.: Self-Concept and School Segregation. Dissertation. Göteborg, 1979.
Stanton, J.E.; Cassidy, V.M.: An additional phase of an investigation of factors involved in the educational placement of mentally retarded children. A study of differences between children in residential school classes and special and regular classes in Ohio. Columbus Ohio, 1961.
Stickelmann, B.: Analyse des schulischen Lernfeldes: theoretische Überlegungen und methodischer Ansatz. In: Beiträge zur Bildungstechnologie (1972) 3, 17-30.
Straka, G.A.; Strittmatter, P.: Wissenschaftliche Begleitung - Probleme der Forschung. In: Unterrichtswissenschaft 2 (1978) 99-112.
Strang, L.; Smith, M.D.; Rogers, C.M.: Social Comparison, Multiple Reference Groups and the Self-Concepts of Academically Handicapped Children Before and After Mainstreaming. In: Journal of Educational Psychology 70 (1978) 487-497.
Stranz, G.: Untersuchungen zur Schullaufbahn von Hilfsschulkindern. In: Zeitschrift für Heilpädagogik 17 (1966) 265-277.
Studer, R.: Die sozialen Beziehungen der sonderschulbedürftigen Kinder in der Volksschule. In: Heilpädagogische Werkblätter 37 (1968) 81-92.
Sturny, G.: Die Schulung Lernbehinderter in der Schweiz. Luzern 1984.

- T -

Taylor, A.R.; Asher, S.R.; Williams, G.A.: The social adaption of mainstreamed mildly retarded children. In: Child Development 58 (1987) 1321-1334.

Teschner, W.: Organisatorische und methodologische Probleme der Verknüpfung von Entwicklung und Evaluation von Schulversuchen. In: Innovation und Evaluation von Schulversuchen. Bern 1981.

Thibaut, J.W.; Kelley, H.H.: The social psychology of groups. New York (Wiley & Sons) 1959.

Thurstone, T.G.: An evaluation of education of mentally handicapped children in special classes and in regular classes (U.S. Office of Education Cooperative Research Program, Project No. 6452) Chapel Hill (University of North Carolina) 1959.

Tiegs, E.W.; Clark, W.W.: Manual for the California Achievement Test. Complete battery. Los Angeles 1957.

Tilley, B.K.: The effects of three educational placement systems on achievement, self-concept and behavior in elementary mentally retarded children (Doctoral Dissertation, University of Iowa), Ann Arbor, Michigan, University Microfilms 1970, Nr. 71-5837.

Troll, F.: Der Zusammenhang von sozialer Integration und Erreichung vorgegebener Normen. In: Erziehung und Unterricht 133 (1983) 58-63.

- U -

Ulich, K.: Soziale Systeme als Bezugssysteme für Soziales Handeln. Bern, Frankfurt 1972.

Unterleitner, Ingeborg: Sozial-integrative Schule: Leistungen der nichtbehinderten Kinder und Einstellungen ihrer Eltern. In: Behinderte 13 (1990) 2, 9-16.

- W -

Wagner, J.L.: Schülereinstellung als Prädiktor des Schulerfolgs. In: Psychologie in Erziehung und Unterricht 22 (1975) 295-313.

Wagner, J.L.: Fragebogen zur Einstellung zur Schule FES 4-6. Weinheim, Basel 1977a.

Wagner, J.L.: Fragebogen zum Selbstkonzept FSK 4-6. Weinheim, Basel 1977b.

Walker, V.S.: The efficacy of the resource room for educating retarded children. In: Exceptional Children 40 (1974) 288-289.

Wang, M.C.: Mainstreaming Exceptional Children: Some Instructional Design and Implementation Considerations. In: The Elementary School Journal 81 (1981) 195-221.

Wang, M. C.; Birch, J.W.: Comparison of a Full-Time Mainstreaming Program and a Resource Room Approach. In: Exceptional Children 51 (1984) 33-44.

Wang, M.C.; Peverly, St.; Randolph, R.: An Investigation of the Implementation and Effects of a Full-Time Mainstreaming Program. In: Remedial and Special Education 5/6 (1984) 21-32.

Warr, P.; Knapper, C.: The perception of people and events. London (Wiley & Sons) 1968.

Warren, K.: An investigation of the effectiveness of educational placement of mentally retarded children in special class. (Doctoral Dissertation, University of Tennessee, 1962). In: Dissertation Abstracts International 23 (1962) 2211 (University Microfilms Order No. 62-5580).

Wechsler, D.: Wechsler Intelligence Scale for Children (WISC). New York 1949.

Weigert, H.: Pädagogische Interventionen bei drohenden und manifesten Lernbehinderungen in der Grundschule. Frankfurt am Main, Bern 1987.

Weiner, B.: Motivationspsychologie. Basel, Weinheim 1984.

Weinert, F.E.: Remediales Lehren und Lernen. In: *Klauer, K.J.; Reinartz, A.:* Handbuch der Sonderpädagogik, Band 8: Sonderpädagogik in allgemeinen Schulen. Berlin 1978,256-269.

Weiß, R.H.: Grundintelligenztest Skala 2 CFT 20. Braunschweig [3]1980.

Wieczerkowski, W.; Nickel, H.; Janowski, A.; Fittkau, B.; Rauer, W.: Angstfragebogen für Schüler, AFS. Handanweisung für die Durchführung, Auswertung und Interpretation. Göttingen 1974, 1975, 1976, 1980, 1982 und 1983.

Willand, H.: Pädagogik der Lernbehinderten. München 1983.

Wittmann, W. W.: Evaluationsforschung. Berlin, Heidelberg, New York, Tokyo 1984.

Wocken, H.: Integrationsklassen in Hamburg. In: *Wocken, H.; Antor, G.:* Integrationsklassen in Hamburg. Erfahrungen, Untersuchungen, Anregungen. Solms 1987a, 65-87.

Wocken, H.: Schulleistungen in Integrationsklassen. In: *Wocken, H.; Antor, G.:* Integrationsklassen in Hamburg. Erfahrungen, Untersuchungen, Anregungen. Solms 1987b, 276-306.

Wocken, H.: Untersuchungen zur sozialen Distanz zwischen Hauptschülern und Sonderschülern. In: Vierteljahresschrift für Heilpädagogik und ihre Nachbargebiete VHN 52 (1983) 467-490.

Wocken, H.; Antor, G.: Integrationsklassen in Hamburg. Erfahrungen, Untersuchungen, Anregungen. Solms 1987.

Woodcock, R.W.; Johnson, M.B.: Woodcock Johnson Psycho-Educational Battery. Hingham, MA (Teaching Resources) 1977.

Wrightstone, J.W. et al.: A comparison of educational outcomes under single-track and two-track plans for educable mentally retarded children. (U.S. Office of Education, Cooperative Research Program, Project No. 144) New York City Board of Education, 1959.

Wyrsch, A.: Heilpädagogische Schülerhilfe. Aspekte 24. Luzern 1987.

- Z -

Zinnecker, J.: Die Neukonstituierung der Erziehungswissenschaft als Sozialtechnologie. In: Beiträge zur Bildungstechnologie, (1972) 3, 77-89.

Zito, R.J.; Bardon, J.I.: Achievement motivation among negro adolescents in regular and special education programs. In: American Journal of Mental Deficiency 74 (1969) 20-26.

Urs Haeberlin
Allgemeine Heilpädagogik
92 Seiten, kartoniert, 5. Auflage, 1998. Fr. 16.50 / DM 19.50 / öS 143.–
(Beiheft 1 zur VHN)

Urs Haeberlin
Das Menschenbild für die Heilpädagogik
102 Seiten, kartoniert, 3. Auflage, 1994. Fr. 16.50 / DM 19.50 / öS 143.–
(Beiheft 2 zur VHN)

Albin Niedermann / Markus Müller / René Simmen
Die TARC-Methode – Ein Hilfsmittel der heilpädagogischen Diagnostik
36 Seiten inkl. Beurteilungsbogen, kartoniert, 1987.
Fr. 19.– / DM 23.– / öS 168.– (Beiheft 4 zur VHN)

Barbara Zollinger
Spracherwerbsstörungen – Grundlagen zur Früherfassung und Frühtherapie
158 Seiten, kartoniert, 5. Auflage, 1997. Fr. 28.– / DM 34.– / öS 248.–
(Beiheft 5 zur VHN)

Urs Haeberlin / Christine Amrein (Hrsg.)
Forschung und Lehre für die sonderpädagogische Praxis –
Wie schlagen wir in der Ausbildung die Brücke?
309 Seiten, kartoniert, 1987. Fr. 33.– / DM 39.– / öS 285.–
(Heft 2/87 der VHN)

René Simmen
Heimerziehung im Aufbruch –
Alternativen zu Bürokratie und Spezialisierung im Heim
174 Seiten, kartoniert, 3. Auflage, 1993. Fr. 24.– / DM 27.– / öS 197.–
(Beiheft 7 zur VHN)

Urs Haeberlin / Urs Moser / Gérard Bless / Richard Klaghofer
Integration in die Schulklasse –
Fragebogen zur Erfassung von Dimensionen der Integration
von Schülern FDI 4 – 6
53 Seiten, kartoniert, 1989. Fr. 19.– / DM 23.– / öS 168.–
(Beiheft 8 zur VHN)

Urs Haeberlin / Gérard Bless / Urs Moser / Richard Klaghofer
Die Integration von Lernbehinderten
Versuche, Theorien, Forschungen, Enttäuschungen, Hoffnungen
368 Seiten, kartoniert, 2. Auflage, 1991. Fr. 25.– / DM 29.– / öS 212.–
(Beiheft 9 zur VHN)

Walter Spiess (Hrsg.)
Gruppen- und Teamsupervision in der Heilpädagogik – Konzepte und Erfahrungen
131 Seiten, kartoniert, 1991. Fr. 19.– / DM 23.– / öS 168.–
(Beiheft 11 zur VHN)

Martin Sassenroth
Schriftspracherwerb – Entwicklungsverlauf, Diagnostik und Förderung
205 Seiten, kartoniert, 2. Auflage, 1995. Fr. 23.– / DM 27.– / öS 197.–
(Beiheft 12 zur VHN)

Urs Haeberlin / Elisabeth Jenny-Fuchs / Elisabeth Moser Opitz
Zusammenarbeit – Wie Lehrpersonen Kooperation zwischen Regel- und Sonderpädagogik in integrativen Kindergärten und Schulklassen erfahren
172 Seiten, kartoniert, 1992. Fr. 23.– / DM 27.– / öS 197.–
(Beiheft 13 zur VHN)

Freiburger Projektgruppe (Hrsg.)
Heilpädagogische Begleitung in Kindergarten und Regelschule – Dokumentation eines Pilotprojektes zur Integration
208 Seiten, kartoniert, 1993. Fr. 24.– / DM 27.– / öS 197.–
(Beiheft 14 zur VHN)

Martin Stahlmann
Die berufliche Sozialisation in der Heimerziehung – Erziehende im Spannungsfeld von Grenzsituationen, Leitbildern und Berufsbiographie
213 Seiten, kartoniert, 1993. Fr. 24.– / DM 27.– / öS 197.–
(Beiheft 15 zur VHN)

Barbara Zollinger
Die Entdeckung der Sprache
235 Seiten, kartoniert, 3. Auflage, 1997. Fr. 30.– / DM 34.– / öS 248.–
(Beiheft 16 zur VHN)

Ursula Hoyningen-Süess / Christine Amrein (Hrsg.)
Entstellung und Hässlichkeit
159 Seiten, kartoniert, 1995. Fr. 24.– / DM 29.– / öS 212.–
(Beiheft 17 zur VHN)

Gérard Bless
Die Wirksamkeit der Integration – Forschungsüberblick, praktische Umsetzung einer integrativen Schulform, Untersuchungen zum Lernfortschritt
240 Seiten, kartoniert, 1995. Fr. 26.– / DM 29.– / öS 212.–
(Beiheft 18 zur VHN)

Andrea Burgener Woeffray
Grundlagen der Schuleintrittsdiagnostik. Darstellung und Kritik traditioneller Verfahren – Konzept für eine umfassende Schuleintrittsdiagnostik
275 Seiten, kartoniert, 1996. Fr. 28.– / DM 31.– / öS 226.–
(Beiheft 19 zur VHN)

Urs Haeberlin
Heilpädagogik als wertgeleitete Wissenschaft. Ein propädeutisches Einführungsbuch in Grundfragen einer Pädagogik für Benachteiligte und Ausgegrenzte
283 Seiten, mit einem Sach- und Autorenverzeichnis, gebunden, 1996,
Fr. 39.– / DM 44.– / öS 321.– (Beiheft 20 zur VHN)

Felix Studer
Training kognitiver Strategien. Ein computergestütztes Förderprogramm – Macintosh- und Windows-Version
70 Seiten, kartoniert, 1996, Fr. 84.– / DM 94.– / öS 686.–
(Buch inkl. CD-ROM)
(Beiheft 21 zur VHN)

Hajo Jakobs
Heilpädagogik zwischen Anthropologie und Ethik
296 Seiten, kartoniert, 1997, Fr. 28.– / DM 31.– / öS 226.–
(Beiheft 22 zur VHN)

Weitere Bände in Vorbereitung